20世纪最伟大的商业领袖

In Their Time
The Greatest Business Leaders of the Twentieth Century

〔美〕安东尼·J.梅奥
尼丁·诺里亚 著
侯剑 译

商务印书馆
2012年·北京

Anthony J. Mayo & Nitin Nohria
IN THEIR TIME
The Greatest Business Leaders of the Twentieth Century
Original work copyright © 2005 by Harvard Business School Publishing Corporation.
Published by arrangement with Harvard Business School Press.

图书在版编目(CIP)数据

20世纪最伟大的商业领袖/(美)梅奥,(美)诺里亚著；侯剑译. —北京:商务印书馆,2012
ISBN 978-7-100-07146-8

I.①2… II.①梅…②诺…③侯… III.①企业家—生平事迹—世界 IV.①K815.38

中国版本图书馆 CIP 数据核字(2010)第 086694 号

所有权利保留。
未经许可,不得以任何方式使用。

20世纪最伟大的商业领袖
〔美〕安东尼·J.梅奥 尼丁·诺里亚 著
侯剑 译

商 务 印 书 馆 出 版
(北京王府井大街36号　邮政编码100710)
商 务 印 书 馆 发 行
北京市艺辉印刷厂印刷
ISBN 978-7-100-07146-8

2012年6月第1版　　开本 787×1092 1/16
2012年6月北京第1次印刷　印张 22 ¾
定价:45.00元

商务印书馆－哈佛商学院出版公司经管图书
翻译出版咨询委员会

（以姓氏笔画为序）

方晓光　盖洛普（中国）咨询有限公司副董事长

王建铆　中欧国际工商学院案例研究中心主任

卢昌崇　东北财经大学工商管理学院院长

李维安　南开大学商学院院长

陈　儒　中银国际基金管理公司执行总裁

陈国青　清华大学经管学院常务副院长

陈欣章　哈佛商学院出版公司国际部总经理

忻　榕　哈佛《商业评论》首任主编、总策划

赵曙明　南京大学商学院院长

涂　平　北京大学光华管理学院副院长

徐二明　中国人民大学商学院院长

徐子健　对外经济贸易大学副校长

David Goehring　哈佛商学院出版社社长

致中国读者

哈佛商学院经管图书简体中文版的出版使我十分高兴。2003年冬天，中国出版界朋友的到访，给我留下了十分深刻的印象。当时，我们谈了许多，我向他们全面介绍了哈佛商学院和哈佛商学院出版公司，也安排他们去了我们的课堂。从与他们的交谈中，我了解到中国出版集团旗下的商务印书馆，是一个历史悠久、使命感很强的出版机构。后来，我从我的母亲那里了解到更多的情况。她告诉我，商务印书馆很有名，她在中学、大学里念过的书，大多都是由商务印书馆出版的。联想到与中国出版界朋友们的交流，我对商务印书馆产生了由衷的敬意，并为后来我们达成合作协议、成为战略合作伙伴而深感自豪。

哈佛商学院是一所具有高度使命感的商学院，以培养杰出商业领袖为宗旨。作为哈佛商学院的四大部门之一，哈佛商学院出版公司延续着哈佛商学院的使命，致力于改善管理实践。迄今，我们已出版了大量具有突破性管理理念的图书，我们的许多作者都是世界著名的职业经理人和学者，这些图书在美国乃至全球都已产生了重大影响。我相信这些优秀的管理图书，通过商务印书馆的翻译出版，也会服务于中国的职业经理人和中国的管理实践。

20多年前，我结束了学生生涯，离开哈佛商学院的校园走向社会。哈佛商学院的出版物给了我很多知识和力量，对我的职业生涯产生过许多重要影响。我希望中国的读者也喜欢这些图书，并将从中获取的知识运用于自己的职业发展和管理实践。过去哈佛商学院的出版物曾给了我许多帮助，今天，作为哈佛商学院出版公司的首席执行官，我有一种更强烈的使命感，即出版更多、更好的读物，以服务于包括中国读者在内的职业经理人。

  在这么短的时间内，翻译出版这一系列图书，不是一件容易的事情。我对所有参与这项翻译出版工作的商务印书馆的工作人员，以及我们的译者，表示诚挚的谢意。没有他们的努力，这一切都是不可能的。

哈佛商学院出版公司总裁兼首席执行官

万季美

安东尼·梅奥：

献给 我的妻子丹尼斯，
  我的孩子汉娜、亚历山大和雅格布

尼丁·诺里亚：

献给 我的老师

目录 | In Their Time
The Greatest Business Leaders of the Twentieth Centur

序言/001
致谢/003
导论/007

第一章	1900－1909	充满商机的大地	001
第二章	1910－1919	开疆拓土	025
第三章	1920－1929	从繁荣走向衰落	047
第四章	1930－1939	在改革中艰难生存	071
第五章	1940－1949	通过标准化达到新高度	095
第六章	1950－1959	用消费来喂饱机器	119
第七章	1960－1969	泡沫中的商业	145
第八章	1970－1979	应付不适	169
第九章	1980－1989	重塑美国商业的辉煌	195
第十章	1990－1999	重组、重构和现实的检验	219

后记/245
附录/255
注释/263
作者简介/333

序言

技术不能改变世界，理论也不能改变世界，改变世界的是人。而这本书所要教导我们的，正是那些给世界带来重大变化的人是如何行事的。

《20世纪最伟大的商业领袖》是新世纪最优秀的商业书籍之一。之所以这么说，是因为仅仅这一部书，就可以纠正当代管理和组织研究中的许多脱离历史情境的错误。在当今的大多数商学院与管理培训班，人们往往通过一些含义狭窄的、精巧的定义和一些案例来表现与解释管理这一概念，而本书则突破性地带给我们许多振奋人心的教益，提出了一些发人深省的问题。

托尼·梅奥（Tony Mayo）和尼丁·诺里亚（Nitin Nohria）在本书中所展现的，是对那些最伟大的商业执行官们所进行的最细致的研究，那些人甚至可以被称为我们生活于其中的这个世界的创造者。而与此同时，本书又是十分易读的，读者可以按照十年一个阶段轻松阅读，透过作者栩栩如生的描述，获得对于书中人物非常直观的印象。

相信每一个严肃的企业家、经理人或者领导者都想从本书所列举的案例中学到经验。然而，还有一个原因值得我们对本书细加研读，那就是，本书不仅讲述了伟大的商业执行官的历史，同时也讲述了伟大的美国消费者的历史，他们（包括男人和女人）正是今天的执行官们要迎合和服务的对象。

这里我要补充一点，正如梅奥和诺里亚所指出的，在21世纪，商业对这个世界所发挥的影响，将比其他任何一种人类活动都重大。作为结果，《20世纪最伟大的商业领袖》一书不仅仅写给那些积极投身商界的人们，任何人，只要想更深入地了解那种改变了我们的生活和时代的力量，这本书都值得一读。

当然，我不会过分期望一个现代的商业执行官理解罗伯特·伍德拉夫（Robert Woodluff）时代的可口可乐公司，或雷·克罗克（Ray Kroc）时代的麦当劳公司与美国顾客的关系。但是，人们有必要了解他们目标的起始在哪里，关注过去能让他们更好地把握未来。

研究大师们走过的辉煌，主要目的是在回顾中重建一种探索精神，探索他们如何始终保持着一种敏锐，能够感知将要到来的机遇与危险。这些执行官们了解他们所处时代的机遇与挑战，并且能够充分加以利用。

梅奥和诺里亚向我们展示了一些值得借鉴的案例，比如：一个全心全意将福特公司带入顶端的商业天才，却如何在后来变成了对客户需求充耳不闻的、偏执的聋子；小阿尔弗雷德·斯隆（Alfred P. Sloan Jr.）如何把握住客户的需求，在20世纪20年代一举打破福特帝国的垄断，创造了通用汽车公司的辉煌。 最近，历史的一幕再一次出现，由于李维斯（Levi Strauss）满足于现有的市场占有率，让老海军和盖普公司（Old Navy And Gap）抓住了机会，重新定义了新生代美国休闲服装的"酷"元素。

多年以前，我在《准备成为领导者》（On Becoming a Leader）一书中介绍了我所研究的领导者们是如何把握住他们那个时代的，现在，梅奥和诺里亚将这一思想作了进一步拓展，向我们展示了"情境智力"（contextual intelligence）这个重要因素，是如何帮助CEO、创始人和他们的企业战胜重重困难从而开创崭新局面的。

情商——理解别人同时也让别人理解你——对于领导力来说十分重要。关于这一点丹尼尔·戈尔曼（Daniel Goleman）向我们作了很好的阐释。但是"情境智力"的内涵明显大于情商，它还包括对于影响企业发展方向的社会、经济和环境因素的把握与应对。

霍华德·加德纳（Howard Gardener）在《领导大师风云录》（Leading Minds）一书中将有关领导者的观点如数家珍一般地娓娓道来，一个好的领导者能够通过只言片语就把握住下属的意图，能够触发讨论，并且使之具体化。《20世纪最伟大的商业领袖》一书所研究的商业领袖，都拥有某些人们可以想象到的最优秀的领导特质，这本书讲的也都是一些才华出众、雄心勃勃的人们如何笑对厄运、智取财富、反抗宿命的故事，因此，阅读本书就像围坐在篝火旁聆听那些引人遐思的传奇故事一样令人陶醉。

遗憾的是，我们得等上几年工夫才能看到作者关于商业史的下一个十年的故事。

沃伦·本尼斯（Warren Bennis）
杰出的商业教授
大学教授和管理者
南加州大学

致谢

就像本书中所描述的许多人物的经历那样,我们的写作旅程也不是一帆风顺的,其中不乏有趣的转折、内心的失落,以及艰难而又令人热血沸腾的挑战,更有一些难以逆料的伟大时刻。当我们在2001年开始打造这部关于商业领袖的巨典时,我们面前的任务还只有一个不甚清晰的想法。为我们指明了方向的,是我们所研究的那上千位商业领袖。他们中有的是真正的英雄,能够不断给予我们激励,有的是令人敬畏的传奇人物,有的甚至可以被称之为恶人(特别是以21世纪的眼光来评判),但是更多的,是把握住了时代脉搏的普通人。通过他们留下的遗产,我们了解了权力和历史情境对于领导力的影响,从这一点来说,我们应该向他们的人生表示深深的敬意。

这部书凝聚着许多人的研究成果。其中最让我们记忆深刻的是理查德·泰德楼(Richard Tedlow)教授的"1917年美国大型工业企业首席执行官研究"(The Chief Executive Officer of The Large American Industrial Corporation in 1917)。泰德楼对于历史上两个截然不同的时期的CEO所进行的比较,吸引我们对20世纪不同时期CEO的情况作进一步的探讨。同时,我们也从约瑟夫·熊彼特(Joseph Schumpeter)、阿尔弗雷德·钱德勒(Alfred Chandler)以及沃伦·本尼斯(Warren Bennis)开创性的工作中获得了灵感,他们对于20世纪商界领导力的创新性分析,使我们的研究得以具体化,尤其是在历史情境如何对领导力产生影响这一问题上,加深了我们的理解。

在研究和写作本书的过程中,我们得到了很多无私的帮助,其中有来自哈佛商学院领导力发展项目以及特蕾莎·阿玛拜尔(Teresa Amabile)教授和克雷斯纳·佩尔普(Krishna Palepu)教授领导的研究中心的无私关怀。作为一个有着高度使命感的团队的一员,我们感到十分荣幸。最后,我们还要感谢哈佛商学院院长金·卡拉克先生(Kim Clack),感谢他对我们的支持和鼓励。我们特别感谢领导力发展项目主席琳达·希尔(Linda Hill)教授,感谢她一直以来对我们的热情支持。

在写作的各个阶段,我们得到了许多人的指点和建议。我们感谢沃伦·本尼斯、莫尼卡·希金斯(Monica Higgins)、琳达·希尔、拉克什·库拉纳(Rakesh

Khurana)、约翰·科特（John Kotter）和斯科特·斯努克（Scott Snook）的反馈与建议。此外还要感谢约瑟夫·奈（Joseph Nye）、布雷吉特·格特勒（Bridget Gurtler）、莎拉·考斯（Sarah Kauss）、伊娃·梅纳德（Eva Maynard）、丽莎·颇德（Lisa Pode）、马克·雷尼娜（Mark Rennella）和詹妮弗·苏茜（Jennifer Suesse），感谢他们对于各个章节的建议。特别要提到的是马克·雷尼娜，她帮助我们核对各章的参考文献，为大量的、繁琐的事实检验提供了支持；此外，她在历史视角的选择和各章的联结方面，也向我们提供了有益的建议。我们还要感谢露茜·麦克柯里（Lucy McCauley）对第五章和第六章的反馈意见。最后，我们从哈佛商学院出版社的编辑卡洛·弗兰科（Carol Franco）和美琳达·马利诺（Melinda Merino）那里获得了不少建议与帮助，从中受益良多。在我们研究的初期，卡洛就鼓励我们大胆地从更深和更广的角度开展研究；美琳达所做的每一个回馈都深思熟虑，同时也为我们提供了很多创新性建议。这对我们既是一个挑战，也是一个拓展思路的机会。

如果没有这些人的帮助，对于20世纪1,000个商业领袖的研究是根本无法完成的。这里特别需要感谢的还有布雷吉特·格特勒（Bridget Durtler），是他一直不知疲倦地在哈佛图书馆落满灰尘的卷宗中为我们查找资料。此外，感谢克里斯·艾伦（Chris Allen）、林茜·格林尼（Lindsay Greene）、KC. 哈扎利卡（KC. Hazarika）、阿尔伯特·豪威尔（Albert Jimenez Howell）、凯尔·克洛普茨克（Kyle Kolpcic）、琼·麦克唐纳（Joan McDonald）、伊娃·梅纳德、阿加塔·马祖洛夫斯加－罗登则（Agata Mazurowska-Rozdeiczer）、丽莎·颇德、尼古拉·新科鲁洛夫（Nicolay Siclunov）、劳拉·辛格顿（Laura Singleton）、莫尼卡·慕尼克·斯托林斯（Monica Mullick Stallings）、詹妮弗·苏茜、埃米莉·汤普森（Emily Thompson）、莎拉·乌尔维顿（Sarah Woolverton）和詹姆斯·蔡特勒（James Zeitler），他们为与研究项目相关的工作提供了帮助。感谢哈佛商学院多媒体学院，包括劳伦斯·布丝丽尔（Laurence Bouthillier）、大卫·哈比勃（David Habeeb）、道·西斯（Daugh Heath）和詹妮弗·马蒂尼（Jennifer Martini），他们帮助我们设计了可以进行网上调查的网页。我们还要感谢克里斯蒂·法尔基德（Christine Fairchild）和哈佛商学院校友联系小组，他们为我们采访校友提供了便利。最后，我们要深深地感谢贝克尔图书馆（Baker Library）的职员们，特别是史料收藏室的职员，感谢他们的耐心和帮助。

本书的图片由阿里森·康明斯（Alison Comings）和丽莎·颇德提供。我们对丽莎的能力和她愿意承担这项历史性的任务，并且高效、细致地完成工作表示由衷的赞赏。同时丽莎也仔细地审校了整个文稿，对此我们要特别感谢。

致谢

我（托尼·梅奥）想要感谢我的合著者尼丁·诺里亚，感谢他非凡的视野、他的合作精神、他充沛的精力和无限的激情，特别是他的友谊。最后，我要感谢我的家人（我的妻子丹尼斯，我的孩子汉勒伯、亚历山大和雅格布），感谢他们在我工作时所给予的爱和帮助。他们的热忱、信心和不断的鼓励是我前进的动力。

这本书让我（尼丁·诺里亚）看到了合作的巨大力量。与托尼·梅奥的合作对我来说是一项殊荣，因为他不仅是领导学领域的研究者，也是一位优秀的领导者。如果不是他积极探索未知领域的巨大勇气，不是他在我们将要陷入绝望时顽强地坚持，完成这样一个规模浩大的项目简直就没有可能。从他身上我学到了很多，与他共事并作为他的朋友我感到十分荣幸。

导论

本书所讲的领导力，是一种历史情境中的领导力，它是一种基于个人对于其在所处世界中位置的评价和理解而形成的领导能力，而不是那种单单从个人特质中分离出来的领导能力。经济、社会和政治的状况总在不停地变化着，这种变化要求人们采取不同的领导方式和不同的成功之路。如果把沃尔特·迪斯尼（Walt Disney）放到今天这样一种多媒体的社会环境中，他是否还能成功？亨利·福特又怎么样呢，他对于大规模生产的不懈追求放到今天是否还适用？我们也很难想象杰克·韦尔奇在几年前为公司和他个人带来辉煌的领导方式，今天是否还有效？

历史情境是一种十分重要的因素，它决定了不同时代的机会有不同的表现方式。人口、科技、规则、地缘政治、劳动力条件、社会习俗都会极大地影响商业机会的出现。不同的历史情境培育不同的商业机会，有时候培育出的是全新的商业机会，而有时候则极大地扩展现有的商业模式。在另外一些情况下，机会还可能出现在为了生存和未来的繁荣，对濒临危机的企业进行重组的过程之中。个人作为意志和行动的载体在这个方程式中是同样重要的，因为他们不但要抓住时代的各种机会，而且还要创造机会开创新的时代。只有理解了如何把握时代、把握机会，才算抓住了本书的主旨。我们逐渐认识到的这种感知能力就是"情境智力"——对于企业在初创、成长和转型期间的宏观情境因素的深层理解。[1]《20世纪最伟大的商业领袖》讲的就是这样一些具备"情境智力"的商界传奇人物的故事：他们都有一种敏锐的把握机会和躲避风险的意识。当然，其中的很多传奇人物有着独特的个性（如勇于冒险、目标明确、渴望变革、有很强的人格魅力等）；但是，我们也发现这些人的成功不仅仅得益于具备上述性格特征，同时还要归功于他们在特定情境中对这些优势特征加以运用。我们要讲述的，就是这些传奇人物在他们的时代所发生的传奇故事。

出发点：真实地反映商界传奇的原貌

像很多研究一样，我们研究的道路并不是一帆风顺的。当我们于2001年开始这个项目的时候，我们的脑海中只有一个目标——把它打造成一个对商业领袖进行历史性回顾的巨典。在这个领域没有一部这样的著作在我们看来是一种缺憾。正如文学系的学生一定要研究和了解荷马、莎士比亚和惠特曼的经典著作，艺术学的学生一定要学习雷诺阿、莫奈和毕加索的代表作一样，研究、鉴赏各自学科的历史和代表人物也是人文教育的核心内容。历史和人物志是每一个学科赖以发展的基础，大多数人文学科似乎都采纳了赛珍珠（Pearl S. Buck）的观点："关于历史的知识越详细越好，如果我们能够全面地认识过去，就能更好地把握未来。"2

对于历史的看重在商业界似乎还不太流行，虽然大家都认为应当如此。是不是因为那些伟大的执行官和企业没能打造出现代产业？商业在人类文明的发展和国家的兴衰过程中所起的作用也不是那么重要？事实上，我们很难想象别的任何一种人类活动比商业对20世纪人类社会的变革具有更大的影响。美国人民（乃至世界人民）的日常生活，都留有那些伟大的管理者和他们所创建的企业的痕迹。那些执行官和他们的企业的影响渗透到我们日常生活的每一个角落，以至于我们已经浑然不觉，我们日复一日地这样生活着，并且认为这一切都是理所当然。然而，也许只要我们稍稍留意一下，就能够发现商业对我们生活无处不在的影响。

每天早上醒来，我们都懵懵懂懂地走进浴室，使用高露洁或佳洁士牙膏刷牙，用吉列或舒适剃刀刮胡子，然后用象牙或戴尔肥皂洗澡。洗漱完毕之后，我们可能会吃凯洛格牌子的早餐食品，然后钻进我们的通用、福特或克莱斯勒品牌汽车驰往办公室。在路上，我们可能会在星巴克停一下，买一杯拿铁或者卡布奇诺浓咖啡。到了公司，我们通常操作苹果、IBM或者戴尔电脑进行工作，所用的软件则是由微软、莲花或甲骨文公司设计的。午餐我们通常要享用麦当劳的巨无霸、达美乐的比萨、赛百味的三明治或是肯德基炸鸡。在下午茶时间，一杯清凉的可口可乐或百事可乐饮品能够让你重新恢复体力。回家的路上，我们使用摩托罗拉手机打电话，而提供该项通信业务的是美国电报电话公司，账单则用VISA卡或美国运通卡来支付。一回到家，我们就会打开索尼牌电视机，收看CNN频道播出的节目或者迪斯尼旗下的ABC节目。随着夜幕降临，我们打开电灯，但我们可能从来不会想到爱迪生的贡献，或者通用电气的CEO"把美好带给人间"的承诺。在使用这些产品和服务的时候，我们就在某个方面享用了这些公司和个人所创造的成果。但是，为什么面对众多产品我们却偏偏选择用高露洁来刷牙、开福特汽车或用IBM电脑呢？是什么让这些品牌经久不衰？

除了帮助我们认识商业对我们日常生活的影响之外，一部历史性商业巨典还能够帮助我们对我们视为理所当然的一系列企业实践活动的演进过程——从组织结构的形成，到厂区规划设计，再到产品的营销以及员工持股计划——有一个更好的理解。许多今天看起来稀松平常的东西，其实都是先行者们艰难探索的结果。那些为商业规则和程序的制定带来开创性贡献的人们，他们为我们留下的遗产，比他们的公司和品牌的影响力还要大。这些人改变的，常常是我们的工作方式。举例来说，今天我们常常见到厂家邀请客户试用产品，这就是波斯特（C. W. Post）的发明。为了将无咖啡因的咖啡替代品——波斯特（Postum）——推向市场，他调制了这种焦糖口味的混合物，并且在中西部的商场里提供免费样品供人品尝。尽管当时市场上有上千种咖啡替代品，但是波斯特凭借直接面对终端客户这种20世纪初闻所未闻的商业模式，很快在竞争中脱颖而出。波斯特的创举不仅为他本人带来了成功，而且创造了一个零售业的经典营销模式，它的影响一直持续到下一个世纪。

对历史的回顾也能够让我们看到商业领袖们对于国际重大事务无可置疑的影响力。在各个时期的各个领域，他们所发挥的作用都非常普遍，尤其是在战争时期。在整个20世纪，商业界一直是美国国防事业最好的合作伙伴，他们将商业模式转而用之于国防产品的生产，其速度之快、效率之高常常让人瞠目。虽然这种转换起初并非都是情愿的，但是商业领袖们在掌控庞大资源、实施大规模生产方面表现出来的非凡能力，为战争提供了极为有利的帮助。一些执行官甚至被列入汤姆·布罗考（Tom Brokaw）制作的"最伟大的一代"节目（第二次世界大战老兵贡献回顾）的名单。

珍珠港事件发生前的一个月，大陆罐头公司（Continental Can）主席卡利·康威（Carle C. Conway）在一次演讲中预见性地提到："美国的商人们和他们的公司正在并将一直会在国家危难的时候创造生产上的奇迹。[3]"一次又一次地，商业执行官们响应号召，用他们的努力帮助逆转了难以预料的战争结果，尤其是在第二次世界大战期间。康威在进行总结时引入了国家荣誉和使命的概念："我们得到了机会，同时也肩负着使命。是的，我们有义务见证在美国自由企业制度之下，美国的商人们，采用美国方式，可以比其他制度下的企业作出更大的贡献。"[4] 商业从战争动员中获得的利益是巨大的，但是由此而释放出来的生产能力对于世界的影响也是十分长远的。

除了对于日常生活、商业实践以及全球事务的影响之外，有一些商业执行官，仅仅凭着他们创造经济价值的伟大能力，就足以获得我们的认可。我们的经验性研究也证实了一个先前的发现，即在控制了经济条件、行业因素和共同的公司特征等因素后，CEO对于公司业绩的影响占所有影响因素的15%。[5] 单是CEO的更替对公司业绩的影响程度，就不亚于行业因素对公司业绩的影响程度（图1—1）。假设你是公司董事会的成员，你对于新CEO选择的决定可能和你改变公司业务范围的决定有着不相上下的影响力。

既然CEO的影响如此之大，为什么到现在为止我们都没有一部关于他们的巨典呢？这可能是因为我们有一个先入为主的印象，认为CEO们就应该时刻准备应对眼前最紧迫的问题，正如沃伦·巴菲特（Warren Buffet）所说，他们通过挡风玻璃而不是后视镜来驾驶。[6] 毫无疑问，他们必须向前看，但是我们仍然认为，商业执行官们如果能够更好地了解他们前辈的奋斗史，那么他们不仅能够更好地完成当前的任务，还能使前途更加光明，留下更深远的影响。

图1-1

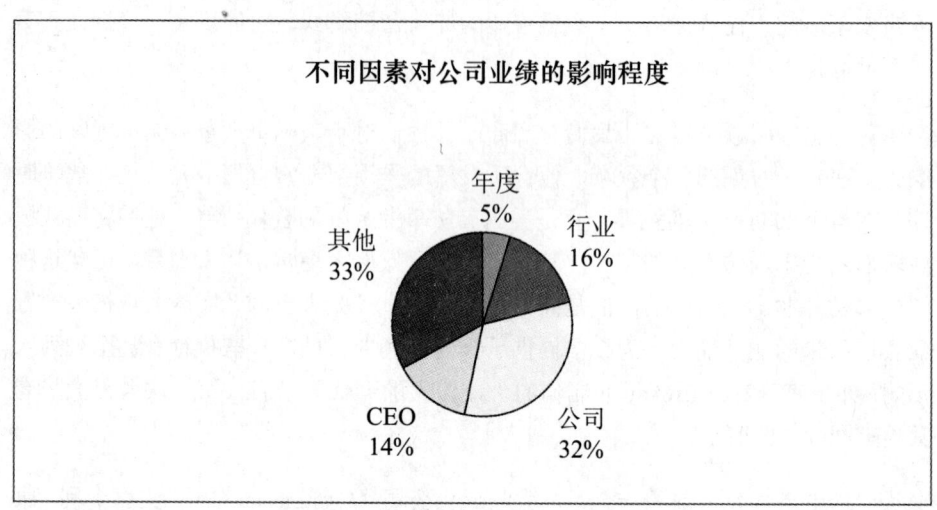

但是这部关于20世纪最有影响的美国商业领袖的巨典应该收录哪些人呢？哪些人对于我们国家经济发展的作用是至关重要的呢？这些问题是我们在挑选候选人时应该首先澄清的。我们挑选的，是那些改变了我们的生活、工作和交往方式的人。于是，我们开始确定20世纪1,000位最伟大的CEO和美国公司的创始人。*我们关注这部分人不是因为我们认为为商业带来重大改变的只有那些站在组织制高点的CEO和创办人，而是因为仅仅得到一个有关这些人的比较系统的名单就十分困难（甚至可以说是不可能的），更不用说详细的、自传性质的信息了。很多执行官们从来没有机会成为CEO，但是他们的个人业绩以及他们对于团队的贡献，却使得他们的CEO和创始人赢得了我们的认可。这些执行官们是我们这部传奇中的无名英雄。

我们最初的计划是要把这个千人名单缩小一点，形成一个有代表性的小集合。[7] 我们认为这样一个小集合基本可以构成这部巨典的基础。最后，我们总共调查了7,000多名执行官，并且让他们对我们所需要的千名CEO和创始人进行评估与排名。由此，我们计划打造一个全美执行官"百强"（TOP100）排行。这项调

---

* 我们挑选这1,000位商业执行官的方法在本书附录中有详细介绍。为了研究的方便，所有入选的执行官都是相应企业的创始人、总裁或者CEO。我们这里使用CEO和创始人这两个术语来代表我们的商业执行官样本库。

查要求受访者对收录到这部巨典中的 CEO 做一个选择，并且给出选择的理由。特别是，我们十分关注受访者对于最伟大的执行官的评价标准（图1—2）。大约有四分之一的受访者认为，他们的选择标准是执行官们是否有能力实现公司的目标，接下来分别是执行官是否有创新能力、执行官是否能够推进整个行业的进步。让人觉得意外的是，执行官改善公司财务状况的能力排行第四，接下来是他们个人对社会的影响。很少一部分受访者谈到执行官提高他人的能力。

图 1-2

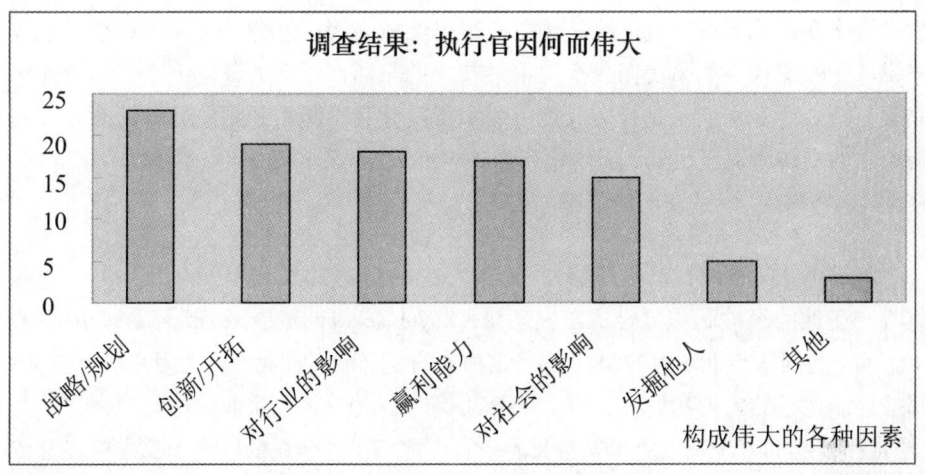

虽然受访者们对于"杰出"的定义引起了我们的兴趣，而且我们也的确做了一个"百强"排名，但是我们意识到对于这1,000个数据的分析很有可能会漏掉一些重要的东西，特别是，如果我们仅仅关注"百强"的话。从调查的结果和我们获得的大量的数据信息来看，我们发现在我们的调研结构和历史的研究之间有着十分有趣的相似性。特别是当我们问受访者什么样的人才能被收录到书中时，他们通常都会提到三类典型的执行官——企业家、经理人和领导者。我们的受访者对于这三类人的杰出都是十分认同的。随着我们对百强研究的不断深入，我们的研究重点开始从商业领袖的杰出事迹转到了对不同领导类型出现在不同时期的理解上来。《20世纪最伟大的商业领袖》就是这种研究视野拓宽之后的结果。现在这本书已经不仅仅是一部关于商业传奇的著作，它同时还讲述了历史情境是如何创造出不同机会，以及这些机会是怎样被人加以利用从而创造出商业传奇的。所以这本书是对资本主义制度下那些最强的人，如企业家、经理人、领导者们的一个更深层次的赏析。同时也是对情境智力重要性的一个肯定。

企业家、经理人和领导者

企业家

到目前为止,大多数受访者将票投给了20世纪的传统企业家们,那些充满活力、善于打破一切陈规创造出崭新的令人振奋的事物的人。从乞儿到富翁的企业家故事,自这个国家建立之初就一直流传并深深地印在了每个人的脑海里。从这次调查中我们也可以看到,这种传奇故事已经成为美国梦的一部分。对于很多人来说,企业家代表的是美国人个性中最精粹的东西:创造力、坚定不移的精神和顽强果断。企业家们总是打破成规,敢于冒险并且不断将梦想向远方延伸。我们调查中的受访者对于山姆·沃尔顿(Sam Walton)、沃尔特·迪斯尼、雷·克罗克、亨利·福特和比尔·盖茨的成就都心仪不已。

对于企业家的研究,是约瑟夫·熊彼特在20世纪20年代和30年代研究工作的重心。在他的经典著作《经济发展理论》(*The Theory of Economic Development*)中,熊彼特对于企业家有一个定义:"这种新的组合的运行我们称之为'企业',而那些控制运行的人们我们称之为'企业家'"[8]。他认为"企业家比其他类型的人(通常指传统的管理者)更加以自我为中心,他们不像传统的管理者那样更多地依靠传统和关系来进行管理,因为在他们的性格中就有那种打破传统、开拓创新的东西存在"[9]。熊彼特研究企业家的时候,正值美国工业化达到一个新顶峰的时期。那些不断开发出新的产品和服务,并且不断地将扩展的市场资本化的个人,是站在技术创新最前沿的人,正是这种创新将资本主义经济不断向前推进。在他随后的著作《资本主义、社会主义和民主》(*Capitalism, Socialism and Democracy*)(1940)中,熊彼特对企业家作了进一步的阐释:"我们已经认识到企业家的作用是通过创新或者对于生产方式的改进来实现的,或者更通俗地说,他们总是尝试使用以前没有过的新技术来生产新产品,或者是通过新方法来生产老产品,或者是引入新的生产材料,或者是采纳新的营销模式扩大产品销路,等等。"[10] 熊彼特指出,只有一小部分人表现出这种打破成规、开拓创新的能力。[11] 虽然这个团体规模很小,但是他们成功的故事已经成为美国传奇的一部分,而且在我们的调查中也发现,当问到什么人可以称得上杰出时,这些商业领袖们是受访者首先提到的。

经理人

另外一些受访者对于企业家们的创新能力并不十分感兴趣。他们是经理人团队的拥护者。经理人是一个状态稳定、历史悠久的阶层,他们是伴随着秩序、结

表 1-1

调查报告：最顶级的100名商业领袖

排名	姓名	排名	姓名
1	Samuel M. Walton	51	Adolph S. Ochs
2	Walter E. Disney	52	Katharine M. Graham
3	William H. Gates III	53	Elisabeth Claiborne
4	Henry Ford	54	Richard W. Sears
5	John P. Morgan	55	Paul V. Galvin
6	Alfred P. Sloan Jr.	56	Lido (Lee) A. Lacocca
7	John (Jack) F. Welch Jr.	57	Leo Burnett
8	Raymond A. Kroc	58	Edward C. Johnson III
9	William R. Hewlett	59	Howard D. Johnson
10	David Packard	60	Robert W. Johnson
11	Andrew S. Grove	61	Bernard Marcus
12	Milton S. Hershey	62	Charles E. Merrill
13	John D. Rockefeller Sr.	63	Margaret F. Rudkin
14	Thomas J. Watson Jr.	64	Leslie Wexner
15	Henry R. Luce	65	Dee Ward Hock
16	Will K. Kellogg	66	Cyrus H. McCormick Jr.
17	Warren E. Buffett	67	Stephen D. Bechtel
18	Harland Sanders	68	King C. Gillette
19	William C. Procter	69	Bernard H. Kroger
20	Thomas J. Watson Sr.	70	Edwin H. Land
21	Asa G. Candler	71	Sanford I. Weill
22	Estée Lauder	72	Franklin P. Perdue
23	Henry J. Heinz	73	Thomas S. Monaghan
24	Daniel F. Gerber Jr.	74	John G. Smale
25	James L. Kraft	75	Stanley C. Gault
26	Steven P. Jobs	76	Lammot du Pont
27	John T. Dorrance	77	Berry Gordy Jr.
28	Leon L. Bean	78	William Randolph Hearst
29	William Levitt	79	Charles Lazarus
30	Howard Schultz	80	John W. Marriott
31	Michael Dell	81	Harvey S. Firestone
32	Robert W. Johnson Jr.	82	Louis V. Gerstner Jr.
33	James E. Casey	83	David D. Glass
34	Herbert D. Kelleher	84	William L. Mellon
35	George Eastman	85	Edmund T. Pratt Jr.
36	Philip H. Knight	86	John S. Reed
37	James O. McKinsey	87	William S. Paley
38	Charles R. Schwab	88	R. David Thomas
39	Frederick W. Smith	89	William Steere Jr.
40	William Wrigley Jr.	90	Henry Ford II
41	Gordon E. Moore	91	Juan T. Trippe
42	Robert (Ted) E. Turner	92	Eli Lilly II
43	J. Willard Marriott Jr.	93	Conrad N. Hilton
44	James Burke	94	Edward C. Johnson II
45	David Sarnoff	95	Harry M. Warner
46	William E. Boeing	96	Samuel Sachs
47	Walter A. Haas	97	Jean Riboud
48	Henry J. Kaiser	98	Jean Paul Getty
49	Walter A. Haas Jr.	99	Mary Kay Ash
50	Clarence Birdseye	100	Roberto C. Goizueta

构和组织而成长起来的。对于这些受访者来说，典型的CEO应该关注资产的合理配置、组织结构的调整，确保组织的规模和业务范围的效率，以及重要业务结果的可预测性。在这一部分受访者心目中，商业英雄了解他们所处时代的特点并且能够对此善加利用，从而打造成功和高效的组织。经理人对企业最大潜力的榨取比企业家有过之而无不及，像斯隆、摩根（J.P. Morgan）、洛克菲勒（John D. Rockefeller）以及詹姆斯·伯克（James Burke）都是传统经理人成功的典范。

虽然熊彼特早在20世纪初期就强调了企业家的作用，但是钱德勒在他的著作《看得见的手》（*Visible Hand*）中却对经理人的作用推崇备至。虽然他和熊彼特的研究关注的都是同一个时期，但是钱德勒关注的重点却不是新企业的开创者；相反，他关注的是大型企业的标准化和高效管理，而这些是通过企业大规模的联合、并购有机的形成的。在这一点上，钱德勒将经理人这一看得见的手与市场这一看不见的手相互对照。钱德勒高度评价管理的看得见的作用："虽然有市场机制来监督和协调传统的个体企业的活动，但是在一个现代企业的内部，生产和销售都是由中层经理人来监督和协调的。高层经理人除了要考核和协调中层经理人的工作，还要代替市场来为下一步的生产和销售合理配置资源。因为承担了这些功能，经理人需要不断地在日常工作和流程上创新，正是这一系列的创新造就了美国生产和销售管理运作模式的标准"。[12]

随着工业化的不断深入，以及技术革新不断向生产转化（如商业化），钱德勒认为企业的高层经理人将逐渐控制美国的经济。[13] 20世纪中期，随着企业发展不断走向成熟，钱德勒看到高层经理人通过标准化、组织化和结构化不断创造价值，从而使他们的地位变得越来越重要。同时，这些经理人的活动也反过来塑造了美国甚至全球的经济结构。

领导者

还有一部分受访者提到了第三种商业执行官：领导者。他们是变革的发起者，常常能够在常人看似不可能的情况下发现机会并获得发展。这些人善于抓住那些被别人放弃的商业机会。这些执行官的风格就是为处于危急中的企业带来新的活力。当危机来临时，别人看得见的可能是失败和停滞，而他们却从中看到了希望的曙光。这种类型的执行官能够再造企业，他们常常通过一些新点子，使企业重新焕发活力。对于很多受访者来说，杰克·韦尔奇就是这种领导者中的典范，他成功地将通用电气从一个摇摇欲坠的企业变成了一个在财务、产品和服务方面都一流的公司，这在很大程度上归功于他卓越的领导力。[14]

沃伦·本尼斯的著作将商业执行官看做企业的领导者，而不是企业家或是经理人。虽然在美国社会中"领导者"（Leader）和"领导力"（Leadership）这两个词似乎无处不在并且与"管理者"（Manager）和"管理"（Management）可以替换使用，但是本尼斯却将领导力视作一种推动变革和转型的过程。在《领导者：成功谋略》（*Leaders:The Strategies for Taking Charge*）一书中，本尼斯和合著者伯特·耐纳斯（Burt Nanus）写道："有效的领导力能够带领组织走向未来，为组织谋划新的构想，在员工中灌输变革的思想，并慢慢培育文化和战略，从而使资源得以动员和集中。这些领导者不会无缘无故地突然出现，只有当组织面临新问题和复杂情况，无人指引就难以为继的时候，他们才会出现。领导者承担了重构组织的日常工作，并使之适应变化了的新环境的责任。他们指引着组织变革的方向，从而使员工重建自信，同时他们还鼓励员工寻找新方法来应对新的挑战。他们提出的面向未来的新愿景重新激发起人们的信心，他们也努力掌握新的组织工作方法。他们利用这一切战胜阻碍，赢得变革。"[15] 对于本尼斯和耐纳斯来说，领导者就是变革的设计师。

特定情境中的领导力

虽然在上个世纪出现了某一类型的执行官在某一时期大量出现并且占统治地位的情况（如20世纪早期出现的企业家，第二次世界大战后的20世纪50年代出现的经理人或者称"组织人"，20世纪80年代出现的领导者），但是我们发现这三种类型的执行官其实是长期共存，并且在各个时期都出现过的。除此之外，这三种类型执行官对于保持资本主义制度的活力都十分重要。企业家开创新的事业，经理人使它成长和完善，领导者则在关键时刻带领它实现变革。美国资本主义制度就是这样一轮又一轮地见证了商业的生命周期。

为了更好地理解个人与历史情境之间的内在关联，我们将数据库中的1,000个商业执行官样本按照他们成为CEO的时间或者他们创建公司的时间进行归类，每十年归入一个阶段。这种从执行官类型和所处历史情境两种角度进行分类的做法，为评估整个商界的历史性变化提供了一个机会，同时也为我们研究个人与他们所处时代之间的相互影响提供了一个良好的视角。[16] 虽然不同时期有多种不同的情境因素在起作用，但是我们发现六种因素尤其值得重视，它们是：政府干预、全球性事件、人口因素、社会习俗、科技和劳工。这六种因素并不代表全部，它们只是为我们进入某一特定时期，揭示不同历史情境如何为那些企业家、经理人和领导者造就不同的机会，打开了一扇窗。

虽然历史情境因素作为一种变量，其影响有强有弱，但是我们还是按照每十年一个阶段来组织我们的讨论。我们发现，十年既是一个很恰当的时间段又可以很好地总结各种情境因素。此外还有一个好处就是，它是我们大家都比较认同的一个自然的时间跨度，比方说谈到20世纪50年代和70年代的差异我们是很容易理

图 1-3

基于历史情境的领导力

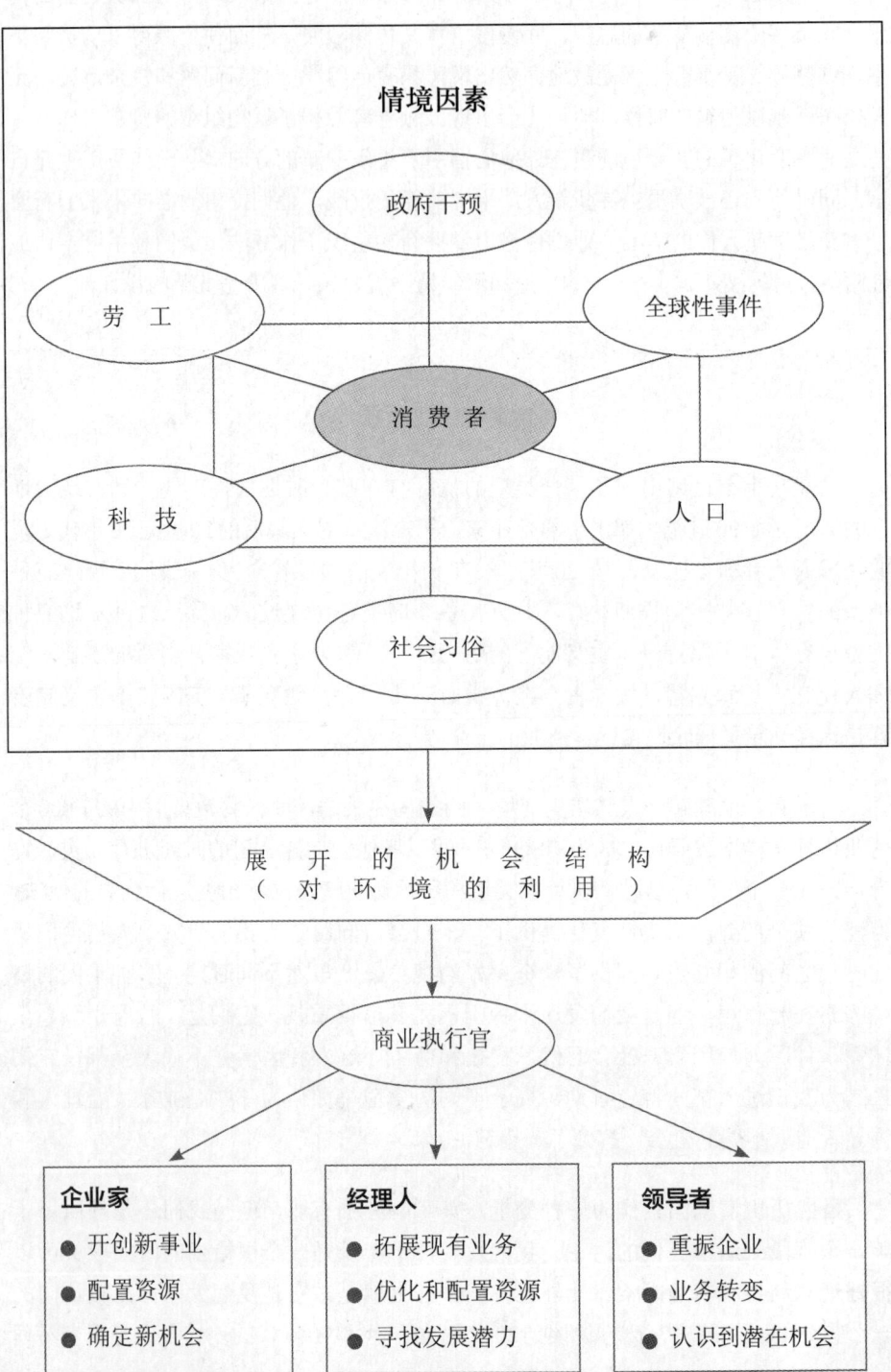

解的。正如读者将要看到的，某一情境因素的效用强度可能在各个时期都是一样的；而另一方面，某一情境因素可能对某一特定时代的精神却有着不寻常的影响。但是所有这六个变量的程度、影响和相互作用所形成的一种合力，却可以让我们轻松把握每个时代的特点，并且理解这种合力给每一位企业家、经理人和领导者所创造的不同机会。我们在本部分只是简要地对每一种情境变量作一些介绍，在接下来的章节中我们会详细地考察这些变量在各个时期所发挥的作用。

在20世纪的整个进程中，主要的商业潮流包括商界对政府政策的影响力逐渐增强，雇员的权利关注度不断提升，技术呈现有规律的进步，创新的重要性日渐凸现，顾客至上主义越来越风行，以及国内外市场竞争不断激化等。[17] 虽然我们花了大量篇幅来讨论六个宏观变量在不同时期对企业创立、成长和转型的影响，但对我们来说了解各种时代情境下消费者所起的作用也十分重要。实际上，我们将消费者放到了图1—3以情境为基础的领导模型的中心位置。顾客常常是政府管理和保护的重要目标。虽然常常表现得浮躁而且苛求，日渐成熟的顾客却始终是新科技的最终使用者或反对者。人口变量的变化会影响目标客户的分割，而消费者一直在影响社会习俗，但同时也被其所影响。最重要的是，让人捉摸不透的消费者能决定什么样的产品和服务会赢得持久的成功，什么样的产品和服务则经不起考验，只是昙花一现。

表 1–2

本书所考虑的六项情境因素

政府干预：美国政府干预商业的程度会影响 CEO 或公司创办人按照自己的意愿进行管理的程度。在某些时期，干预的力度是很强的，特别是20世纪30年代经济大萧条时期和20世纪40年代的战争动员时期。而在其他时期，政府执行的则可能又是放任政策。商业执行官们需要适应这种随干预强度的起落而变化的情境；变革有时带来的是新的商业机会和自由竞争，有时带来的则是缩减开支、分拆公司和被迫屈从。

全球性事件：商业执行官们面对全球性竞争是退缩防守还是迎头面对？对于全球性事件，是仅把它当做茶余饭后的谈资还是看成一种机会？对这些机会是视而不见，还是适时地把握？执行官个人对全球性事件的适应能力和利用能力成为他们在20世纪取得成功的主要因素之一。

人口因素：商业执行官们怎样看待20世纪初和20世纪末的大规模的移民？他们怎样看待第二次世界大战之后美国国内人口的激增（婴儿潮）？这些都能显现出执行官们如何

表1-2（续）

将时代赋予的机会加以利用的能力。同样，今天的执行官们是接受还是排斥人口和劳动力的多样化，将影响他们留下的历史财富类型。人口因素对于员工管理、产品和服务的市场营销都会产生影响。

社会习俗：特定时期的社会习俗会极大地影响公司将他们的产品和服务推向市场的方式，同时这些社会因素还决定什么样的新业务能够得到发展和繁荣。在所有六种情境因素中，社会习俗是最具周期性的，对于这一情境因素的运用通常需要执行官们具备很强的适应性和灵活性。对于某些人来说，这种灵活性开启了成功之门；而对于另一些人来说，这种灵活性则会变成一种束缚。

科技：科技因素对20世纪商业的影响即使不是最强，也毫无疑问是较强的因素之一，商业，无论对于科技进步的推动作用以及科技对商业发展的促进作用，其影响都是巨大的。科技进步为现有行业的发展指明了方向，促进了新行业的诞生，同时为各种行业提供了无数的机会。但是科技所发挥的作用通常不是立刻显现出来的，因此，需要商业执行官们用充满想象力的大脑来理解它，这样才能将科技的潜力充分地发挥出来。

劳工：如同政府干预因素一样，劳工运动也随国家总体经济的兴衰和机会的多寡有一个上下波动周期。尽管20世纪的执行官很少在改善劳工待遇方面有突出表现，但那些这样做了的执行官，则大多出于真正的悲悯之心，不仅因为他们关心自己的雇员，也因为他们没有受到任何命令和压力的强迫。这些执行官选择在情境控制他们之前来控制情境。

一些商业执行官能够充分利用机会，抓住新的消费者，这种能力是他们成功的主要因素之一。另外一些执行官，则通过自我改造和公司改造使产品与服务重新焕发活力。还有一些执行官，他们是真正的消费潮流的引领者。为了成功，商业执行官们必须尽快做到与他们所处时代的情境相协调。[18] 正如社会学家奥林·克拉普（Orrin E. Klapp）所提到的："同样的行动，如果过早或过迟，或者发生在错误的场合，那么所制造的就不是英雄而是傻子了。"[19] 从图1－3中我们可以看到，成功无定式，把握时代所创造的机会也无定法。一些伟大的执行官就像熊彼特所说的企业家一样，他们能够打破时代的定式并且开创新的时代；另一些执行官则像钱德勒所说的经理人，他们能够优化并且很好地利用这些机会；还有一些则像本尼斯所说的领导者，他们在企业转型的历史时刻为企业注入新的活力。表1－3总结了这三种类型的执行官以及他们应对不同历史情境的方法。

通过考察历史景观和塑造这一景观的人物，我们希望能够表明：个人对于情境因素的理解，在构建和塑造历史的过程中起着重要作用。通过各个章节横向和纵向的相互关联的描写，我们相信读者会形成自己的关于情境智力的概念。虽然每个章节都有相对独立的内容，而且都可以单独阅读，但我们还是建议读者最好通读全书。全面通读将使你获得关于历史情境如何塑造商业传奇的整体理解。如果时间有限，不能通读全书，那么我们建议你重点阅读三个章节，因为这三章涉及三个十分重要的时期，它们分别是：（1）20世纪第一个十年政府干预开始出现的时期；（2）20世纪50年代第二次世界大战之后商业发展和繁荣的时期；（3）20世纪90年代信息科技革命和非理性主义出现的时期。

按照马丁·路德·金（Martin Luther King Jr.）的话来说，"我们不是历史的制造者，是历史在制造我们"。[20] 通过理解我们所处的历史时代和各种情境因素，我们可以更好地理解我们身居何处、我们将要去往何方。虽然本书中的很多故事看了让人备受鼓舞，但是这些故事却不是凭空发生的。成功人士善于抓住机会、善于发挥潜力、善于应对挑战。谁将成为21世纪的商界传奇人物？怎样才能获得成功？时代会带给我们什么？通过了解前辈们的传奇和他们与时代的互动，我们就能在解读自己的时代时变得充满自信。在此基础之上，我们希望本书能够激励或者鼓舞读者在他们的时代开创属于他们自己的历史。

表1-3
商业执行官的类型以及他们应对不同情境的方法

企业家：企业家们通常并不被他们所处的时代情境所束缚，他们革新企业流程、业务范围，有时甚至变革整个行业。为了达到这些目的，企业家们常常要克服数不清的艰难和险阻，才能发现、发起并完成一些变革。

经理人：经理人十分善于解读他们所处的时代情境，并最大限度地加以利用。他们对于他们置身其中的总体环境有很深的理解，能够从各种现有的情景因素中获取益处，引领企业获得发展。

领导者：领导者能从根本上振兴一个正处于十字路口的企业或行业。他们给企业带来凝聚力，重新定位产品和服务，并且重建组织结构从而延续企业的生命力。

第一章
1900—1909
充满商机的大地

> 她就在那儿,大熔炉!——听!你是否听到她在翻滚冒泡?她张开大嘴,打了一个呵欠——在这个港湾里,来自地球另一端的人聚集到一起,他们的数量数也数不清。啊,多么忙碌,人群在沸腾!凯尔特人和拉丁人,斯拉夫人和条顿人,希腊人和叙利亚人,黑人和黄种人,犹太人和非犹太人……
>
> 是的,东方和西方,南方和北方,棕榈树和雪松,极地和赤道,新月和十字——炼金术士多神奇,用他的炉火将一切都熔合!在这里他们再次联合,创造一个合众国。啊,维拉(Vera),罗马和耶路撒冷多么荣光,在宗教的旗帜下所有的国度不同的人种都聚集在一起,他们一起憧憬和追忆。来与美国比一比,这里来自所有国度和不同的人种为劳动聚集在一起,他们从不回头只向前。和平,和平,对于将要出生的千百万,等待他们的命运就是和平——仁慈的主赐予我们和平。
>
> ——大卫(David)
> 摘自伊斯雷尔·赞格威尔
> (Israel Zangwill)
> 《熔炉》
> (The Melting Pot)

这是一个1908年版的罗密欧与朱丽叶传奇,讲述了一位贫穷的年轻犹太作曲家(大卫)与一个反犹太俄罗斯贵族移民的女儿(维拉)之间的爱情故事。这要是放在从前,可能会是一个悲剧故事,但现在却可以拥有一个皆大欢喜的结局,因为这一对儿人不是在保守的欧洲,而是在开放的美国。在新世纪的美国,人们可以跨越宗教、国籍、阶级而相爱——正如赞格威尔的戏剧《熔炉》中所描写的大卫和维拉一样。赞格威尔笔下的美国,是一个充满机会、希望和自由的地方,这个国家正在构建一种新秩序——它将原来世界的文化、传统和种族投进一个大熔炉,重新熔合。

赞格威尔的作品自1908年上演以来一直评论如潮,该剧公演了六个月,几乎场场爆满。这出戏除去在商业和剧评上的成功,还向人们普及了这样一个观念——美国就是一个大熔炉。这个比喻被各个时期的历史学家、社会学家和人口学家广泛引用和验证。一代又一代的移民在追求他们的美国梦的道路上经历着成功和失败,对于一些人来说,等待他们的是机会和财富,而对另一些人来说,等待他们的则是失败和痛苦;但是对于大多数人来说,这个承诺都能引起共鸣。在赞格威尔的印象中,美国是慷慨而且充满希望的。他创造的人物大卫告诉他的爱人维拉,美国是一个"全世界的人们都乐于在此劳作的充满希望的地方"。他是对的,而他们本人也正是这千百万劳动大军中的一员。

美国在19世纪末至20世纪初经历了一个转型期。从一个乡野式的、以农业经济为主的国家过渡到一个都市化的、以工业经济为基础的国家;从一个松散的、以家庭为基础的集合变成了一个巨大的联合公司;从一个西欧式的国家变成了一个多民族的大熔炉。人们也从分散居住、疏于往来变得彼此联系频繁。通过多种方式,20世纪的最初十年预示了商业与政府、商业与劳工、商业与消费者之间的权力较量。商业在这十年间获得的权力是不平衡的,但是这种权力不再是无人监督的,美国正在改变并且重新评估它的价值观和制度。

变化的景观

新世纪初期,日渐增多的人口和不断变化的族群结构可以说是影响美国的最重要因素之一。除20世纪90年代之外,这一时期进入美国的移民数量比其他任何时期都要多。大熔炉的吸引力如此强劲,在人口增长中,移民至少占了其中的一半。从1900年到1909年,大约有900万移民踏上了美国的土地,是上个十年移民人数的三倍多。[1] 仅1907年一年,移民人口就达到了120万。[2] 在第一个十年中,美国人口总数从7,600万增加到了9,200万,增长率达到了20%,是20世纪人口增长最快的时期。[3]

日益膨胀的移民数量使美国作为一个宽容、开放、机会和自由之地的概念承受了巨大的压力,对于很多移民来说,这不是一个值得庆幸的消息。早期的移民和他们的后裔发现他们面临来自亚洲和东欧新一轮移民潮的威胁,特别是在工作机会上。表面的平静之下,新移民和原定居者之间的相互仇视一直持续着,这种潜在的对抗一直到工业大发展提供了足够的工作机会才有所减缓。人们工作的环境常常是危险或者不卫生的,有时甚至两者兼有。除了恶劣的条件,还存在一种不利于团结的因素——如果你不干,那好啊,有一大堆移民正排队等这份工作呢。

大量移民的涌入不仅改变了美国的族群结构和劳动力结构,也大大提高了美国城市人口的密集度。从1870年到1900年之间,美国的城市如雨后春笋般地在各地发展起来。在西部,西雅图的人口从1,107增加到了80,000;洛杉矶人口从

5,700增加到了102,000，丹佛人口从4,700增加到133,000；在东部，芝加哥的人口从29.8万增加到170万，纽约人口从94.2万增加到340万；而在南部，伯明翰这个1871年才建立的城市，在短短30年的时间里，人口增长到了13.2万。[4]

表1-1

1900—1909年的社会和人口状况

- 1900年美国共有45个州、7,600万人口，到1909年增加到46个州、9,200万人口
- 在公共场合抽烟的女性会被警察逮捕
- 纽约依法对机动车限速，市内限速10英里/小时，小城镇15英里/小时，乡村20英里/小时
- W.E.B. 杜波伊斯（W.E.B.DuBois）成立美国"有色人种进步联盟"（Natioanl Association for the Advancement of Colored People）
- 1900年共有96人死于机动车祸，115人被私刑处置
- 年龄10－15岁的童工占劳工人口的20%
- 时尚：短发、镍币电影院、理发店四重唱
- 运动：乒乓球、棒球
- 新词：泰迪熊、丑闻发掘者、大熔炉、"猪肉桶"（a pork barrel，美语俗语，指政府为讨好选民而用于地方建设的拨款。——译者注）
- 平均年收入：$375（1900）
- 预期寿命：女性48.3岁，男性46.3岁

资料来源：The source for this table and all subsequent tables on social and demographic facts for each decade are as follows: "The Basics of Business History: Top 100 Events in Chronological Order", The Street.Com Web site, http://www.thestreet.com/basics/countdown/747950.html（accessed 5 December 2002）; George Thomas Kurian, *Datapedia of the United States: American History in Numbers*, 3rd ed. (Lanham, MD: Bernan Press 2004): S. Mintz, "A Chronology of American History", Digital History Web site, http://digitalhistory.uh.edu/historyonline/chron20.cfm（accessed 15 July 2004）; Allan Metcalf and David K. Barnhart, *America in So Many Words: Words That Have Shaped America*（Boston:Houghton Mifflin, 1997）; Floyd Norris and Christine Bockelmann, *The New York Times Century of Business* (New York: McGraw-Hill, 2000); "One Hundred Most Important Women of the Twentieth Century", *Ladies Home Journal*, 1999; Public Broadcasting Service, "The American Experience: Technology Timeline, 1752－1990", http://www.pbs.org/wgbh/telephone/timeline/timeline_text.html（accessed 6 February 2003）; Richard Robinson, *U.S. Business History: A Chronology*, 1602－1988（Westport, CT: Greenwood Publishing, 1990）; "Twentieth Century inventions 1900－1999," http://www.

表1-1（续）

inventors.about.com/library/weekly/aa121599a.html（accessed 3 December 2002）; "Twentieth Century Inventions 1926－1950," http://www.inventors.about.com/library/weekly/aa122299a.htm（accessed 6 February 2003）; "Twentieth Century Inventions 1951－1975", http://www.inventors.about.com/library/weekly/aa122299a.htm（accessed 30 July 2003）; "Twentieth Century Inventions 1976－1999", http://www.inventors.about.com/library/weekly/aa010500a.htm（accessed 30 July 2003）; U.S. Bureau of the Census, *Historical Statistics of the United States, Colonial Times* to 1970, bicentennial ed. （Washington, DC: U.S. Bureau of the Census, 1975）; U.S. Bureau of the Census, *Statistical Abstract of the United States:* 2004－2005（124th Edition）（Washington, DC: U.S. Bureau of the Census, 2004）; and Yale University, "The Formation of Modern American Culture Since 1920: Timeline", http://www.yale.edu/amstud/formac/amst191b/timeline.htm（accessed 23 June 2004）.

日渐增加的城市中聚集了越来越多的人口，为商业提供了巨大的机会，这其中就包括以食品加工为基础的企业的创立和发展。为大家准备食物变得越来越重要，因为城市居民需要工作很长时间，而他们没有时间更没有地方自己种粮或是自己准备食物。美国工人平均每周要工作60小时，因此没有多少剩余时间可以花在家务琐事上。[5]对于很多移民家庭来说，在这一点上也是一样的。这就促生了一系列新的需求——对更加方便和更加实用的产品的需求。在这个十年之中，旨在使居家生活更加高效和舒适的科技也得到了很大的发展，其中就包括室内管线安置和集中供暖。

虽然城市景观有了很大的改变，但是乡村的发展又有它自己的轨迹。1893年，国会通过一项数万美元的拨款，资助邮局开辟了一个"乡村免费递送"（rural free delivery, RFD）线路网，这些线路提供了覆盖整个新选区的邮递服务，乡村居民第一次也能享用到定期的邮政服务了。此前，想要邮寄东西有时需要花费一整天的时间到小镇的商店才能办理。这项新的面向乡村的服务被很多企业家所利用，其中就有西尔斯（Richard Sears）和沃德（Aaron Montgomery Ward），他们编制的产品目录成为几十年间仅次于《圣经》的在乡间被广泛阅读的书。通过他们的努力，日用工业品在全国范围内都能买到，以前只能被少数城市精英享用的东西现在可以被更多人购买和享用了。

除了开拓新的市场，RFD对公路、桥梁和铁路的建设也发挥了重要作用。国家内部各地区间交往的扩大，使得信息流动的速度和层次都得以提升，也使得报刊杂志能够及时到达更广泛的读者手中。这种机会立刻就被早期的报业大亨们所利用，其中就有威廉·兰多夫·哈斯特（William Randolph Hearst）的《美国新闻》（*American Newspaper*）、哈里森·欧提斯（Harrison Otis）的《洛杉矶时报》（*Los Angles Times*）、阿多夫·奥克斯（Adolph Ochs）的《纽约时报》（*New York Times*）以及罗伯特·阿伯特（Robert Abbott）的《芝加哥卫报》（*Chicago Defender*）。随着读者的增加，民意也变得越来越重要。如果善加引导，将会影响整个社区、地区甚至是国家。一个由持进步论观点（Progressivism）的社会政治活动家组成的颇有影响的政治团体，利用这股潮流，将他们的理念向全国各地传扬。

进步论在社会中扎下根

从广义上说，进步论是由美国新兴的中产阶级发起的运动，旨在铲除政府和大企业中的腐败行为。进步论认为企业掌握了太多的权力——它们控制了劳动力、产品和服务的产出与分配。进步论认为政府对于公司太宽容，以至于让企业随心所欲地按照自己制定的规则运行。[6] 对于很多人来说，特别是对于那些社会经济地位较低的人来说，这种担心其实很早就存在。穷人一直在拼命打拼，但是成功者寥寥无几。通过多种方式，进步运动获得了很高的声誉和广泛的支持。许多历史学家注意到，进步运动受到新兴的美国中产阶级的支持，并成为当时媒体广为传播的主题。

20世纪最初十年，针对腐败曾经开展过一些重要的调查，亨利·德马雷斯特·劳埃德（Henry Demarest Lloyd）所著的《财富与国民的对立》（*Wealth Against Commonwealth*）一书揭示了垄断在控制政府政策中所起的决定性作用；塔贝尔（Ida M. Tarbell）的《标准石油公司的历史》（*History of Standard Oil Company*）记录了洛克菲勒石油公司在操作上的问题；林肯·斯戴芬（Lincoln Stefan）的《都市的耻辱》（*Shame of the Cities*）详述了都市的丑闻。西奥多·罗斯福总统（Theodore Roosevelt）称这些调查记者以及从事类似工作的人为丑闻发掘者（Muckrakers），这个词最初来自约翰·班扬（John Bunyang）的著作《天路历程》（*The Pilgrim's Progress*）中的一个人物，这个人通常只看到他眼前的那些丑事。罗斯福说："丑闻发掘者通常是社会不可缺少的，但是他们也必须知道什么时候应该收手。"[7] 按照罗斯福的观点，他们中的很多人对这一分寸掌握得并不太好。

虽然丑闻发掘者的一项很重要的工作就是揭露腐败，并呼吁改变政府和企业之间的关系，但这还只是第一步。进步运动真正带来改变，其实是通过罗斯福总统来完成的。虽然第一眼看上去罗斯福总统并不是一个谨小慎微的人，但实际上，在不完全改变现有商业社会秩序的前提下，罗斯福一直在"小心翼翼地"进行着最大可能的变革，通过支持进步运动中一些不那么有争议的主张——比如，待遇平等以及女性和儿童的雇佣问题——罗斯福实现了这一目标。尽管对于任何形式的劳动改革，社会上总是有一些抵触的声音，但是对于妇女和儿童的歧视性立场总是不得人心。在商业最前沿，罗斯福坚定地维护了大企业的利益，一直致力于适度地控制和规范企业以使企业获得更高的效率，而不是去瓦解这些企业："现代企业的运行机制十分精细，因此我们需要万分小心，以确保不要在仓促和无知的情况下去干扰其运行。"[8] 他选择了监督而不是禁止企业之间的联合。

政府开始发力

虽然罗斯福主张审慎，但是他仍然加快了政府干预企业运行的脚步。1890年通过的《谢尔曼反托拉斯法案》（*Sherman Antitrust Act*）在罗斯福任期内得到了加强。该法案的目的旨在控制和规范垄断。在罗斯福执政之前，《谢尔曼反托拉斯法案》很少被用来控制企业扩张行为。从控制国有铁路的斗争开始，罗斯福在他执政的七年中总共提起了超过25项反垄断诉讼。[9]19世纪末和20世纪初，拥有铁路所有权是企业成功的一个重要标志。早期两位铁路大亨之一的詹姆斯·J.希尔（James J. Hill）控制了大北铁路，另一位大亨爱德华·H.哈里曼（Edward H. Harriman）控制了联合太平洋铁路，两家都希望夺取北太平洋铁路的控制权，因为这条铁路横穿重要的城市芝加哥，对于推动中西部快速发展的北部区域的繁荣起着非常重要的作用。他们对于北太平洋铁路控制权的争夺，造成股市上的投机行为大量出现，因为希尔和哈里曼都企图将所有可能的铁路股票收入自己的囊中。《纽约时报》对此进行了报道："在股市上，你甚至可以卖掉你并不拥有的股票——也就是说，可以卖空（sell short）。很多投资者都这么做了，因为北太平洋铁路股票的价格已经涨得大大远离了铁路本身会带来的利润。这些投资者认为，一旦股价回落，他们就可以（通过卖空）大赚一笔。J.P.摩根（实际上就是希尔的幕后老板）和哈里曼的阵营买了比实际发行的股票还要多的股份，也就是说，他们可以向那些卖空者支付他们想要的任何价格来结束这种空仓的局面。这最终在华尔街制造了恐慌。"[10]

观察家们打赌北太平洋铁路的股价会跌到一个非常低的价位，但是令他们没想到的是，这只股票的价格一直攀升。持续升高的行情使得华尔街处于一种动荡不安之中，也因此使得一些投机者陷入了痛苦和绝望。希尔和哈里曼这种火药味十足的行为最终将铁路的股价推向了每股1,000美元，这是一个不切实际也不可能持久的价格（权力斗争之前的股票交易量一直只有现在的10%）。由于双方实力相当，谁也不能打败对方，在J.P.摩根的帮助下，希尔和哈里曼最后决定中止这场争夺战，联合起来成立一个北方证券公司（Northern Security Company）。这是一个实际控制国家中西部和西部铁路的控股公司，当它们于1901年合并的时候，北方证券公司成为整个国家最大的控股公司。

迫于在这场斗争中遭受损失的投机者的压力，罗斯福通过了《谢尔曼反托拉斯法案》，并于1902年对北方证券公司提起了一系列诉讼。诉讼最后提交美国最高法院，最高法院对北方证券公司给予否决，最终使得该公司被迫解散。在整个铁路事件中，政府拆分大型垄断企业的干预措施极大地鼓舞了进步运动的支持者们，使他们对于打赢下一场反牛肉垄断的法律诉讼充满了信心。1902年，古斯塔夫斯（Gustavus F. Swift）、阿莫尔（John Ogden Armour）以及其他四位执行官被指控试图串通起来控制牛肉的批发和零售价。[11]当政府针对这起事件颁布了禁令之后，牛肉批发商试图联合起来组成一个大的牛肉托拉斯，这个所谓的托拉斯惹恼了联邦政府的规制制定者。和北方证券公司的下场一样，牛肉托拉斯最终也被解散。但这只是肉类批发商遭受的第一次挫败。时隔不久，紧接着的第二波又发生了，这一次他们不仅在政治上被击败，在社会影响上也遭遇了滑铁卢。

多年以来，形形色色的团体都试图设立一套法规来保护消费者免受食物制成品和成品药中会有的潜在有害成分的威胁。实际上，在过去的20多年间，"至少有190项关于食品和药品的提案受到了（国会的）关注，但最终都没有被通过。"[12] 虽然有"丑闻挖掘者"的大力支持，却始终没有取得什么进展。直到厄普顿·辛克莱（Upton Sinclair）的出现，情况才有了转机。辛克莱是一个社会主义运动的支持者，他在1905年发表了《屠场》（The Jungle）一文，并于1906年将文章扩展成一本书。在书中辛克莱深刻揭露了食品加工业的内幕和存在的腐败。他对于食品加工业不卫生、不安全的状况进行了生动而又翔实的描述，在美国引起了轰动，也促使罗斯福开展了一系列的政府调查。辛克莱本来希望通过他的出版物引起人们对于雇员公正待遇问题的关注，并赢得人们对社会主义的支持；但是他对于被老鼠污染过的肉如何被加工成香肠以及其他肉制品的描写，引起了人们极大的警惕和愤怒。他希望引发一场社会主义运动，但相反地却造就了另一场运动。随着辛克莱的揭露和政府调查结果的水落石出，罗斯福总统终于在1906年签署了《纯净食品及药物管理法》（the Pure Food and Drug Act）和《肉类检查法》（the Meat Inspection Act）两部重要的法律文件。这两部法案针对食品和药品的加工设置了新的限制条件并提出了新的标准，在当时被认为是史无前例的，但是时隔不久，政府于1930年通过了更为严格的食品和药品法案。

虽然罗斯福为控制大型企业采取了一些措施，但他的内心还是充满了疑问，这个国家什么时候开始陷入了这样一种危险的境地？1907年华尔街痛苦的经历是对这一状况的最好注释。当时存在一股国际流动性危机，迫使许多基于美国的信托机构抽回了投机性贷款，而这又进一步恶化了全球的货币供应。因为没有一个类似中央银行这样的机构来应对危机，罗斯福政府转向J.P.摩根和詹姆斯·斯蒂尔曼（James Stillman）（国家城市银行）这样的金融家寻求帮助，由他们向受到影响的信贷机构提供现金流。这个金融家集体最终起到了一个准中央银行的作用，但凭借对资本的掌控，他们的权力甚至要超过中央政府。摩根和斯蒂尔曼的行为受到一部分人的赞扬，同时又受到另一部分人的谴责。虽然他们在化解金融危机方面称得上是英雄，但是他们的权力实在太大了。1907年的华尔街危机为一套新制度的实行做好了准备，而1913年通过的"联邦储备法案"，最终迎来了中央银行的诞生。[13] 从这里我们可以看到商业领袖们是怎样被政策所影响，又反过来影响了美国具有深远影响的重要的商业规则的制定。

虽然罗斯福和他领导的立法小组成功地完成了几次"拆分"，并且罗斯福也为自己赢得了"垄断拆分者"的名声，但他在这一方面的工作却充满了矛盾，因为罗斯福本人也是一个规模化的支持者，他认为相对于小型公司，大企业更加高效，生产能力也更强。他对大企业的叫停并不是因为它们的大，而是因为它们试图控制立法[14]。尽管罗斯福因此而赢得了垄断拆分者的名声，而他精心挑选的继任者塔夫脱（William Howard Taft），则发起了更多的针对垄断的法律诉讼，并且切实加强了政府对整个国家商业的控制。在他执政的四年间，塔夫脱完成了90件反垄断诉讼，这比罗斯福在任七年内所完成的诉讼还要多。[15]

相对于罗斯福来说，塔夫脱的政策更追求长远效果，因此他的名声也不如罗斯福那么响亮。他于1909年通过了《税法》（Tariff Act of 1909），这在很大程度上改变了政府与企业的关系。根据1909年税法的规定，国家要向企业征收特许权税并授权美国国税局（Internal Revenue Service）审计公司财务，以确保它们与新法案的规定保持一致。[16]这一看似简单的举措使得国税局能够检查和审计公司的财务记录，它实际上起到了很重要的作用，它迫使企业撕下了长久以来的保护个人和私人利益的神秘面纱，而对于高效审查的需求也促成了会计原则、会计实务以及会计流程的标准化。20世纪的第一个十年，罗斯福和塔夫脱在重新定义商业应当发挥的作用以及商业与政府的关系方面做了大量的工作，但在重建企业和劳工关系方面他们却做得略显不足。

劳工组织

新旧世纪之交，2,600万美国劳工中有1,100万从事农业（约占42%），在1,500万非农业劳动人口当中，只有50万是工会会员。[17]劳工们在新世纪的第一个重要机会，伴随着1902年无烟煤矿工人大罢工而来临。煤矿工人希望增加工资、加强安全措施并改善工作条件，他们希望成为一个得到公众认可的团体。他们的目标，虽然当时还没有形成统一的声音，在罢工期间还是引起了广泛的关注，因为在当时煤还是一种主要的冬季取暖能源。国内的新兴媒体在其中也扮演了"煽风点火"的角色。

因为害怕冬季会面临严重的煤短缺，公众向政府施加了压力，要求它们介入煤矿工人和煤矿主之间的纠纷。迫于公众的压力，罗斯福开始干预此事。他当起了和事老，邀请煤矿公司和矿工各自的代表到白宫来。虽然会谈没有达成什么实质性的和解，但它的影响十分深远。这是政府第一次正视劳工阶层的力量，其象征意义在全国引起了反响。政府一直以来都是企业的重要伙伴，而因为这一次历史性的邀请，情况开始发生变化。最终，在工人的工资得到增加、一些重要的工作条件得到改善之后，罢工问题得以解决。虽然工人代表提出的大多数要求都没能实现，但是他们的努力使得工会运动在全国各地蓬勃开展起来。[18]在煤矿工人罢工的一年间，加入工会的工人人数增加到了200多万。[19]

在煤矿工人罢工运动过程中，罗斯福成立了商务与劳工部，这一举措也象征着政府对工会组织的正式承认。罗斯福成立的这一内阁级别的组织实际上包括了劳工局和企业局两个部门，职能定位于"就企业、行业工作条件和劳资纠纷进行调查并提供信息"。20 虽然成立这个部门的初衷是为了收集、分析和整理市场与劳工数据，从而为新公司的成立提供便利，但实际上这个内阁级别的机构却成为了一个专门处理劳工问题的部门。到1913年，这个部门分成商务部（负责企业和市场信息及其统计）和劳工部（负责各产业的劳资问题）两个部分。

虽然两个事件——煤矿工人罢工和商务与劳工部的成立——为劳工运动提供了希望和激励，但绝大多数工人的劳动条件和工资水平仍然不容乐观。在这个十年中，最高法院甚至推翻了纽约州关于限制面包工人每天工作十小时的法案——"法院认为这一规定违反了工人自愿工作更长时间的权利"。21 实际上企业享有按它们想要的方式与雇员订立合同的自由，根本不用担心联邦政府和州政府的干预，尽管联邦和州的最低工资标准和最高工作时限在很多年之前就开始实施了。

虽然此次运动中对移民团体的利益也有所涉及，但是美国黑人却完全被遗忘了。在美国的900万黑人当中，将近90%的人居住在南方，而且他们中大部分是农业人口。尽管他们在法律上是自由的，但是在新旧世纪的转折时期，他们的状况并没有得到实质性的改变。实际上，1896年的《普莱西诉弗格森案》（*Plessy v. Ferguson*）是由最高法院来审理的，它确立了"平等的隔离"（separate but equal）的概念和做法，并受到宪法的保护。这一规则实际上将美国黑人的命运禁锢了半个多世纪。"平等的隔离"常常也是那些黑人商业执行官在面对20世纪的重大挑战时可以选择的唯一出路。与他们的白人对手相比，他们需要克服更多、更难战胜的阻碍才能获得成功。C.J.沃克尔夫人（C.J. Walker）[本名莎拉·布里德洛夫（Sarah Breedlove）]就是其中很有代表性的一位。

在13年的时间，沃克尔从一个靠每天给别人洗衣服挣1.5美元的洗衣工，成为了美国最大的黑人企业的企业主和总裁。沃克尔8岁时父母双亡，她14岁就嫁了人，18岁成为了母亲，20岁成了寡妇。因为要独立抚养两岁大的女儿，沃克尔被迫从事20世纪初期向黑人开放的为数不多的工作之一——洗衣工。工作中，因为在准备干洗的过程中要进行蒸汽熏蒸，她一直都暴露在化学药品的危害中，持续的蒸汽熏蒸和高强度的工作压力使沃克尔的头发脱落了许多。贫苦的生活迫使沃克尔寻找自行治疗的办法。

一项发明，也就是后来众所周知的沃克尔头发生长系统，充满了神秘。它究竟是沃克尔所说的梦中得到的神谕，还是像她的对手所说的简单的商业剽窃？不管来源如何，沃克尔确实在产品生产和销售方面都实现了突破，这成为她后来的个人护理顾问公司的前身。1907年，沃克尔开始挨家挨户地推销她的"头发生长剂",并很快在美国南部和东部发展了一个销售代理网络。虽然雅芳(AVON)的创始人大卫·迈克康奈尔(David McConell)早在19世纪80年代就创建了"门到门"式的个人护理品销售方法,但是美国黑人妇女既作为顾客又担任代理,沃克尔却是第一个。

离开洗衣房八年之后,沃克尔夫人在费城举办了一次有200多名代理商参加的全国性的会议,在会上她开创了一个先例,设立了直销的管理模式和激励系统。根据这个系统,每一个代理商的个人销售业绩的评估标准都是一致的。此后的几年之内,沃克尔的代理商数量就扩展到了两万人,而沃克尔本人也成为了美国历史上第一个靠个人努力成就的女百万富翁。[22]沃克尔能够跻身商业领袖之列,不仅因为她能够摆脱起步时的贫困,更因为她能够打破女性和少数族裔在取得成功道路上所要面对的不可思议的障碍。

沃克尔早期作为洗衣工的工作经历显然更能代表那个时代,虽然工作条件不安全而且薪水低廉,但是工人们最希望的还是有一份工作的安定感。正是因为普遍缺少这种安定感,才使得他们宁肯承受超长时间工作,因为他们根本不知道工作应该何时结束。在许多方面,工人们的状况大体相似,都在为生存而拼死拼活。那些能够经受住艰苦工作条件并坚持下来的人,就为自己和家庭未来的保障争取到了一个机会。这些人的成功至少为大熔炉的美国梦增加了一些可信度。

首次登上世界舞台

虽然大熔炉一直在美国本土不停地沸腾,但是这个国家也已经开始尝试扩大自己在国际上的影响了。罗斯福总统在19世纪末那段不景气的时期曾经利用美国的军事优势为自己赢得了名声和地位,此时他自然也十分愿意参与国际事务来分一杯羹。虽然罗斯福致力于防范欧洲帝国主义势力的扩张,但他在扩张美国对外势力时却似乎很少这方面的担忧,这一点在美西战争(Spanish American War)之后表现得尤为明显。

美西战争的起始点是古巴为摆脱西班牙统治而进行的独立战争,这场战争在古巴经历了将近半个世纪,但是美国一直礼貌地保持视而不见,保持中立态度,直至1898年美国军舰"缅因号"(Maine)在哈瓦那湾爆炸,266人在爆炸中丧生。当时很多人怀疑是西班牙策划了此次袭击,但随后的诸多证据表明爆炸不是军事行动引发的,而是由船上燃煤舱的内部事故引起的。虽然缺少确凿的证据,但这并不能阻止"小道消息"将这起事故报道为军事挑衅,而且罗斯福时任海军的助理部长,他并没有做出任何举动来制止谣言。

罗斯福的不断敦促、公众的意愿和全国的报纸结合在一起,给当时的总统威廉·麦金利（William Mckinley）以巨大的压力，迫使他向加勒比地区派出军队。麦金利顺从民意，也得到了国会的支持，他宣布古巴独立并且向西班牙宣战。战争在两个战线同时拉开并且只持续了四个月，但是其影响是巨大和深远的。在罗斯福的授权下，一支美国舰队在乔治·杜威（George Dewey）的率领下几乎没有遇到什么抵抗就占领了西班牙控制的菲律宾岛。虽然菲律宾之战并不直接与古巴的战争相关，但是罗斯福希望通过这样一种泛海洋的攻击来牵制西班牙的兵力。罗斯福本人也率领一支轻骑兵队进入古巴来解放这个小岛。战争呈现一边倒的态势并很快就结束了。[23] 美国并没有在古巴和菲律宾止步，它又继续占领了西班牙控制的波多黎各，遭遇到的抵抗同样微乎其微。1898年8月签署的和平条约终止了这场战争，古巴从此独立，但被迫做出很多让步，其中包括允许美国在古巴关塔那摩设立美国永久驻扎基地。战后美国获取了三块新领土——菲律宾、波多黎各和关岛。西班牙的战败标志着西班牙帝国的末日，也标志着美国作为世界重要强国的崛起。[24]

美西战争之后，罗斯福认为美国应当领导和展望它所在大陆的发展，很多商人对此持相同的观点，因为他们看到了国外巨大的商业机会——既有原料产地也有新市场。罗斯福控制新领地和海上航运的主要方式是规划和开发了一条横跨太平洋和大西洋的航线。因为没能与哥伦比亚政府就控制巴拿马运河达成协议，罗斯福选择支持巴拿马的独立运动。罗斯福部署了美国舰队来威胁哥伦比亚政府军，最终帮助巴拿马取得了独立。罗斯福运用自己的影响力同巴拿马达成了对美国有利的合约，保证了美国对运河的权利。1906年，罗斯福视察巴拿马运河，这是美国在任总统第一次出国之旅。[25] 虽然巴拿马运河自1914年建成后就一直作为一条重要的贸易航线，它最初的设计意图却是为了彰显美国的军力和技术实力。

技术基础

从连通两大洋的巴拿马运河到横贯美国西部的铁路线，20世纪初的改革者们试图用自己的方式来塑造和控制环境。蒸汽机的发明、炸药以及其他爆炸物的出现和应用，是从根本上改变美国面貌的两项伟大的发明，它们对于铁路的黄金时代的来临具有重大贡献。另一个对铁路迅速发展起关键作用的因素是高速增长的钢铁工业。炼钢平炉在1900年得到了改进，成为钢铁工业高效率和低成本运作的重要保证。新的生产效率提高了供应量，为铁路的大发展做好了准备。

也有人认为20世纪头十年（也可以是任何时期）最重要的发明是无马拉动车厢，也就是我们所说的汽车。这一项发明催生了一大批新的商业机会，并且把美国人的生活通过公路、工作和身份联系到一起。虽然汽车在产能提高、设计改造得更加容易操纵并且让普通大众都买得起之前并没有占领很大的市场份额。

在这个十年间以及接下来的日子里，除了开发边疆的运动之外，科技革命也成为引领商业成功的重要途径，特别是当科技向商业的转化变得越来越便捷的时候。举例来说，由乔治·威斯丁豪斯（George Westinghouse）和托马斯·爱迪生推动的电气化革命从根本上改变了美国人的生活。第一个认识到这一科技成果的商业价值的人士，是爱迪生的同事查尔斯·科芬（Charles Coffin），他成为通用电气公司的第一任总裁。科芬在通用电气内部成立了一个研发部门，并为它提供资金支持。通过这一措施，他重新定义了科技在企业发展和壮大过程中所起的作用。跟随着他的脚步，伊尔·理查德森（Earl Richardson）和乔治·休斯（George Hughes）发明了电熨斗和电炉子，并且相应地采取了很多措施来创造对电子器具的市场需求。其他值得一提的发明家还有：利奥·贝克兰（Baekeland），他开发了第一件塑料制品；沃尔特·科勒（Walter Kohler），他使室内卫浴设施走进寻常百姓家；约翰·安德伍德（John Underwood），他改进的第一台"可视打字机"使得打字员在打字的时候能够看到所打的内容。头十年中像这样的发明家和锐意进取者层出不穷，是他们的发明从根本上重新定义了美国人的生活方式。

经理人：关于企业规模嘛……还是大一点儿好

随着工业革命的进一步发展，很多企业都得益于四通八达的新铁路系统，并且获得了更加便宜、更加充足的原材料。更重要的是，经理们知道企业所具有的力量以及企业的规模、档次对于这个迅速发展的国家的重要性。这十年见证了第一次大规模的并购潮，以及第一次通过整合来降低了成本。像 J.P. 摩根、安德鲁·梅隆（Andrew W. Mellon）、菲利普·莱曼（Philip Lehman）和塞缪尔·沙奇斯（Samuel Sachs）这些最具影响力的金融家，都因为提供了企业兼并所需要的财务机制而造就了巨大的企业联合体，比较典型的例子是美国钢铁公司，它于1901年由十家钢铁公司合并而成，它的成立开创了美国第一个资产上亿的公司。[26]

其他看到商业合并巨大潜力的人还有：查尔斯·布鲁克（Charles F. Brook），通过收购竞争者企业，他控制美国的产铜业长达65年之久；埃尔德里奇·斯图尔特（Eldridge A. Stuart），他控制着全国的炼乳供应；小赛勒斯·麦考马克（Cyrus H. McCormack Jr.）和詹姆士·杜克（James B. Duke），二人的商业并购分别导致了政府的反垄断诉讼。麦考马克的公司在1902年合并了几家农用机械厂成立了国际收割机集团（International Harvester Corporation），从而控制了全国收割机市场85%的份额，而杜克的美国烟草公司（American Tobacco Company）则由五个主要的烟草制造商合并而成，在20世纪初期控制了全国90%的烟草生意[27]。虽然国际收割机集团最终在反垄断诉讼中获得了胜利，但是美国烟草公司却成为政府干预的牺牲品。最后，两家公司都遭受了巨大的经济、政治和社会打击。

表 1-2

影响1900—1909年的商业大事

时间	事件
1900	夏威夷和波多黎各成为美国领土
1901	美国钢铁公司合并，第一个资产上亿的公司出现
1901	得克萨斯发现石油
1902	威尔斯·卡瑞尔（Wills Carrier）发明了空调
1902	罗斯福总统调停宾夕法尼亚州煤矿工人大罢工
1902	美国设立人口调查局
1903	怀特兄弟（Wright brothers）发明第一架以汽油为动力的可操控飞机
1903	国会设立商业与劳工部
1903	巴拿马宣布独立，与美国就运河签订条约
1904	第一个镍币电影院在匹兹堡开业
1904	最高法院拆分北方证券公司
1904	巴拿马运河开工
1905	西尔斯开办芝加哥邮购工场
1905	第一个驶入式加油站在圣路易斯开业
1906	厄普顿·辛克莱发表《屠场》，对食品加工业不卫生不安全的状况进行了生动、翔实的描述
1906	国会通过《纯净食品及药物管理法》
1907	美国移民高峰来临
1907	华尔街动荡引起银行汇兑危机，J.P. 摩根和其他金融家开始干预
1908	福特开始销售"T型"轿车
1909	利奥·贝克兰发明人造树胶
1909	国会通过公司收入税

资料来源： The sources used for this table and all subsequent tables on business events for each decade are as follows: "The Basics of Business History: Top 100 Events in Chronological Order", TheStreet.Com Web site, http://www.thestreet.com/basics/countdown/747950.html（accessed 5 December 2002）; S.Mintz, "A Chronology of American History", Digital history Web site, http://

表1-2（续）

www.digitalhistory.uh.edu/historyonline/chron20.cfm（accessed 15 July 2004）；Allan Metcalf and David K.Barnhart, America in So Many Words: Words That Have Shaped America（Boston:Houghton Mifflin, 1997）；Floyd Norris and Christine Bockelmann, The New York Times Century of Business（New York: McGraw-Hill, 2000）；"100 Most Important Women of the 20th Century", Ladies Home Journal, 1999；Public Broadcasting Service, "The American Experience: Technology Timeline, 1752－1990", http://www.pbs.org/wgbh/telephone/timeline/timeline_text.html（accessed 6 February 2003）；Richard Robinson, U.S.Business History: A Chronology, 1602－1988（Westport CT:Greenwood Publishing, 1990）；"twentieth Century Inventions 1900－1999", http://www.inventors.about.com/library/weekly/aa121599a.html（accessed 3 December 2002）；"twentieth Century Inventions 1926－1950", http://www.inventors.about.com/library/weekly/aa122299a.htm（accessed 6 February 2003）；"twentieth Century Inventions 1951－1975", http://www.inventors.about.com/library/weekly/aa122299a.htm（accessed 30 July 2003）；"twentieth Century Inventions 1976－1999", http://www.inventors.about.com/library/weekly/aa010500a.htm（accessed 30 July 2003）；and Yale University, "The Formation of Modern American Culture Since 1920: Timeline", http://www.yale.edu/amstud/formac/amst191b/timeline.htm（accessed 23 June 2004）.

尽管存在着政府干预的危险，但那些最早看到企业合并机会的商业执行官们通常都很成功。他们不一定是新企业的开创者，但他们一定是能够抓住了企业并购机会的人，特别是当公司和整个行业都发展成熟了的时候。1900年，最成功的企业应该是那些能够吸收无特别技能的劳动力，其运行不受日益高涨的消费者运动和政治运动的影响，并且能够吸引不同类型客户群的公司。克莱伦斯·伍利（Clarence M. Wooley）在新美国家庭现代化过程中起了很重要的作用，他看到了在他所处时代通过并购、标准化和高效运作所拥有的巨大潜力。

克莱伦斯·伍利（1863－1956），美国散热器公司

你可能每天都会不止一次地看到"美标"（American Standard）这个名称或标志，而且这个名称往往与你在私人时间的一些行为有关，尽管我们对此印象也许并不深刻。你最近一次洗手、洗碗或者冲厕所，可能使用的就是美标的产品。美标产品占领了全球卫浴市场60%的份额。[28] 美标这个名字是美国散热器与标准卫浴用品公司的简称，是美国散热器公司和标准卫浴用品制造公司于1929年合并的结果。这一次合并是由伍利主持的，但这还不是它的第一次合并，实际上，与标准卫浴用品制造公司的合并也是由一系列并购活动组成的，它最终使得美国散热器公司转型成为全球性的建筑用品和家庭用品供应商。

伍利最初发迹于密歇根，他的毕生精力都投入到了制造行业中。伍利最早

是一位成功的销售人员，后来成为一家全球性生产和销售机构的组织者和管理者。1878年离开底特律的公立学校之后，15岁的伍利成为菲斯克公司（Fisk & Company）的一名职员，这是一家瓷器批发公司，此后的8年他一直在这家公司工作，直至最后升到了总经理的职位。虽然他在菲斯克公司干得不错，伍利最终还是选择于1887年离开那里，开始了自己事业上的冒险——生产和销售室内采暖设备。29

在19世纪，对于很多美国家庭来说，家庭的主要采暖方式从开放式的火塘让位给了铁炉。19世纪上半叶，很多企业的主要采暖方式是用铁炉子烧木头和煤。内战结束后，随着现代化办公楼和公寓这些综合建筑的出现，情况发生了变化。这些新型建筑物的设计初衷，就是要采用更为可行也更为实用的采暖方式。房屋的主人希望在多层的建筑中避免多个热源，这成为中央采暖技术发展的动力。

企业倾向于采用中央采暖并不是出于良心发现或是对员工的关心，而是出于提高生产效率的目的。出于这个目的，也就出现了对新型的、更加高效的采暖方式的需求。一旦中央采暖被企业和富人们（他们也是第一批能够接受这种采暖系统昂贵价格的人）所采用，其他社会阶层的需求也会随之增长，特别是在繁华的城区。这种日益增长的需求进一步刺激企业在设计上作出改进，以便提高热效率、降低产品价格，为更多的大众所接受。正如历史学家丹尼尔·波尔斯丁（Daniel Boorstin）所说，散热器的发明是"美国大众式奢华"的另一个证明——最终将一个昂贵的产品通过扩大需求、提高生产效率变成了一个全民皆可享用的产品。30 1874年由威廉·鲍尔温（William Baldwin）开发的实用型散热器是散热器大众化的自然结果。鲍尔温的散热器热效率更高，而且不占用太大空间，它将中央热力工厂（企业）或壁炉（家庭）所产生的蒸汽和热水分散到各处。最初的散热器设计是由有钱人定制的钢结构件，价格十分昂贵，但是在接下来的15年，钢质散热器让位给了价格便宜、易于标准化的铸铁散热器。

伍利于1887年加盟密歇根散热器和铁制品公司，并准备为散热器的标准化项目进行投资。与公司的其他执行官相比，伍利从这一科技进步和市场发展中获得的好处更多一些。作为公司的销售负责人，伍利获得了巨大的成功，整个19世纪90年代，公司每年的赢利都超过15万美元。31 加盟公司五年之后，伍利协助完成了公司第一次大的合并，将密歇根散热器和铁制品公司与底特律散热器公司、皮尔斯蒸汽采暖公司合并在一起，于1892年成立了美国散热器公司。这一次联合使得美国散热器公司的产品由早期占领较大的国内市场份额进而成为了行业领头羊，并且让产品成功地进入了欧洲市场。在建立公司的配送中心方面，以及为生产具有更高效率、更低成本的标准化产品进行投资方面，伍利都起到了关键作用。1893年伍利来到欧洲，此行的主要目的是寻找办法争取平稳度过美国的经济低迷期。应该说美国散热器公司在市场渗透方面还是十分成功的，在伍利的领导下，公司将产品和服务都做了适当的调整，以迎合欧洲客户的需求。[32]

伍利在美国和欧洲的成功引起了金融家 J.P. 摩根的注意，1899年，他帮助伍利将美国所有的散热器生产企业几乎都收归囊中。伍利和摩根很快对这个联合垄断组织进行了进一步投资，帮助它以更高的生产效率占领更大市场的份额。虽然他们的并购活动没有引起政府的反垄断制裁，但仍然有一位研究采暖和通风行业的历史学家将美国散热器公司比作"那个时代的微软"。作为中央采暖行业最早使用广告宣传的公司之一，美国散热器公司在广告中宣称自己是"世界上最大的散热器制造商"。[33]

虽然伍利于1902年当选为美国散热器公司的总裁，但实际上早在他与摩根一起掀起并购狂潮的时候，他就已经是公司的主要领导了。很早以前，伍利就认识到规模化生产在占领市场中所起的作用，因此他致力于散热器制造的标准化，以便提高产量获得更大利润，在不断兼并其他公司的过程中他一直贯彻这一信条。通过收购竞争对手，他认识到在不断优化企业运营方面他已经处于强势地位，也就是说，通过收购竞争对手，他可以控制行业标准的设计和流程。1929年伍利收购标准卫浴用品公司，使得这家企业从一个管线和采暖系统制造商一举成为一家综合性的家庭和建筑用品供应商。[34]

企业家：美国出现的新阶层

当伍利和其他经理人通过公司并购大捞一把时，企业家们却从这个国家正在变化的人口构成中看到了机会。随着铁路把人口密集的大城市连在了一起，企业得以在全国范围而不限于地区来考虑自身的发展。在20世纪的头十年，一大批顾客导向的公司诞生，他们从投机性的风险投资开始，最后成为了家喻户晓的商界传奇，比较典型的有凯洛格（Kellogg）、卡夫（Kraft）、亨氏（H. J. Heinz）、康乃馨（Carnation）和赫尔希（Hershey）。虽然还没有出现一种闻名全国的品牌，但是企业家们已经看到，人口结构的变化终将改变美国人所看重的一些东西。这些企业家们不光是看到了这些变化（比如人们更加关注产品的易用性，更乐于购买食物制成品），他们所提供的产品和服务也进一步加速了这些变化。一些企业家如赫尔希、凯洛格和佳能（Cannon）甚至建立了企业城（赫尔希，宾夕法尼亚；巴特尔克里克，密歇根；坎纳波利斯，北卡罗来纳州）来生产他们的革命性的产品，并为工人提供稳定的、可以负担得起的住所。这些做法对于促进城市地区发展格外有利，而这一切反过来又增强了人们对这些公司产品的依赖性。

随着国家疆域的不断扩大，这个国家开始一门心思地想要变得更大。但是同时国家也在变小。说它小，是因为随着邮路的开通以及科技成果的不断商业化，报纸可以到达的地方更远了。早期在全国范围开展业务的人包括：亨利·克劳维尔（Henry Crowell），是他首先通过辉格（Quaker）燕麦粥广告使燕麦粥成为一种全国性的早餐选择；小威廉·里格利（Willian Wrigley Jr.），他采用不同寻常的销售手段使口香糖迅速普及；还有金·C.吉列（King C. Gillette），他发明了安全剃须刀并进行大量的广告推广活动以提高产量，最终销量大增获取了巨大的利润。

在这个工业化正在进行的国家里，像威尔·凯洛格、亨利·亨氏和C.W.波斯特（Post）这样的企业家无一例外都是市场推广的好手。随着越来越多的美国家庭成员进入工厂以及越来越多的人口涌入城市，人们对方便产品的需求越来越大。有史以来第一次，企业开始考虑到顾客的时间价值，像成品腌肉、速食燕麦片、预先做好的谷物早餐以及加工过的牛奶这些称得上是方便的产品的出现更突出了便利的重要性。也是在那个时代，有些大胆的公司甚至提供不满意退款保证（money-back guarantees），进一步强调了顾客的价值。将这些产品和服务传播到世界各地的载体是报纸和杂志，而在这一方面，塞勒斯·柯蒂斯（Cyrus H.K. Curtis）可以说是出版界的规则制定者。

塞勒斯·柯蒂斯（1850 – 1933），柯蒂斯出版公司

与19世纪末20世纪初的其他商业领袖相比，塞勒斯·柯蒂斯的职业和个人生活更能体现美国转型期的特征。值得一提的是，他的出版物《淑女家庭期刊》（Ladies' Home Journal）和《星期六晚间邮报》（Saturday Evening Post）都是转型中的美国特征的反映者与促进者，是新兴的中产阶级的代言人，鼓吹大熔炉观念，拥有特定的受众（绝大多数为女性——这应该归功于女性作为购买者和决策者的地位越来越重要），并且通过广告和市场策略取得突破。一位历史学家曾指出，"《星期六晚间邮报》从根本上影响和塑造了美国人的意识"。[35] 柯蒂斯从缅因地方的一个名不见经传的小人物，成长为公认的现代报刊业的先锋领袖，他的个人转型经历成为本世纪众多企业家们津津乐道的典范。这些商业领袖都有能力战胜个人和职场上的各种困难来获得成功。

柯蒂斯生于1850年，在缅因州的波特兰（Portland）长大，他的家境并不富裕，但父母总是在背后支持他。为了增加家庭的收入，柯蒂斯一面努力完成学业、一面兼着做多份工作。在他15岁的时候，柯蒂斯开办了一份小报《年轻的美国》（Young America），印制的400份报纸很快就在波特兰地区销售一空。不幸的是，《年轻的美国》的成功十分短暂。办刊的第二年，一场大火将他的心血付之一炬，这场大火还烧掉了他大部分的家庭财产，使得柯蒂斯不得不中断学业。为节省学费贴补家用，他在16岁的时候就退学了，开始干一系列的办事员工作。因为年轻时候曾经办过报，所以19岁的时候他离开家乡来到波士顿，指望在波士顿这样的大城市能

够找到机会重操旧业。他找到了一份销售工作，为《旅游指南》（*Traveler's Guide*）、《波士顿时报》（*Boston Times*）和《独立报》（*Independent*）销售广告。

凭借从合作伙伴那里借来的钱，柯蒂斯很快开办了一份自己的周报《人民墓碑》（*the Peopler's Ledger*）。这份报纸主要是重印一些老故事，有的甚至是十几年前的故事。柯蒂斯花整个版面登载一个完整的故事，这种做法在当时被竞争对手所取笑，但却满足了读者的口味。当时的潮流是把一个故事分成很多期来连载，出版商希望能够通过这种办法来保证杂志的长远销量。早期的成功使柯蒂斯能够将这份报纸的股份全部买断，此后柯蒂斯一直保持着《人民墓碑》的繁荣。他甚至在1876年将报纸迁到了费城以降低印刷成本，并终于在1878年将报纸卖掉以便寻找更好的发展机会。因为印刷资源丰富并且价格低廉，费城成为了全国的报业中心，竞争也变得异常激烈了。柯蒂斯在卖掉《人民墓碑》之后挣扎了一阵子，但很快就找到了新的门路。

柯蒂斯从他妻舅那里借了2,000美元，于1879年开办了《农业看台》（*Tribune and Farmer*）杂志，这是一份四开的周刊，主要面向郊区的农村社区，为那里的居民提供信息和其他资源，而且一年的订阅费只要50美分。很快就有意外的情况发生了，1883年柯蒂斯编辑周刊某一期的时候，发现没有足够的素材来填满整个篇幅，于是他将几个重要的女性题材的文章凑了一个版面，他将这个版面称之为"女性和家庭"。这个新版面都是一些面向女性的产品广告，但却巧妙地采取了评论的形式。这还是广告第一次将广告和评论结合到一起，这一特殊模式将广告全都放在了正刊后面的增刊之中。这个版面一推出就受到极大的欢迎，以至于柯蒂斯决定出版《农业看台》月增刊，从而为女性提供更多的新闻和信息。《淑女家庭期刊和实用主妇》（*Ladies' Home Journal and Practical Housekeeper*）于1883年出版了第一期，柯蒂斯的妻子，路易莎·柯蒂斯（Louisa Knapp Curtis）担任第一期主编。《农业看台》增刊很快就获得了成功，柯蒂斯于是放弃原来的正刊，选择将这份增刊（简称《淑女家庭期刊》）作为一本独立的杂志来出版，目标受众定位为中产女性。柯蒂斯意识到了19世纪末期美国女性在责任和态度方面的变化，并设法迎合她们的需求。通过他的不断努力，《淑女家庭期刊》成为第一份这种类型的杂志，据说发行量突破了百万（1904年2月他确实做到了这一点）。[36]

柯蒂斯并不是凭运气获得成功的；相反，他走的每一步路都付出了艰辛的努力。根据《商业历史评论》（*Business History Review*）的一项研究，"从1885年到1905年，在美国大约发行了7,500份杂志，但是半数都失败了。"[37] 柯蒂斯雇佣了一批顶级的编辑，如爱德华·波克（Edward W. Bok），他于1899年接替路易莎·柯蒂斯的位置。他还吸引了大批公众喜爱的作家如马克·吐温（Mark Twain）、路易莎·奥尔科特（Louisa May Alcott）为杂志撰文。柯蒂斯还雇用了一大批客户服务人员来处理读者来信。他扩大了杂志的规模和领域，并且在广告上投入大量资金。仅仅一年的时间，柯蒂斯就从埃尔和孙广告代理公司（N.W. Ayer and Son advertising agency）借了30万美元来支持《淑女家庭期刊》增加发行量。他通过降低刊物的售价（有时甚至低于成本）来增加发行量的做法，后来成为一种商业模式。通过低售价而获得的巨大发行量会增加刊物对广告投放商的吸引力，从而弥补最初的财务支出。

除了在广告和发行量上打破常规的做法，柯蒂斯还是应用最新印刷技术的先行者。1901年，一份行业杂志指出，"柯蒂斯公司的印刷厂有49部印刷机、21部装订和切边机，日生产量为2.5万份……《淑女家庭期刊》是第一家使用彩色印刷的刊物，而且也是双色、三色、四色印刷技术的领先使用者"。[38] 柯蒂斯的策略在带来发行量的同时也增加了广告收入，最终使得这份杂志成为美国最成功的杂志。

柯蒂斯毫无疑问是杂志界的一个奇迹。1897年他收购了初出茅庐的《星期六晚间邮报》，当时这份刊物只有2,000份的发行量，资金流更是负数。柯蒂斯运用了同样的策略，使得《星期六晚间邮报》成为20世纪前半叶最受欢迎和最成功的杂志。《女性家庭》面向的是中产阶级女性，而《星期六晚间邮报》的受众既有男性也有女性。柯蒂斯努力将报刊的吸引力与能够唤起人们对新工业经济时代想象力的商业活动结合起来，他通过《星期六晚间邮报》传递了他的这一想法。[39] 在柯蒂斯的领导下，《星期六晚间邮报》成为了这个国家自身的一个投影，它有着数不尽的机会和可能，也有着难以克服的矛盾，这与《大熔炉》描绘的景象并无二致。

在此后的40年中，《淑女家庭期刊》和《星期六晚间邮报》成为杂志出版业的标杆，曾经占领美国杂志广告支出的40%。[40] 但是杂志的成功并没有持续太长时间，1932年，柯蒂斯辞去总裁职务，并于第二年去世。20世纪40年代，《星期六晚间邮报》被《生活》杂志收购，《淑女家庭期刊》也在20世纪50年代被另一本定位更清晰的女性杂志赶超。尽管两本杂志的成功持续的时间不长，但是柯蒂斯的出版社还是留下了广泛的遗产。柯蒂斯把以性别为基础的文章与广告结合起来，这在上世纪之交是革命性的，为创立"商业性别化"模式起了重要作用。[41] 他的杂志也为目标营销设定了基调。此外，他的重要贡献还在于他将消费者作为企业事务的现实的参与者。[42]

领导者：企业再造

经理人把生意做得越来越大，企业家不断迎合新的客户需求，领导者则致力于企业再造，并寻求扩展产品种类、提升产品的商业价值。很多领导者领导的企业是在19世纪末期开始走向成功的，他们为企业带来新生命，企业得以持续发展，当别人一筹莫展的时候，他们却能够看到新的商业机会和可能。

当企业的战略和方法变得不合时宜的时候，要想取得成功需要同时具备"简单考虑"和"全盘考虑"的能力，这样才能跟上时代的步伐。正是这种能力让科普利（Ira C. Copley）获得了极大的成功。科普利从父亲手里接过了刚刚起步的企业，这是一个为街灯提供燃气的公司。科普利认识到这样一种企业缺乏长远发展的潜力，于是他很快改变了企业的策略，将天然气作为一种燃料，而不仅仅是一种照明的能源。这一次成功的转型使得他有能力并购了几家相同业务的公司，成立了西部公用事业公司（Western Utility Company）。[43] 像科普利这样的领导者能够认识到企业发展的新机会，他们赋予原有产品和服务以新的功能的做法使他们变得卓尔不凡。还有一些案例，领导者能够从普通产品身上看到不为人知的潜力。弗兰克·波尔（Frank C. Ball）就是其中的一例，他使得玻璃罐子不再是一个普通的容器，而是成为了一种生活必需品。

弗兰克·波尔（1857 – 1943），波尔兄弟公司

很有可能你最近喝的一罐饮料就是波尔公司生产的3,300万罐饮料中的一罐。[44] 这种轻型耐用铝罐和塑料瓶子包装的原型，始于19世纪80年代的一种木壳锡罐，它最初被用于盛装煤油或涂料，而不是饮料。生产这种早期的锡制储存罐，是波尔兄弟建立罐装和瓶装王国的基础。虽然这个家庭中共有五个波尔兄弟涉足商界，但是弗兰克·波尔，八兄弟中的老五，却是这个组织当之无愧的领导者，他当领导人的时间有63年之久。他们通过不断寻找和利用那些偶然发现的机会（一项重要的专利梅森改进型水果罐专利的终止），保证了公司未来的成长和发展。

弗兰克和他的兄弟们出生于俄亥俄州，他年轻时代的大部分时间都在农场里度过——最初是在俄亥俄州的格林斯堡（Greensberg），后来到了纽约州的加那代瓜（Canadaigua），他们家是在内战结束后搬到那里的。除了一个兄弟最后成了医生，其他兄弟都没有接受过多少正规教育，他们所受的教育都是关于打理农场方面的，但这种训练在他们后来的事业中派上了用场，因为他们总是设法满足农村家庭的需求。当波尔兄弟的父母在1878年去世后，叔叔乔治·波尔（George Ball）承担起抚养侄儿们的责任。法兰克和埃德蒙德·波尔从乔治叔叔那里借了200美元开创自己的事业，几经挫折之后，他们在布法罗成立了木壳罐装公司（Wooden Jacket Can Company）。

时间到了1880年，当时市场上对于一种盛装家用油漆、涂料和煤油的耐用罐的需求越来越大。木头外壳罐装公司早期经营的成功，刺激着波尔兄弟将业务继续扩展到其他罐装容器的生产上，并最终将木壳锡制罐生产线换成了玻璃罐生产线。他们生产的新型玻璃罐立刻受到了极大的欢迎，这使得波尔兄弟的业务得到了快速扩张，并力图寻找新的生产机会，其中就包括玻璃水果罐。当波尔兄弟发

现梅森改进型水果罐的专利在1885年已经过期的时候，他们为他们的未来赢得了保证。梅森水果罐是一种通常被用来保鲜水果和蔬菜的玻璃器皿，它带有一个获得专利的橡胶圈密封件，能够有效地密封容器。从前的家庭用罐装容器都没有这个特殊的密封圈，而这个密封圈正是保持容器内盛装物味道新鲜的秘诀。

虽然"梅森改进型水果罐"面世已经有十多年，但是改进了这种工艺的公司并没有扩展其业务，似乎也没想在全国范围内销售它。弗兰克和他的兄弟们，正如很多典型的领导者那样，认识到了梅森罐的无限潜力。他们抓住专利过期的机会，大大地扩展了他们的玻璃制品生意，并于1886年将公司改组为波尔兄弟玻璃制造公司。为了进一步扩大玻璃品制造业务，波尔兄弟努力寻找一种更容易取得并且供应量充足的天然气，这实际上是玻璃品制造的关键因素。他们找到了印第安纳州的曼西市（Muncie），在那里他们只花了5,000美元就得到了一块土地来扩展他们的业务，他们同时还获得了免费的天然气供给。

波尔公司大规模生产的罐子受到了家庭用户和储存、销售罐装水果和蔬菜的大农场的极大欢迎。1894年，波尔引进了著名的（注册了专利）内装一打波尔水果罐的木箱子。根据波尔公司史的记载，木箱装波尔罐是第一次将货物按打运到杂货店出售。那些年，波尔兄弟在不断扩展业务的同时也不断推出新的设计，从而为客户提供更大的便利。他们通过为罐子设计铝质盖子、橡胶密封圈和托盘运输箱等将各种业务整合到了一起。1900年，波尔兄弟发明了第一台自动玻璃制造机，八年之后，他们的全部生产机器都换成了自动设备。随着业务的不断扩大，曼西市的资源已经不能满足生产的需要，弗兰克开始在美国其他地方扩大生产（十年间并购了11家公司），其中包括于1909年收购了梅森罐的原所有者，位于堪萨斯州卡非威里市（Coffeyville）的梅森水果罐瓶公司。

尽管在全国各地都开展了业务，波尔家族还是成了曼西市的名门望族，他们为当地居民提供了大量的工作机会。曼西市的基础设施和人口状况在20世纪20年代的"中镇调查"（Middltown Study）中得到了检验。这次调查旨在了解典型的美国城镇的社会和人口基础。虽然波尔的名字在调查中被隐去，但是调查者指出："在1925年的中镇（实际上就是曼西市），这个几兄弟家族的影响力无处不在。他们在天然气开发潮中来到这个城市，凭着诚实经营，最终成为百万富翁，从此在城市社会生活中占有了一席之地。"[45] 弗兰克和他的兄弟们利用他们的影响力改造了城市的基础设施，包括建立了一所大学（后来成为波尔州立大学）、一所医院、一家基督教青年会（YMCA）和基督教女青年会（YWCA）、几家银行、零售商场，以及其他一些机构和设施。

随着业务的扩展，波尔兄弟决定通过收购和新建工厂来满足对造罐原料和零部件的需求。波尔兄弟在当地具有巨大的影响也有很大的权力。尽管在市政建设上很慷慨，但是波尔兄弟在公司的雇员待遇方面也和当时的大多数领导者没什么两样。波尔兄弟要求工人长时间地工作,付给他们的薪水却很微薄,并且他们一直反对任何形式的劳工组织,他们在这方面做得很成功。作为当地唯一一家有发展潜力的雇主,企业的权威无可争议。正如中镇调查者指出的那样:"波尔兄弟公司获利丰厚、乐善好施但是对待雇员却十分苛刻,他们骨子里透着一种清教徒式资本主义的艰苦奋斗的精神。"[46]

20世纪30年代的大萧条时期,公司的重要性和强势地位得到了进一步加强。大萧条使得人们开始注重节俭,而波尔水果罐为那些拥有私家花园、需要保存多余出产物的家庭提供了廉价的方式。弗兰克·波尔是一个不肯错过机会的人,他是为数不多的在大萧条时期仍然能够扩展业务的人。实际上,公司正是在这个国家处于普遍萧条的时期获得了最大的赢利。波尔在他领导公司的60年中表现出一位机智的投机主义者的过人勇气,他确保了公司的专利权和原料来源,收购了竞争者,建立了全国范围的分销网络,从而极大地扩展了业务机会。当别人还在筹划区域性的、小规模的业务时,他已经把目光投向了全国。[47]在我们研究的那些商业执行官里,波尔是为数不多的表现出从领导者到企业家再到经理人的多种能力的人。对于那些和波尔一样的人来说,想让成功持续下去,需要根据历史情境的变化不断地改变领导的方式和风格。

规模优势

头十年的商业执行官都是积极进取、善于把握机会和勇于变革的人。他们在大规模的基础上运作,并且不断地扩张其权力基础。他们建立的企业通常对社会生活方式有着深远的影响,但是他们大多数人都不太考虑人们的工作方式,通常对于先进的工作方法不太在意。他们最关心的不是工作条件或产品的质量,而是产品的产量。对大多数人来说,在1900年要想保证生产数量,没有什么方法比并购更好了,而在并购的过程中也慢慢地孕育了企业的另外一种根本性的变化——对生产能力和效率的关注。那些想得到并购带来的规模化效应的收购者,常常能够发现"科学管理"(scientific management)理论和方法的好处,这一理论在接下来的十年间十分流行。对科学管理的关注,对于美国将疆域内最后一片荒土开发殆尽有着里程碑式的影响。

表 1–3

20世纪第一个十年的企业家、经理人和领导者

企业家

Thomas Adams Jr., American Chicle Company
Leo H. Baekeland, Bakelite Corporation
Elizabeth E. Bolt, Winship, Bolt, & Company
Milton Bradley, Milton Bradley Company
Washington A. Burpee, W. A. Burpee Company
Asa G. Candler, Coca-Cola Company
James W. Cannon, Cannon Mills Company
Hattie Carnegie, Hattie Carnegie
James E. Casey, United Parcel Service
Roy D. Chapin, Hudson Motor Company
Adolph Coors, Adolph Coors Brewing Company
Richard T. Crane, Crane Company
Henry P. Crowell, Quaker Oats Company
Joseph S. Cullinan, Texaco
Cyrus H. K. Curtis, Curtis Publishing Company
William H. Danforth, Ralston Purina Company
Alfred B. Dick, A. B. Dick and Company
Frank N. Doubleday, Doubleday and Company
Herbert H. Dow, The Dow Chemical Company
John F. Dryden, Prudential Insurance Company
George Eastman, Eastman Kodak Company
Marshall Field, Marshall Field and Company
Edward A. Filene, Filene's
Harvey S. Firestone, Firestone Tire and Rubber
Frederick J. Fisher, Fisher Body Company
Henry Ford, Ford Motor Company
Alfred C. Fuller, Fuller Brush Company
King C. Gillette, Gillette Company
William T. Grant, W. T. Grant Company
Otto Haas, Rohm and Haas
George H. Hartford, Great Atlantic & Pacific Tea Company
Henry J. Heinz, H. J. Heinz Company
Alonzo F. Herndon, Atlanta Life Insurance Company
Milton S. Hershey, Hershey Chocolate Company
Charles E. Hires, Charles E. Hires Company
Elon H. Hooker, Hooker Chemical
Joseph L. Hudson, Hudson (J. L.) Company
George A. Hughes, Hughes Electric Heating
Eldridge R. Johnson, Victor Talking Machine
Robert W. Johnson, Johnson & Johnson Company
Will K. Kellogg, Kellogg Company
Arthur H. Kent, Atwater Kent Company
John A. Kimberly, Kimberly-Clark Corporation
Rose M. Knox, Knox Gelatin Company
Walter J. Kohler. Kohler Company
James L. Kraft, Kraft (J. L.) Brothers and Company
Sebastian S. Kresge, S. S. Kresge Company
Samuel H. Kress, S. H. Kress Company
Bernard H. Kroger, The Kroger Co.
Edmund D. Libbey, Owens Bottle Company
Louis K. Liggett, United Drug Company
Josiah K. Lilly, Eli Lilly and Company
Arthur D. Little, Arthur D. Little
Marcus Loew, Loew's
Glenn L. Martin, Glenn L. Martin Company
Frederick L. Maytag, Maytag Corporation
David H. McConnell, Avon Products
William L. Mellon, Gulf Oil Corporation
John Merrick, North Carolina Mutual Life Insurance
Joy Morton, Morton Salt Company
Frank A. Munsey, Munsey Publishing House
Conde M. Nast, Conde Nast Publications
Ransom E. Olds, Reo Motor Car Company
Anthony Overton, Hygienic Manufacturing
George S. Parker, Parker Brothers
James C. Penney, JC Penney
Joseph N. Pew, Sun Oil Company
Abe Plough, Plough, Inc.
Charles W. Post, Postum Cereal Company, Limited
John F. Queeny, Monsanto Company
Earl H. Richardson, Hotpoint Electric Heating
Charles Ringling, Ringling Brothers, Barnum & Bailey Circus
John D. Rockefeller Sr., Standard Oil of New Jersey
Edward I. Scott, Scott Paper
Edward W. Scripps, Scripps/United Press International
Richard W. Sears, Sears, Roebuck and Co.
Frank A. Seiberling, Goodyear Tire & Rubber
Lee Shubert, Shubert Theater Corporation
Ellsworth M. Statler, Statler Hotels
James W. Thompson, JWT Advertising Agency
Charles R. Walgreen, Walgreen Company
Sarah B. (Madam C. J.) Walker, Walker Manufacturing
Maggie L. Walker, St. Luke Penny Savings Bank
John Wanamaker, John Wanamaker and Company
George Westinghouse, Westinghouse
Frank W. Woolworth, Woolworth and Company
William Wrigley Jr., William Wrigley Jr. Company

表 1-3（续）

经理人

Robert S. Abbott, Chicago Defender
J. Ogden Armour, Armour and Company
Jules S. Bache, J. S. Bache & Company
Ohio C. Barber, Diamond Match Company
Enos M. Barton, Western Electric
Bernard M. Baruch, Baruch Brothers
Edward T. Bedford, Corn Products Refining
James S. Bell, Washburn, Crosby Milling Company
Henry H. Benedict, Remington Typewriter
Edward J. Berwind, Berwind-White Coal Mining
Joseph Boyer, Burroughs Adding Machine
Charles F. Brooker, American Brass Company
Morgan G. Bulkeley, Aetna Life Insurance
Adolphus Busch, Anheuser-Busch Brewery
Hugh J. Chisholm, International Paper
William L. Clayton, Anderson, Clayton & Company
Charles A. Coffin, General Electric Company
Samuel P. Colt, United States Rubber Company
William E. Corey, United States Steel Corporation
James B. Duke, American Tobacco Company
Thomas C. du Pont, DuPont Corporation
Lothar W. Faber, Eberhard-Faber Company
Henry M. Flagler, Florida East Coast Railway
Frank E. Gannett, Gannett Company
Amadeo Peter Giannini, Bank of America
Isaac Gimbel, Gimbel Brothers Department Stores
Adolphus W. Green, National Biscuit Company
Daniel Guggenheim, American Smelting & Refining
William R. Hearst, American Newspapers
John R. Hegeman, Metropolitan Life Insurance
Alonzo B. Hepburn, Chase National Bank
James J. Hill, Great Northern Railroad
Louis W. Hill, Great Northern Railroad
George A. Hormel, Hormel
Henry B. Joy, Packard Motor Car Company
Darwin P. Kingsley, New York Life Insurance
Robert J. Kleberg Sr., King Ranch
Joseph P. Knapp, Knapp & Company
Philip Lehman, Lehman Brothers
Henry R. Mallory, Atlantic, Gulf & West Indies Lines
Thomas F. Manville, Johns-Manville Corporation
Charles D. Marshall, McClintic and Marshall
William G. Mather, Cleveland-Cliffs Iron Company
Oscar F. Mayer, Oscar Mayer

Howard H. McClintic, McClintic and Marshall
Cyrus H. McCormick Jr., International Harvester
James H. McGraw, McGraw-Hill
Andrew W. Mellon, Mellon National Bank
Ambrose Monell, International Nickel Corporation
John P. Morgan, J. P. Morgan & Company
William H. Nichols, General Chemical Corporation
Harrison G. Otis, Los Angeles Times
William G. Park, Crucible Steel Company
John H. Patterson, National Cash Register Company
Rufus L. Patterson, American Machine and Foundry
Christopher J. Perry, Philadelphia Tribune
John Pitcairn, Pittsburgh Plate Glass Company
Andrew W. Preston, United Fruit Company
William C. Procter, Procter & Gamble
John D. Ryan, Anaconda Copper Company
Samuel Sachs, Goldman Sachs
Jacob H. Schiff, Kuhn, Loeb and Company
Clarence W. Seamans, Union Typewriter Company
Dennis Sheedy, Globe Smelting and Refining
Samuel Spencer, Southern Railway System
Charles H. Steinway, Steinway and Sons
Lyman Stewart, Union Oil Company
James Stillman, National City Bank
Elbridge A. Stuart, Carnation Company
Louis F. Swift, Swift and Company
Theodore N. Vail, American Telephone & Telegraph
Frank A. Vanderlip, National City Bank
Sidney W. Winslow, United Shoe Machinery
William M. Wood, American Woolen Mills
Clarence M. Woolley, American Radiator Company

领导者

Frank C. Ball, Ball Brothers Company
Robert A. Chesebrough, Chesebrough Manufacturing
Ira C. Copley, Western Utility Company
Charles S. Mott, Weston-Mott Company
Adolph S. Ochs, New York Times
Charles M. Schwab, Bethlehem Steel Corporation
Edward R. Stettinius, Diamond Match Company
Henry R. Towne, Yale and Towne Manufacturing
Frederick D. Underwood, Erie Railroad
John T. Underwood, Underwood Typewriter
James C. Wallace, American Ship Building

第二章
1910–1919 开疆拓土

在过去,人是第一位的;但在未来,系统肯定会成为第一位的。

但是这并不表明我们不再需要伟大人物。相反,

任何一流的系统开发者一定是一流的人;

而在系统化管理下,我们更加可以确保

一流的人能够比以往更快地崭露头角。

——弗雷德里克·温斯洛·泰勒

头十年间不加节制的、自由的企业扩张在20世纪的第二个十年仍然继续着。随着企业规模的不断扩大,他们开始体会到"科学管理"之父泰勒(Frederick Winslow Taylor)的建议的好处。泰勒早期曾在伯利恒钢铁公司(Bethlehem Steel Company)研究过用铁锹铲煤的技术,从中他发现当一个工人每锹铲21磅煤的时候效率最高。从那时开始,他就不停地开发他的效率模型,对商业运营产生了巨大的影响。[1] 泰勒认为,真正的高效率只能通过利用系统化流程控制个人行为来取得。他认为工人只能被理性经济机会所驱动,他声称只要给予适当的经济刺激,个人都会表现出适当的行为。虽然他的观点在当时并没有得到广泛的社会认同,但泰勒的理论(高效的时间管理、设定适当的工作线路和工序、设备和工具的标准化)最终成为美国制造业的基石。[2]

在很多方面,泰勒为企业提高生产水平和开发新市场提供了有用的工具与方法。20世纪第一个十年,许多行业的原有边界被打破了,如建筑、运输、零售等。铁路、汽车和飞机极大地拓展了运输的里程,即使是曼哈顿这样的弹丸之地,也开始在垂直方向上扩展它的边界。1912年落成的60层高的纽约伍尔沃斯大楼(Woolworth Building),在此后的17年间一直是世界第一高楼。

汽车为新财富带来的机会或者打破的障碍比其他任何产品都多。虽然人们通常把亨利·福特当做一位企业家而不是经理人,但亨利·福特自己还是固执地认为他只是得益于在适当的时间出现在了适当的位置。正如他在1909年所说:"我并没

有发明什么新东西，我只是组装了别人发明的汽车……如果我在50年前或者十年前甚至是五年前干了同样的事，我是不会成功的。"3 汽车作为一种通用设施其地位在1916年被强化，因为这一年美国通过了《高速公路法案》（Highway Act），联邦政府将为各州拨款用于高速公路和桥梁的建设。随着汽车越来越普及，新的竞争者如通用汽车公司（General Motors）和纳什汽车公司（Nash Motors）也相继成立。汽车生产还带动了零部件业的发展，如爱德华·G.巴德（Edward G. Budd）的零部件公司，同时还催生了相关的服务行业，如约翰·D.赫兹（John D. Hertz）的自驾汽车租赁公司，这家公司于1918年成立，当时有12辆福特"T型"轿车。

石油新贵的崛起

随着汽车工业的繁荣，石油工业也开始步入它的春天。在政府成功地拆分了标准石油公司（Standard Oil Company）之后，石油工业开始蓬勃发展起来。虽然政府的拆分成功地终结了洛克菲勒（John D. Rockefeller）对石油工业的垄断，但是却给他带来了巨大的财富，同时也造就了新一代的石油新贵，他们开始在美国大地上四处投资钻井。这些准石油大亨们在美国西部边疆投资购置未开发的土地，修建新社区，创造就业机会，开发这个国家储量丰富的资源。就在洛克菲勒建立起产油、炼油和分销各个环节紧密结合的联营企业的地方，石油新贵们投资于一些特定的生产环节，并且他们的生意通常是在坚实的地区业务的基础上成长起来的。

抓住机会的人有：詹姆士·C.杜勒尔（James C. Donnell），他将俄亥俄石油公司的业务扩展到美国的16个州和墨西哥；约翰·戴克（John W. Van Dyke），他收购了陷入财务危机、负债累累的标准石油公司的部分业务，并且以亚特兰大·奇菲尔德的名义成立了一个油品销售公司，这个公司也是美国最大的油品分销公司之一；区域性的石油巨头约书亚·S.克斯登（Joshua S. Cosden），他将俄克拉何马州变成了一个产油州。4 此外还有：罗斯·斯特林（Ross S. Sterling），Humble石油的创始人；沃尔特·梯格尔（Walter C. Teagle），他将新泽西标准石油公司（后来的Exxon）变成了全球最大的石油公司之一；约翰和约瑟夫·皮优（John and Joseph Pew），他们将父亲留下的小公司做大做强，最后成为Sunoco公司的前身；弗兰克·菲利普（Frank Philips），与同时代的大多数人一样，他是一个坚定的个人主义者，他有着新一代石油商朴素的特征，他是敢于冒险和长于自律的自由精神的代表。

弗兰克·菲利普（1873 – 1950），菲利普石油公司

菲利普是石油提炼和天然气使用领域的先锋人物，他还创建了一个全国性的加油站网络（Philip 66），虽然他在这一领域留下了不朽的传奇，但是人们在提到

他的时候通常都不认为他是一个石油商。菲利普在内布拉斯加和爱荷华的乡间长大，是家里十个孩子中的老大。14岁的时候他离开学校到一家牧场帮工，闲下来的时候又学了一门理发的手艺。接下来的八年中，他在西部四处流浪，寻找石油，这期间主要靠给人理发和给农场帮工来维持生活。1895年他回到家乡开办了自己的公司——顶点理发厅。凭着机智的性格，加上灵活的销售技巧、西部的传奇故事以及良好的手艺，他的理发厅很快在爱荷华的克莱斯顿（Creston）声名鹊起。

在成为石油大亨之前，菲利普被人们称为"防秃大王"，因为此前他成功地以 Philip Mountain Sage 作为牌子推销自己的生发剂。生发剂的灵感来源于他对家猪的观察：这种动物从来不掉毛，而且它们暴露于一种物质——自然雨水之下。菲利普认为这一定就是猪不掉毛的秘密之所在，于是他用雨水和其他一些天然成分一起配制防脱发剂。尽管他自己的头发已经开始脱落，但是他出色的销售技巧却使得 Philips Mountain Saga 十分成功。菲利普的事业梦想就是将他的理发事业拓展到全国，在全国各个社区都开办他自己的理发厅。但是在遇到简·吉布森（Jane Gibson）之后，他的道路改变了。简·吉布森是克莱斯顿最著名的银行家约翰·吉布森（John Gibson）的女儿。

吉布森先生当时也是顶点理发厅的顾客，虽然他也钦佩一个年轻的理发师竟然能够开创如此令人羡慕的事业，却从来没有想过一个理发师会成为他的女婿。但是作为一个成功的商人，吉布森也不反感与菲利普做一笔交易。如果菲利普能够卖掉他的理发店从事另外一种"高尚"的职业，他就赞成菲利普和他的女儿在一起。菲利普接受了这笔交易。1897年，菲利普和简结婚，随后卖掉了他的三家理发店，成为他岳父银行中的债券销售员。吉布森从这个年轻理发师身上看到的销售潜质很快就得到了体现。没过几年，菲利普成为了一个非常成功的债券销售员，他不仅能把债券销往他熟悉的中西部，而且能在纽约和新英格兰这种老牌银行势力盘踞的地方打开局面。五年之内，雄心勃勃的菲利普每年光靠佣金就能赚75,000美元，他开始寻找新的机会。

1903年，菲利普参加了圣路易斯世界博览会的预展，他被寻找石油者在俄克拉何马的印第安保留地的发现所吸引。菲利普于是联络了一批投资者，这其中也包括他的岳父，并且开始向俄克拉何马的巴特尔斯维尔（Bartlesville）（在收归国有之前，俄克拉何马是西部印第安保留地）进发。他在那里买了一块地，从奥塞奇人（Osage Nation）那里获得了钻井权，1903年他和他的兄弟 L.E. 菲利普（L. E. Philips）一起成立了安科尔油气公司（Anchor Oil and Gas company），由此开始了他的转型——从理发师到债券销售员再到石油投机者的转型。石油投机在当时被认为是一项风险很高的事业，因为要把一个人的全部积蓄都投入遥遥无期的寻找石油上。菲利普对西部的热爱，他的冒险精神，再加上他敏锐的商业嗅觉，使他成为了一个天生的投机资本家。

虽然最初的几次寻找都无果而终，但他还是不停地在新的地方寻找油田，没过几年，他掘到了他的第一口油井。因为缺少后续资金来支持石油投机业务，弗兰克和他的兄弟与1905年开办了他们的银行——市民银行与信托公司（Citizens Bank and Trust Company），当然也少不了他岳父的帮忙。这一短期融资行为成为菲利普兄弟的第二项事业。他的银行业务一推出就获得了成功，并且在巴特尔斯维尔及其周边地区蓬勃发展起来。日益成长的银行业务其实应该归功于菲利普开放的借贷政策，他的银行不仅向印第安人放款同时也向亡命徒放贷。[5]在接下来的十年中，菲利普一方面继续找油的事业，一方面开展银行业务以吸引更多资金。菲利普和其他人在俄克拉何马找到油的消息立刻使这块土地成为了投机者的天堂。随着投机者的涌入，也带来了更多的货币，增强了当地的资金基础。市民银行与信托公司从资金流动和需求中获利颇丰。

随着竞争的不断加剧，菲利普开始考虑这个地方是不是来了太多的石油生产商。菲利普和他的兄弟们都认为已经到了退出石油业务的最佳时机，以免将来面临过度竞争的威胁。当他们在1915年为这个决定大伤脑筋的时候，菲利普提醒他的兄弟："见鬼，我们现在是银行家，不是石油商。"[6]于是菲利普兄弟开始出售他们的土地权和产油业务，但是从奥塞奇人那里获得的上百公顷土地的租赁权却无人问津。

就在他们忙着出售油井业务并且规划他们的银行家生涯的时候，欧洲战事升级了，汽车也开始在全国的道路上驰骋。菲利普兄弟一方面为美国的石油事业提供银行服务，以满足战争和日渐增长的国内生产需要；另一方面，他们也决定在留下的那上百公顷土地上继续钻油。这一决定让他们大大赚了一笔。虽然最初他们只发现了几口小井，但是菲利普的钻井队很快打到了一口大井，这口井是菲利普兄弟14年找油生涯中发现的最大、产油量最高的油井。

菲利普很快放弃了他成为银行家的梦想，虽然在接下来的25年中他一直保持对银行业务的控制。这一笔额外的财富，使得市民银行与信托公司成为俄克拉何马东北部最大的银行。现在菲利普又能重新投入到石油业务上来了，并且认为现在是寻求外来资金支持的最好时机。1917年，通过将各种分散的风险投资资金汇集到一起，菲利普兄弟成立了菲利普石油公司。当时公司有27名雇员，对外宣称有300万美元的资产。而仅仅在三年以后，公司的资产就增加了十倍，达到了3,400万美元。从那时起，菲利普开始大规模投资石油行业，其中很大一部分资金用到了研发上。

在接下来的20年间，菲利普买了比原来卖掉的更多的地，同时通过研发努力，开创了美国最先进、门类最多的石油开采公司。他的公司改进了一项技术，能够将油井中的废气转化为可使用的汽油，在公司的加油站售卖。菲利普还是天然气和航空燃料开发利用方面的先驱，他收购了俄克拉何马天然气公司，并且开始生产一种罐装的"菲尔气"（Philgas）来代替传统的天然气，以满足还没有开通煤气管道的农村地区的需要。随后他的兴趣开始从石油转到飞机上，他鼓励公司的研发部门开发更加高效的航空燃料。虽然公司的突破性的研究给公司带来了新的利润增长点，但是菲利普的兴趣并没有就此止步，他热爱冒险的天性对于公司资助远程飞机的研发起了重要作用。

虽然菲利普在石油行业的作为对于汽车工业的繁荣起了不可磨灭的作用，但是他却从来没有学过驾驶，他更喜欢让司机载着他在各个油井巡视。作为他传奇生涯的见证，菲利普石油公司是仍然以创建者名字命名的跨世纪的重要石油公司之一。这个公司就像它的创建者一样独立，在经历了80多年的风风雨雨之后依然存在。直至2002年3月，才与科诺科（Conoco）合并。[7]

政府偶尔干预

《沙尔曼反垄断法》的实施，为像菲利普这样的石油投机者提供了机会，也让政府有机会检验其日渐增强的权利。这些权利在政府干预美国烟草公司（America Tobacco Company）的行动中得到了检验。根据美国高等法院在1911年的判决，美国烟草公司采取了不合理的商业行为，包括"收购竞争对手（19年间收购了超过250家企业），阻止竞争者成为批发商（控制香烟的分销），并且实行垄断价格"。[8]虽然对标准石油公司和美国烟草公司的诉讼成为反垄断立法行动的分水岭，但是它们最重要的意义还在于：为此后几十年的诉讼审判设定了标准。有了这些案例，政府举证的重点就不再是简单的企业控制，而是对"不适当"商业行为的控制。这一点似乎微不足道的差别，实际上给政府带来了沉重的负担，从此以后企业的规模已经不能成为政府实施反垄断干预的理由，政府必须能够证明企业在运用一种"不适当"的方式实行行业控制。这一"合理原则"并没有让反垄断立法变得更加明晰，反而使调查过程掺进了一些主观因素。

为了界定什么是"不适当的行业控制"行为，1914年政府通过了"克莱顿反垄断法案"，它规定"禁止企业在不同的购买者之间实行歧视性的售价、禁止排他性销售、禁止不同商品的绑定销售，如果企业实施上述这种行为的结果'在实质上抑制了竞争或制造了垄断'"。[9]这一法案的出台将进一步遏制同业之间的并购，如果这种并购对行业内部的竞争造成威胁。虽然出台这一法案的初衷是为了加强反垄断的力度，但由于它对什么是违法作了含义过于狭窄的界定，几乎反倒起了

表2-1

影响1910—1919年的商业大事

时间	事件
1910	第一封航空邮件从阿尔巴尼（Albany）出发飞往纽约的格伦·柯蒂斯（Glen Curtiss）机场
1910	亨利·福特在密歇根的高地花园（Highland Park）创办制造工厂
1911	三角衬衣公司（Triangle Shirtwaist Company）火灾造成146人丧生，由此引发工作环境安全运动
1911	标准石油公司按照美国最高法院的裁决进行了资产分置
1911	美国烟草公司按照最高法院的裁决进行了资产分置
1911	弗雷德里克·泰勒出版《科学管理原理》（The Principles of Scientific Management）
1913	国会通过了《关税改革法案》（Tariff Reform Bill）
1913	国会设立了国家银行系统——《联邦储备法案》（Federal Reserve Act）
1913	《第16修正案》（Sixteenth Amendment）通过了联邦所得税（Federal Income Tax）
1913	福特开发出现代化的汽车生产线
1914	国会通过《克莱顿反垄断法案》（Clayton Antitrust Act），并成立联邦贸易委员会（FTC，Federal Trade Commission）
1914	福特设立了八小时工作制和每日五美元最低工资标准
1914	巴拿马运河开通
1915	特拉华州放宽了公司法的限制
1916	调谐收音机（Radio Tuners）发明
1916	战争工业董事会（War Industries Board）成立以监控战争动员的能力
1916	国会通过了《高速公路法案》以加速国家路网的发展
1917	国会通过了更加严厉的新的移民法案
1917	美国加入第一次世界大战
1917	美国接管了全国的铁路以应对战争的需要
1918	第一次世界大战结束
1919	《第18修正案》（Eighteenth Amendment）宣布禁酒

相反的作用，因为定义的范围狭窄，公司在接下来的50年中反倒可以不受限制地运营了。克莱顿法案没有起到设立者最初期待的规范作用，但是它的出台恰巧和一个新的管理机构的设立同步，这个机构就是联邦贸易委员会FTC，这个机构的出现对于企业和政府之间的关系有着深远的影响。FTC成立于法案出台前的两周，它事实上成为一个对于不公平竞争行为的性质和范围拥有独立裁量权的政府机构。[10]

在这个十年中，除了惩罚垄断的力度进一步加强，政府还建立了国际银行体系，改革了税法，扩大了税收来源，最重要的是赢得了企业对于美国加入第一次世界大战的支持与合作。[11] 随着1913年《联邦储备法案》的出台，国家对于财政有了更强的控制力，在这一体系之下设立了一个中央银行和12个地区级银行，以及一个由总统任命的监督机构。在早先的几十年间，政府对于疯狂的投机行为实际上是无能为力的，这常常导致财政危机和银行的倒闭。很多情况下，政府也只能求助于像J.P.摩根这样的大金融家来为国家提供担保。随着《联邦储备法案》的出台以及中央银行系统的设立，政府对商业执行官们的依赖就不是那么强了，尽管没有完全摆脱这种局面。

在出台这些大规模举措的同时，威尔逊总统（Woodrow Wilson）还进行了关税改革。1913年，《安德伍德－西蒙斯关税法案》（*Underwood-Simmons Tarrif Act*）出台，撤销了对上百种进口商品的关税保护，因为对很多商品征收较高的关税，使得这种商品的价格常常与价值不相匹配。随着美国生产力的不断提高和全球竞争的出现，原有的关税政策已经不能满足需要。关于《安德伍德－西蒙斯关税法案》的推出，斯蒂文·魏斯曼（Steven Weisman）写道："这标志着关税法案第一次开始为美国消费者、工业家和企业主谋福利。而这一切是通过降低美国人的生活成本，将商品的附加成本从40%降低到27%－29%而实现的。"[12] 《安德伍德－西蒙斯关税法案》的有关规定在1916年得到了加强，在这一法案之下成立了永久性的组织联邦关税委员会（Federal Tariff Commission），成为国家执行保护主义政策还是开放市场政策的晴雨表。

为了弥补因关税降低而造成的财政收入减少，《宪法第16修正案》于1913年出台。新法律设置了自内战以来首次征收的个人所得税，对年均收入在3,000美元到20,000美元（结婚夫妇为4,000美元起征）的人群征收1%的所得税，税率根据收入的增长而递增，对于收入超过50万美元的人群，税率上调到7%[13]。虽然在此后的一个世纪中它对这个国家产生了深远的影响，但是大多数美国人对此都并不担忧，因为据估计收入超过50万美元的富人极少（大约只占总人口数的0.5%），绝大多数交税的人都是收入刚刚达到3,000美元的人。[14] 作为对照，这个国家800万产业工人的年平均收入，在1914年只有700美元。[15]

到了这个十年的中期，威尔逊总统的政策开始表现出渐进的民主倾向。他公开宣称对民主改革立法的偏爱和对全球性事务的冷淡。在他上任之前，他曾说过：

"如果在我执政期间要全力应对国际事务,那可真是命运的讽刺。"[16] 而随着欧洲战事的爆发,对威尔逊来说这一"命运的讽刺"也就成为了无情的现实。

登上世界舞台

第一次世界大战爆发之前,威尔逊的全球政策关注的重点是如何保护美国在自己半球的影响力和控制力(有人可能会说这是一种帝国主义动机)。威尔逊特别关注在墨西哥发生的权力转换,他甚至为1914年春天在那里发生的一场政变阴谋提供资金和军事支持。虽然在他执政早期,他很愿意美国插手墨西哥、海地、尼加拉瓜和其他中美洲国家的事务,但是威尔逊对参与欧洲事务却始终闭口不言。

这个国家的大多数人支持这种孤立主义政策,并且在1914年总统宣布保持中立的时候欢呼雀跃。商界起初对这一政策也表示了支持的立场。因为害怕欧洲战事会对美国的金融市场造成冲击,许多股票交易机构,其中也包括纽约股票交易所,一致同意在战争刚开始的六个月(1914年7－12月)内暂停股票交易。管理者十分担心战争会让欧洲在短时间内卖空手上的证券,从而引发美国股市的崩盘。[17] 但是这一切并没有发生。相反,第一次世界大战实际上增加了欧洲对美国商品的需求。战争极大地刺激了企业和劳动力的增长,从而提高了生产力和标准化程度。在保持中立的三年中,美国为交战双方——协约国(英国、法国、意大利和俄国)和轴心国(德国、奥匈帝国、保加利亚和土耳其)——提供了大量的非军用品。

虽然美国国内有很强的同情协约国的情绪,但是中立的呼声也越来越强。威尔逊对所有这些呼声都听而不闻,他承诺保持中立成为他于1916年再次当选总统的一个重要原因;他的竞选口号是"他让我们远离战争"。[18] 当然,这一承诺并没有持续太长时间。在通过外交努力劝说德国不要在大西洋北部水域攻击中立商船(名义上是美国的商船)失败,以及威尔逊的一系列和平努力失败后,美国于1917年加入协约国一方。在其后的三年里,由于受德国的攻击,美国损失了数百人的生命和数百万美元的财富。这时,美国人的态度开始发生变化。而当威尔逊指出美国参战的正义性之后,人们的情绪又发生了更为剧烈的变化。这不是一场争夺领土的斗争,而是一场维护民主的斗争。

虽然美国在1917年宣布参战,但是他的军队和后勤都不能支撑起一场快速而富有威慑力的进攻。到1917年4月1日,美国的常备军加上国民卫队,总共只有295,000人。[19] 与此同时,他的所谓的"空军"只有55架飞机。[20] 但是,美国于1917年5月通过了《义务兵役法案》(Selective Service Act),批准了征兵计划,最终使军队征集了2,800万人,此外还有1,100万名志愿服务者。[21] 为了支持国家的这次动员行动,政府还成立了战争工业董事会以便争取各行业的支持。董事会主席是华尔街的金融家伯纳德·巴鲁克（Bernard Baruch），他得到了总统的任命。这个董事会开发了一套系统来安排或者说组织国家的动员工作。董事会被授予了很大的权力，它可以配给商品、确定价格、规定工资和工作时间从而支持生产，满足国家的军事需要。在号召工人战时免休和调解劳资关系方面，董事会起了十分重要的作用。

政府和董事会共同出台的一项重要举措，是制定了一种军事订单附加成本合同。通过对军需品生产采用成本附加合同，政府就可以在需要的时候发布命令加快生产速度。通过承诺支付与军事订单生产相关的各种成本，政府就可以让企业把所有精力用来关注生产的速度和效率，因为在战争时期，首要考虑的问题是时间而不是成本。为了满足战争的需要，政府常常要求非军事用品生产企业转产生产军需品。通过成本附加合同系统，政府最终将企业转产的风险最小化，使得它们能够在研究新的生产工艺和方法的时候无须考虑传统的投资成本收益问题。

今天，对于成本附加合同系统的主要担忧是因为它容易助长低效率，反对者认为公司会很容易增加不必要的成本，因为项目的利润是建立在成本百分比之上的，成本基数越大，收益就越高。这种担忧在战争期间就很少考虑了。成本附加合同系统是一种高效、快速的动员方式，除了对战争的作用立竿见影，还拉近了政府和企业之间的距离，鼓励标准化生产以增加效率，并且赋予了快速发展的成本核算工作以合法的地位和重要性。[22] 许多企业在战争动员中获得的生产优势一直持续到战后，对于其中的一些企业，这种优势带来的是竞争上的有利地位。

塞缪尔·沃克伦（Samuel M. Vauclain）的鲍德温机车厂（Baldwin Locomotive）、尤金·格雷斯（Eugene G. Grace）的伯利恒钢铁公司（Bethlehem Steel Company）以及皮埃尔·杜蓬特（Pierre S. du Pont）的军需品工厂在战争时期都得到了长足的发展。除了卓越的机车设计技术，沃克伦出色的销售技巧也使他能够从美国和包括俄国、法国、英国在内的协约国那里得到更多的订单。沃克伦将他的理想与战后欧洲的重建结合起来，最终将业务拓展到了12个国家，成为世界最大的机车生产商之一。[23] 格雷斯的伯利恒钢铁公司，1915年的钢铁产量是110万吨，到1919年增加到了330万吨。[24] 与此相类似，杜蓬特的公司在战争期间提供了超过1.5亿磅的炸药。[25]

即使是像吉列和雷诺这样的公司也从战争中得到了好处。吉列公司当时的执行官是弗兰克·法黑（Frank J. Fahey），美国政府将吉列刮胡刀作为士兵的一项标准装备，使吉列公司获得了飞速发展的机会。在第一次世界大战期间，共有350多万套刮胡刀和3,600万片刀片被分配给军人使用。[26] 理查德·雷诺（Richard J. Reynolds）则为他的新品牌"骆驼"牌香烟的销售带来了机遇，他当时把骆驼香烟免费供给军人。这些机会主义者不仅善于把握战争带来的机会扩展业务，还进行了大量的投资来改进生产流程。

政府不光需要企业为战争提供产品上的支持，也需要它们在资金支持上扮演重要角色。为了达到这个目的，政府于1917年推出了《战争税法案》（War Revenue Act），法案将企业税由利润的1%提高到了12%。在这一法案出台之前，企业的经营所得税并没有引起太大的关注。因为对于大多数企业来说，这一税款的数量只是一笔小小的支出。[27]新税法的出台附带一套复杂的征税规则，其复杂程度远远超过1909年的《关税法案》。为了应对高税率和相关的收入申报制度，企业开始寻找专业的会计人员，而亚瑟·安德森（Arthur Adersen）就是那些率先把握住机会的人中的一个。

美国的快速动员极大地增强了协约国方面的力量，并且加速了欧洲战场的进程。虽然俄国已经同意退出战争并且正在单方面协商停战协定，但是德国军队的士气已经遭到了重大打击。这时协约国和轴心国已经在法国的领土上争战了四年（西线战场），双方都陷入了僵局。这期间成千上万的士兵丧生，但是任何一方都没能取得明显的优势。[28]美国军队的加入虽然没有对战场的形势产生太大的影响，但是他们的热情却极大地鼓舞了协约国，使协约国顶住了1918年德国的猛烈攻势。到1918年秋，协约国开始反击，并将战线推进了50英里，为最终于1918年11月11日签署停战协议奠定了基础。[29]

随着战争的结束，美国迅速解除了动员，这表明这个国家计划重回原来的孤立主义状态。国家的确在许多方面朝着这个方向前进，但是在战争中急剧扩大的许多企业，开始在欧洲废墟上寻找新的机会。战后投资的不断增长，新产品市场的开辟，延缓了美国工业萧条发生的时间，一直将危机推迟到了20世纪20年代。战后美国人的民族情绪日益高涨，直至成为一个严重的问题。在这十年中，美国被迫开始审视成为一个美国人意味着什么。

谁是真正的美国人

到1910年，9,200万美国人口中超过三分之一是"归化的美国人"（hyphenated Americans）——德国裔美国人、法国裔美国人、爱尔兰裔美国人、华裔美国人等等，他们的民族情结在这些年中都已经被归化（如德国裔美国人）。[30]他们很多都是第一代或第二代移民，他们在美国为生活而打拼，但是与故土仍然有很强的联系。在威尔逊竞选连任时，他开始号召美国人成为"真正的"美国人，而不是"归化的美国人"，这一举措被很多历史学家认为是一种精明的竞选战略。[31]这一对民族自豪感的追问为美国的移民开放程度设置了新的基调。[32]

1914年的移民数量与过去几十年的情况基本持平——大约维持在每年80万到120万人。[33] 因为美国的中立偏好，在战争年代排斥外国人的情绪达到高潮也就显得不足为奇了。这种声音在国会里听得到，并且通过新移民法表现出来。新移民法要求新移民必须通过文化测试，并且支付人头税，这两项都是非常有效的移民壁垒。最初这些要求是针对所有移民的，但是对于欧洲人尤其严格，而对于拉美移民却又相对宽松，因为他们是解决战争期间劳动力短缺的绝佳途径。[34] 这些严厉的法律的直接影响是移民的数量急剧减少——从 1,218,480（1914）到 326,700（1915）再到 110,618（1918）。[35]

表2-2

1910—1919年的社会和人口状况

- 1910年美国46个州共有人口9,200万（城市人口4,200万，农村人口5,000万），到1920年增加到了48个州、1.06亿人口
- 国家负债：1.15亿美元
- 电影观众：每周3,000万人
- 有门有窗的封闭式结构汽车数量不到10%
- 第一次乘降落伞跳伞
- 泰坦尼克号（Titanic）于1912年沉没，1,500多名乘客丧生
- 发生76起私刑
- 经过八个月的对抗后，内华达州批准了第一起离婚
- "生育控制"（birth control）这一术语的创造者玛格丽特·桑格（Margaret Sanger），因为宣传避孕而被纽约警方逮捕
- 时尚：一步裙、条纹裤、舞厅跳舞、狐步舞、超速
- 游戏：积木、林肯日志、组装玩具、单弹簧高跷
- 新词：电影（movies）、美国大兵（GI）、反攻日（D-day）
- 平均年收入：$517元（1910）
- 预期寿命：女性51.8岁；男性48.4岁（1910）

　　反移民情绪在第一次世界大战后一直持续，直至20世纪20年代早期，发展成为席卷全国的保守主义风潮。随着战争的结束，这个国家在表面上又恢复了放任

和舒适的状态，人们开始怀念过去的日子。战争中，有很多新移民作为劳动力进入了美国，其中很大一部分是妇女和黑人。虽然很多妇女加入了劳动大军，但是在士兵回国后要求获得工作时，她们很多人都没有反抗，而是默默让出了自己的位置。但她们并没有因此而灰心丧气，而是开始利用她们新近获得的经济权利来争取投票权。女性也有能力胜任传统上似乎只有男人可以把握的工作，这一呼声在追求更大平等的过程中得到了加强。

然而，对于美国黑人，社会上却有一种强烈的抵制和厌恶情绪。他们从南方（这部分移民通常指的是大移民潮中的移民）过来，填补了北方城市中劳动力的空缺。虽然黑人也被号召加入军队参加欧战，或者在国内服务，他们通常都被要求在战争结束后放弃他们的职务和与此相关的一些"临时性特权"。白人和黑人之间的紧张状态最终在1919年爆发为大规模的种族冲突，这次冲突加深了原有的经济和社会隔阂。

丧失纯真的社会

这种最终导致种族冲突的紧张情绪，部分是由于潜藏在这个国家内部的恐惧心理所引发的。很多历史学家在总结20世纪20年代的特点时指出，这十年让美国丧失了纯真。[36] 在某种意义上说，这个国家从狂野的、精力充沛的儿童时代，进入到复杂的、充满不确定性的青春期。第一次世界大战成为这种转化的催化剂。战争中美国被迫重新审视自己的国际定位，从而将目光从西半球投向了整个世界；美国传统的欢迎移民的形象在战争中被颠覆；曾经中产阶层中颇有市场的进步运动，在"为民主而战"的口号面前也显得黯然失色。工人和企业的权利在此时都让位于国家的权利，一次又一次地，对于这些权利保持和扩张，甚至在内部也遭受抵制。

就在美国参战后不久，国会于1918年通过了《反骚乱法案》(Sedition Act)，它规定对政府的任何战争努力进行批评都是违法行为。虽然这一对自由的限制只是临时性的，但是还是有很多人对此表示忧虑，当国家面临激烈的经济、政治和社会变革时，特别是受到大规模的移民潮冲击时，政府是否能够维持国家的基本秩序。[37] 另一件让人们难以接受的事情是禁酒令的发布。1919年，美国通过了《第18修正案》，禁止销售和消费酒。禁酒令并没有取得制定者所希望的效果——减少犯罪并保持大城市的安定；相反，在禁令实行的14年中，滋生了不计其数的走私和黑市交易。

美国的战后忧虑症因为俄国的政治环境和行动而加剧。在俄国革命风起云涌的日子里，"赤色恐惧"席卷了美国，并产生了一种歇斯底里的非理性情绪。

为了根除"邪恶的共产主义",司法部门成立了情报总处(General Intelligence Division),由年轻的埃德加·胡佛(J. Edgar Hoover)领导。38 这个处的主要任务是逮捕并驱逐可疑的共产主义同情者。虽然这项工作在20世纪20年代已经失去了大众的支持,但是反共产主义行动对于美国人相互猜疑心理的形成,却有着深远的影响。而这种偏执狂在第二次世界大战结束之后又得以重新抬头。"赤色恐惧"也立刻影响了劳工运动。只要是劳工运动,先不管它是对是错,都被认为是与社会主义者相勾结的行为,工会被视为外来定居者和共产主义者的天堂,被当做反美国的组织而遭到攻击。39

工人运动的兴起和衰落

在这十年中,雇员和雇主之间的天平明显是向着雇主倾斜的。虽然在第一次世界大战期间,工人偶尔也会从与老板的讨价还价中得到一些利益,但从整体来看,到20世纪第二个十年的初期,工作条件仍然很恶劣,工人们必须长时间地工作,工资很低,工作环境也很不安全。在3,700万工人中只有5%的人加入了工会。40 从1910年到1914年,制造业的工作岗位增加了5.1%,从780万增加到820万,41 这多出来的将近40万个工作岗位与当时来到美国的520万移民数量一比,就显得微不足道了。42 因为有了足够的劳动力,而且失业率居高不下,企业也就没有什么动力去改善工作条件和调整工资水平。由于这些原因,在1914年战争爆发之前,美国爆发了两次大规模的劳工运动。

在一次象征意义大于实际利益的行动中,威尔逊总统于1913年将劳工部从商务部分离出来,并任命威廉·威尔逊(William B. Wilson)为这一部门的首位内阁成员。威廉曾担任美国矿工联合会主席,他的任命被视为劳工运动的一次重大胜利。43 除此之外,威尔逊总统这一时期实行的其他一些劳动改革措施也都收效甚微。1916年,他通过立法禁止雇佣14岁以下的童工,但是两年之后,这一法律被裁定为违宪。44

虽然第二次劳工运动并没有被认为取得了胜利,但是第一次世界大战前第二次大规模的劳工运动还是在最不可能发生的地方——福特汽车厂发生了。可笑的是,福特在当时被认为雇员待遇相对较好的公司(除了有些不懂变通、独裁和反犹太主义倾向之外),因为这是最早将公司利润拿出来和员工分享的企业。1914年,他将生产线工人的工资增加了一倍(史无前例的五美元每天),而为了做到这一点,他拿出了2,500万利润中的一半。除了增加工人的日工资,他还把日工作时间从九小时缩短到了八小时。福特的行为,用他们自己的话来说,是为了将生产率最大化,因为他们相信当工人得到适当的报酬时这一切都能实现。45 这些在今天看来理所当然的条件,在当时却显得很有些激进。

撒开它的动机不谈，福特公司的行为很快就成为全国性的新闻，《纽约时报》于1914年1月11日这样报道："福特因为同意与员工分享利润而震惊了商界。"[46] 福特的行为很快就在企业界引起了广泛的反响，当然也引起了蓬勃发展的工会运动的注意。当时工会的主要目标并不是提高工资，而是缩短工作时间。但他们害怕其他企业会效法福特的做法缩短工作时间，却不相应地提高工资待遇。

福特在这十年中的行为可以称得上是勇于创新，但商业执行官们仍然很少关心工人的要求。这种态度在1915年到1918年的战争期间稍微有些好转，因为当时制造业需要1,100万劳动力，而移民的数量却在下降。劳动力的缺乏大大地降低了美国的失业率，这个数字从战前的15%下降到了战后的2%。[47] 美国在1917年参战之后，工会抓住了这一短暂的机会来发展它的事业。美国的企业大约需要400万人来填补征兵之后的空缺，工会就利用招工和罢工风潮来建立它的权利基础。最终工会的人数增加了一倍（从250万增加到了500万）。[48] 此外，工会在增加工资（特别是产业工人的工资）的斗争中也取得了胜利。1913年工厂工人平均每小时工资为22美分，到1920年增加到了60美分。[49]

尽管罢工次数不断增加、失业率持续走低、工会会员数量增加这一切都加强了工会运动的力量，但是政府通过成立战争工业董事会而采取的干预措施，却妨碍了运动的进一步发展。[50] 通过董事会固定工资和取消罢工的命令，政府最终控制了劳工运动的发展势头，政府、企业和劳工之间重新达成了平衡。

科技向前发展

虽然福特的劳工政策在20世纪第二个十年看上去有些不合常理，但是他的汽车工厂却一直是这一时期科技创新的主要推动者。很多关键性的科技创新，都旨在努力使汽车更加大众化、更加容易操控和更加安全的过程中实现的。这其中包括凯特灵（Charles Kettering）的自动点火装置、洛克希德（Malcolm Lockheed）的液压刹车装置以及亨利·里兰德（Henry Leland）发明的可替换式部件在生产线和修理厂的应用。代替手摇的自动点火装置和更安全的刹车系统使汽车的性能获得提高，并且刺激了市场对汽车的需求。在液压刹车系统发明之前，如果汽车以每小时18英里的速度行进时只需两次能够刹住车的话，就被认为是一种竞争上的优势。[51] 虽然这些发明都是非常出色的，但是真正将汽车带给大众的还是生产线的运用。1908年，凯迪拉克汽车公司的总裁里兰德（Leland）宣布，可替换部件可以成功地用于汽车生产。里兰德的工作是早期实现汽车大规模生产的重要一步，但是从中受益最深的，莫过于实现了规模化生产的福特公司。

福特是泰勒"工时—动作"（time-and-motion）研究的最早支持者之一，他运用可替换部件原理在他的工厂中建立了第一条生产线。这个汽车巨头是这样描述他的理想的汽车生产模型的："生产汽车的方法应该是让造出的每辆汽车都一样。"52 当福特的汽车厂于1913年引入流水线的时候，汽车底盘是通过一根绳子来拖动的，它总是需要在若干预定的地方停顿一会儿，等待工作小组完成汽车组装的特定工作。通过一系列改进，最终实现了生产线的自动化。一根不间断的链条代替了绳子，而且整个生产线被提升到了工人腰部的高度以减少不必要的搬起和拖拉。生产线的引进使福特"T型"车的装配时间由12个小时缩减到1至1.5个小时。53 福特"T型"车生产效率的提升，成为汽车工业快速发展和扩张的标志。通过引进先进的生产线（这一创新可能比汽车本身的发明意义更加重大），福特公司能够增加产量、降低售价。1912年，福特汽车厂生产了82,000辆"T型"汽车，当时售价为每辆车850美元；而到了1916年，福特的产量提升到585,000辆，售价降到每辆只要360美元。54

领导者：企业再造的专家

虽然可替换部件在汽车行业是一项新技术，它在打字机和钟表制造业却已经存在了好几十年。因为打字机有好几种材料的部件和上百个零件，其装配的复杂程度使它自然而然地成为可替换式部件的选用者。实际上，打字机被称为"19世纪美国工业大规模生产中最复杂的机械装置"。55 为了实现高效生产和设计的标准化，很多打字机生产商，包括雷明顿（Remington）、丁斯莫尔（Dinsmore）以及史密斯-普雷密尔（Smith-Premier），于1893年组织起来成立了联合打字机公司（Union Typewriter Company）。作为一家成立时间不长的公司，史密斯兄弟（Wilbert & Lyman）利用这次与其他行业领袖合作的机会实现了跳跃式的发展。联合使他们有机会近距离地了解大规模生产和设定不同生产工序的情况。史密斯兄弟相信肯定存在生产打字机的更好的方法，于是在加入联盟十年之后，他们决定自立门户。他们购买了最新型的打字机设计专利，并沿用了传统的、已经得到时间检验的生产工序。值得一提的是，史密斯兄弟完善了打字机，使它能够区分大小写字母，这很快就成为一项产品标准。56

类似地，塞斯·托马斯第二（Seth Thomas Jr.）是塞斯·托马斯钟表公司（成立于1812年）创始人的长孙，他在这个百年钟表老店中延续了不断革新的家族传统。年轻的托马斯进一步将可替换式部件用于钟表制造。当托马斯于1909年接管家族业务的时候，公司生产了它的最后一块怀表（共计生产了800万块）。之后，开始转产新型手表。57 托马斯领导的这次转型，使公司保持了繁荣和发展，避免了产品的老化。

和托马斯一样，20世纪第二个十年很多家族企业的领导者们，在他们接管企业的时候，都处于企业发展的关键时刻，他们所作的每一项关于投资、转产或者收购的决定，都是一场艰难的赌博，风险很高收益却不确定。说到影响深远的商业决策，没有人能够比威廉·法尔布恩（William A. Fairburn）挽救一个濒临破产的公司做得更好。因为他拯救的不是一家企业，而是整个行业。

当法尔布恩1909年加入戴蒙德火柴公司（Diamond Match）的时候，这个公司已经成立了近30年，而且在很多方面陷入困境。虽然它几乎控制了全美国的市场，并从中获得了很多收益，但是现在有了困扰。木料的供应几乎要枯竭，而且成本也一直居高不下。此外，戴蒙德的员工因为长期暴露于有毒气体之中，很多人发生磷中毒，患有骨疽（根据公司记录，在法尔布恩到任之前曾发生过37起中毒事件）。[58] 最后，公众指责戴蒙德公司是有毒家用品的制造者。公司面临的最严重的威胁来自国外的供应商，因为他们开发出了安全火柴——一种无磷的火柴，可以在一种特殊加工过的表面上擦着。如果这项新技术被欧洲的同行加以完善，戴蒙德火柴就将被取代。法尔布恩，正如他的天性所表现出来的那样，机智而又系统地解决了公司业务面临的每一项威胁。

为解决木材资源枯竭问题，法尔布恩新买了大片土地用来造林，他制订了一套不同树种的套种计划，从而保证了火柴棍、火柴盒和封面的原材料供应。一直以来造成生产成本居高不下的主要原因，是工厂无法控制的气候问题，这使得一年中只有八到九个月能够从事生产。为解决气候这个难题，法尔布恩设计了空气调节系统和通风系统（比现代空调的发明更早），这使得工厂能够更加有效地在全年从事生产。通风系统在提升了生产效率的同时，也为工人提供了更加安全的工作环境，成为有毒气体的过滤装置。

最后，法尔布恩成立了一个新的化学部来研发新型的无磷火柴。他早先进行的控制车间温度的努力使得他能够在更好的环境中进行试验，从而最终开发出新型的安全火柴。此时法尔布恩完全可以保留新火柴的专利权，或者把它高价卖给竞争者，但这两种他都没有选。在国会和劳工局的催促下，法尔布恩最后决定将这项专利免费向公众开放。这一下，所有的竞争者又回到了同一起跑线，但是工人们的工作条件得到了改善，顾客也得到了更安全的产品。[59]

企业家：市场的主宰

对于那些放眼全国市场的企业家来说，消费者也是他们关注的焦点。这些商业执行官们在销售和市场策略上进行了大量投资，并且利用新技术——最早是收音机——进行促销活动。这种现象在20世纪20年代的美国已经开始普及。这方面的代表人物有约翰·多伦斯（John T. Dorrence）、乔伊斯·霍尔（Joyce C. Hall）以及伊丽莎白·阿登（Elizabeth Arden）。多伦斯设计了一种生产浓缩汤料的工艺，将包装盒运输的成本降低了三分之二。因为多伦斯的发明，坎贝尔汤料公司成为第一家实现全国销售的汤料公司。霍尔则是运用广播和电视进行广告宣传的先锋，他还发明了"开放日"概念，让销售商有机会来监督产品生产的过程。阿登则通过她的沙龙和香水线，将目标锁定在那些"遭受歧视的女性"身上，因为她们花更多的时间来打扮自己。在她的事业生涯中，阿登拥有150家沙龙，遍及世界各地，她生产的1,000多种香水产品销售到世界上25个国家。

随着这些品牌的逐渐建立，广告行业也相应地得到了繁荣。这其中就包括贝顿、巴顿、杜斯丁和奥斯本广告公司（BBDO）以及男爵和托马斯代理公司（Lord & Thomas Agencies）。这些公司在20年代都获得了巨大的收益，因为产品广告在那时已经变得无处不在。在经历了1919年钢铁工人大罢工之后，BBDO公司的布鲁斯·巴顿（Bruce Barton）帮助美国钢铁公司重新建立了公众形象。他运用了一种此前尚无人采用的策略来影响公众情感，这一策略后来被称为公共关系。在他的职业生涯中，巴顿还开创了很多广告形象，其中包括通用碾磨机（General Mills）的"贝蒂·克罗克（Betty Crocker）"。与他的方法有所不同，男爵和托马斯公司的阿尔伯特·雷斯克（Albert Lasker）运用并完善了强势广告策略。他为许多产品设计了广告牌，其中包括棕榈油肥皂（Palmolive Soap）、辉格燕麦（Quaker Oats）以及配索顿牙膏（Pepsodent Toothpaste）。在他职业生涯的后期，雷斯克为科特克斯卫生纸（Kotex）所做的广告宣传，为赢得公众认可起到了指导性作用。他为新奇士果汁（Sunkist）设计的促销广告，使得饮用果汁这一理念得到推广。

许多企业家实行的商业行为最初看来显得有些不合常理，甚至十分可笑。比方说查尔斯·梅里尔（Charles Merrill），他在零售业务的基础上建立了他的代理公司。这在当时颇受怀疑，最初也几乎没有获得资金支持。但随着城市中心人口的急剧扩张，梅里尔最终被证明是对的，而这一切归功于他那个固执的头脑。而他的另一个固执的想法——把商店改造成杂货铺，在最初也招致了广泛的批评。

克莱伦斯·桑德斯（Clarence Saunders）（1881–1953），皮威百货公司（Piggly Wiggle Sores, Incorporated）

克莱伦斯·桑德斯的一生充满着传奇，他曾经十分成功，也曾经一败涂地；曾经拥有数不尽的财富，也曾经一贫如洗；曾经锐意改革，也曾经固执令人难以置信。但是最重要的是，我们从他的故事里能够看到他坚定不移、百折不挠的决心和从头再来的信心。在他开办公司失败之后，桑德斯重新进行了一次大刀阔斧的改革。作为一个不知疲倦的企业家和永远的发明家，桑德斯从不理会别人的质疑，一直坚持走自己的路，当然这一点也是他的一些问题的根源，有时他的自我忠告并不那么正确，甚至可能造成管理中的混乱。因此，桑德斯首先是一个善于创造的发明家，其次才算一个商人。

桑德斯的父亲是一个农场主和烟草种植园主，事业非常成功。桑德斯出生于弗吉尼亚，他在田纳西州克拉克斯韦尔市（Clarksville）的坎伯兰德（Cumberland）河边长大。像许多其他早期的企业创始人一样，桑德斯没有受过多少正规教育，他在10岁到14岁之间上过四年学。桑德斯最初的工作是在一家杂货店当职员，每月挣四美元，后来在零售行业干各种不同的工作。他外向的性格和个人魅力使得他很适于做销售的工作，于是桑德斯成立了自己的杂货公司，这个公司的业务相当于产品生产商和当地杂货铺之间的中间人，他因此与上百个杂货铺建立了联系，能够看到客户和杂货商失败的各种一手案例；而作为一个批发商，他也能从独特的视角审视影响行业的一些最根本的变化。

随着全国广告推广业务的快速发展，消费者开始要求用更低的价格买到品牌产品。与此同时，杂货商想的却是增加自有品牌商品的销量，限制赊销货物的数量。当时，大多数杂货商的生意都是独立的，业务量也都不大，不大可能同时负担销售大批量品牌商品和自有品牌商品的费用。由于缺乏灵活的信贷措施，杂货商店铺中可选择的商品很少，常常造成店铺的倒闭，桑德斯就经常见证这一情况的发生。在1915年，一家杂货店销售的产品种类通常为750到1,000种，实行的基本上是高押金低周转的商业模式。[60] 这种模式在20世纪第二个十年中期开始有了变化，当时全国最大的杂货零售商——大西洋和太平洋茶叶公司（A&P, the Great Atlantic & Pacific Tea Company）开办了一种新的"经济店"，采用低利润、大销量的销售模式，取得了很大的成功。A&P同时采用缩减批发环节、直接与生产厂商谈判的办法降低产品的成本。有时候，A&P甚至自产自销，因为这样就不用向批发商支付费用，可以让利于消费者。这一切最终改变了整个零售行业的状况。[61] 作为这一时期的批发商，桑德斯自然也意识到了这一变化，他没有继续观望，而是选择了利用这种变化。

1915年，在成功经营杂货店批发业务十多年后，桑德斯决定退出这一行。凭借在职业生涯中了解的情况和自己的一些想法，桑德斯开始了一项雄心勃勃的计划——筹划开办新型的零售业务。他借鉴了他的批发商客户的一些新做法，特别是那些通过薄利多销来支持现款取货经营模式的商店的做法。低价反过来又使得现款交易容易为客户所接受。

在他的自助式杂货铺中，顾客经过一个安全十字转门进入店内，将他们从陈列架上挑选的物品放入一个木头篮子里，以方便在不同的货架之间走动选择，最后到收款台结账。这种购物经历与传统的到商店买东西有很大的差别。这种新型店铺被他称为皮格里·威格里（Piggly Wiggly）。过道的尽头因为就在顾客的眼皮底下，也放置了一些商品以刺激顾客的购买欲，而且每一种商品的上方都悬挂了一个价签来标示价格。这种悬挂标签的做法是零售商第一次将全部商品明码标价。[62] 为了增加购物的乐趣，店铺中还有统一着装的导购人员为顾客提供帮助。新店铺要求每一位顾客在离开的时候付款，从而终止了传统杂货店赊销的做法。为了建造和布置他的商店，桑德斯必须自己解决大多数的设施问题，其中包括在商店出口处设置按商标查价和结算的柜台。[63] 他自己开发了大部分的设施和陈列架，并申请了专利。他还成立了一个独立的公司——桑德斯制造公司，来专门从事这些设施的生产和销售。

作为一个出色的商人，桑德斯在南方建立了自己的品牌，并利用广告为周末的促销活动积攒人气，而实际上这样的促销活动在皮格里·威格里的商店每天都有（这也是另一种形式的店铺广告）。他早期所使用的广告，画面中心是一头显得很友好的粉红色小猪，这一形象恰当地反映了南方人热情豪爽的性格特点。除了广告策略之外，桑德斯还赢得了全国品牌生产商的支持，因为他们相信依靠广泛的广告宣传，新店铺很快就能给他们带来回报。他也相信消费者愿意得到这些产品，这样就能够加快销售速度实现他的销量战略。

虽然这种购物经历在今天听起来十分耳熟，但在20世纪第二个十年却完全是一个陌生的概念。杂货店在当时只有一个模式，那就是由杂货商来控制与顾客的互动。在传统模式下，店铺里只有非常有限的商品可以购买，而这些物品也不允许顾客自己去取。购物的做法是顾客把要购买的东西列一份清单，交给售货员，然后售货员就拿着单子跑来跑去找到所有的东西。当在收款台计算出每一件商品的价格后，售货员或者将货物送到顾客家里，或者在现场把货物交给顾客，一项交易才告完成。很多物品都没有独立的包装，必须由商家从大木桶或大木箱里面取出来称重。在整个交易过程中，需要多人参与，并且要完成多个环节的工作。缺货的时候，当地的杂货商会用他们自己中意的品牌代替顾客所需要的产品。

桑德斯开办皮格里·威格里初期所受到的嘲笑很快就消失不见，因为这一革命性的销售模式带来了可观的经济收益。通过将本应由店员承担的工作转到顾客身上，桑德斯的店铺只需要很少的店员就能维持运转，这让他的杂货店能够提供比其他杂货店更低的价格，同时也能让顾客享受到全国性大品牌公司的产品。"传统商店每周的销售额大致为400－500美元，其中成本占12%－17%，而皮格里·威格里每周的销售量达到5,000美元，成本只占3%。"[64]

桑德斯没有放弃任何一丝机会。虽然皮格里·威格里的名字有些古怪，在这里购物却是一次十分快乐的经历，人们在店铺中的路径被设计成流线型，这是一次能体验高效、低价和优质服务的经历。作为科学管理理论的学生，桑德斯用最快的速度将效率和秩序的概念应用到了零售行业。在皮格里·威格里开业的第一年中，桑德斯雇佣了"工时－动作"管理专家来继续改进业务。

在孟菲斯开办的第一家皮格里·威格里的成功很快就为公司的快速发展铺平了道路。通过内部发展和特许经营，桑德斯在第一年里就发展了九家店铺，而到了

1922年，店铺的数量更是增加到了1,200家，遍布美国的40个州（其中有一半是特许加盟店，他们从桑德斯那里购买了店铺规划、设计和运作流程）。在皮格里·威格里成立后的短短几年间，桑德斯就成为了百万富翁，据估计他的公司价值超过一个亿。桑德斯沉醉于他所取得的地位，开始过起享受人生的生活。他在郊外购置了房产，并且在孟菲斯市中心修了一个粉红色的公寓，也就是所谓的粉红宫殿。但是他的成功并没有持续太久。

为了快速扩张，桑德斯在20世纪20年代早期将公司在纽约股票交易所上市。1922年11月，一家皮格里·威格里的北部连锁店宣布破产。虽然这只是一家加盟店，不属桑德斯公司的财产，却被华尔街的一些投机者钻了空子，他们卖空了桑德斯公司的股票，希望引起公众的注意，让他们误以为这起破产是皮格里·威格里公司的行为。投机者认为皮格里·威格里的股票价格很快就会一落千丈。的确，在短时间内事情正如他们所想。在投机者的"熊市掠夺"之前，皮格里·威格里50%的股票在市面流通，投机者们将股价降到了每股39美元。[65]为了拉升股价，桑德斯采取了疯狂的行为，他借了1,000万美元来回购股票，他的行为很快使股价升到每股70元。但他还在继续回购，最终将皮格里·威格里股票价格拉高到了每股120美元，垄断了市场。桑德斯希望"用华尔街自己的游戏来击败华尔街"，但是他没有想到，纽约股票交易所为打破他的垄断采取了如此激进的措施。[66]

当桑德斯宣布抛出他手里掌握的股票时，交易所为了维护股市的稳定——因为这只股票的价格已经过高——停止了这只股票的交易，并把普通的24小时停盘时间延长为五天。更为糟糕的是，交易所随后干脆将这只股票完全摘牌。有了延长的这些时间，投机者就能够应对桑德斯的承购，桑德斯因此陷入严重的债务危机。他现在拥有那么多的高价股票，但是股票却没有了市场。在变卖了一些资产后桑德斯仍然没有还清所有的债务，他被迫从公司辞职并变卖了所有的个人资产，其中包括未完工的粉红宫殿。他于1924年2月宣布个人破产。[67]在短短的八年时间里，桑德斯从穷光蛋变成了百万富翁，但现在他又回到了起点。在他43岁的时候，他又变得一无所有。

虽然固执让他的事业一度失控，但他并没有被击败。他将目光投向了新开发的边疆，不到几年又卷土重来回到了杂货零售业。他成为一家店铺的所有者，而这家店铺他命名为"克莱伦斯·桑德斯，以自己的名字完全拥有"。这一名称是对"皮格里·威格里董事会禁止桑德斯在食品零售中使用他自己名字"的回击。[68]这家连锁杂货店就是大家所说的完全所有（Sole Owner）店铺，它是按照皮格里·威格里的模式设立的，并于1928年成立后很快获得了成功。但这一次成功也没有持续很长时间。桑德斯在公司扩张中使用了激进的措施，使得公司债务再一次超出了公司的偿还能力。到大萧条开始的时候，桑德斯再一次破产，并且丢掉了以他的名字命名的公司。

桑德斯没有被两次失败吓倒，他仍然在思考新型的零售模式，并于1937年领导了另一场零售业的革命。他的理想是建立一个全自动的杂货店Keedoozle，"一把钥匙搞定所有购物"（Key Dose All）。在这样的杂货店里，客户通过把一把钥匙插进产品摆放的位置在玻璃橱窗后面来选择商品。这件商品随后会掉到传送带上，并被送往包装站，在那里有店员计算账单，并把货物打包。桑德斯认为如果采用这样的设计，整个店铺的雇员数量不会超过两个。但是他的设计太超前了，以至于设备的机械问题一直难以解决。虽然他一直都在慢慢摸索，终因无法调试成功而不得不在1941年终止了这项工作。

Keedoozle试验失败之后，桑德斯在20世纪40年代的整个战争时期都沉溺于设计和制造木头玩具。到第二次世界大战结束的时候，桑德斯创造了第二代Keedoozle，他称之为电动食品店。就在他解决了Keedoozle运作上的许多难题，准备筹建最新型杂货店时，桑德斯于1955年辞世。这个两度成为百万富翁的人，死时留下的个人财产只有2,000美元。[69] 历史学家在评价桑德斯的Keedoozle和电动食品店时认为，这两种店铺都比时代超前了50年。在很多方面，今天的网店是桑德斯的自动商店梦想的符号性代表。虽然一生历经失败，桑德斯却为美国商业模式的改进作出了不可磨灭的贡献。他灵活地把握住了美国消费者渴望自助的购物需求，他的店铺和经营方法为零售贸易带来了根本性的变革。[70]

永不满足

美国新边疆的开放为商业执行官们带来的机会到20世纪第二个十年已经十分成熟。大量的战利品都放在那里等待攫取。那些成功地把握住了机会的人代表了国家前进的方向，汽车的普及、石油工业的发展以及战争所带来的苦和乐。在这个十年快要结束的时候，美国人又开始要求更多。为民主而战的乐观情绪也随着停战协定达成的艰难和民主在欧洲与俄国的不可实现而破灭。在整个国家陷入萧条的时候，一种愤世嫉俗的情绪在人群中蔓延。美国人希望摆脱战争的苦痛、萧条的苦痛以及世界秩序的不确定性。在国家内部有一种对权力的极度渴望——一种对所付出的努力要求回报的感情。对于很多人来说，这种呼声可能会在20世纪20年代得到回应。

表2-3

20世纪第二个十年的企业家、经理人和领导者

企业家

Arthur E. Andersen, Arthur Andersen
Elizabeth Arden, Elizabeth Arden Company
Bruce Barton, Batten, Barton, Durstine and Osborn
Leon L. Bean, L.L. Bean
William E. Boeing, Boeing Company
Willis H. Carrier, Carrier Corporation
John T. Dorrance, Campbell Soup Company
Camille Dreyfus, Celanese Corporation of America
William Fox, Fox Film Company
Daniel F. Gerber, Gerber Products Company
Samuel Goldwyn, Samuel Goldwyn Productions
Joyce C. Hall, Hallmark Cards
John D. Hertz, Yellow Cab Company
Henry J. Kaiser, Kaiser Industries
Carl Laemmte, Universal Pictures Corporation
Albert D. Lasker, Lord & Thomas
Charles W. Nash, Nash Motors Company
Helena Rubinstein, Helena Rubinstein
Clarence Saunders, Piggly Wiggly Company
Elmer A. Sperry, Sperry Gyroscope Company
Adolph Zukor, Paramount Pictures

Howard Heinz, H. J. Heinz Company
Alanson B. Houghton, Corning Glass Company
James W. Johnson, Johnson & Johnson Company
Henry P. Kendall, Kendall Company
George H. Mead, Mead Corporation
John P. Morgan Jr., J. P. Morgan & Company
John H. Pew, Sun Oil Company
Frank Phillips, Phillips Petroleum Company
Marjorie M. Post, Postum Cereal Company, Limited
Frederick H. Prince, Chicago Stock Yards Company
Stanley B. Resor, JWT Advertising Agency
Arthur Reynolds, Continental & Commercial Bank
Richard J. Reynolds, R.J. Reynolds Tobacco Company
Julius Rosenwald, Sears, Roebuck and Co.
Harry F. Sinclair, Sinclair Oil and Refining Company
Theodore E. Steinway, Steinway and Sons
Ross S. Sterling, Humble Oil and Refining Company
William L. Stewart, Union Oil Company
Jesse I. Straus, Macy (R. H.) and Company
Harold L. Stuart, Halsey, Stuart & Company
Walter C. Teagle, Standard Oil of New Jersey
Robert L. Vann, Pittsburgh Courier
Samuel M. Vauclain, Baldwin Locomotive
Solomon D. Warfield, Seaboard Air Line Railroad
John P. Weyerhaeuser, Weyerhaeuser Company
Albert H. Wiggin, Chase National Bank
Charles S. Woolworth, Woolworth and Company

经理人

Archie A. Alexander, Alexander & Repass
Earl D. Babst, American Sugar Refining
Stephen Birch, Kennecott Copper
Edward G. Budd, E. G. Budd Company
Ralph Budd, Great Northern Railroad
David Burpee, W. A. Burpee Company
Floyd L. Carlisle, St. Regis Paper Company
Harry Chandler, Los Angeles Times
Joshua S. Cosden, Cosden & Company
Richard T. Crane Jr., Crane Company
Arthur V. Davis, Alcoa
Henry S. Dennison, Dennison Manufacturing
James C. Donnell, Ohio Oil Company
Pierre S. du Pont, DuPont Corporation
William Durant, General Motors Corporation
Frank J. Fahey, Gillette Company
Otto H. Falk, Allis-Chalmers Company
James A. Farrell, United States Steel Corporation
Truman K. Gibson, Supreme Life Insurance Company
Eugene G. Grace, Bethlehem Steel Corporation

领导者

William A. Fairburn, Diamond Match Company
Frank L. Gillespie, Liberty Life Insurance
Samuel Insull, Middle West Utilities Company
George S. Lannom Jr., Lannom Manufacturing
Clifford D. Mallory, Mallory (C. D.) and Company
Robert R. McCormick, Chicago Tribune
Edward J. Noble, LifeSavers
Joseph M. Patterson, New York Daily News
Richard S. Reynolds, Reynolds Corporation
Wilbert L. Smith, L. C. Smith & Corona Typewriters, Inc.
Seth E. Thomas Jr., Seth Thomas Clocks
John W. Van Dyke, Atlantic Refining Company
Thomas J. Watson Sr., IBM
Daniel Willard, Baltimore and Ohio Railroad

第三章
1920—1929
从繁荣走向衰落

只有那些不了解我们的人民，不认同我们民族的生活方式的人，

才会完全被物质动机所吸引。我们从不隐瞒对于财富的渴望，

但是除此之外我们还追求更多的东西。

我们需要和平和荣誉，而这种追求是所有文明所共有的要素。

美国人的核心信念是理想主义的。我不能过多地强调美国是一个理想主义的国家，

这是让他们保持回应的唯一动机。

——卡尔文·柯立芝（Calvin Coolidge）

20世纪第二个十年为战争而进行的商业和社会总动员，在打完了最后一枚子弹、最后一个士兵返回家乡之后还在继续。虽然解除动员的工作迅速开始，但是动员在经济中仍然保持了可观的动力，欧洲和美国战后对必需品的需求，也进一步强化了这一动力。战争动员所带来的根本性的社会变化不仅影响了商业自身，也影响了商业的类型，出现了一种"商品非为使用而为占有"的商界亚文化。美国的新英雄不仅包括那些从战场归来的战士，也包括那些致力于满足顾客各种需求的商业执行官。新型的消费品和服务以很快的速度出现，20世纪20年代成为用户至上主义的时代。在这期间能够取得发展的企业，都是些知道如何满足客户需要的企业，更重要的是，它们开始重视客户的价值。

汽车的销售就很能展现不同公司是如何应对满足客户需求这一挑战的。尽管亨利·福特十分出色和富有效率，他还是在挑战中失败了。他不仅忽视了客户的偏好，甚至嘲笑他们。他最有名的一句话是："顾客会接受任何一款车和任何一种颜色，只要它是福特'T型'车。"这只是他拒绝客户的一个表现。靠着最早进入市场，也靠着很低的成本，福特公司多年来一直保持繁荣。到了20年代中期，福特公司生产的汽车占了整个世界汽车生产量的一半。而大规模的标准化生产，又使

得福特公司能够以原来三分之一的价格销售"T型"汽车。[1] 尽管有这些胜利，福特公司却没有准备好迎接用户至上时代的来临。他满足于颜色、型号和封闭型车的新发展这些单一、简单的客户需求而裹足不前。

另一位汽车行业的执行官则选择了另外一条道路，在客户管理方面发起了转型。1923年，阿尔弗雷德·斯隆执掌通用汽车公司，为蓬勃发展的汽车工业带来了一场革命。他允许顾客在车的颜色、大小和车型上做出选择。他了解当时美国潜在的潮流，一种追求个性、自由和身份的潮流。斯隆没有选择为所有人造同一种车；相反，他选择推出成系列的车型。每一款车型面向一个特定的客户群体。除了选择上的自由，斯隆还通过分期付款的方式给消费者以"购买的自由"。他给了消费者一个梦想，让他们通过贷款的方式完全拥有一辆高价值的、无与伦比的轿车。到1927年，三分之一的车都是通过贷款卖出去的。[2] 每年汽车型号的变化（由斯隆引领的），成为消费文化的一个风向标，正如福特"T型"车成为生产效率的标志一样。[3]

虽然斯隆凭着对于组织设计理论的贡献（去中心化、自治的事业部门为特定顾客群体生产不同种类的产品）而闻名于学术界，他也在努力赢得顾客满意方面留下了一大笔财富。在这之前，顾客通常被认为是卑微的、不值得发掘的财富。斯隆也不是第一个意识到对特定客户群体进行选择的价值的人，但他却是愿意冒险实践这种理论、挑战传统理论（统一型号的产品是低成本生产的唯一途径）的人。因为斯隆的努力，通用汽车公司的市场份额从1921年13%的占有率，提高到了1925年的20%，而福特的份额则由56%下降到40%。[4] 到了20年代末，通用汽车公司取代福特汽车公司成为世界第一大汽车生产商。[5]

福特和斯隆之间的汽车大战体现了20世纪20年代冲突的特点。福特是中西部农场主的儿子，没有受过多少正规教育，而斯隆则是东海岸商人的儿子，接受过良好的教育，举止优雅；福特是一位传统主义者，忽视消费者的偏好，固执地采用现款交易方式，而斯隆是一位顾客至上主义者，采用了灵活的信贷政策；福特关注的是为大众造车，而斯隆关注的是为市场上特定的人群造车；在管理风格上，福特采取的是强硬的独裁主义，而斯隆却采用了去中心化的管理结构将权力分散开来；最后，福特是逝去的一代商业执行官的代表，而斯隆是新生代的首席执行官。[6]

1924年，沃尔特·克莱斯勒（Walter Chrysler）采用斯隆的管理模式制造了更宽敞、马力更强劲的汽车，挑战了当时的传统。这些车的设计本来是为高端赛车联赛而开发的。同斯隆一样，克莱斯勒在开创事业时首先考虑的，是客户想要什么样的车，而不是简单地生产出他们要的车了事。从那时起，人们购买一辆汽车考虑的可能是它的象征意义，而不是它的功能。随着事业的成功，克莱斯勒与福特、通用一起成为美国汽车行业的三巨头。[7] 通用、福特和克莱斯勒统治了汽车市场，并且在行业中表现出明显的优势。1921年美国有88家汽车制造商，这一数量到1927年时下降了一半，而且这一趋势仍在持续。8 汽车生产一直都是大企业的天下。

历史学家常常将汽车当做这一时期的形象标志，有人把它看做这个国家昌盛时期到来的使者，也有人认为它是国家经济走向低谷的祸根。批评家说分期付款方式的引入，是导致个人债务增长失序的罪魁祸首。为购买像汽车这样昂贵的商品大开放贷之门，使得采用赊欠方式购买众多其他家用品如冰箱、洗衣机等成为可能。

从积极的方面讲，汽车业的发展带动了一系列新业务的繁荣，其中包括上游的零部件、原材料供应，以及下游的服务行业如零配件更换、汽车修理、加油站等。特别值得一提的是，在20世纪20年代中期实行的汽车预售政策极大地刺激了汽车销量的增长，从而使得二手车交易也开始繁荣起来。9 除了这些直接的业务之外，汽车还给美国人带来了前所未有的迁移和自由的意识。美国人现在可以住在城市之外，可以到更远的地方旅行，可以寻找新的工作机会。

经理人：给客户他们想要的

迎合客户的需求和欲望成为20世纪20年代的标志，而这一侧重为广告的繁荣创造了条件。从1919年到1929年之间，广告的业务量从14亿美元增加到29亿美元。10 对于很多大胆的商业执行官来说，这已经成为一种行之有效的市场拓展策略。为了减少顾客在购买时的疑虑并且刺激他们的购买欲，这些像蛇一样油滑的商人开始"教会"顾客一系列的毛病。举例来说，如果你患有臭汗症，你的生活并不会因此陷入停顿，可能仅仅是脚臭而已。有些人认为在20世纪20年代家庭主妇最大的噩梦可能是厌家症——一种实在不敢恭维的"病"，病的原因是缺少好的家具。如果你想避免"厌煤症"，那么你就得烧汽油来取暖代替使用导致"厌煤症"的煤。广告商从这里面看到了机会，因为他们可以借广告告诉顾客，使用我们的产品你就可以治好那些你从来没听过的病症。11 而所有的美国人都心甘情愿地投入到这场疯狂的运动。

除了公众对这些所谓疾病的认同，政府对于这一领域没有采取任何防范措施，也没有任何消费者保护机构对生产者实施监督。生产商和他们的广告代理人在销售和诱导顾客的时候，不会受到任何限制。有趣的是，"媒体"这个词在20年代首次成为广告商词典中的一部分。他们使用这一术语来更为广泛地界定社交载体（在当时，大多数是报纸和杂志），而这一载体正是他们投放广告的地方。12 从20年代开始，美国公众都成为了"媒体的目标"。

有一个人，他不仅把握住了美国人快速变化的需求，而且把握住了产品对于美国人的意义这一本质，这个人就是罗伯特·伍德拉夫（Robert W. Woodruff）。虽然只不过是一些糖水，可口可乐却成为与苹果派、棒球和母爱相提并论的美国文化。伍德拉夫比同一时代的其他商业执行官更清楚美国客户需要什么。他是一个信奉客户至上主义的商人，并且成功地运用广告和细分的市场计划来满足了这种需求。

罗伯特·伍德拉夫（1889 – 1985），可口可乐公司

伍德拉夫在乔治亚一个富裕的家庭里长大，他的父亲欧内斯特·伍德拉夫（Ernest Woodruff）是亚特兰大一个非常成功的银行家，他信奉圣经格言"因为多给谁，就向谁多取；多托谁，就向谁多要（路加福音12:48）"。[13] 作为家里的长子，他享受了舒适的生活，同时也被寄予了很高的要求。他希望他的儿子能够专心学习，大学毕业后成为一个银行家来接他的班。但他没想到这个孩子却放弃了资源，荒废了学业去从事"普通的体力工作"。

无论从哪个方面看，伍德拉夫都不是一个有天分的学生。他很努力才从小学毕了业，在亚特兰大高级男子中学上学时被除名，然后被送到乔治亚军事学校勉强毕了业。虽然没有学到什么文化知识，军事学校的经历却锻炼了他的领导才能。军事学校的老师建议他毕业后投身商界，他父亲却坚持把他送到爱默瑞大学。罗伯特在学校里经常逃课而且寻欢作乐，谁都怀疑他能否毕业。刚刚读了一个学期，校长就强烈建议他不要再来了，而罗伯特也十分高兴地帮了他这个忙，完全不考虑他父亲的懊恼。

在19岁的时候，罗伯特成了一个工人，他在通用管道和铸造厂铲沙子，但是很快就被提升为机械师学徒。从那里，他被转到母公司通用灭火器公司做销售工作。在这个职位上，他发现了自己真正的兴趣和才华。他是一个天生的销售员，他的销售领域很快就扩大了。罗伯特的成功引起了他父亲的注意，虽然他仍然十分困惑，但最终还是放弃了让儿子继续完成大学学业的幻想。欧内斯特·伍德拉夫在他的一家公司里为罗伯特准备了一个销售代理的职位。凭借他的能力，年轻的伍德拉夫成功地完成了与怀特摩托公司的谈判，为公司购买了一支车队来代替老式的马拉货车运输冰和煤。在一次参加汽车展览时，罗伯特被怀特摩托公司的新型卡车模型所吸引，于是他没有与父亲和公司其他人商量就做了这笔交易。根据可口可乐公司史学家弗雷德里克·艾伦的记载，罗伯特所做的不只是购买了一个车队那么简单："作为低价的补偿，伍德拉夫建议怀特摩托公司将这些参展车辆一直摆放到展会结束，并作为卖给南方地区公司的最大型的车队（15辆车）来进行宣传。"[14] 通过这一做法，伍德拉夫做了一次早期的促销展示。但是他父亲并不欣赏他的这种做法，实际上他对儿子的冲动行为很生气，并且取消了罗伯特预先谈好的价格。

第三章 1920—1929 从繁荣走向衰落

罗伯特于1913年退出亚特兰大煤炭和冰块公司，并加入了位于克利夫兰德的怀特摩托公司。怀特摩托的执行官对于年轻的伍德拉夫的谈判能力十分欣赏，他们愿意为他提供一个南方地区销售代表的职位。伍德拉夫与生俱来的销售能力和他个人在南方的人脉的结合，无疑形成了十分强大的力量。那些不止购买一两辆卡车而是整个车队的人，成为他潜在的目标客户。他的第一个目标是乡村道路特派员。他的策略很快就有了回报，而他也很快就升到了公司的高层。第一次世界大战期间，伍德拉夫在政府的法规制定部门获得了一个职位，但是却他帮着设计了一种特殊的运输卡车。有趣的是，卡车的规格和怀特摩托公司的汽车底盘能够完美地对接。到了1921年，伍德拉夫成为了怀特摩托公司的副总裁，并且为在克利夫兰的公司总部重新选了一个地方。两年以后，在他33岁的时候，成为怀特公司创建者确定的继承人。

正当伍德拉夫在怀特摩托公司干得有声有色的时候，1919年他父亲动用2,500万美元从阿萨·钱德勒信托公司（Asa Candler trusts）手里购买了状况不佳的可口可乐公司。这在当时是南方最大的一笔交易，当伍德拉夫购买可口可乐公司的时候，这家公司正因为与它的装瓶商的紧张关系而苦苦挣扎。早先，可口可乐公司与装瓶商谈好用固定的价格销售其配料，但是在战争时期，政府对糖实行配给制，这使得配方的成本扶摇直上。因为不想让销量下降，可口可乐公司不愿意提高饮料的价格。这样，公司就只能自己来消化因为糖价上涨而增加的成本。在收购了可口可乐公司之后，欧内斯特·伍德拉夫和他的合伙人重新同装瓶商谈定了除糖以外其他配料的价格，这使得可乐的价格可以随市场的变化而浮动。到了1923年，在可口可乐公司经历了配给制和第一次世界大战后的萧条，开始考虑在销售上有新突破的时候，伍德拉夫和他的合伙人都认为能将可口可乐带入一个新层次的人，非罗伯特莫属。 于是他们为他开出了36,000美元的薪水来接管公司。虽然当时他的年收入早已超过了50,000美元，罗伯特还是接受了这个职位。他是为了重回亚特兰大？或者向父亲证明他的价值？ 这个没人知道。他公开宣称的是他回到可口可乐公司来收回他投资；他在过去购买和获赠了大量的公司股票。

接管了可口可乐公司之后，伍德拉夫首先关注的，就是他最拿手的市场和销售。他使用了广告这个有力的工具。罗伯特找到位于圣路易斯的D'Arcy Adverting广告公司的阿奇·李（Archie Lee），来为可口可乐公司重新设计形象。于是诞生了那句经久不衰的广告语"The Pause That Freshes"，让美国人有了一个理由和需要来放松一下紧张的生活节奏。通过将可口可乐的形象与健康的生活方式联系在一起，伍德拉夫和李成功地抓住了大多数美国人的心理，它的形象跨越了南方和北方、城市和乡村、自由和保守的差别。他们采取了一种中庸的形象宣传策略来迎合最大多数的美国人，而不是一部分人的兴趣和爱好，给人以性感但又不露骨、传统但又不做作的感觉，不失为酒类饮料的一种好的替代品。伍德拉夫努力让可口可乐变成大众的而不是小部分人的饮品。

他利用边疆开放的机会在美国高速公路两侧买了大量的广告位。20世纪20年代晚期，他还成功地使用收音机做媒介宣传可口可乐饮料。伍德拉夫是一个促销大师，他甚至精心编排了可口可乐配方公开回收的仪式，这一配方在第一次世界大战期间作为购糖贷款的抵押而放在纽约银行的保险库里。

像同时代的其他人一样，伍德拉夫也重视公司业务范围的扩展。越来越多的美国人拥有了汽车，因此而增强了的可移动性使得商品销售的范围更大了。瓶装可乐的销售很快就超过了公司标志性的苏打水的销售。伍德拉夫重构了公司的销售模式，以便开创更大的瓶装可乐网络。出于对产品质量和标准化的重视，他要求装瓶商采取更加严格的灭菌流程和更为精确的混合标准。他时不时地造访装瓶车间，满意与否都挂在脸上。他并不与其他公司合并或者生产衍生产品来扩展业务，而是专注地生产同一种产品：可口可乐。他认为服务而不是销售才是未来销售成功的关键。出于这种考虑，他在一次公司会议中组建了一个新的"销售团队"。但是第二天，他将他们分配到新成立的"服务部门"，他们的工作是帮助零售商、冷柜经营者、服务站和其他商店营造一种有利于更好地销售可乐的环境。

从1923年他走马上任到20年代末，伍德拉夫将可口可乐公司的利润提升了三倍，从450万美元提升到1,300万美元。正如其中一位撰写可口可乐公司的传记作者所写的那样，"可口可乐公司是20年代最重要的公司的代表，这个时代也是第一批职业经理人的时代，他们对律师、公关专家、市场研究者、心理学家和广告商的依赖变得越来越强"。[15]伍德拉夫就得到了所有这些人的帮助。大萧条爆发的时候，公司出人意料地经受住了冲击并保持了继续发展的势头。因为伍德拉夫知道，即使在困难时期，美国人也不会吝啬到舍不得有片刻的休息。在萧条时期他没有退缩；相反，他增强了广告的力度，以此来影响美国人的观念。实际上，可口可乐公司在30年代的广告让人只要看上一眼，就会有一种跃跃欲试的感觉。[16]1932年，可口可乐公司被计入道琼斯工业平均指数，到1935年，它每股的市值达到200美元，在以"四配一"配股之前是这个国家价格最高的工业股票。[17]可口可乐的成功催生了百事可乐这样的竞争者，也带来了一股可乐模仿热。伍德拉夫对此十分警觉，对任何实际的或者潜在地侵犯公司秘密配方和注册商标权的公司，他都会拿起法律武器来保护自己。

伍德拉夫还将目光投向了全球。第二次世界大战中可口可乐公司宣布，任何一个海外的美国士兵只需花五美分，就可以得到一瓶可口可乐，而不必考虑由此产生的成本。这一不平凡的产品宣传使得公司在糖料配给紧张的情况下仍然获得了足够的糖供应。1940年，可口可乐公司可以得到的糖料配额是正常生产情况下的80%，但是如果产品成为军供品，这一配额就能得到提高。伍德拉夫于是着手将可口可乐打造为军供品。因为得到了政府的支持，可口可乐公司在全世界建立了64个装瓶工厂，仅美国士兵就消费了五亿多瓶可口可乐。战争结束后，伍德拉夫让可口可乐成为了一种世界性的饮品。不管什么国家、什么文化，通过保持产品的口味始终如一，他成功地做到了这一点。1985年，伍德拉夫以95岁高龄去世。而在此前的一个月，公司发布了一种新配方可乐——这一决定可能是伍德拉夫永远也不可能做出的。[18]

可口可乐公司是20世纪20年代出现的现代组织架构的代表。这种设计使公司能够更加容易地控制、利用和分配资源。像通用汽车和可口可乐这样的公司，办公场所更小，员工职责更加明确，业务部门具有分散和自治的特点，每个部门由独立的总经理来领导。很多人预见到了市场对这种新型公司的需要，于是成立专门的公司来提供这方面的咨询。这其中就有詹姆斯·麦克金斯（James O. McKinsey），他成立了世界上最大的管理咨询公司。他的主要贡献是将"控制预算"作为一项主要的管理工具加以利用。他断言未来的执行官们需要不断地接受教育，并预见到了商业领域"科研人员"（scientific man）时代的到来。这个时代的特点是细致的计划、研究和密切配合的组织架构。

向内转：美国奉行孤立主义

随着第一次世界大战的结束，因为战争而变得更强大、更富有、更有影响力的国家只有美国。但是这个国家并没有利用这一新获得的地位在国际事务中扮演领导者角色，[19]而是重回自得其乐的孤立主义立场。除了在墨西哥和拉丁美洲进行一些"随心所欲的干涉"从而为美国的政治、经济谋些好处，美国从整体上还是将自己置身于国际事务之外。这一时期，美国的外交政策主要是保持东亚的平衡，加强对战争贷款和战后重建贷款的支付。[20]

虽然很多国家在第一次世界大战之后都开始了裁军行动，日本却一直在加强它在东亚的海军力量。美国开始担忧日本的军国主义路线可能会导致亚洲，特别是中国的市场关闭。为了保持亚洲的力量平衡并且保住中国这个市场，美国策划签订一个《五强海军条约》（Five Power Naval Treaty），条约规定按比例限制各国的海军舰船总吨位数，英美为500,000吨，日本为300,000吨，法国和意大利为175,000吨。此外，这五个国家保证尊重中国的门户开放政策，并且尊重彼此在东亚已有的势力范围。[21]这一由美国促成的安排为这一地区带来了多年的稳定，也制造了一种安全的假象。

美国试图从欧洲收回贷款的努力体现了20年代矛盾的实质。从1914年到1919年的五年间，美国从世界最大的债务国变成了最大的债权国。[22]美国一方面想让欧洲对它们的债务负起责任，一方面又让还款变得更加困难。1922年，美国国会通过了《福德里-麦克康博关税法案》（Fordney-McCumber Tariff Act），对很多进

表3–1

影响20世纪20年代的商业大事

时间	事件
1920	最高法院裁定美国钢铁公司不是垄断企业
1920	KDKA在匹兹堡成立——第一家获得许可的广播电台
1920	西尔斯（Sears）引进了分期付款计划
1920	阿尔弗雷德·斯隆发布通用汽车重组计划，计划于1924年全部完成
1921	国会通过《紧急移民法案》（Emergency Immigration）限制移民
1921	商务部长首次公布失业状况（570万失业人口）
1921	最高法院裁定《克莱顿法案》不再保护附属于劳工运动的抵制行为
1921	美国邮政局首次使用航空邮件
1921	审计总署（GeneralAccounting office）成立
1922	茶壶门丑闻（Teapot Dome Scandal）
1922	国会采取了保护性关税
1922	AT&T旗下的WEAF承接了第一次商业电台发射
1922	在堪萨斯城附近开办了乡村俱乐部广场——第一家精心规划的商业中心
1922	弗雷德里克·班廷爵士（Frederick Grant Banting）发明了胰岛素
1923	第一个交通信号发明
1924	西部电子下属的霍尔斯隆工厂进行了员工生产力研究
1925	麻省理工大学的工程师设计了第一台"现代"计算机
1925	AT&T通过电缆同时向三个城市发送图片
1925	《凯利法案》（Kelly Act）出台使航空邮件服务私有化
1926	《所得税减免法》出台
1926	《航空商业法案》（Air Commerce Act）授权商务部控制国家的航线和机场
1926	罗伯特·戈达德（Robert H. Goddard）发射了第一枚液体燃料火箭
1927	联邦广播委员会（Federal Radio Commision）成立
1927	查尔斯·林德堡（Charles Lindburgh）首次完成从纽约到巴黎的不间断飞行
1927	第一部有声电影——《爵士歌手》（The Jazz Singer）上映
1927	美国的工资水平位居世界第一
1928	斯卡奈塔第的WGY在美国首次按日程播放电视节目
1929	克莱伦斯·波德希思（Clarence Birdseys）向公众出售冷冻食品
1929	摩托罗拉的保罗·加尔文（Paul V. Galvin）发明汽车收音机
1929	AT&T成为第一家年收入过十亿的公司
1929	道琼斯工业指数在9月3日升高到381.17点
1929	道琼斯工业指数跌至260.64点；股市开始崩盘

口货物恢复征收较高的关税,这就完全颠覆了1913年《安德伍德—西蒙斯法案》的关税政策,标志着贸易保护主义的抬头和美国对国内商业的最强有力的支持。[23] 这一新法案的目标,意在打破第一次世界大战前由德国主导化学和金属加工工业的局面。[24] 新的美国企业正在崛起,取代德国企业生产的产品,而政府采取了很多措施保护这些新兴的企业。其中就有奥兰多·韦伯(Orlando F. Weber)的国家苯胺和化学品公司,这家公司成立于1917年,主要制造从前由德国生产的各种染料。战争结束后,这家公司成为联合化学和染料公司的前身。[25]

虽然关税保护了美国本土的企业,但是也让欧洲各国偿还战争贷款变得更加困难。因为现在欧洲的货物没有一个开放的市场,欧洲建立现金储备的能力也急剧下降。这种对彼此和对美国之间债务偿还的无能为力又滋生了可怕的民族主义,但是这种现象却没有在美国引起太多人的注意。[26]

企业在政府中找到代言人

随着战争的结束,不安定的经济形势开始在全国范围内加剧,几乎到了衰退的边缘,而美国想要的,还是一种稳定和舒适的感觉。它们要求回到表面的常态,并且从沃伦·哈丁总统(Warren Harding)和卡尔文·柯立芝总统(Calvin Coolidge)那里得到了理想的实现。1920年哈丁总统的当选,让人们感觉到旧的价值和生活方式又重新变得热门了。[27] 这些价值不是战前的价值,也不是进步主义的价值,而是这个国家在世纪之交的价值。通过他的政策和内阁任命,政府恢复了对企业自由发展和扩张的支持,恢复了美国的外交孤立主义和贸易保护主义姿态,出台了严格的法律限制移民,从而为一种自由放任主义的管理模式定下了基调。哈丁认为,充满活力的产业才能使国家强大和健康。而他的政府干预政策的设计也是基于这一目的。

虽然政府在过去的几十年中已经通过标准石油公司的分家和美国烟草公司的拆解检验了自己的干预能力,但是对美国钢铁公司和美国铝业公司的垄断调查却以失败告终。虽然美国钢铁公司有"实行垄断"的能力,但是最高法院却裁定它没有使用这种能力。[28] 依据1914年《克莱顿法案》中"合理的规则",法庭重申市场份额(比方说规模)本身并不能构成违反《反垄断法》的要素。法院进一步认为,对美国钢铁公司拆分所造成的后果,其严重程度甚至要超过公司垄断本身所造成的后果。[29] 法庭的裁决表明当时的经济状况对于政府的商业决策有着十分重要的影响。政府在美国钢铁公司反垄断诉讼中的失败,是垄断横行时期政府的第一次大挫败。

由于引用了与美国钢铁公司案同样的法律原则,最高法院裁定美国铝业公司的行为不构成垄断。美国铝业在20世纪最初的20年获得快速的发展，控制了美国主要的铝合金和铸件产品90%的市场份额。与美国钢铁案一样，最高法院裁定"大公司（比如美国铝业）的大规模是合法的，只要它没有做错事"。[30]事实是，安德鲁·梅隆（Andrew Mellon），当时美国的财政部长，是这家公司的大股东，他可能在左右法庭裁决方面起了很大作用。虽然1927年政府在对伊斯特曼·柯达公司（Eastman Kodak）的反垄断诉讼中获得了胜利，这种胜利在那样的大环境下也显得微不足道。柯达被指控使用了排他性的合同，但是政府并没有加强监管的力度，而是任由柯达继续不受控制地运作，直至整个案件被法院判定。

哈丁在任期尚没结束时便因心脏病于1923年去世，但是他的政治作为极大地支持了商业社会的发展，人们甚至认为他做得有些过分。而在他去世后，他的一些重要官员在重商（pro-business）的道路上走得更远，甚至引发了一系列的政治丑闻和腐败案件。最值得一提的是，他的内政国务卿阿尔波特·福沃尔（Albert Fall）收受石油公司的贿赂，为他们取得了茶壶门、怀俄明、麋鹿山和加利福尼亚政府储备土地上的石油开采权，最终被判刑。[31]茶壶门丑闻促成了联邦石油储备委员会（Federal Oil Conservation Board）的成立，这个委员会实际上并不是一个石油行业的监管性部门，而是一个规划和协作性的部门。[32]哈丁去世之前，他的政府被自杀和大范围的辞职搞得焦头烂额。

这些丑闻本应该对这个国家的重商倾向有一些抑制作用，但事实并非如此。1923年，在卡尔文·柯立芝继任之后，企业和白宫之间的关系更加密切。柯立芝巧妙地在几个月内就消除了丑闻带来的不利影响，他任命了独立的调查委员会来调查这些事件，并于1924年轻松赢得了连任。柯立芝是一个典型的放手型的执政官，他信奉的格言是"不要急着立法"，他每天待在办公室里的时间不超过四小时，他认为不需要干预问题也能自行解决。[33]与哈丁一样，柯立芝也是标准化和效率的鼓吹者。他从不担心企业私下勾结的危害；相反，他鼓励发展行业组织，从而彼此分享在运作和流程方面的经验。正是在这一时期，美国管理协会（American Management Association）成立了。这一组织的创立将管理的重要性提到了前所未有的高度。学者和企业家们开始将管理作为一门专业来研究和运用。[34]

在政策层面，柯立芝延续了前任的保守的财政政策。他鼓励财政部长梅隆降低税收，特别是美国富人的税收，同时缩减政府支出、保持国家的债务水平。在柯立芝执政期间，战争时期过高的企业收入税和高额的个人所得税都大幅减少，1921年为50%，1924年为40%，到1926年下降为20%。与此同时，国家的债务也下降了35%，由25.5亿下降到了16.9亿，而政府支出也由6.4亿下降到了3亿。[35]由于这些原因，经济每年保持了6%的增长率，生产率每年增长4%。到1929年，世界上有43.3%的制成品产自美国。[36]美国看起来似乎前途无量，但是在这一表象的背后，国家内部有很多不同的声音。这些分歧在1928年总统竞选的时候浮出了水面，当时有来自北方的民主党、天主教和反禁酒主义者的代言人阿尔弗雷德·史密斯（Alfred Smith）以及来自中西部的贵格会（Quaker）和禁酒主义者的代表赫伯特·胡佛（Herbert Hoover）。这场竞选是那一时期美国观念分歧的全面展现，暴露了这个国家深层次的问题和偏见。37

分化的国家：断裂的社会道德

整个20世纪20年代，这个国家对于这十年的时代特征感觉迷茫——从战后的衰退到中期的繁荣再到末期的绝望和恐慌。战争曾成功地将分歧掩盖起来，但是到了20年代，这种遮掩已经没有了。20年代的美国，是以国家的分化为标志的——南方和北方、城市和乡村、移民和土著、传统主义和自由主义的分化，这个时代陷入了矛盾和不可调和的冲突之中。虽然常常被人称为"喧嚣的20年代"，这个十年实际上是从一场保守主义运动——禁酒令的实行开始的。尽管战争时期女性和少数民族群体已经开始有了一些工作机会，但是他（她）们的进步同样激起了内战结束以来一直存在的仇恨和固执情绪的抬头。当城市开始享受新科技的成果、股市里的资金似乎用之不竭的时候，乡村和农民的生活却基本没有什么变化，他们仍然为了生存而在土地上辛苦劳作。

国家也试图调和这些分歧，特别是关于禁酒和选举权方面的分歧。虽然那些为禁酒令的出台而斗争的人动机也未必那么崇高，但是关于它的执行与当初通过法案时所引发的激烈辩论，却没有什么相似之处。禁酒令并没有让人们从道义上摒弃酒精消费行为；相反，它只是减少了低收入阶层对酒精的消费，因为他们买不起高价的酒。禁酒令的实行也让喝酒变得更加神秘和富有诱惑性，最终为有组织的犯罪行为提供了温床。38 20世纪20年代涉酒精的犯罪团伙活动更加猖獗，比较有代表性的人物有"刀疤脸"卡蓬（Capone）和幸运的路西亚诺（Luciano），他们利用团伙来控制私酒销售以及贿赂官员的行为，对禁酒令是一个嘲笑。39 20年代纽约市的地下酒吧大约有32,000家，比从前合法酒吧数量的两倍还要多。40 在底特律，20年代第二大行业就是贩卖私酒（仅次于汽车工业）。41 禁酒令并没有给国家带来光明，也没有给社会带来和谐，而是加深了这种分歧。

当禁酒令还在继续生效的时候，有一项运动把大多数社会阶层的女性都团结起来，那就是她们为争取选举权而进行的斗争。这场斗争最后导致了《第19修正案》的出台，标志着女性争取选举权运动的胜利。虽然在战争年代这一为选举权而展开的斗争是次要的，但是随着女性通过工作增强了她们的经济和政治影响力，她们最终取得了胜利。从事非农业工作的女性数量从1900年的500万增加到了1920年的830万。42 很多历史学家认为，女性在经济上的自由是她们取得胜利的关键。修正案在此前的43年中每年都在国会辩论中失败。43

表 3-2

20世纪20年代的社会和人口状况

- 48个州1.06亿人口（城市人口5,420万，农村人口5,150万），到1930年增加到了1.23亿
- 工业劳动力人口数量第一次超过了农业
- 平均失业率为5.2%
- 有关妇女选举权的宪法修正案得以通过
- 离婚率从19世纪90年代的十六分之一上升到六分之一
- 武装部队人数从1919年的120万下降到34.3万
- 1924年举行第一次梅西感恩节巡游（Macy's Thanksgiving Parade）
- 约翰·斯科普斯（John T. Scopes）在田纳西州的学校中教授进化论
- 时尚：瑜伽、天体营（nudist colony）、舞蹈马拉松、在旗杆下静坐
- 游戏：占卜牌、填字游戏
- 新词：敲诈、媒体、常态、汽车旅馆、地下酒吧、规模化生产
- 平均年收入：1236美元（1920）
- 预期寿命：女性54.6岁，男性53.6岁（1920）

尽管两派对于禁酒令和选举权的价值存在着分歧，但其各自的立场基本还是清晰的。而自由主义社会习俗（liberal social mores）和原教旨主义（fundamentalism）之间冲突的界限，则不是那么清楚。虽然不同观点的分布并没有地理上明确的界限，但是在国家内部还是有非常清晰的分化。对于很多乡村美国人来说，城市是五花八门的空想、试验和道德败坏的温床。[44]在夸大的形象中，城市被描绘成一个颓废的小岛，岛上罪犯横行无忌、腐败无处不在。[45]城市居民对乡村的印象则是沉静、信息闭塞和一成不变的。虽然同属于一个国家，城市和乡村在20世纪20年代看上去就像是两个世界。

人口动态：大门已经关上

这个国家的城市中心，特别是北部的大城市，如纽约、波士顿、底特律、芝加哥和克利夫兰在美国黑人离开他们传统的南方居住地来到北方后受到了很大的影响。这些黑人来到北方寻找工资更高的工作和更光明的未来。移民是从战争时

期开始的，并且在整个20年代一直持续。当时有615,000多名美国黑人从南方迁出（占整个国家黑人总数的8%）。⁴⁶ 随着北方主要城市黑人数量的增长，他们的经济和政治影响也在增强，这也带动了文化、文学和艺术运动的兴起，也就是所谓的哈林文艺复兴（Harlem Renaissance）。哈林文艺复兴是美国黑人的骄傲，白人对于所有与非洲有关的东西都十分着迷，这在一定程度上也引发了跨文化焦虑症。到大萧条爆发的时候，通过哈林文艺复兴，白人和黑人文化上的障碍被打破，特别是在北部精英知识分子群体中。⁴⁷

移民的涌入更增大了城市和乡村之间的差别，移民愿意待在城市而不是农村。虽然在第一次世界大战中以及战争刚刚结束时移民活动受到了控制，但是在20年代初期移民数量又开始增加。在1921年，大约有806,000名移民来到美国，相比之下，1914年只有141,000名移民。与此前不同的是，移民的构成也发生了变化，⁴⁸他们大多数来自东欧、南欧和墨西哥。⁴⁹ 战争留下的痛苦经历，使得国家内部的民族主义意识开始抬头，有时候又变成彻底的本土主义。本土主义表现为多种形式，它成为渴望回归传统主义的乡村美国人和希望保持自己在人口中原有地位的老一代移民的主流意识。它也成为像三K党这样的激进团体成立的重要原因。三K党特别关注20年代的犹太人移民、天主教移民和南欧移民的涌入。美国越来越像一个垃圾箱而不是一个大熔炉，正如三K党的创立者威廉·西蒙斯（William Simmons）所警告的那样："当一大群外国人走到投票箱前，而且他们的票数超过你的时候，这群外国人就卡住了你的脖子。"⁵⁰

这个国家的孤立主义情绪，加上城市和乡村之间的相互仇视、不断增长的失业人口数量，以及三K党的保护主义，几种因素的结合构成了针对欧洲和亚洲移民的配额方案的出台。1921年通过的紧急移民法案设置了一个国籍限制，使每年的移民数量被控制在现有美国居民群体（按原国籍区分）的3%以内，而且1924年出台的移民法案进一步增强了这一限制。修改后的配额变成1890年人口普查中居民团体的2%。让我们回头来审视一下1890年的人口普查，很明显，这一法案更多地反映了西欧人群的要求，他们在20世纪之前就已经在美国定居。⁵¹ 新的移民配额最终使得这十年间来自欧洲和亚洲的移民数量下降了50%。

总体来看，美国的人口从1.06亿增加到1.22亿。更重要的是，这是美国历史上城市社区人口首次超过半数。在1920年就已经有50%的居民居住在人口超过5,000人的定居点。⁵² 当城市开始繁荣的时候，农民仍然在为生活苦苦挣扎。为满足战争而过度扩张的生产力使得农产品市场相对狭小。缩小的市场和耕地上菲薄的收入引发了大规模的农场并购潮。R. 道格拉斯·赫特（R. Douglas Hurt）在他的书中是这样描述美国农民的，"到了1930年，农业人口减少到3,050万人，只占人口总数的25%，而在1916年高峰期时，这个数字曾达到3,250万，占人口总数的32%"。⁵³ 一些试图援助农民的提案被国会或总统或者两者同时彻底否决。被放弃的不只是农民，在重商的20年代，劳工们也在为获得一个稳定的地位而斗争着。

劳工运动，前进一步后退两步

劳工们在战争时期所获得的权益在20年代被重新剥夺。1920年工会人数有500万，到1929年却只有300万－400万。[54] 除了会员人数有32%的减少，工会还在两起最高法院的诉讼案件中遭受了重大挫折。为了取消劳工运动在反垄断诉讼中的豁免权，1921年最高法院在《杜普勒克司印刷厂诉迪尔林案》(*Duplex Printing Press Company V. Deering*) 中裁定对工会的间接抵制行为实施禁止是合法的。工会经常呼吁公众抵制公司的产品和服务以加强他们在谈判中的优势，法院裁定这种行为违反了州际商品的自由流通，构成了对贸易的非法限制。[55] 紧接着这次打击，最高法院否决了1924年制定的最低工资制，虽然这一法案的初衷是为了改善妇女和儿童的状况。当时法院认为最低工资制的设立是对个人自由订立工作合同的权利的侵害。这一判决的出台等于立了一个新的先例，为最低工资标准的实施设置了根本性的障碍。[56] 工人斗争因为政府的亲企业的立场而遭受挫折。正如劳工历史学家埃里·金兹伯格（Eli Ginzburg）所记载的："在共和党人的观念中，联邦政府对工人的最好的办法就是什么也不做，把主动权交给企业的管理者，这才是它应有的归属。"[57]

由于政府实施放任的政策，雇主可以随心所欲地雇用那些非工会会员或不想加入工会的雇员，在公开场合制造了一种紧张气氛。为了进一步削弱工会的势力，雇主还以"福利资本主义"的名义设计了一系列雇员优待政策，其中包括利润共享、退休金计划、奖励金计划和失业保障以及其他一些优待措施。在推行这些优待政策的同时，一些企业，如恩迪科特－约翰逊公司（Endicott-Johnson）、里格利（Wrigley）的口香糖公司和琼斯－曼维拉公司（Johns-Manville）都开始重新审视它们的运营工艺和流程。

虽然乔治·约翰逊（George Johnson）创建了一个成功的制鞋公司，但他最重要的贡献还是他的进步的劳工政策，其中包括八小时日工作制、40小时周工作制和员工医疗补偿制等。菲利普·里格利（Philip Wrigley）则因为在家族的口香糖企业里实施了一系列措施而引起了人们的注意，这些措施包括收入保险计划、渐进退休计划和广泛的退休金计划。最后，创建了世界上最大的石棉建材生产企业的李维斯·布朗（Lewis Brown），在企业内部实行了集体协商制度、八小时日工作制和40小时周工作制，以及员工态度调查制度（使用调查结果改善工作条件）。尽管这些先行者的做法在被推广之前可能要花几十年的时间，但是他们的行为仍然对经理们"应当如何对待和看待员工"有重要的影响。他们的政策对于整体工作条件的改善也起了非常积极的作用。尽管诸如福利资本主义这样的措施其动机不是出于企业家的利他心理，而是出于提高生产效率、保持企业繁荣和削弱工会的影响这样的目的。58

科技让生活更轻松

由企业推动的科技进步，成为大家公认的促进社会公平的重要因素。这一时期的许多革新，其宗旨都是为了提升普通美国人的生活。广告的宣传和充足的存款也使得普通人能比以往更加方便地享用这些新科技成果。广告商对于产品的外观比质量更重视，因为他们认为自己的责任在于"让大众了解科技进步是如何渗透到日常生活的每一个角落的"。59 收音机的发明、娱乐的繁荣以及家庭电器的发展都在这一进程中起了重要的作用。

从所造成影响的角度来看，收音机的发明是商业发展的一个分界线。虽然收音机已经存在很长时间了，但是政府在20世纪第二个十年控制了这一媒介，来为国防服务。1919年，政府开始对广播事业实行私有化，其标志是美国广播公司（RCA）的建立。公司成立之初由美国电话电报公司（AT&T）、西屋电气（Westinghose）和通用电气（GE）共同拥有。原计划由 AT&T 来制造发射装置并掌控"无线电讯"权，西屋和通用则生产接收装置——收音机。而无线电广播这一后来成为支柱的业务，最早的时候甚至没有被列入条款。60

虽然底特律的 WWJ 电台于1920年8月开始对外广播来自《底特律日报》（Detroit Daily News）的内容，但是匹兹堡的 KDKA 电台于1920年11月2日对总统选举的报道，却被认为是广播事业发展的转折点。KDKA 的所有者是西屋，它是第一家拥有定期节目而不是转载报纸新闻的电台。61 西屋希望使用收音机来为自己的产品促销，RCA 和 GE 也希望能将广播用于商业，但是 AT&T 却走上了另一条道路。通过它在纽约的 WEAF 电台，AT&T 为皇后房地产公司（Queensboro Corporation）做了最早的商业广告。62 区区十分钟就收入上百美元，这给了广播纯粹论者极大的震撼，因为他们最初认为通过无线电播出的广告只能是免费的。63 早期广告的成功为这一事业后来的快速发展奠定了基础。一个广告的新时代到来了，正赶上这个国家四处弥漫着繁荣和物质主义的欲望。

到了20世纪20年代中期，AT&T 在沃尔特·吉尔福德（Walter S. Gilford）领导下建立了一个广播站网络，资金都是来源于广告收入和个人投资。除了这些成功，公司还看到出售广播权许可所带来的收益比实际运营一个电台要大得多。1926年，一些重要的广播公司共同起草了一份新的行业协定。AT&T 卖掉了 WEAF（纽约最大的电台）和它附属于 RCA 的业务，来换取对台际网络连接的独家销售权。GE 和西屋则专注于拥有专利的广播接收和中转设备的生产及销售。在戴维·萨尔诺夫

（David Sarnoff）的领导下，RCA 继续实践着建立最大广播网络的计划，根据这个计划，RCA 准备在每个主要的大城市拥有至少两家基层电台。这一商业规则的核心，是要最大程度地控制和占有商业份额与领域。萨尔诺夫建了两个网络：红网，其代表是 WEAF 电台；以及蓝网，其代表是新泽西纽华克市的 WJZ 电台。红网成为了国家广播公司，而蓝网则成为独立的美国广播公司（1940年在法院要求分解的裁定下成立）。与此同时，威廉·佩里（William Paley）创建了哥伦比亚广播公司。最终形成了三分天下的形势。64

广播最早被用来报道体育赛事和国家新闻，但它很快就成为了纯粹的音乐、娱乐媒介，并成为广告商的梦想。实际上，广告商对于早期广播内容的发展起了十分重要的作用。为了让自己的广告客户获得更长的播出时间，广告商经常自己制造节目卖给附属的广播电台。到了这十年快要结束的时候，据估计所有的赞助节目都是由广告商制作的。65 广播提供了一种全新的大众市场媒介，而个人主义为这一切买了单。很快，全国人都在收听同一个节目，以前只有通过大规模发行的书籍和杂志才能知道的明星和英雄，现在通过广播很快就能知晓了，人人都在享用这一全新的大众文化载体。66

在 20 世纪 20 年代，比广播传播更为广泛的电影业，成为美国人言行和着装的指南。全国的电影院从 1919 年的 15,000 家发展到了 1928 年的 20,500 家。67 中产阶级对于电影这种娱乐方式的接受，从很大程度上改变了这一媒体形式不被人尊敬的地位。虽然电影获得了社会的尊重，但是电影的内容还是以反映社会道德的转变为主。观众们希望电影用更加充满热情的行为来代替（20世纪20年代的）传统行为。68 为了让人们从电影中得到更多乐趣，哈里·M. 华纳（Harry M. Warner）和他的兄弟开发了一种技术，来为电影中移动的画面配音。当他们的作品，第一部有声电影《爵士歌手》(The Jazz Singer) 于 1927 年初次亮相的时候，为整个娱乐业带来了一场革命。随着沃尔特·迪斯尼（Walter E. Disney）于 1928 年推出第一部有对白的动画片，这一革命仍在继续。69

当电影和广播为美国人提供大量娱乐资源的时候，20世纪20年代的其他一些实用的发明创造让人们的日常生活变得更为轻松。在这十年中，室内管道、中央采暖、家用电器以及电话等技术都得到了极大的发展。随着电熨斗、冰箱、洗衣机和吸尘器的推出，耗费在这些劳动上的时间也被大大地缩减了（这为电影和广播这样的娱乐生活留出了更多空闲）。70 这些新电器很多都是可以通过分期付款购买的，这也为将来的信用经济打下了基础。

企业家：坐飞机

虽然当时有许多科技进步的成果集中在家用品行业，但是也有一些重要的发明出现在交通领域，对于这方面取得的成就，美国政府的支持起了十分重要的作用。为了提高邮政投递的速度，邮政局于20世纪20年代早期开辟了州际航空邮路。随着一些大城市间的短程邮路的开发，航空邮递的发展前景得到了证明。邮政局于1921年从政府那里获得了150万美元来改善机场跑道和夜航的照明设施。接下来的四年里，邮政局继续建设了全国性的航空邮政系统，并获得了政府更大的支持。邮局的飞行员可不是懦夫能够从事的职业，早期飞行员的座舱都是开放式的，在他们的背后会绑一个降落伞。在美国邮政局最早雇佣的40名飞行员中，有31名在接下来的六年中死于飞机失事。71

随着1925年《航空邮政法案》（Air Mail Act）的出台，邮政局被授权可以将航空邮政业务交由私人航空公司来经营。根据这一法案和1926年出台的《航空商业法案》（Air Commercial Act），政府可以将航空邮政业务委托给私人公司，并且提供资金保证机场和航线的基本建设和维护。72 邮政局于1925年开放了最初的12条邮政航线，收到来自各地的5000多份承运申请。73 波音和美联航的前身——国家航空运输公司，都是早期获得授权的竞争者之一。74 政府对于私人航空承运人的支持极大地促进了更大、更加安全的航空器的发展，并为日后的航空客运打下了基础。

和今天一样，政府一直都负责机场的基础设施建设和安全管理，但是把每日的飞行运营业务交给私人公司管理。到了1928年，也就是此项业务开展七年之后，所有的48个州都开通了航空邮政服务。更重要的是，它证明了，民用航空业务也可以是营利性的。这就决定了它进一步发展的可能性。75 虽然20年代的航空业务即使在国内也才刚刚起步，却有一个人看到了国际航空市场的巨大潜力。这个人就是胡安·特利普（Juan Trippe），他被《时代》（Time）杂志誉为20世纪的商业巨人，他有着强烈的美国式的本能，能够在事情还没出现前就看到它巨大的市场价值，并将它推向市场……他也被誉为"国际航空业之父"。76

胡安·特利普（1899 – 1981），泛美航空的世界航线

胡安·特利普生逢早期航空业飞速发展的时期。1909年他只有十岁，一次，他的父亲带他去观看长岛上空的飞行比赛。第一次看到飞机，这个男孩似乎找到了他的宿命——追求自由的感觉。当他在大学第一次体验空中竞技的时候，特利普就决定了他的人生道路。1969年当他实现了他的人生梦想的时候，他已经建立起一个连接美国和世界上85个国家的航空网络。

特利普出生于新泽西州西布赖特市（Seabright）的一个中产阶级家庭。他的父亲是纽约的一个投资银行家和代理人，与欧内斯特·伍德拉夫一样，他希望自己的儿子能接自己的班，从事银行业务。特利普虽非特别出色的学生，却很擅长为自己的观点辩护，他总能表现出特别的耐心和自信。他在宾夕法尼亚州的波茨敦

完成了高中阶段的学业,并于1920年从耶鲁大学谢菲尔德科技学院毕业。在耶鲁的日子里,特里普找到了人生最大的两笔财富——对飞行的热爱和由一批很有影响的朋友构成的人际网络。特利普在耶鲁上了第一堂飞行课,并与一群志同道合的同学一起成立了耶鲁飞行俱乐部,这让他有机会参与校际飞行比赛。特利普在飞行俱乐部认识的朋友可不是一般的人,他们都来自工业巨头家庭,比如惠特尼、洛克菲勒(Rockefeller)和范德比尔特(Vanderbilt)。

特利普在耶鲁的学业中断了两次。第一次是因为他在第一次世界大战中加入了海军航空兵,第二次是因为他父亲去世。处理完父亲的财产后特利普回到耶鲁完成了学业。为了追悼他的父亲并供养他的母亲,特利普在李·希金森投资公司(Lee, Higginson and Company Investment firm)工作了两年,职位是债券销售。虽然这期间他继续扩大与有权有势、富有的同事之间的人脉关系,但他还是认为这两年是他一生中最傻的两年。[77] 1923年,他离开了华尔街,就再也没有回来。

通过在大学和投资银行界结识的朋友,特利普用每架500美元的价格购买了七架第一次世界大战时剩余的飞机,成立了长岛航空公司。飞机最早用来为暑期蜂拥而至的游客提供观光服务。他很快发现,如果将飞机座舱的原有设计修改一下,让飞机同时容纳两名乘客,他就可以开发更多的业务。通过更换体积更小但功率更大的引擎,特利普最终实现了改造。

在季节性的观光业务上取得成功之后,特利普意识到要保持公司的发展,他必须开展一项长期、稳定的业务。很快,他从洪都拉斯联合水果公司那里获得了第一次跨国合作的机会。他了解到为联合水果公司运送货物的飞机需要降落在洪都拉斯的提拉机场,而这个国家的法律规定必须取得一个官方的盖章的文件才能正常接收货物。而要盖章只能去首都,乘车需要三天时间。特利普说服联合水果公司,如果用飞机送这份文件会更加高效,而长岛航空公司就能提供这种服务。特利普将七架飞机中的一架运到了洪都拉斯,开始了他的第一次跨国飞行任务。特利普继续在偏远地区寻找机会,因为他知道这些地区交通不便,早期的飞机虽然很慢(与发达的铁路网来比通常效率要低很多),较之其他交通工具仍然具有无可比拟的优势,特别是在人口稀少的地方。虽然长岛航空公司现在已经有了一项国际业务,但是他的观光业务却遇到了激烈的竞争。18个月后,特利普卖掉长岛航空公司,去寻找更具有发展前途的事业。

虽然长岛航空公司在财务上并不是很成功,却为特利普上了一堂开办航空公司的经济课。凭借这些经验和教训以及一些朋友的赞助,他开创了第二家航空公司——东部航空公司。这一年正好是1924年,美国政府在这一年发现了航空邮政的好处,并开始投资建设航空邮政体系。特利普打算尽全力争取到从波士顿到纽约的航空邮政的承运权,但是因为他太年轻(当时只有26岁),他被拒绝了。并且他得知他的竞争对手——殖民地航空公司在竞标中一切顺利。殖民地航空公背后有一些政客的支持，其中包括康涅狄格州的州长。特利普再一次通过他那些有影响力的朋友，促成了东部航空公司和殖民地航空公司的合并，成立了殖民地空运公司。当然，他在政坛的朋友以及公司有影响力的支持者在公司获得第一份航空邮政合同方面也起了非常重要的作用。因为公司主要的投资者和组织者都另有全职工作，特利普趁机设法巩固了他在公司的领导地位。

因为运输力量不足，特利普将目光投向了最新式的航空器。当其他公司还在计划引进单引擎飞机的时候（实际上，邮政合同提倡使用单引擎飞机），特利普就开始订购三引擎飞机福克 F-7s（Fokker F-7s）了，这种飞机不仅能提供邮政服务，还能提供客运服务。特利普认为这种新型飞机能够飞得更远，可以服务于国际航空业务。为了展示这种飞机的性能，他从制造商那里借了一架样机，策划了一次从纽约到哈瓦那的飞行。他认为开辟一条从基韦斯特（Key West）或者迈阿密到加勒比地区的航线是可以考虑的。飞机在一片欢呼声中降落在古巴，特利普为古巴总统做了一次飞行表演，展示了福克 F-7s 型三引擎飞机无与伦比的技术优势，极大地震惊了古巴总统。特利普的外交才能在这次飞行中也得到了检验，他最终成功地获得了着陆权，为将来开辟美国至古巴的航空邮政业务打下了基础。

尽管这次旅行获得了成功，但是公司董事会和经济上的支持者却开始变得有些不耐烦，因为公司订购三引擎飞机已经一年多了，还没有收到制造厂商提供的成品飞机。特利普并没有因为延迟交货而气馁，他继续努力签下更多的航空邮政合同。但是这种不计后果的热心和冒进的商业运作，使得特利普和公司股东之间出现了隔阂。虽然他努力说服了一些主要董事会成员，他还是被公司开除了。这一年是1927年，特利普又失业了。

特利普再一次利用了他的人脉财富。他设法获得了科尼利厄斯·V. 惠特尼（Cornelius V. Whitney）、威廉·H. 范德比尔特（William H. Vanderbilt）和珀西·洛克菲勒（Percy Rockefeller）的支持。此外他还争取了其他十个支持者，其中包括莱曼（Lehman）兄弟。凭借300,000美元的注册资金，他成立了美国航空公司（AVCO）。因为此时大多数国内航空邮路已经外包完毕，特利普将目光投向了国际舞台，也就是从基韦斯特到哈瓦那的那条航空邮路。还有一些财力不那么雄厚的公司，这时也将目光对准了国际市场，其中包括泛美航空公司（Pan American，1950年更名为泛美世界航空公司）。此时，泛美航空公司已经签下了从基韦斯特到哈瓦那的航空邮政合同，却没有足够的飞机来运输，并且根据合同，它们必须在1927年10月19日前完成航空邮递的第一笔交易，否则就违约了。特利普成功地帮助泛美公司按时完成了航空邮递任务，作为对他的回报，泛美同意将他的公司并入泛美航空公司。他还凭借出色的谈判技巧，成为了合并之后的公司的总裁。这当然没有什么坏处，因为特利普还带来了在古巴的着陆权。

泛美航空公司是特利普在五年之内接手的第三家航空公司。在合同规定的期限到来之前，他完成了从美国至哈瓦那的第一笔航空邮递业务（使用的飞机是被殖民地航空拒收的三引擎飞机）。与此同时，特利普也开始关注其他的国际航空邮递业务。在国内，航空邮递与高效的铁路邮递相比几乎没有什么优势，因此国内业务的承运者们都在挖空心思降低成本，而特利普则轻松地击败了竞争对手，因为他的竞争对手是加勒比地区和拉美地区的船运商。他成立了一支努力工作的职业团队负责公司的业务运营，并把大量的精力和时间投向首都华盛顿。最终他成功地拿到了许多由政府资助的国际航空邮政长期合同。他从华盛顿的外交官那里获得了支持，因为他们相信，拥有一项由美国支持的强大业务，对于国家的外交利益是必需的。

在通过谈判获得了加勒比地区许多国家的着陆权之后，公司的业务渗透到了拉美更多的国家，特利普也准备从与当地政府签订的合同中谋取更大利益。公司还必须与当地政府谈判，以保障航线的通畅。因为一直站在行业最领先的位置，对特利普来说实际上已经不存在竞争。为了保证公司在缺少机场和相关设施的地区开展业务，特利普购买了水陆两栖的双引擎飞机。特利普还对飞机进行了改造，让它既能载货也能载客，实际上开辟了国际客运业务，这比其他从业者领先了十多年。

20世纪30年代，当别的公司在萧条中苦苦挣扎的时候，特利普已经开始着手开辟从美国西部到亚洲的航线。他在阿拉斯加地区开始这项业务，并将西雅图作为中转站，1933年，他控股中华航空公司（China National Aviation）。最终，特利普利用太平洋上的一些小岛将这两个世界成功地连接起来。为了让飞机飞得更远，特利普与马丁公司一起，开发了著名的泛美中国快客飞机（China Clipper），在1935年，这种飞机的引擎功率和燃油消耗能够支持飞行8,200英里，相当于从旧金山飞抵菲律宾。它在太平洋上的成功纪录保持了四年，直到泛美的扬基快客（Yankee Clipper）（波音B-314）成功地穿越大西洋，完成了从纽约到法国的飞行。到20世纪40年代，特利普已经建立了一个全球性的航空网络。因为它巨大的客、货运输能力，快客在第二次世界大战期间被作为军用运输机广泛使用。

随着战争的结束，商用航空业重新复苏。这时，泛美已经在国际航空业中确立了主导地位。更让他的竞争对手沮丧的是，特利普利用低价机票刺激国际航空业务的增长，他甚至允许旅客采用分期付款的方式购买机票。这一做法虽然遭到了其他航空公司的抵制，却成为航空业发展历史上的一个标志性事件。特利普也是第一个在商用航空业使用最新的喷气式飞机的人，这种飞机将不间断飞行的里程又扩大了许多。1958年10月，泛美公司的波音707飞机开辟了横跨北大西洋的喷气式飞机航线，这一做法领先其他竞争者一年。[78] 泛美公司在20世纪50年代对国际航空市场的统治地位如此之强，以至于特利普甚至提议让公司成为政府监管下的垄断企业。但是政府拒绝了这一提议。此后，国际航空客运市场的竞争开始升级，而泛美却没有为此做好准备。

因为一直以来都没有实际的竞争对手，泛美在这些年中养成了一种目中无人的习惯。这种习惯从很多方面反映了特利普本人的想法，他是一个公认的想控制一切人的独裁者。在利用一系列机会将公司建设成为全球航空业的领军者之后，特利普的决定很少受到挑战。他拒绝广泛听取意见，并将成功归于他对这一行业独一无二的理解。这些想法让他顽固地推行继续扩张的计划，尽管已有一些董事会成员提醒他采取更为谨慎的战略。沉重的负债和过度的扩张最终压垮了泛美，使它在竞争中败下阵来。但是特利普的传奇却流传下来，不仅在公司内部，也在整个行业。他比任何人都更早地了解到一个相互连接的世界的价值，以及由此带来的机会。也正是他实现了这种连接。[79]

领导者：走进新时代

当特利普开拓航空新业务的时候，其他人则小心翼翼地在企业"成熟和停滞"的暗礁中艰难摆渡。对于罗伯特·斯蒂文（Robert T. B. Steven）来说这种感觉尤为真实。他在20世纪20年代接过他父亲经营了115年的老纺织厂——斯蒂文纺织公司（J. P. Steven & Company）。斯蒂文接管的，是一个结构松散、效率低下的公司，当时公司的境况已经到了举步维艰的地步。为了摆脱这种困境，斯蒂文将公司的制造部门与销售部门合到一处，公司的运营状况因此得到很大的改善。紧接着这一水平结构上的改革，他又对公司进行了垂直整合，关停了部分车间，迁入了新的厂址。他还将业务扩展到最新纺织品领域，并采取了一系列降低成本的措施。他的努力使得这个大型纺织联合企业重新赢得了市场，并且保持了数十年的繁荣。[80]

斯蒂文所面临的困难与小弗朗西斯·戴维斯（Francis B. Davis Jr.）相比就显得微不足道。1927年，这个商人在最不值得羡慕的时候接管了美国橡胶公司（United States Rubber Company），当时公司刚好亏损了1,000万美元。过去的30年中，美国橡胶公司成为了一个怪异的组合，公司内部效率低下，而且没有任何正式的报告制度。戴维斯借鉴他从前在杜蓬特公司的一些经验，开始对企业进行重组。他采取了多部门的组织结构，并成立了一个强有力的集权化管理机构专门进行财务管理和战略决策。通过这一改革，很多效率低下的业务都被取消。从1922年至1933年，戴维斯将公司的债务减少了4,000万，并终于在1935年，也就是他接管公司七年之后，再一次开始赢利。在对公司进行了重组之后，戴维斯开始投资新项目的研究。作为研究的一项成果，一种发泡橡胶减震材料——凯纶（Kaylon），于1934年被开发出来。1938年，一种人造纤维束被应用于轮胎制造。[81]

在斯蒂文和戴维斯迫于形势对公司进行重组的时候，其他领导者们也迅速开始了企业的转型。比如通用电气，虽然公司在大型电器设备的制造和销售上都已十分成功，吉拉德·斯沃普（Gerard Swope）仍然决定向日用品方面扩展业务，而此前通用电气生产的唯一日用产品是灯泡。尽管如此，吉拉德还是保持了公司作为日用产品供应商的统治地位。他认为，公司如果能同时兼顾工业品和日用品市场，将会有一个更加美好的前景，他还认为公司会从这种转型中收获巨大利益。斯沃普向新产品生产线投入了上百万的资金，特别是小型家电的生产。这些电器都需要使用电，而电力设备是公司利润来源的一个主要方面。到1930年，斯沃普向日用品领域的扩张已经非常成功，这部分产品业务占了总业务量的50%。最终，斯沃普帮助公司搭上了20世纪20年代消费主义的列车，使公司得到了进一步的繁荣。[82]

系统的动荡：大萧条时代的开始

直到1929年股市崩溃之前，商业执行官们都是受人尊敬的，这种尊敬有时甚至有些狂热。商业以前所未有的速度提供着产品和服务，在这个过程中，企业的股票价格一路攀升——这给了美国人一夜暴富的梦想。成千上万的人在第一时间涌入股市，而股票代理商也乐得让投资者们为90%的股票涨价买单。虽然在20世纪20年代市场以飞快的速度向前发展，但是它看上去永远都不会停歇。到最后，保证金贷款总量累积达到8.5亿美元（相当于1929年美国公债的一半），看上去是一笔大交易。[83]胡佛（Herbert Hoover）总统在他1929年1月就职典礼上的演讲，也透露出这种看法："我对这个国家的未来没有一丝恐惧……它的前途充满光明。"[84]即使是在股市崩盘的前一个月，空气中也没有一丝悲观的情绪。道琼斯指数在1929年9月攀升到381点，而1924年还只有88点。[85]但是到了1929年10月，短短几天内股价就下跌了37%，并且开始持续走低，直至1932年降到谷底。1929年9月3日道琼斯工业指数381点的纪录在此后的25年中再也没有被打破。[86]造成这次崩溃的原因并不是单一的。经济学家和历史学家指出，过度借贷、过高的库存水平、股票投机、贸易保护主义和人们的贪婪这些因素综合起来，共同制造了这次大灾难。当20年代的繁荣突然陷入停顿，美国内部出现了一种绝望的情绪，这种情绪上一次出现，是在美国内战的时候。

表3-3

20世纪20年代的企业家、经理人和领导者

企业家	
Benjamin Abrams, Emerson Radio & Phonograph	Paul V. Galvin, Motorola
Howard F. Ahmanson, Ahmanson & Company	Howard D. Johnson, Howard Johnson
Clarence Birdseye, General Seafood's Company	William Levitt, Levitt & Sons
Walter E. Disney, Walt Disney Company	Royal Little, Textron
Donald W. Douglas, Douglas Aircraft Company	Henry R. Luce, Time Life, Inc.
Ole Evinrude, Outboard Motors Corporation	John W. Marriott, Marriott-Hot Shoppes
	Louis B. Mayer, Metro-Goldwyn-Mayer Corporation
	George J. Mecherle, State Farm Insurance

表3-3（续）

20世纪20年代的企业家、经理人和领导者

Samuel I. Newhouse, Newhouse Publishing
Arthur C. Nielsen, A. C. Nielsen Company
William S. Paley, Columbia Broadcasting System
Frederick B. Rentschler, United Aircraft Corporation
Igor I. Sikorsky, Sikorsky Aircraft Corporation
Juan T. Trippe, Pan American World Airways
DeWitt Wallace, Reader's Digest
Harry M. Warner, Warner Brothers Pictures

经理人

Melvin H. Baker, National Gypsum Company
Edward Bausch, Bausch and Lomb Company
Amos L. Beaty, Texaco
Hernand Behn, International Telephone and Telegraph
William B. Bell, American Cyanamid Company
Horace Bowker, American Agricultural Chemical
Stephen F. Briggs, Outboard Motors Corporation
Herman Brown, Brown & Root
Lewis H. Brown, Johns-Manville Corporation
Charles A. Cannon, Cannon Mills Company
Owen R. Cheatham, Georgia-Pacific Corporation
Colby M. Chester, General Foods Corporation
Walter P. Chrysler, Chrysler Corporation
Gilbert Colgate, Colgate-Palmolive Company
Carle C. Conway, Continental Can Company
Henry Crown, Material Service Corporation
Otto D. Donnell, Ohio Oil Company
Nelson Doubleday, Doubleday and Company
Lammot du Pont, DuPont Corporation
Walter S. Gifford, American Telephone & Telegraph
Bernard F. Gimbel, Gimbel Brothers Department Stores
Bowman Gray, R.J. Reynolds Tobacco Company
Carl R. Gray, Union Pacific Railroad
Walter A. Haas, Levi Strauss & Company
Erie P. Halliburton, Halliburton
John A. Hartford, Great Atlantic & Pacific Tea Company
George W. Hill, American Tobacco Company
Hale Holden, Chicago, Burlington & Quincy Railroad
Herbert W. Hoover, Hoover Company
Jay C. Hormel, Hormel
George M. Humphrey, Hanna (M. A.) & Company
George R Johnson, Endicott-Johnson Company
Herbert F. Johnson, Johnson Wax Company
Alexander Legge, International Harvester

James F. Lincoln, Lincoln Electric Company
Paul W. Litchfield, Goodyear Tire & Rubber
James S. Love, Burlington Industries
Oscar Gottfried Mayer, Oscar Mayer
Elmer H. Maytag, Maytag Corporation
Thomas H. McInnerney, National Dairy Products
James O. McKinsey, McKinsey & Company
William L. McKnight, 3M
Ward Melville, Melville Corporation
George W. Merck, Merck & Company, Inc.
Lorimer D. Milton, Citizens Trust Bank
Charles E. Mitchell, National City Bank
William L. Moody Jr., Moody & Company Bank
William Nickerson Jr., Golden State Insurance
Edgar M. Queeny, Monsanto Company
James H. Rand Jr., Remington-Rand Company
Gordon S. Rentschler, National City Bank
Eugene W. Rhodes, Philadelphia Tribune
William Rosenthal, Maidenform
Walter E. Sachs, Goldman Sachs
Nicholas M. Schenck, Loew's
John R. Simplot, Simplot Company
Alfred P. Sloan Jr., General Motors Corporation
Hurlburt W. Smith, L. C. Smith & Corona Typewriters, Inc.
Charles C. Spaulding, North Carolina Mutual Life Insurance
Robert C. Stanley, International Nickel Corporation
John Stuart, Quaker Oats Company
Ernest T. Weir, National Steel Corporation
Charles D. Wiman, Deere & Company
Sidney W. Winslow Jr., United Shoe Machinery
Robert W. Woodruff, Coca-Cola Company
Philip K. Wrigley, William Wrigley Jr. Company

领导者

Charles S. Davis, Borg-Warner Corporation
Francis B. Davis Jr., United States Rubber Company
Robert Lehman, Lehman Brothers
Alex Manoogian, Masco Corporation
Thomas B. McCabe, Scott Paper
Henry B. Spencer, Fruit Growers Express
Robert T. B. Stevens, J. P. Stevens & Company
Gerard Swope, General Electric Company
Orlando F. Weber, Allied Chemical and Dye
Robert E. Wood, Sears, Roebuck and Co.

第四章
1930—1939 在改革中艰难生存

这个国家现在需要的是笑着面对一切问题。现在国家陷入了一种歇斯底里的局面,但是如果每十天就给自己讲一个好的笑话,我想我们的麻烦就会结束。

——赫伯特·胡佛,1931

这个国家需要大胆的、坚持不懈的试验。找到一种方法并且去试验,这应该成为一种常识。如果失败了,就坦然承认失败并且再去试验另一个。但是不管怎么说,都要试。

——富兰克林·德拉诺·罗斯福,1932

1929年的股市崩溃带来了持续十年的绝望、沮丧和萧条,这段时间是美国经济动荡、贫穷破败的时期,史称大萧条时期。当大多数美国人再没有钱投入股市的时候,股市崩溃引起的震动是巨大的。许多在20世纪20年代采取过宽松的借贷政策、进行过过度扩张的企业,都因为不能及时调整政策而面临破产威胁。而在此之前企业方面自律的缺乏和政府方面监管的不力滋生了大量铤而走险的行为,使得人们对经济的发展和繁荣产生了一种不切实际的幻想。但是随着债务水平的上升和库存的不断扩大,脆弱的经济基础终因不堪重负而轰然倒塌。

短短几天,股票市场就损失了26亿美元的市值。[1] 据估计,从1930年到1933年,至少有6,000多家企业倒闭。[2] 紧跟着企业的倒闭,人们蜂拥至银行来提取他们剩余的现金,这又造成银行业的崩溃。但是对很多人来说也已经太迟了,从1930年到1933年,有9,000多家银行关门。[3] 因为没有存款保险措施,成千上万的家庭在失业后又失掉了银行的存款。数以千计的企业和金融机构的倒闭,再加上持续的股市动荡和下跌，极大地削弱了国家整体的生产力。1929年夏天，失业率还只有3%，到了1933年，失业率已高达25%（大约有1,200万美国人失业）。[4] 对于那些侥幸没有失业的美国人来说，他们所付出的代价也是沉重的，很多情况下，他们的收入水平只有原来的三分之一。[5] 总的来看，从1929年到1933年，美国家庭的平均年收入从2,300美元下降到了1,500美元。[6] 由于这些原因，公众对于商业执行官的期望发生了很大的变化。

20世纪20年代的那种从平凡的商业执行官中创造英雄的不理智情绪，很快就被30年代对这些人的仇视和憎恶的情绪所取代。这种情绪上的转变如此猛烈和无情，曾经被认为是富于冒险精神的人，现在被视为傻瓜，曾经被认为是大胆革新的勇敢的人，现在却被视作不道德的人。人们开始不顾事实，将商业执行官视为美国经济萧条的罪魁祸首、视为浪费资源的自私自利的骗子。更严重的是，他们摧毁了一个美国梦，一个只要努力劳动就能获得幸福生活的梦想。从此以后，事情不再那么简单了（虽然曾经就是那么简单）。

20世纪30年代的商业执行官们面临着经济动荡和失业的威胁。此外最重要的，就是政府对商业的极大的干预。然而，即使是在那样的条件下，机会还是经常会出现，那些能够抓住机会的人，成为了一种新型的领导者。他们能够随政府新政策的出台以及劳资关系的变化而实现个人和公司的转型。

表4-1

20世纪30年代的社会和人口状况

- 1930年有1.23亿人口（其中60%是城市人口），到1940年增加到1.32亿
- 失业率创历史纪录，最高达25%，而且一直没有低于14%
- 沙尘暴摧毁了上百万农民的家园
- 《星条旗永不落》（*Star-Spangled Banner*）成为国歌
- 《迪克和简》（*Dick and Jane*）儿童图书出版
- 纽约装备了第一盏交通标志灯
- 乔治·盖洛普（George Gallup）首次引入市场调查
- 第一家汽车电影院在新泽西的卡姆登（Camden）开业
- 拉链开始取代纽扣
- 第九颗行星冥王星被发现

表4-1（续）

- 时尚：集邮、男子高腰宽大内裤、广播肥皂剧
- 游戏：大富翁、室内游戏
- 新词：流线型、汽车、贫民窟、怀着希望
- 平均年收入：1,368美元（1930）
- 预期寿命：女性61.6岁，男性58.1岁（1930）

政府负起责任

赫伯特·胡佛在经济危机期间执政的口碑并不是太好，经常因为软弱的措施受到批评。在他执政的前三年中，他一直认为单靠私有的企业就可以救治大萧条危机。但不幸的是，他的想法没有成为现实。虽然遭到了大大的嘲讽，胡佛总统仍然固执地反对任何形式的政府干预。在一项支持国内企业和他的主要支持者——农场主的措施中，胡佛强行通过了1930年的《斯穆特－霍利关税法》（Smoot-Hawley Tariff）。尽管遭到了1,000多位经济学家的反对，这项法案还是通过了，这也是国会通过的最具有保护主义性质的关税法案。[7] 根据这一法案，美国将对900多种进口工业品平均征收18%的关税，并对57种进口农产品平均征收57%的关税。[8] 这项法案的出台远远没有达到胡佛预期的效果；相反，却鼓励国会通过了一系列针对美国主要贸易伙伴的保护主义立法。美国的农场主，虽然政府声称应该受到保护，事实上却遭受了比其他行业更为沉重的打击。许多难以为继的农场最终关闭，因为它们不能为农场的运作寻找到可以持续的合适的市场。到1933年，有四分之一的农场主丢掉了他们的土地。[9] 这一反动的保护主义法案的主要影响是，整个世界国际贸易在1929年至1933年间下降了65%。[10] 这个下降趋势直到1934年才得以扭转，当时美国的贸易伙伴们签订了互惠的贸易协定，共同开创了一个反贸易保护主义的新时代。[11]

尽管对企业充满信心，胡佛却眼看着经济持续衰退下去。到1932年，美国的GDP下降到了1929年的50%。[12] 通过创立"重建金融公司"（Reconstruction Finance Corporation，RFC），胡佛开始尝试一些新办法。在总裁杰西·琼斯（Jesse H. Jones）的领导下，RFC成为国家最大的银行和最大的投资者，它不仅为现有的银

行提供贷款，还鼓励新的风险投资，并且试图通过购买银行所青睐的股票来扩大资本总量。但这种做法反过来又扩大了它的贷款基础。从1933年成立到1955年解散，RFC总共贷出了50亿美元。[13] 然而，在开始的时候，胡佛对于RFC借贷的对象和行业都十分慎重，他更喜欢谨慎的政府开支，即使已经有足够的证据表明增加投资会刺激经济的增长。他强烈地希望保持预算的平衡，这也成为他的致命弱点。等到他开始觉得应该对经济进行更多政府干预的时候，一切都已为时太晚。[14]

国家经济的衰退还只是大萧条的一个方面。同样严重的还有因为遭受失业、失去存款、失去保障和迷失自我所造成的心理上的问题。美国人开始渴望有人能给他们带来新的希望，而从富兰克林·罗斯福（Franklin Delano Roosevelt）总统那里，他们找到了这种希望。1932年秋天，罗斯福在大选中以压倒性优势当选美国总统。在罗斯福当选的那一天，银行的债务为41亿美元，而此时的储备只有6亿美元。[15] 罗斯福马上召开了紧急国会会议来应对这一财政危机，并宣布银行放假四天。几小时之内，国会通过了《紧急银行救助法案》（Emergency Banking Relief Act），加强了联邦政府对国家银行的监管，并赋予政府更大的权力通过联邦储备体系对现金进行管理。[16]

为解决银行的危机，罗斯福还发动美国的民众。在通过广播安抚民众、重新树立他们的信心方面，罗斯福堪称是一位大师。他的著名的围炉谈话被广播播送到全国各地，成功地建立了他与普通民众的关系，而这一做法在此前都没能行通。罗斯福的第一次广播谈话是在1933年3月12日，吸引了6,000万听众。这一次谈话从很大程度上稳住了银行的形势，[17] 树立了美国人民的信心，同时也由于《紧急银行救助法案》的出台，人们开始重新回到银行存款。短短几周之内，存款数额就超过了取款数额，从而结束了持续几个月的负增长趋势。[18] 到罗斯福执政第一个月结束的时候，联邦储备体系中75%的银行得以重新开业。[19] 罗斯福解决银行危机的速度，是他雷厉风行执政风格的一个先兆。

接下来的96天里，罗斯福政府起草并通过了15项大规模的旨在挽救国家经济的法案。尽管有一些措施失败了，但是罗斯福执政的前一百天所取得的成就，无论在影响的深度和广度上，都具有里程碑式的意义。出台的法案涉及对银行业的重组、对证券业的规制、对商业的刺激、对农业的救济、禁酒令的废止、金本位的废除，以及重建家庭融资的机会、通过大规模公共建设提供就业机会等方面。此外，政府还授权组建了田纳西大峡谷管理局，通过对于土地资源和水力资源的管理以及对于水能发电的开发，为南方七个贫困州提供了援助和机会。[20]

通过立法，出台了一系列有关商业的新规定，如1933年的《格拉斯－斯蒂亚戈法案》（Glass-Steagall Act）将商业银行与投机性的投资银行区分开来。通过强迫银行在商业性贷款和有价证券承销之间进行选择，政府设法避免了20世纪20年代盛行的投机行为。银行还被禁止从事保险的销售和分销。1933年出台的银行法案进一步扩大了《格拉斯－斯蒂亚戈法案》的内容，并成立了一个联邦存款保险公司（Federal Deposit Insurance Corporation，FDIC）来保护个人的存款账户（最初为2,500美元封顶）。到了1934年，96%的银行存款都受到了FDIC的保护，而银行存款在接下来的五年中增加了46%。21

国会还强制通过了1933年的《证券法案》（Security Act）和1934年的《证券交易法案》（Security Exchange Act）。这些法案要求公共机构完全公开新股票和债券的信息，并建立财务状况季报和年报制度。22 在证券法案对首次公开销售进行规范的同时，证券交易法案也通过对上市公司的财务报告和管理活动进行规制保护了投资者的利益。这些法案出台以后，企业以"卖空"形式销售股票将被视为违法（而这在20世纪20年代是常见的做法）。法案还对内幕交易设置了限制。因为对上市公司设置了新的财务报告制度和相关的规制措施，公司律师和会计师的作用变得越来越重要了。23

在这场制定规则的热潮中还成立了联邦通信委员会（Federal Communications Commission）和联邦住宅委员会（Federal Housing Administration）。通信委员会的职责是监督广播、电报和电传业务（后来增加了电视业务），而联邦住宅委员会的职责则是保证房屋的建设符合联邦安全和质量标准。此外还有一些保护性的法案，这些法案对企业进行了更进一步的限制，比如1938年通过的《韦勒－李法案》（Wheeler-Lea Act）和《食品、药品和化妆品法案》（Food, Drug and Cosmetic Act）。《韦勒－李法案》对虚假广告和欺骗性广告进行了更严厉的打击，并且增加了联邦传播委员会在反不正当竞争方面的职权。《食品、药品和化妆品法案》是对罗斯福的表兄西奥多·罗斯福于1906年签署的《纯净食品和药品法案》的进一步加强。新法案要求对产品进行质量检测，增加产品标签，特别强调了对药品和医疗器械可能存在的潜在的危险和副作用需要进行详细说明，并且规定政府相关机构要定期到工厂视察。24 新法案出台的目的主要是为了保证产品质量的安全性，而不是有效性，这种规范性的法律规定直到20世纪60年代才再次得到重申。因为20世纪20年代的广告中夹杂着太多虚假、不实的内容，所以消费者联合会（《消费报告》的出版者）在20世纪30年代成立也就不足为奇了。它的成立也是美国国家开始打击企业不法行为的新的标志。

虽然罗斯福经常被描述为企业的敌人，但这一指责明显缺乏事实依据，而且诋毁的成分居多。罗斯福的政治演讲经常批评企业，但是他的实际行动却没有表现得那么严厉。整个30年代，在几个大的行业部门都发生了大规模的企业并购和联合。比如，截至1935年，最初的300多家轮胎制造商合并成了26家大型企业。25 在石油行业，合并活动尤为活跃，其中以新泽西标准石油（Oil of New Jersey）公司为首。这家公司是1911年根据最高法院的裁定将标准石油公司进行拆分后成立的。以它为代表的石油公司在石油行业进行了一系列的并购和联合，标志着石油行业进入了一个新的合并时代。[26]

尽管出台了这一系列的立法，罗斯福在很多方面仍然是一个保守主义者。虽然他受到经济学家的鼓励增加了联邦政府的支出来刺激私人投资，但是他还是不愿意偏离预算平衡太远。大萧条时期的联邦政府支出从来没有超过国家GDP的3%。[27] 随着1936年和1937年经济形势的好转，罗斯福选择削减联邦政府开支来遏制呈上升趋势的预算赤字。像胡佛一样，他在平衡预算方面的努力其负面效果要远远大于正面效果，因为它导致了第二轮的经济衰退，在萧条达到顶峰的时候，联邦赤字上升到了三亿美元。[28] 当国家通过第二次世界大战动员而最终摆脱萧条的时候，联邦赤字已经增加到了40亿美元。[29] 虽然罗斯福和企业的关系十分复杂，有时甚至有些对立，但他与劳工的关系却非常简单：工人们在白宫里有一个朋友。

劳工抓住了机会

失业率在这十年中达到了历史顶峰的25%，而且一直没有低于14%。即使把农民排除在失业人口之外，失业率仍然不低于20%。[30] 在通过银行业和证券业的改革改变了美国金融的核心，并建立了一个起制约和平衡作用的永久性体制的同时，国会还通过了全面的法案来帮助陷入困境的工人。1935年通过的《社会保障法案》（*Social Security Act*）是政府第一次尝试为失业者、年老者和残障人士提供小额经济援助。企业社会在社会保障法案形成的过程中起了重要作用。商业执行官们认为，如果工人在年老时能够退休，由年轻、有能力但工资更低的工人来接替他们的工作，那么整体的生产力就能得到进一步提升。虽然新法案所能提供的经济援助数额很小，但是却让退休对于很多人来说变得更加可行，也更有吸引力。法案的出台还将妇女和儿童从劳动力大军中解放出来，因为他们不再需要供养年老的亲属。[31]

除了直接的经济援助，政府还试行了一系列的雇工措施，包括成立国民保护公司（Civilian Conservation Corp，CCC）、公共项目管理局（Public Works Administration，PWA）和工作进步管理局（Work Progress Administration，WPA）这些组织。CCC成立于罗斯福执政的前一百天，主要职责是为年纪在18岁至25岁的年轻单身男性提供工作机会。总共有300万名男性参与了这个计划，工作岗位涉及森林管理、公园开发和娱乐设施建设、土地保护的监管等。PWA也成立于这一时期，并且也是由政府推出一个类似的救济项目。在这一项目中，政府通过公共建设为失业者提供了多种工作机会。总共有3.3亿美元投入到了公共设施改善项目，PWA工人完成了纽约的特里博拉夫大桥、迈阿密到基韦斯特的跨海高速公路以及芝加哥的地铁等项目的建设。[32] 这个项目总共创造了400,000个工作机会，完成了3.4万个公共项目建设。[33] WPA成立于1935年，它的成立扩展了PWA工作的宗旨和范围。除了资助一些公共建设项目，WPA还向很多艺术家提供支持，最终使美国传统的艺术、文学和戏剧艺术精神得以再生。WPA 还扩大了 CCC 服务的范围，它创立了国家青年管理局，为学生提供兼职的工作机会。在1943年 WPA 解散之前，它总计提供了11亿美元的资助，让900万失业人口从中受益。[34]

在政府创造大量工作机会来帮助失业者的时候，政府希望商界也能助一臂之力。出于这一目的，《国家工业复苏法》(*National Industrial Recovery Act*, NIRA) 于1933年出台。除了授权建立劳动管理局之外，还成立了国家复苏管理局 (*National Recovery Administration*, NRA)，主要职责是促进公司、员工和政府之间的合作。成立 NRA 的想法，部分源于第一次世界大战时期政府成立战争工业委员会刺激生产的成功。[35]

NRA 工作的宗旨是通过减少竞争来稳定企业的运营，通过创造更多就业机会来提高社会整体购买力，并且在特定行业中推行公平的劳动措施。政府希望通过在整个行业推行统一的企业和劳工措施来实现上述目标。那时候，很多人认为政府授权的行业协会（20世纪20年代贸易协会得到官方正式授权做法的延续）能够起到鼓励和维护公平竞争的作用。为了促进合作，政府甚至同意放宽反垄断立法的规定。政府还希望企业承认工人组织工会和进行集体谈判的权利，作为放松对他们进行监管的交换条件。在两年的时间里，250个行业中的2,300万工人从这一行业内的合作形式中受益。[36] 虽然仍有部分企业不愿承认工会组织的工作，但是劳工们确实从行业性的协议中获益，因为整体工作时间缩短了，最低工资标准也得到了提高。为挽回向劳工让步造成的损失，许多行业都提高了产品和服务的价格，这使得 NRA 的很多努力付诸东流。两年之后，NRA 失掉了很多支持者，并且因为存在潜在的价格操纵和行业限制，最终被最高法院裁定为违宪。[37] NRA 关于集体谈判的有关规定鼓舞了劳工运动的发展，而1935年《国家劳动关系法》（也被称为《瓦格纳法案》）[*National Labor Relation Act*（*Wagner Act*）] 的出台，更进一步增强了运动发展的态势。工人们不仅有了组织的权力，还受到联邦"反不公平劳动"有关法规的保护。根据这一法案成立的新的国家劳动关系委员会，在对工会进行监督的同时，也增强了工会在组织工人和举行合法罢工方面的权力。[38] 政府对工人的支持可以说是工会运动的一个主要胜利。在不到十年的时间里，工会从社会主义者和共产主义者简陋的避风港重新回到了美国社会的主流。

在这股前所未有的工会组织大发展的浪潮中，工会会员的人数到1937年激增到750万。其中，联合汽车工人协会（United Automobile Workers, UAW）会员增加了13倍，从30,000人增加到了400,000人。[39] UAW 是工业组织协会（Congress of Industrial Organizations, CIO）的一部分，它是在美国劳工联盟（American Federation of Labor, AFL）拒绝接受非熟练工人的情况下由约翰·李维斯（John L. Lewis）创立的。AFL 成立于1886年，这个组织作为熟练工人交流的中介已经存在很长时间了。[40] 因为 AFL 拒绝接受非熟练工人成为会员，因而放弃了大约100万会员。[41] 随着 CIO 的成立，李维斯第一次为那些最底层的工人们争取到了一些权力，他们很快就把这种权力引入了汽车行业。

虽然通用汽车的斯隆在为顾客提供选择方面是一个先锋，但是，他与那个时代的同行们一样，拒绝为工人们提供一个类似的平台。在就国家劳动关系法进行辩论期间，斯隆说了一段很有名的话："工业，如果愿意为下一代承担一点儿义务的话，就要同这一法案斗争到底。"[42] 1936年，通用在全球的111家工厂总共有250,000名员工，创造的利润达到1.96亿美元。[43] 通用在总体经济形势严峻的背景下一枝独秀的表现，使它成为新一轮静坐罢工的主要目标之一。在罢工中，工人拒绝离开并控制了制造工厂。虽然静坐作为一种组织策略在1939年被禁止，但却是一种十分有效的罢工方式。斯隆寄希望于通过政府干预来驱散工会的行动，但是没有奏效。在通用六家主要工厂的工人经历了44天的静坐罢工之后，斯隆勉强同意了工会的要求。而这样做也为同行树立了榜样。克莱斯勒紧随其后与联合汽车工人协会签订了协议，之后是福特——但是在暴力冲突之后才达成协议的。虽然有了政府的支持，大多数劳工的要求也是在暴力和流血冲突之后才达成的。[44]

商业领域的转型在1938年《公平劳动标准法案》（*Fair Labor Standard Act*）出台后仍在继续。这一法案为在跨州经营的企业工作的员工设立了最低工资和最高工作时间。新法案规定的最低工资标准为每小时40美分，规定的每周最长工作时间为40小时，时限为八年。法律还禁止在所有行业雇佣16岁以下的童工，某些危险行业禁止雇佣18岁以下的童工。[45] 这十年中，失业率始终居高不下，但是由于工会运动和法律的支持，在职员工的工资在最后五年间有了很大的提高。从1935年到1941年，工厂工人的工资增加了40%。[46]

虽然很多商业执行官被迫接受了工人运动的新现实，但是也有一些人并不需要依靠新的法令或运动来实施进步的劳工政策。这些人拥有独立的企业，也拥有独立的、进步的雇员政策。很多情况下，在整个经济前景不确定、迷茫和充满焦虑的时候，他们会非常主动地创造一种稳定、可持续的企业环境。虽然查尔斯·胡克（Charles Hook）将阿姆科钢铁公司（Armco Steel Company）建成了行业领先的金属板制造商，但是他更为著名的，是他公平而持久的雇员政策。胡克提倡将企业的信息向雇员彻底公布，并且在任何时候都表现出对雇员不可动摇的忠诚。[47] 这种忠诚对待雇员的做法也被强生公司（Johnson & Johnson）的小罗伯特·约翰逊（Robert Johnson Jr.）和礼来公司（Eli Lilly）的艾丽·莉莉第二（Eli Lilly II）所采纳，他们都不愿意在萧条时期解雇员工。

除了为工人争取权力，工会运动在影响政府的移民政策方面也起了非常重要的作用。为了保护美国人所能获得的为数不多的工作机会，工会表现出非常强烈的反移民倾向。虽然越来越多的美国人能够通过广播了解世界上发生的事情（到1939年，80%的美国人至少拥有一部收音机），但是这并没有改变美国孤立主义的趋势。[48]

跨越大洋的一瞥

第二次世界大战前夕，欧洲的局势变得越来越失去控制，然而，很多美国人还只是被动地加以关注。实际上，在美国有一股潜在流行的观点，将美国的经济问题归罪于不能一直持续第一次世界大战以来的大规模的社会动员。许多美国人把大公司看成是战后经济问题的罪魁祸首，甚至认为商业执行官们为了自己的经济利益而将国家拖入战争。[49] 对于那些军需品制造商、银行家和其他从战争中获利的人，人们普遍有一种憎恨的情绪。随着这个十年的前半期世界各国的经济普遍开始衰退，除芬兰之外，所有债务国都开始拖欠美国的贷款。在全球经济衰退的背景下，希特勒振兴德国的欲望，并没有引起大多数美国人的注意。相应地，美国国会在20世纪30年代通过了三项中立法案，对跨国旅行和向交战国出售武器进行了更严格的限制。[50]

即使面对发生在欧洲的暴行，美国人仍然拒绝战争，甚至拒绝面对难民的悲惨命运。这种情绪不仅存在于为保护工作而斗争的工会运动中，也存在于社会各阶层和各领域。1938年，《财富》杂志进行的一项民意调查如实反映了这一状况。调查中，83%的美国人反对为了难民而放宽移民限制。[51] 罗斯福和整个国家对这一点都确信不疑。直到德国于1939年进攻波兰（在控制捷克和匈牙利一年之后）、英法被迫对德宣战之后，这种中立情绪才稍微有一丝改动。罗斯福对英法提出现款现货的交易政策。[52] 通过这一政策，英法可以从美国购买军用物资和其他货物，前提是现金交易，自行运输。通过这种方式，罗斯福试图避免美国商船被德国潜艇攻击而被拖入战争的可能。而通过这一政策，美国也开始迈出了脱离中立的重要一步。但是在国内，民众的态度仍然紧紧抱着孤立主义不放。欧洲发生的战争看上去是那么遥远，特别是在国内还面临严重的经济问题的时候。随着萧条步入尾声，美国人更加相信目不他顾地解决自己的问题，才是唯一可选择的道路。

到西部去：美国内部的移民

20世纪30年代大幅减少的移民数量，体现了美国保守的孤立主义情绪，从1930年到1940年，只有528,431名移民来到美国。在整个20世纪，这个十年的移民人口数量是最少的。相比之下，虽然1921年至1924年间的移民政策偏紧，移民数量还是比30年代要多七八倍。最近一次移民人口数量接近50万，是在100年以前的1830年至1840年间的事了。[53] 虽然美国的边界对新移民关闭，但是在30年代并不缺少人口的迁移。随着农业萧条的局面日益恶化，迁移的美国农民，成为这个国家新一代的"移民"。

胡佛的病态的农产品保护关税破坏了农产品的出口市场，从而造成了农作物产量的过剩。因为缺少出口市场，农作物的价格急剧下降，到1930年农场收入已降为1929年的52%，大约有100万农民丢掉了他们对农场业务的控制权。54 为了帮助农民，国会于1933年通过了《农业调整法》（Agticulture Adjustment Act），由政府对无力种植作物的农民提供补助。虽然法案的确为大型农场提供了一些帮助——因为大型农场有能力减产，但是对于小型农场来说却帮助甚微，特别是对那些租种土地的佃农。此外，人为减少农作物产量的做法实际上提高了农产品的价格。与国家复苏管理局一样，农业调整法也被认为是一项失败的实验，最终被裁定为违宪。

正当农民奋力抵挡农产品价格危机的冲击时，另一个更加严酷的问题也接踵而至。过度开垦、严重干旱再加上1934年至1935年间的酷暑，造成了严重的沙尘暴。沙尘暴摧毁了作物、摧毁了农庄，也毁掉了农民的生计。沙尘暴波及的范围从新墨西哥一直延伸到堪萨斯，但是它的影响却直接（在1934年大约有1,200万吨尘沙降落到芝加哥）或间接地波及全国。55 到1938年，超过1,000万公顷的土地上都覆盖了至少五英寸的浮土。56 四年时间里，300万农民离开农场到城市谋生，或者到加利福尼亚寻找更肥沃的土地。到这个十年快要结束的时候，超过60%的人口居住在城市地区。

然而，移民的梦想与现实之间差距实在太大了。工作机会的缺乏在城市同样存在，还有过度拥挤的住房。很多刚开始迁移到西部和北部的人又回到了家乡，或者四处游荡寻找工作。

美国的人口在20世纪20年代增加了1,700万，但是在30年代只增加了800万。从1.23亿到1.32亿的这个6.5%的人口增幅，是美国历史上最低的纪录。由于移民数量减少了，大规模的人口增长实际上归功于人口死亡率的降低而不是出生率的提高。1930年到1935年间婴儿的出生率实际上呈负增长。57 整个大萧条时期，一对一对的年轻人都推迟了结婚和生孩子的计划，结婚率下降了22%。58 相应下降的还有离婚率，根据大卫·肯尼迪（David Kennedy）的记载，离婚率下降了25%，因为经济的低迷同样也堵塞了不幸福婚姻的出路。59 可能更多地是出于经济的需要而不是自愿，30年代人们又重新开始崇尚家庭和传统价值。

寻找出路

20世纪20年代的实验主义（experimentation）很快就被实用主义（pragmatism）和保守主义所取代。但是在传统价值得以回归的同时，犯罪、卖淫和乞讨的人数也都有了很大的增长。有些人指出，1933年对禁酒令的废除和赌博的合法化是犯罪率增长的罪魁祸首。但是对于很多被迫抢劫、卖淫和乞讨的人来说，其中的原因却复杂得多。许多人认为他们除此之外别无生路，犯罪或者乞讨成了他们唯一的选择。

在这十年之中，美国人开始寻找简单的小乐子来逃避生活，哪怕在苦痛的生活中有一个短短的愉快的瞬间也好。因为可供旅游的空闲时间越来越少，家庭成员的关系更加紧密了，而且他们开始寻找便宜的娱乐方式。所以，这一时期出现了大量的家庭纸牌类游戏、逃避现实主义的文学作品，收音机的拥有者也大大增加了。作为大众化的娱乐方式，大富翁游戏在1935年一推出就非常畅销。在文化方面，像埃尔·斯坦利·加德纳（Erle Stanley Gardner）[《佩里·梅森探案集》（Perry Mason）的创作者]创作的神秘小说受到了广泛的欢迎。在既不玩游戏也不看小说的时候，美国人常常会听收音机播放的肥皂广播剧，这些广播剧表现的通常是一些超越了时代情境的白手起家的男男女女的故事。最早的广播肥皂剧《帕德尔家族》（The Puddle Family）是由宝洁公司（Proctor & Gamble）在1932年引进的。这个广播剧开创了一种新的广告模式，使双氧水和"象牙"肥皂品牌得以名声大噪。体育新闻，特别是棒球和拳击比赛的新闻，以及富里曼·高士登和查尔斯·柯瑞尔、乔治·伯恩斯和格雷西·艾伦，以及杰克·尼（由约翰·多伦西的坎贝尔汤料公司赞助）等人演出的滑稽剧，都是受到欢迎的广播节目。收音机很快就成为了美国家庭的重要电器，广播节目将家庭成员短暂地团聚在了一起。60

美国人还在电影中找到了轻松和自由的感觉。20世纪30年代是电影发展的黄金时期，这一时期发行了5,000多部电影，超过7,000万的美国人（总人口的60%）至少每周看一场电影。61 虽然没有什么钱，但是花二角五分钱看一场电影获得几个小时的放松还是值得的。电影的内容主要也是宣扬逃避主义，从马克思兄弟的喜剧到经典的恐怖电影《吸血伯爵》（Dracula）、《科学怪人》（Frankenstein）和《木乃伊》（The Mummy），都是将音乐和场景相结合的典范。还有一个与传统价值不太符合的现象，观众们涌入电影院去观看那些描述匪帮和罪犯的电影。奇怪的是，对于任何能够战胜绝望的人，社会上都有一种同情的情绪。将逃避主义提升到一个新高度的是沃尔特·迪斯尼公司于1937年推出的第一部长篇动画片《白雪公主》。当时这部电影花费了令人难以置信的200万美元，成为了当时总投资最高的电影。一年以后，《纽约时报》将迪斯尼的电影和其他几项风险投资一起列为"工业的奇迹"。62 像迪斯尼这样的公司所带来的广播和电影技术上的进步为美国人提供了一种没有负罪感、不会遭受谴责的生活方式，可以使人们沉溺于美好生活的梦乡之中，一个在现实中被大萧条破坏殆尽的梦乡。

科技发展达到一个新高度

尽管整体经济形势不容乐观，但是科技进步在大萧条时期仍然非常地迅速。在这十年中，威尔斯·卡瑞尔（Wills H. Carrier）发明了空调，杜蓬特（DuPont）

发明了"神奇的"纤维——尼龙，欧文斯－伊利诺伊（Owens-Illinois）发明了玻璃纤维。这些革新者们不仅维持了公司的持续发展，而且改变了整个行业。举例来说，卡瑞尔受命在现代的摩天大楼里引进空气调节系统和通风系统以便它更适于企业办公。空气调节对于西部和南部的工业发展也起了十分重要的作用。[63]杜邦特经过十多年的研究和开发，最终发明了尼龙。哈罗德·波伊奇斯坦（Harold Boeschenstein）对玻璃纤维的性能进行了重要完善。这些共同促成了对于革新项目投资的立法。尼龙，这一最早的人造纤维不仅成为时装界的重要组成元素，而且也成为上百种军用设施，如降落伞、军装和轮胎的关键元素，它们对于第二次世界大战的战争动员起到十分重要的作用。[64]在认识到玻璃纤维的商业和科研价值后，波伊奇斯坦说服欧文斯-伊利诺伊创办了新公司。随着欧文斯－伊利诺伊玻璃纤维工厂的投产，波伊奇斯坦创建了一个新的行业。在接下来的20年中，他不知疲倦地推广玻璃纤维的应用范围，被称为"塑料时代的先锋"。[65]

在一些执行官们创造和扩展重要行业的时候，另外一些执行官们也在改变美国的前沿地带。站在航空革命最前沿的是飞机制造商唐纳德·道格拉斯（Donald W. Douglas）。道格拉斯于1935年设计出DC-3型飞机，从而大大地提高了航空客运的舒适度和安全性。他的飞机能够运送24名乘客，以每小时195英里的速度飞行，可以加油一次飞行1,000英里。DC-3很快就超越了波音飞机的技术水平，波音飞机当时只能运送十名乘客，航速为165英里/小时。[66] DC-3的总体建造时间更短而且费用也比当时其他机型的飞机更便宜，这也使得很多航空运输的从业者（包括胡安·特利普的泛美航空）能够更有效地扩展业务。到这个十年的末期，90%的航空公司都配备了DC-3型系列飞机，客运利润开始与航空邮政的利润持平。[67]

随着飞机设计和结构上的技术提高，很多最初经营航空邮政业务的航空公司开始全面介入客运服务。其中有威廉·帕特森（William A. Patterson）的联合航空公司（United Airlines）、杰克·弗莱尔（Jack Frye）的跨世界航空公司（Trans World Airlines）、塞勒斯·史密斯（Cyrus R. Smith）的美国航空公司（American Airlines）、埃德华·里肯贝克（Edward V. Rickenbacker）的东部航空公司（Eastern Airlines）和罗伯特·西克斯（Robert F. Six）的大陆航空公司（Continental Airlines）。可以说，航空工业也同汽车工业一样，在自身发展的同时，也衍生出一系列的相关产业（如零部件生产行业、运输行业、配送行业、酒店管理行业），这使得边远地区不再边远。飞行设计的革新为第二次世界大战及其后快速发展和变革的航空旅行业打下了基础。

表4-2

影响20世纪30年代的商业大事

时间	事件
1930	胡佛总统签署带有浓重保护主义色彩的《斯穆特－霍利关税法案》
1930	国务院禁止了几乎所有外来劳务移民
1930	大通国民银行（Chase Nation）和公平信托银行（Equitable Trust）合并，组成美国最大的银行
1931	宝洁公司引入了品牌管理
1931	帝国大厦完工（当时世界第一高楼），但只有46%的入住率
1932	重建金融公司成立
1932	第一部《格拉斯－斯蒂格格银行法案》（First Glass-Steagall Banking Act）扩大了联邦信贷额度
1932	失业率达到历史最高水平：美国1,370万，全球3,000万
1932	道琼斯工业指数于7月8日降到最低的41.22点
1932	5,000家银行关门
1932	埃德文·兰德（Edwin Land）发明快速复印机
1933	政府宣布银行放假四天；《紧急银行救助法案》（Emergency Banking Relief Act）通过
1933	国民储备公司（Civilian Conservation Corp.）成立
1933	《农业调整法案》为减产的农户提供补贴
1933	田纳西河谷管理局成立
1933	《联邦证券法案》规范上市公司
1933	根据《国家工业复苏法案》成立了公共劳动管理局
1933	国家复苏管理局设立了公平劳动标准
1933	《银行法案》为存款提供保障
1933	国家劳动委员会成立
1933	弗兰西斯·博金斯（Frances Perkins）被任命为劳动部长，第一位女性内阁官员
1933	禁酒令被废除
1933	第一次有记载的静坐罢工——位于明尼苏达州的荷美尔（Hormel）工厂
1933	调频收音机发明
1934	证券和贸易委员会（Security and Exchange Commission）成立
1934	联邦通信委员会（Federal Communicatio Commission）成立
1934	联邦住房委员会（Federal Housing Administration）成立
1934	《互惠贸易协定法案》（Reciprocal Trade Agreement Act）通过，放宽了保护性关税
1935	工人进步委员会（Works Progree Administration）成立
1935	《国家复苏法案》和《农业调整法案》被裁定违宪
1935	《国家劳动关系法》赋予工人加入工会和罢工的权利
1935	《银行法案》调整了联邦储备系统

表4-2（续）

1935	《社会保障法案》通过
1935	最早的三项中立法案被通过
1935	约翰·李维斯（John Lewis）成立工业组织委员会（Committee for Industrial Organization）后改名为工业组织协会（Congress of Industrial Organizations）
1935	第一架DC-3喷气式引擎飞机试飞
1936	十年中进口额首次超过出口额
1936	消费者协会（Consumers Union）成立
1936	胡佛大坝（Hoover Bam）完工
1938	杜蓬特发明了尼龙
1938	《公平劳动标准法案》通过，设定了最低工资和最高工作时限
1938	广播广告的支出首次超过了印刷品广告
1939	伊戈尔·西科尔斯基（Igor Sikorsky）发明了直升机
1939	威廉·休利特（William Hewlett）和戴维·帕卡德（David Packard）等开始在硅谷创业
1939	德国入侵波兰
1939	罗斯福向英法提出现款购买、自行运输的政策来支持战争

企业家：提供出路

虽然商业执行官们从20世纪30年代的科技进步中获利颇多，但是普通美国人却不再能买得起像汽车和大型家用电器这样的昂贵商品。20年代曾经流行过的分期付款购买家用电器的计划现在也不复存在了。在很多行业，库存量仍然保持着很高的水平，这使得金融状况和失业问题更加恶化。虽然重工业领域的投资在三年的时间里（1930－1933）下降了87%，但是消费品行业的运营状况却比以往大多数年份要好，整体来看，消费品行业投资只下降了19%。[68] 虽然消费者手里可供消费的货币减少了很多，但是在必需品，如食品、衣物、个人护理上的消费却并没有减少。不管愿意或不愿意，美国人开始背弃20年代那种浪费的生活方式，转向一种简单的生活。但是他们也没有完全忘记奢华，只不过他们现在追寻的，是小型而且不用花太多钱的奢侈品。

在30年代，查尔斯·露华浓（Charles H. Revson）创办了露华浓化妆品公司（Revlon Cosmetics），好莱坞的化妆大师马克思·范科特第二（Max Factor Jr.），则扩大了他的个人护理产品生产。传统观点可能认为个人护理产业在萧条时期会面临严冬，谁会把仅有的一点儿钱花在指甲油、口红这些可有可无的小东西上呢？

但是，露华浓和范科特纠正了人们对成千上万的女性的原有看法。

露华浓以其独裁式的直接管理的方式而闻名，他将露华浓公司打造成了美国第二大化妆品公司。善于抓住女性心理的独特才能，使得他从一个小小的指甲油生产商变成一个大型化妆品公司的老板，他的公司的最终产品多达3,500多种。露华浓特别擅长用印刷广告来勾起人们潜在的欲望和梦想，后来他又转向了电视赞助广告。69

马克思·范科特是在1938年父亲去世之后接管家族企业的，他被认为是化妆品行业的先锋人物，他将公司从好莱坞的一个化妆工作室变成了世界知名的化妆品品牌，将"明星"才能享用的化妆品，带入了寻常百姓家。70

个人护理领域的品牌让人们能够以较低的价格享受奢华和高级的文化体验。通过这种方式，它给了美国人逃避严酷现实的机会。绝望和泄气在20世纪30年代形成了一种强大的心理防护，但是有一个人成功地打破了这种防护，这个人就是玛格丽特·路德金（Margaret F. Rudkin）。这个企业家凭一种基础的、必需的产品，为那些渴望出众和不平凡的美国人创造出一种品牌偶像。

玛格丽特·路德金（1897 – 1967），多花紫树农场有限公司

从许多方面来讲，玛格丽特·路德金前半生的生活和事业，都随20世纪早期的社会经济状况而起起伏伏。她是20世纪第二个十年后期（第一次世界大战期间）妇女争取工作机会的受益者，在这期间她对企业和财务产生了浓厚的兴趣。她非常享受20年代舒适、富足和悠闲的生活，并在乡下购买了一处庄园式农场，农场里随处可见美丽的多花紫树。此后，她挺过了30年代大萧条最痛苦的时期，这场灾难也给年近40的她带来了新的生活和新的事业机会。如果路德金没有受到大萧条的影响，她可能就不会创立美国最经久不衰的面包品牌：多花紫树农场。在这一过程中，她打破了多种商界陈规，其中包括发挥女性在商业中的作用，建立高端消费品零售业务，以及将普通商品打造为高价名牌产品。

玛格丽特出生于纽约，她的家境相对较好，12岁之前，她与父母以及她的爱尔兰裔祖父母一起，住在曼哈顿一座棕色石头建造的都铎式四层楼房里。因为家里雇了仆人，玛格丽特和她的母亲都不用做家务。虽然母亲对下厨不感兴趣，但是小玛格丽特却非常喜欢看祖母烤面包。时不时地，这个小女孩也会一试身手。作为一个颇有天分的学生，玛格丽特以优异的成绩从高中毕业，并且在一家银行谋到了一个簿记员的职务。作为这家公司雇佣的第一个女员工，她感到压力很大，玛格丽特曾经这样回忆这个职务带给她的压力："在一天结束的时候，你必须把所有的借和贷项目都加起来——但是银行并没有计算器——如果账不平，你就必须

一直寻找问题出在哪儿,直到最后找到差错。"[71] 玛格丽特后来对产品质量的关注,就是她在早期职业生涯中所养成的习惯。

她在簿记员岗位上做得很成功,很快就升到银行出纳的职位,最后,在1909年她被任命为负责维护与华尔街一家代理公司——麦克卢尔·琼斯公司客户关系的经理。她早期在公关岗位上的经验和见识为她后来创办多花紫树农场提供了有利条件。正是在这家代理公司,玛格丽特遇见了她的丈夫亨利·阿尔伯特·路德金(Henry Albert Rudkin),他是一位非常成功的股票代理商,也是公司的合伙人。他们结婚之后,当时26岁的玛格丽特就退休做了"社交女性",成为纽约上层社会社交圈子中的一员。亨利·路德金夫妇赶上了20世纪20年代繁荣的好时期,1928年,他们在康涅狄格州的费尔费尔德(Fairfield)购置了一块125公顷的土地,于是离开城市,过上了乡村农场主的生活,并且按自己的想法来开发这块土地。他们雇了仆人来料理家务,过着像菲茨杰拉德(F. Scott Fitzgerald)的小说里所描绘的那种经常参加乡下的赛马和马球比赛(亨利是一个马球好手),偶尔回城里喝上两杯的自得其乐的生活。

当大萧条席卷全国的时候,路德金夫妇的农场也未能幸免。随着股市的崩溃,亨利的股票代理业务成为泡影。仅此一点,路德金夫妇就不得不重新规划他们的生活。1931年,亨利在一次马球比赛中严重受伤,躺在床上好几个月不能动弹,这使得他们的生活更为艰难。30年代初期,玛格丽特·路德金不得不解散了所有的仆人,并且开始变卖家里的财产,这其中包括五辆汽车中的四辆。在她丈夫努力挽救在华尔街的工作的同时,路德金也开始为乡下的农场寻找风险投资的机会,以便能带来些收入。幸运的是,富裕的生活并没有让她养成骄逸等特权阶级的恶习。有一次,她为政府(农业部)印发的小册子提供如何正确进行生猪屠宰的信息,充分展示了她的足智多谋。[72] 在经历了几次投资项目的小小的成功之后(其中包括饲养火鸡),路德金跌跌撞撞地开始了后来改变了她的人生和零售杂货业务的事业。

事业转变的灵感来自路德金的儿子,他患有严重的哮喘病。家庭医生认为这个孩子的病因主要是北方潮湿的空气和食品加工中使用的添加剂(特别是面包加工所致),因此建议路德金夫妇或者搬到气候干燥的地方,或者自己烤面包。因为没有搬家的资本,玛格丽特开始了第二次转型——烤面包。回忆起最初烤面包的经历,玛格丽特说:"我从来没有见过家里的菜谱,也没有见过我祖母或母亲留下的任何东西。所以我的面包里的成分都是自己想出来的——就是想一想东西的味道和样子。"[73] 她常常笑说,她烤出的第一炉面包应该送到史密森学会收藏起来,因为"它们具有砖块一样的品质"。[74] 当她最后终于根据儿时的记忆烤出真正的面包时,她发现它不仅能吃,而且非常美味,更重要的是,这令人鼓舞。除此之外,还有一件出人意料的结果,全麦面包把她儿子的哮喘病也治好了。

当家庭医生来为其他哮喘病人讨要面包的时候,路德金和她丈夫趁机开始了新的生意。他们开始向医生们推荐这种具有治疗功效的面包,这种清晰的定位使他们的事业立刻获得了成功,随后他们又开办了邮购业务。在这个过程中,路德金也开始向费尔费尔德当地的杂货店推荐她的产品。因为路德金一直是杂货店的老主顾,店主勉强同意试销面包,不过他认为这种面包根本就卖不出去。然而他完全错了,在品尝了面包之后,他很快就同意进货。在当地获得成功之后,路德金又向纽约市的高级杂货商查尔斯公司推销她的产品。为了让杂货商相信产品的品质,她带着一篮子刚烤出的面包和黄油找上门。这种试用方法十分有效,杂货商同意每天订购24条面包。

从乡下的烤房里,路德金制作了全麦面包,然后让她丈夫搭每天早上7点38分的火车到纽约,在去华尔街的路上,顺道把面包带给杂货店。通过这种方式,亨利·路德金成为了公司第一个送货员。没过多久,她的面包就变得十分受欢迎,虽然它比当时的普通白面包要贵(25美分比10美分)。杂货商最初也嘲笑这个价格上的差距,但是顾客却越来越多地购买这种产品。路德金很快就成为了高端面包制造商。当时,她对于自己的成就十分谦虚:"我试图取悦的只是一小部分人,他们想要享受高品质面包,而且付得起钱。"[75] 这也为多花紫树农场的所有产品做了一个定位。随后,路德金也将零售商定位于那些客户定位与自己相同的小型零售商。

考虑到她先前所具有的社交背景,路德金在面包业务扩展的早期就开始使用公关专家并不奇怪。最早的故事发生在1937年,也就是多花紫树农场公司成立的那一年。他们在《纽约和美国人杂志》(New York Journal and American)上发表了一篇文章,详细介绍了这种面包的品质。不到一年,公司面包的销量就增加到每周4,000条,并且将面包作坊从家里搬到了多花紫树农场的一个马房。为了满足地区市场的需求,多花紫树农场还成立了一个配送公司来接管亨利本人最早从事的配送业务。1939年,她的公关专家又将文章登载到了《读者文摘》(Reader's Digest)上。此后,面包的销量和受欢迎程度急剧上升,并很快在全国范围内获得认同,多花紫树农场也开始成为小型杂货-零售行业最著名的品牌之一。

随着全国业务的扩展,路德金不得不把公司从农场搬到一个更大的地方。1940年,她借了4,000美元,把位于康涅狄格州诺沃克(Norwalk)的一个洗车房改造成了一个全服务型的烘烤中心。几年时间里,路德金的业务就增加到每周销售超过25,000条面包,而且公司也开始尝试扩大产品的种类。最早推出的新品种是薄片面包和磅饼,这些产品推出时附有配料介绍,这种做法也是路德金创造力的证明。多花紫树农场面包的一个特点是注重品质和新鲜度,面包如果在2－3天没有售出就被回收到工厂。路德金利用这些回收面包制成了一种用于填塞肉或中空蔬菜的原料。这种方便产品一推出就受到了欢迎。

路德金对质量的关注和对各种天然成分的使用形成了公司独特的文化。出于这一目的,路德金要求面包原料的供应商必须是这一领域的行家。她因为"要求农民种植高品质的小麦,并使用东北部最好的石磨碾压"而闻名。[76] 在榨取了供应链上的最后一点儿潜力后,路德金决定在中西部地区开办自己的磨坊从而实现战略整合。到20世纪40年代末,路德金已经完成了从原料到烘烤再到配送的整个垂直业务过程的整合。在确保产品质量经过严格的控制之后,她着手继续扩大生产线。在开发新产品时,如果路德金不认为她的产品能胜过竞争者的产品,她就不将它推上市场。路德金最大的满足,就是对这一战略的始终坚持。20世纪50年代,路德金找到了能够推向市场的最满意的产品,她为此增加了一条不同于传统产品的高端饼干生产线。为了找到一条这样的生产线她花了十年的时间。终于,在一次到欧洲度假期间,路德金发现了她正在寻找的东西。在与比利时面包师和巧克力商德拉克尔(Delacre)达成了购买曲奇饼配方的协议后,路德金将配方带回了美国,并且专门建立了一条高端曲奇生产线。每一种曲奇都以一个欧洲的城市来命名(米兰、布鲁塞尔、日内瓦,等等)。

在经营多花紫树农场期间,路德金频频使用营销和广告策略,她利用电视和广播宣传来提升产品与公司的整体形象。多花紫树农场的广告始终强调产品的高品质和纯天然的成分。路德金甚至化名为玛姬·路德金将自己的形象插入公司广告,来宣传她的产品的纯天然用料和稳定的高品质。作为一个公关专家,路德金指出:"公共关系的基础是保持你的产品的品质,让它确实物有所值。"[77] 她认为产品应该满足市场上一些确定的需求,并根据这些优点进行销售。[78] 通过产品线添加和广告的整合,路德金将多花紫树农场建成了美国最大的一家独立面包生产企业。[79]

领导者:生存专家

面对20世纪30年代普遍存在的市场需求萎缩、生产能力过剩和劳工运动,商业领导者们试图对企业进行重新定位和业务转型,以便满足新的市场需求,维持企业的生存。他们通常从工业品生产转向消费品生产,其中一家就是阿莫瑞·霍顿(Amory Houghton)领导的科宁玻璃公司(Corning Glass)。在科宁玻璃从一家工业用照明设施和玻璃制品批发商向日用玻璃消费品生产公司的转变过程中,霍顿起了关键性作用。他大大降低了烤盘和电灯泡的价格,使它们更贴近日用消费品市场的要求。霍顿还建立了分公司专门从事日用玻璃消费品的试销工作,以便降低公司对苦苦挣扎的工业品市场的过分依赖。[80]

禁酒令被废除后,有两个人利用这一机会重新开创了事业,他们就是乔·汤普森第二(Joe Thompson Jr.)和欧文(Erwin Uihlein)。经营冰块业务之余,汤普森还开了一家小零售店,当冰块业务开始萎缩时,他抓住机会着手创办便利店。美国疆域的不断扩大再加上禁酒令的解除，为选址灵活、购买方便的便利店的开办提供了一次大好机会。通过对冰块生意进行改造，汤普森建立了 7-Eleven 便利连锁店。店铺里的啤酒销售对这家新公司的成功起了重要作用（啤酒和香烟是便利连锁店销量最大的两种商品）。[81] 欧文也抓住了这次机会。虽然他的企业在禁酒期间已经停产，但是通过大规模的投资和重组，欧文很快就让家族的酿酒生意重新兴隆起来。他的施利兹酿酒公司（Schlitz Brewing Company）成为美国第二大酿酒公司，并保持这一地位长达30年之久。[82]

当这些企业的领导者们对他们的企业进行重新定位的时候，金融服务行业的领导者们也在政府干预的复杂多变的形势下苦苦摸索。1933年和1935年出台的几项银行业法规迫使众多商业领导者对他们的经营进行反思，尤其是那些兼营证券销售和商业银行业务的金融机构。

哈罗德·斯坦利（1885 – 1963），摩根斯坦利公司

当回顾摩根斯坦利公司的历史时，很多人会自然地想到 J.P. 摩根，他被认为是20世纪最成功的银行家（和商业执行官）。摩根在20世纪初期的确掌握了巨大的权力，他甚至可以控制整个工业并且对政府的政策施加巨大影响，他的经济能力和权力成为了一个永久的传奇。但是，J.P. 摩根除了为后代留下这个显赫的名字，却与摩根斯坦利公司的成功没有任何直接关系。实际上，在摩根斯坦利公司成立的时候，他已经去世多年（摩根斯坦利公司成立于1935年，而摩根于1913年去世）。摩根斯坦利公司的主要功臣是斯坦利，而不是摩根。

哈罗德·斯坦利（Harold S. Stanley）是银行家中的银行家，他的一生都生活在银行社会的最中心。斯坦利出生在马萨诸塞的一个小镇，幼年时期即过着舒适的生活，上的是私立的贵族学校，假期丰富而多彩。他的父亲威廉·斯坦利（William Stanley）是一位发明家，通用电气公司以他的名字命名了匹兹堡的一个实验室。1908年，年轻的斯坦利在耶鲁大学的年册上这样描述自己的抱负"将来要进入商界"。[83] 但更确切的说法应该是"进入银行界"。

从欧洲旅行回来之后，斯坦利加入了位于阿拉巴尼的国家商业银行（Natioanl Commercial Bank），开始了他的银行生涯。两年之后，也就是在1910年，斯坦利加入 J.G. 怀特公司（J. G. White and Company），成为一名助理出纳。职业早期的成功使他顺利地于1916年加盟担保信托公司（Guaranty Trust Company），并担任债券部的副主任。他的业绩十分突出，以至于担保信托决定将他的部门分出去成立一个新公司，并让斯坦利担任这个公司的总裁。在这个岗位上，他向公众和私人机构承销了数百万美元的债券。更重要的是，斯坦利专注、果断和百折不挠的

精神为他通向银行精英社会打开了一扇大门。他的成就很快引起了摩根财团的注意，1927年，J.P.摩根的儿子约翰·摩根第二（John P. Morgan Jr.）邀请斯坦利作为J.P.摩根公司在银行和代理业务上的合伙人。

斯坦利当时42岁，他是这家世界顶尖金融机构的最年轻的合伙人。他获得任命的时候正是人们将商业执行官视为天才的时代。斯坦利认识到美国的城市化将会给公共事业供应商，如煤气、电力、电话等行业带来数不尽的机会。他在这一领域的知识和眼光很快就通过承销公共事业债券变成了数不尽的财富，而他的成功看起来还远远没有走到尽头。但是在他加入摩根财团两年后，股市开始崩溃，随之而来的是政府干预的浪潮和对银行业大规模的整顿。

斯坦利像金融界的其他人一样面临着新的局面，而现在所要面对的，与以往已经大不相同了。文森特·卡罗索（Vincent Carosso）在他的有关投资银行历史的文章里这样描述这个时代："股市的崩溃和大萧条让投资银行家的形象从天堂落到了地狱。在危机前后，金融界领导者目光短浅、两面三刀的行为严重动摇了公众对银行家、理财专家们的信心。此后数百家公司的倒闭——其中也包括有实力的大公司，表明了他们中的很多人根本没有理财的能力，这更进一步损害了投资银行家的形象。"[84] 在这种新的框架之下，斯坦利在金融界的下一个行动被确定下来。

为了应对《格拉斯－斯蒂格尔法案》拆分商业银行和投资银行的规定，斯坦利于1935年离开摩根财团，创办了自己的摩根斯坦利公司，这是一家独立的债券承销公司，它继续从事许多人已经退出的债券承销业务。依靠众多的商业执行官、750万美元资本和一个有影响力的名字，斯坦利开始了自己的新业务。[85] 在领导摩根斯坦利的第一年里，尽管那时正处于大萧条最严重的时期，斯坦利仍然监管着超过十亿美元资金的公开发售和配置。[86] 接下来的几年里，斯坦利和他的公司继续占据着这个国家投资银行业务的很大份额。到摩根斯坦利公司于1941年在纽约股票交易所公开上市时，公司管理着自《格拉斯－斯蒂格尔法案》出台以来美国25%的债券承销业务。[87] 实际上，斯坦利在拉拢商业关系方面如此成功，以至于摩根斯坦利公司两度成为新政府干预的对象。

20世纪30年代后期，政府在一些纽约之外的投资机构[比较出名的有芝加哥的哈尔西（Halsey）、斯图尔特公司（Stuart & Company）]的压力下，成立了临时国家经济委员会（Temporary National Economic Committee, TNEC），以便更有效地监督证券业中的竞争性投标问题。直到那时，许多公司其实并非是通过竞争性投标来进行证券发行的，证券交易往往是利用个人的、职业的和以往的关系网来完成的。这正是哈罗德·斯坦利的强项。斯坦利认为，投资银行家和证券发行商之间的关系，也是以诚实、相互尊敬和平衡这些生活中人际交往的一般规则为基础而建立的。[88]

作为当时现状的主要受益者，斯坦利反对竞争性的竞标行为，他成为行业现行法则最坚定的捍卫者。在 TNEC 的一次听证会上，斯坦利阐述了自己对竞争性竞标的理解，他认为这种做法会损害那些小企业的利益，因为它们没有同大公司一决高下的实力。他认为小型专卖业务的真正财富，其实是它们与发行公司建立良好的业务关系，而它们这种优势会在价格战中损失殆尽。[89] 在1939年的一项备忘录中，斯坦利重申了他的立场："对于公司新发行证券实行竞争性竞标，在一个私人企业的世界里，企业管理者应该有权利决定是使用那些早已熟悉的老关系还是使用通过竞标偶然遇到的新公司，两者到底谁能为公司提供最佳的服务。"[90] 斯坦利认为由竞争性竞标而签订的临时性合同会引起投机性的价格战，这种短视的行为不利于公司的长远发展。虽然政府没有采纳他的观点，斯坦利在这期间的作为却进一步确立了他在金融银行家中的地位。

尽管在1941年规定出台之后，摩根斯坦利公司的业务受到严重打击（很多竞标输给了哈尔西、斯图尔特公司），但到了40年代中期，摩根斯坦利公司又重新夺回了领先的地位。事实上，摩根斯坦利公司的运作如此成功，以至于政府在1947年将它和其他16家投资机构以及投资银行协会一起，以实施垄断为名告上了法庭。当时，首席检察官汤姆·克拉克（Tom Clark）认为这场反垄断诉讼"是自沙尔曼法案出台后最大和最重要的案件"。[91] 这场诉讼持续了六年，哈罗德·斯坦利再一次成为辩方的主要证人。在漫长的辩护过程中，斯坦利一直是自己公司、行业和行业协会的忠实代言人。他最终赢了这场官司，1955年法院撤销了起诉。对于政府来说，要证明这16家独立的投资机构之间存在相互勾结的垄断行为几乎是不可能的。除了打破笼罩着华尔街的保护性氛围，斯坦利还帮助银行界重新获得了公众的认可。自此，斯坦利为他的职业生涯画上了完美的句号。诉讼结束后，他辞去了在摩根斯坦利的管理职务。出于他的性格和他对于金融事业的钟爱，斯坦利保留了作为公司有限合伙人的身份，直到他于1963年去世。[92]

经理人：扩展了界限

也有许多商业执行官利用股市萎缩和公司破产的机会，通过兼并、收购、联合和新的组织设计来实施他们在业务上的扩张。出口市场的崩溃对于这些战略决策的实施起了重要作用。成本管理成为流行口号，经理人们试图通过提高生产效率和运营能力找到一条生存之路，他们还根据20世纪30年代的买方市场的情况，通过低成本投资来扩展他们的业务。

特别是那些掌握了这个国家铁路干线控制权的人，他们利用这一时期相对便宜的劳动力和原材料，对原有业务进行了升级和再投资。这些投资在第二次世界大战期间铁路国有化时收到了回报。那些实施了扩张计划的铁路执行官们，主要有来自东部的罗伯特·杨（Robert R. Young）、来自中西部的马修·斯隆（Matthew S. Sloan）以及来自南部的欧内斯特·诺瑞斯（Ernest E. Norris）。

杨计划收购拥有切萨皮克和俄亥俄铁路（Chesapeake & Ohio Railroad，C&O）所有权的控股公司，尽管没有得到通用汽车公司执行官们的实际支持，他最后还是控制了这家公司。虽然为改善铁路的状况，他努力寻找稳健型资本进行融资，但最后他还是在将铁路向金融市场开放方面起到了关键作用。这场夺取 C&O 控制权的斗争，源于一场在证券和债券发行竞标过程中的竞争。在竞标中，摩根财团艰难地击败了杨。除了金融战争之外，C&O 铁路在杨的领导下进行了彻底的重组，并成为东部地区最强大的铁路线之一。[93]

当杨与东部的铁路运营商和北部的金融家拼力打斗的时候，斯隆已经控制了飞速发展的密苏里 - 堪萨斯 - 得克萨斯铁路线（Missouri-Kansas-Texas Railroad），这条铁路是随美国西南部人口的爆炸式增长而发展起来的。斯隆对铁路线进行了大规模的投资以保持向西部扩张的强劲势头。虽然在他任职期间（1933 — 1944）正好赶上大萧条时期，斯隆仍然将公司的年收入从最初的 260 万美元增加到了 8,000 万美元。[94] 紧跟其后的是诺瑞斯，在他管理南方铁路公司期间，铁路建设焕发了新的活力。诺瑞斯主张采用稳健、传统的方式进行扩张，比如大规模投资于新的列车，同时他还提倡一种传统的南方生活方式。通过在南方铁路公司和他们所服务的社会之间建立密切联系，他为雇员和乘客创造出一种自豪感。[95]

杨、斯隆和诺瑞斯的努力都是十分感人的，但是如果与马丁·克莱门特（Martin W. Clement）所面临的困难相比，就显得有些逊色。1933 年，卡莱门特接任宾夕法尼亚铁路公司第 11 任总裁。当时，这是世界上最大的铁路网，拥有上千英里的铁路线，运营收入超过 3.5 亿美元。宾夕法尼亚铁路公司度过大萧条的方法既不是收缩业务也不是联合、并购，而是通过大规模的投资。这十年中，公司投资了五个亿用于"改良、改进，以及对设备、路网、架构和工厂其他部分的增建"。[96] 在最困难的时期，这些投资让宾夕法尼亚铁路能够在 20 世纪 30 年代脱颖而出，成为一个更有活力的企业，并为后来承担战争时期的物流管理打下了基础。

整个任期内，克莱门特充分利用充足的劳动力、原料和资金，改善了铁路的主要设施。在他的任职早期，他就发起了一项投资两个亿的项目，实现了某些主要线路线的电气化改造。通过电气化投资，克莱门特引进了由普尔曼公司（Pullman Company）制造的流线型火车机车和车厢。新的流线造型火车使得美国主要城市之间的旅行时间被大大缩短了。这些使用轻质铝材料制造的列车赋予"流线"这个词汇以特殊的含义，以前这个词仅意味着符合空气动力学的设计，而现在却变成了一个流行词，人们用它来形容一切有效率的东西。[97]

克莱门特努力通过扩展公司的铁路线网来巩固竞争优势。他同时为客户提供基于1,000多个火车站的门到门的货物运输服务，他扩建了公司的汽车运输力量，并新增添了水运服务项目。从1935年到1939年，"每节车厢的净载货量从1,006吨增加到1,164吨，提高了15.7%。"[98] 在注重运营效率的同时，克莱门特还十分关注运营安全。通过加装更好的刹车和信号装置，铁路工人的事故伤亡人数大大降低了。到20世纪30年代末，工人的年伤亡人数为264人（总人数为13万）。而五年以前，这个数字是998人，十年前则超过2,000人。

克莱门特还设法通过改善车厢设施提高乘坐的舒适度。出于这个目的，他坚决提倡使用空调。到了20世纪30年代中期，宾夕法尼亚铁路公司"自我夸耀说拥有世界上最大规模的空调火车车厢"。[99] 他的改革对于铁路客运事业的发展有着巨大的影响。从1935年到1939年，每英里载客量从2.2亿人次增加到了3.1亿人次。[100] 尽管公司在大萧条时期投资巨大，克莱门特还是有能力将公司的总体债务逐步减少，通过巧妙使用政府优惠融资和雇用有补贴的劳工，克莱门特设法保持了公司的赢利。在他任职的前五年，铁路收入的年增长率达到26%，从3.42亿美元增加到了4.31亿美元，其他运营收入的增长率也达到了26%，从6,100万美元增加到了7,700万美元。

宾夕法尼亚铁路这五年的建设，还只是后来为承担第二次世界大战时期艰巨任务所需要的大规模投资的一个前兆。战争期间，铁路的货运量翻了一番，客运量是原来的四倍。宾夕法尼亚铁路总共承担了1.4亿吨货物和1,750万人次的运输任务。为了应对激增的军用运输任务，克莱门特一共加开了29,670趟列车，合计400,000节车厢。[101] 虽然公司在1944年有三分之一的男性雇员被应征入伍，克莱门特还是设法满足了战时的生产和服务需要。到1944年，铁路只雇佣了不到十万名员工，但却完成了相当于平时四倍的工作量[102]，同时，效率的极大提升也带来了收入和利润的增长。到1946年战争结束的时候，宾夕法尼亚铁路公司拥有全美5%的铁路线却实际承担了9.4%的货物运输和16.7%的旅客运输。[103]

前所未有的大变革即将来临

虽然企业在20世纪20年代从政府和雇员那里取得了权力的平衡，但是到了20世纪30年代，企业的命运发生了翻天覆地的变化。历史情境从企业的扩张变成了企业的崩溃，从企业的自由发展变成了政府的强烈干预，从充分就业变成了大范围失业，从开放和机会变成了闭关和孤立。20世纪30年代是政府大范围干预和劳工运动风起云涌的时期，虽然战争正在欧洲酝酿，但美国却选择对此视而不见。与美国政府的闭塞相一致，这一时期的社会风气也趋于保守。能够在这种环境下生存并获得繁荣的商业执行官，都是十分善于改变自我和改变企业以适应时代新需要的杰出的人。他们所做的及时的转变，使他们最终能够面对20世纪40年代的严峻挑战。

表4-3

20世纪30年代的企业家、经理人和领导者

企业家

Stephen D. Bechtel, Bechtel
Arnold O. Beckman, Beckman Instruments
Harold Boeschenstein, Owens-Corning Fiberglass
Thomas E. Braniff, Braniff Airways
Leo Burnett, Leo Burnett Company
Curtis L. Carlson, Gold Bond Stamp/Carlson Company
Max (Francis) Factor Jr., Max Factor Company
Herman G. Fisher, Fisher-Price Toy Company
Jack Frye, Trans World Airlines
Andrew J. Higgins, Higgins Industries
Howard R. Hughes Jr., Hughes Aircraft Company
Edwin H. Land, Polaroid Corporation
William P. Lear, Lear
James S. McDonnell, McDonnell Aircraft
John K. Northrop, Northrop Aircraft
David Packard, Hewlett-Packard Company
William A. Patterson, United Airlines
Milton J. Petrie, Petrie Stores
Elmer F. Pierson, The Vendo Company
Charles H. Revson, Revlon
Edward V. Rickenbacker, Eastern Airlines
James W. Rouse, Rouse Company
Margaret F. Rudkin, Pepperidge Farm
David Sarnoff, Radio Corporation of America
Robert F. Six, Continental Airlines
Cyrus R. Smith, American Airlines
Carl E. Wickman, Greyhound Corporation

经理人

Kenneth S. Adams, Phillips Petroleum Company
Winthrop W. Aldrich, Chase National Bank
Howard L. Aller, American Power and Light
Beatrice F. Auerbach, G. Fox & Company
Sewell L. Avery, Montgomery, Ward and Company
Sosthenes Behn, International Telephone and Telegraph
John D. Biggers, Libbey-Owens-Ford Glass
Alvin G. Brush, American Home Products
Arde Bulova, Bulova Watch Company
Louis S. Cates, Phelps-Dodge Company
Martin W. Clement, Pennsylvania Railroad
Samuel B. Colgate, Colgate-Palmolive Company
John L. Collyer, B. F. Goodrich Company
Charles L. Coughlin, Briggs & Stratton Corporation
Richard J. Cullen, International Paper
Bernard M. Culver, Continental Insurance Company
Nathan Cummings, Consolidated Foods
Richard R. Deupree, Procter & Gamble
Alfred B. Dick Jr., A. B. Dick and Company
Arthur C. Dorrance, Campbell Soup Company
Willard H. Dow, The Dow Chemical Company
Benjamin F. Faidess, United States Steel Corporation
William S. Farish, Standard Oil of New Jersey
Clarence Francis, General Foods Corporation
Walter D. Fuller, Curtis Publishing Company
Ernest Gallo, Gallo (E. & J.) Winery
Arthur G. Gaston, Booker T. Washington Insurance
Lawrence M. Giannini, Bank of America
Tom M. Girdler, Republic Steel Corporation
James A. Gray Jr., R.J. Reynolds Tobacco Company
Robert E. Gross, Lockheed Aircraft Corporation
Leon Hess, Amerada Hess
Paul G. Hoffman, Studebaker Corporation
Charles R. Hook, Armco Steel Company
Haroldson L. Hunt, Hunt Oil Company
Robert W. Johnson Jr., Johnson & Johnson
Daniel C. Keefe, Ingersoll-Rand Company
Kaufman T. Keller, Chrysler Corporation
Herbert V. Kohler, Kohler Company
Eli Lilly II, Eli Lilly and Company
Leroy A. Lincoln, Metropolitan Life Insurance
Daniel K. Ludwig, National Bulk Carriers
John H. MacMillan Jr., Cargill
David H. McConnell Jr., Avon Products
Ernest E. Norris, Southern Railway System
Robert A. Pinkerton II, Pinkerton's
John G. Searle, Searle (G. D.) and Company
Matthew S. Sloan, Missouri-Kansas-Texas Railroad
Elbridge H. Stuart, Carnation Company
Gustavus F. Swift Jr., Swift and Company
Guy W. Vaughan, Curtiss-Wright Aircraft Company
Charles R. Walgreen Jr., Walgreen Company
Dwane L. Wallace, Cessna Aircraft Company
Walter H. Wheeler Jr., Pitney-Bowes
Horace C. Wright, Sunbeam Corporation
Robert R. Young, Chesapeake & Ohio Railroad

领导者

Garner A. Beckett, American Cement Corporation
Robert F. Bensinger, Brunswick
J. Chadbourn Bolles, Chadbourn
Herman Cone II, Cone Mills Corporation
Frederick C. Crawford, Thompson Products
C. Donald Dallas, Revere Copper and Brass
Victor Emanuel, Aviation Corporation of America
Albert H. Gordon, Kidder, Peabody
Ray W. Herrick, Tecumseh Products
Amory Houghton, Corning Glass Company
Jesse H. Jones, Reconstruction Finance Corporation
John S. (Jack) Knight, Knight-Ridder, Inc.
Richard K. Mellon, Mellon National Bank
Theodore G. Montague, Borden
Willard F. Rockwell, Rockwell International
Henry A. Roemer, Sharon Steel Corporation
Joseph p. Routh, Pittston Company
Joseph p. Spang Jr., Gillette Company
Harold Stanley, Morgan, Stanley & Company
Joe C. Thompson Jr., Southland Corporation
Erwin C. Uihlein, Schlitz Brewing Company
Langbourne M. Williams Jr., Freeport Sulphur
Samuel M. Zemurray, United Fruit Company

第五章
1940—1949
通过标准化达到新高度

> 为美国的产品干杯,如果没有它们我们可能就输了这场战争。
>
> ——约瑟夫·斯大林,于1943年德黑兰峰会上向美国祝酒

从20世纪20年代大手大脚花钱的时代进入到30年代大萧条的黑暗岁月,对于整个国家都是一个极大的震撼,而从30年代开始好转的时期一下子跃进到40年代战争动员时期的零失业率状态,看上去似乎又有些不真实——但它的的确确发生了。商业界再一次进入了一个历史性的新时期,30年代的生存技巧很快就让位给了新的领导方式,这一切似乎在检验美国的创造力、生产力和同情心的极限。

除了对美国在世界的形象构成影响,全面加入第二次世界大战(在日本攻击珍珠港以后)对于美国国内的企业结构、特点以及劳动力也具有十分深远的影响。这些影响一直延续到这个世纪接下来的时间。[1]一夜之间,企业又进入了大规模的动员状态,而这次动员的规模在美国乃至全世界都是前所未有的。企业在打破极限,再没有什么困难不能克服,也没有什么障碍不能跨越。从许多方面看,第二次世界大战也是一场装备和科技的战争,没有哪个国家比美国生产的机器装备更多,也没有哪个国家在科技的发展上能够超过美国。提到第二次世界大战期间前所未有的生产效率和制造业的大跃进,历史学家将之描绘为"资本主义的救赎"、"战争的奇迹"和"生产效率的奇迹"。[2]美国的企业"生产了8.6万辆坦克、200万辆军用卡车、19.3万门各式火炮、1,700万支枪支和41亿发子弹",历史学家托马斯·麦克劳(Thomas McCraw)写道,"最重要的是,美国的飞机制造企业在战争期间制造了30万架飞机。相比之下,战后美国第一的飞机制造公司——波音公司,在从1960年到1990年的30年间,总共也只生产了6,000架客机"。[3]

协作精神

为了实现看似不可能的生产壮举,一种新的工序出现了——这是一种注重标

准化、革新和合作的工作方法，特别是，它对于政府、工会和商业执行官之间成功地进行各种形式的协作，提供了一个良好的范例。虽然商业执行官的形象在20世纪30年代受到了诋毁，但这些人在40年代重新赢得了人们的尊敬——不是作为20年代式的英雄，而是作为爱国者而受到尊敬，商业执行官们因为在战争时期为国家所做的贡献而被重新认可。40年代的英雄是集体化大生产的组织者，那些调动公司的资源来支持国家战争的执行官们，其实也收到了多方面的回报——他们借此机会学会了高效的运营方法、赚取了庞大的利润，并为战后的持续发展打下了基础。

这个时期登场的商业执行官不仅要动员企业为战争服务，而且还要根据战后的情况来调整企业的经营。那些在20世纪40年代创建公司和成为 CEO 的人，面对的是另外一种挑战——一方面要在创新和标准化方面进行投资以实现生产率的新纪录，另一方面还要牢记过度投资将会在和平时期造成灾难性的后果。

有一个人尤其擅长此种平衡，这个人就是路易斯·纽米勒（Louis B. Neumiller），他带领卡特皮拉拖拉机公司（Caterpillar Tractor Company）从战争走向和平。纽米勒并没有将公司的目标定位为短期的为战争服务，而是作了长远的规划，把卡特皮拉公司建成了一家无可争议的、最有效率的推土设备生产商和销售商。纽米勒一生都生活在伊利诺伊州的皮奥里亚（Peoria），他将毕生的精力都奉献给了卡特皮拉公司。纽米勒并不是一个轰轰烈烈的领导者，但是在他平静的领导和指引下，卡特皮拉的年收入增加了七倍，成为美国的五大出口商之一。

路易斯·纽米勒（1896 – 1989），卡特皮拉拖拉机公司

纽米勒五岁时父亲就去世了，所以他没有接受过多少正规教育，只是在皮奥里亚商学院接受过一年的培训。1915年，19岁的纽米勒在霍尔特制造公司（Holt Manufacture Company）找到一份工作，这家公司后来成为卡特皮拉拖拉机公司。这家公司的创建者是霍尔特（Holt）兄弟，他们在加利福尼亚淘金热时离开了新罕布什尔（New Hampshire）的家，并于19世纪80年代末成立了这家公司。公司最初主要生产农用设施。在弟弟本杰明（Benjamin）的领导下，公司开始开发履带式蒸汽拖拉机，这种机器比起当时笨重的轮式拖拉机更适合开垦加利福尼亚肥沃的土壤。虽然本杰明·霍尔特并不是履带式拖拉机的发明者，但重要的是，他改良了履带的设计，并运用标准化流程安排生产。霍尔特雇佣了摄影家查尔斯·卡莱门特（Charles Clement）帮助宣传这种机器，卡莱门特注意到这种机器移动时好像一只正在爬行的昆虫，于是他用一个词"卡特皮拉"（意为毛毛虫）来命名这种机器。[4]

为扩大公司在加利福尼亚州斯托克顿（Stockton）的业务，霍尔特于1909年在皮奥里亚买下了一座工厂生产新型的汽油机卡特皮拉拖拉机，以替代老式的蒸

汽拖拉机。也就是在这家工厂,纽米勒开始了他的第一份工作——速记员,每个月工资60美元。第一次世界大战动员期间,纽米勒曾经到美国训令公司(US Ordinance Corp)服务过一段时间,回来之后,他被任命为霍尔特公司的零部件管理部经理。1925年,公司与从前的竞争者最佳拖拉机公司(C.L. Best Tractor Company)合并,他被提升为合并后企业的零部件管理总经理。这家合并后新成立的企业的总部设在皮奥里亚,以它最棒的产品——卡特皮拉拖拉机公司为名。

随着纽米勒管理职务的提升,公司也放弃了只生产农用机械的策略,转而进入更有前途的重型建工机械制造行业。把公司的卡特皮拉拖拉机生产线改造为大型挖掘机生产线的转型,正好抓住了20世纪30年代政府对设备建造项目给予资助的好机会。确立了以建筑业作为自己的细分市场,卡特皮拉公司很快就在行业里赢得了一贯、可靠和高质量的名声。在这段时间里,公司开始打造自己的分销网络,以保证在任何时间、任何地点只要有需求,公司就能满足。

20世纪30年代初,纽米勒被提升为销售代表,随后又升任劳动关系部主任。在所有这些岗位上,他都赢得了自信和诚实的名声,这些品质既是纽米勒的个人品质,又是卡特皮拉公司文化的一部分。在劳动关系部主任的职位上,纽米勒磨砺了自己的管理技巧。经过与管理层的艰苦斗争,工业组织协会(Congress of Industrial Organization)在工人运动高潮期的1937年,在卡特皮拉公司成立了工会。因为一直是在公司里成长起来的,纽米勒与工人和管理层的关系都相处得很好,能够平息这两个阵营之间的分歧。

卡特皮拉公司高级管理层认识到了纽米勒的能力,并于1941年任命他为公司的CEO。两个月后,日本空袭珍珠港,美国正式加入第二次世界大战。与20世纪40年代的很多执行官一样,纽米勒也被要求对公司业务进行重组,以便用来生产军火。但是他没有盲目地服从政府的命令;相反,他认为公司根本不需要大规模改变业务范畴。他说服了政府,让他们相信大型挖掘机械在战场上同样重要。

因为好不容易才建立起公司在质量和服务方面的名气,产品售价也可以比别的公司高5%,卡特皮拉公司很不愿意放弃它的核心业务。为了在保有业务的同时满足军队需要,纽米勒提出了一项妥协措施:由卡特皮拉公司在邻近城市迪凯特(Decatur)新建一家工厂,专门生产为M4坦克配备的气冷柴油发动机。一年之内(1942)新的工厂就开工了,新工厂被命名为卡特皮拉军用发动机公司。除了生产柴油发动机,新公司还生产榴弹炮底盘、炮弹和其他炸弹零件。

纽米勒坚守核心业务的战略和信念很快得到了回报。实际上,战争对于军用设备和挖掘机械的需求同样巨大。在战争最激烈的时期,推土机的优势和飞机、坦克不相上下。鉴于国家对拖拉机和推土机的需求巨大,1943年,位于迪凯特的工厂又重新转回了传统的生产线。作为对纽米勒战略的非正式承认,南太平洋联合舰队司令威廉·哈尔西上将（William Halsey）宣布推土机是太平洋战争的主要功臣之一。[5] 推土机和拖拉机对于美国在太平洋岛屿扩大登陆战果起了十分重要的作用，并且被广泛用来修建军用公路、铲平树林、填平沼泽、挖掘壕沟和掩体。在接下来的四年中，卡特皮拉公司卖给政府的设备价值超过五个亿——这一数字是公司1941年总收入的五倍——雇员数量也增加了一倍，从11,000人增加到了20,000人。[6] 更重要的是，这种成长不是短期行为，而是一个持续不断的发展计划。

战争结束的时候，卡特皮拉意外地获得了在国际市场进行扩张的机会。美国军队回国后，那些明黄色极易辨识的卡特皮拉品牌设备被留在了当地，大部分留在了欧洲和亚洲，由当地政府或企业接管。这在某种意义上创造了新的市场机会。在纽米勒的领导下，卡特皮拉公司在这些地区建立了代理和服务中心，提供培训、维护以及更重要的后续购买业务，极大地提升了卡特皮拉设备在国际市场的占有度和品牌认知度——这实际上与可口可乐通过低价供应军队来获得市场的做法十分相似。

纽米勒利用公司新获得的国际市场优势，扩张了卡特皮拉在国外的代理网络。接下来的很多年，卡特皮拉得益于出口业务的发展而持续繁荣，而它的制造中心还是在美国。随着卡特皮拉品牌国际影响的扩大，在纽米勒的指导下，公司在欧洲、拉美和亚洲都设立了生产工厂。在这一过程之中，纽米勒坚持所有的生产工厂，不管地处何方，都使用标准化的生产流程和技术，以确保在比利时生产的零部件与在皮奥里亚生产的零部件具有相同的品质。零部件购买便利、替换性强是卡特皮拉销售政策的中心环节。

随着第二次世界大战结束后美国经济的快速发展，卡特皮拉已经做好准备来满足市场对挖掘设备的需求——为公路建设、郊区开发项目和其他大型发展项目提供各种设备。传记作家约翰·英翰（John Ingham）和利尼·菲尔德曼（Lynne Feldman）写道："随着美国开始了历史上最伟大的公路和高速公路建设，卡特皮拉作为行业的领军企业，好像受到了上天特别的眷顾要让它们利用这个大好机会发展起来。"[7] 由于纽米勒在战争时期坚持保住了主要的生产线，公司早已做好了准备来生产那些彻底改变美国大地景观的拖拉机、推土机和其他挖掘设备。

虽然这种专注和努力让和平时期的转变相对容易了一些，但是面对新的革新的挑战和日益增强的国内市场的竞争压力，卡特皮拉公司并没有完全做好准备。公司因为固守单一的生产线而丧失了一些竞争优势；虽然公司一直致力于完善拖拉机生产线，但是竞争者们引进了速度更快和更耐磨的橡胶轮胎；除此之外，卡特皮拉对于克拉克机械公司（Clark Equipment）和国际收割机公司（International Harvester）在战后推出的前轮式装载机也缺乏有效的应对措施。卡特皮拉对于效率和标准化的专注使它推出新产品和获得研发资金的空间相对较小，丢掉了一部分国内市场份额。但这种情况很快就得到了改变，卡特皮拉制订了新的投资计划和新产品的研发战略，短短几年之内，卡特皮拉也推出了自己的新型推土机，速度更快，功能也更多。

虽然这种产品被指为"CAT 复制品"，但是公司在质量上的声誉如此之高，所以它很快就占领了市场。纽米勒对于公司后发进入市场的做法作了如下评论："我们是第二个或者第三个来做的，但我们做得更好。"[8] 从此以后，纽米勒一方面关注公司的核心业务——推土机、拖拉机和其他挖掘机械——的生产和改进，另一方面对于新产品的研发也进行大量的投资。也是在这一结合点上，公司开始实行专业化和纵深化相结合的战略——这一次战略使得公司成为了唯一一家能够为超大型项目提供全系列服务的建工设备供应商。在对产品进行纵深挖掘的同时，公司没有放弃对零部件标准化和可替换性的追求。因为工厂的生产线已经进行了标准化而且零部件也可以相互兼容，所以在进行转产的时候公司的利润并没有下降。

纽米勒在任期内还致力于打造公司的经销商网络。他将网络扩张到了上百个国家和地区，在全世界拥有3,000多名雇员。他将"二十四小时之内满足任何客户对零部件的需求"订为公司的目标。他将物流管理的控制权集中到皮奥里亚，并且投资开发新技术以便帮助经销商更好地评估终端客户的需求。到20世纪50年代末期和60年代初期，卡特皮拉成为第一个使用电脑化技术来管理物流追踪服务的大型制造商。

在纽米勒任职期内，卡特皮拉净资产增加了两倍，工厂厂房增加了一倍，销售和利润增长了七倍，公司牢牢占领了全球挖掘机械50%的市场份额，把其他竞争对手远远抛在了后面。[9] 此外，纽米勒为公司的国际声誉打下了坚实的基础。这种踏踏实实的成功是纽米勒低调管理艺术的最好证明。他的办公室总是很空，没有公司标志，没有艺术品，也没有个人奖章。纽米勒于1954年成为董事会主席，为他的继任者哈蒙·易卜哈德（Harmon Eberhard）让出了位置。《财富》杂志在1954年刊登的一篇文章这样描述这一交接："谦虚的管理艺术"，"两个人都没有对未来的发展和改革作出评论"。[10] 虽然纽米勒并不是一个超人，但从很多方面看他都是40年代那个伟大时代的一个缩影，他让公司而不是他自己成为了英雄。[11]

政府动员

这个十年刚开始的时候，美国能否打赢这场战争还不那么确定。大萧条的余波仍然存在，工业建设还在艰难中持续，国家军队的装备还称不上什么力量，常备军大约只有17.5万人，与1940年初的其他主要国家相比，这一数字少得可怜。[12] 据麦克劳（McCraw）记载："动员任务是这个国家的政府所面临的最严重的挑战。"[13] 最后，通过多方合作，尤其是通过几个新法案的出台，国家成功应对了这场挑战。

表5-1

影响20世纪40年代的商业大事

时间	事件
1940	生产管理办公室（Office of Production Management）成立
1940	战争生产委员会（War Production Board）成立
1940	波音307高空客机——最早的座舱增压式飞机
1941	《租借法案》（Lend-Lease Act）出台
1941	价格管理办公室（Office of Price Administration）成立
1941	美国加入第二次世界大战
1941	300名商人加入政府服务，薪水为象征性的每年一美元
1941	"铆钉工露西"（Rosie the Riveter）运动鼓励妇女工作
1941	工会保证战争时期不举行罢工
1942	《紧急价格调控法案》（Emergency Price Control Act）出台，设定了价格和租金的上限
1942	从汽油开始实行配给制（接下来是橡胶、糖和咖啡）
1942	"秘密曼哈顿项目"（Secret Manhattan Project）开始研发原子弹
1942	所有的汽车生产在战争期间都停止
1943	《税款支付法案》（Tax Payment Act）授权联邦扣留税款
1943	罗斯福总统签署48小时周工作制，保护被雇佣者的权利
1944	《军人调整法案》（Servicemen's Readjustment Act）（GI Bill）出台
1944	国际货币组织（International Money Fund）和世界银行（World Bank）成立
1945	投放原子弹
1945	轴心国投降，第二次世界大战结束
1945	工会会员人数达到1,400万
1945	美国铝业公司（Alcoa）被诉垄断
1946	原子能委员会（Atomic Energy Commission）成立
1946	美国农产品价格达到最高点
1946	婴儿潮（Biby Boom）开始；到1964年共出生7600万人
1946	ENIAC，世界上第一台电子计算机展示
1947	食物配给结束
1947	《塔夫特－哈特里法案》（Taft-Hartley Act）出台，对工会活动进行严格限制
1947	针对反美行为的众议院委员会成立
1947	第三贝尔实验室的科学家发明了晶体管
1947	《关税和贸易总协定》（GATT）生效
1948	杜鲁门总统授权联邦政府接管罢工中的铁路
1948	"马歇尔计划"（Marshall Plan）为欧洲重建提供援助
1948	最高法院要求电影制作机构与电影院线分离
1948	通用汽车公司与工会达成业界的第一个合同，其中包括了生活成本调整条款

第五章 1940—1949 通过标准化达到新高度

　　为了建立国家的军队，美国国会于1940年通过了第一个和平时期的征召令。战争期间，军队人数从不足17.5万人增加到了1,500万人。正如一位历史学家所说，18—34岁之间的男子有三分之二在战争期间加入了军队。[14] 除了增强国家的军事力量，参军人数不断增加也缓解了失业的压力。同一时期，罗斯福总统通过了他最著名的一个法案——《租借法案》，这一法案为英国提供了价值数亿美元的防卫武器，但是没有承诺提供军队参战。[15] 根据这一法案的有关条款，从1941年到1945年超过500亿美元的国防开支得以批准。[16] 为了配合《租借法案所》要求的大规模动员，同时也为美国的直接参战做好准备，美国政府于1942年通过了《战争权利法案》（War Powers Act），成立了战争生产委员会（War Production Board）来全面监督军事准备动员工作。

　　委员会被赋予很大的权力，包括制定需要优先生产的产品名录、确定配给计划、分配某些特殊的生产合同等等。委员会可以指定哪些公司从民用品生产转为军需品生产，比如，在战争时期，所有的工厂一律不再为民用市场生产收音机、洗衣机、剃须刀、熨斗、烤箱、炉子、搅拌器、蛋饼烤模、电热毯等产品。[17] 所有生产这些产品的企业都改为从事军工生产。吸尘器生产商尤里卡（Eureka）转产防毒面具，打字机生产厂转产机关枪，即使是像斯坦威（Steinway）这样的公司也被禁止生产钢琴，转而将他们的木材提供给军用。只是一眨眼的工夫，一家制衣厂就成了武装带生产厂。[18] 同样地，雅芳（Avon）将口红生产转为子弹生产，宝洁雇佣了14,000多人专门负责把火药装进弹壳。[19]

　　因为委员会具有控制原材料的能力，所以它能够根据战争的需要大大减少非必需品的生产。委员会利用其巨大的权力总共为40,000多家承包商提供了超过350,000份合同。[20] 快速动员的要求对于大公司是十分有利的，因此，大约有75%的合同被56家主要的公司所承揽。合同过分集中在大公司的情况迫使小企业联合起来成立了战时小型工厂集团公司（Smaller War Plants Corporation），这一机构成立的目的是管理新公司和小公司的合同分包工作，它的成功运作最终促进了战后小企业利益保护局（Small Business Administration）的成立。[21]

　　军工生产很快就支撑起整个美国经济。从1937年到1944年，全国的产品和服务总量增加了一倍。[22] 为打赢这场战争，美国总共花了2,880亿美元，这个数字是联邦政府1940年预算（90亿美元）的32倍。[23] 为了应对战争支出，美国于1942年通过税收法案，提高了国家的征税标准。除采用累进收入税制之外，法案还授权政府1942年对所有年收入高于624美元的人征收5%额外的胜利税。[24] 为了方便民众缴纳税款，政府还出台了按周缴税的新体系，而在1943年之前，美国人都是一年缴一次税。新税法体系是由美国国内税务局签署的，体系还包括一整套有深远影响的公共关系计划。像迪斯尼这样的娱乐公司甚至为此提供了动画服务，创作了动画片讲述"唐老鸭是如何计算它的税单，并为它的侄子修、路易和迪威做标准演示的"。[25] 从扩大税收获得的收入补偿了国家45%的战争债务，余下的则通过发行自由债券和扩大赤字来弥补。许多经济学家都认为这种大规模的支出（1943年达到530亿美元的峰值）是打破大萧条铁笼的强心剂。[26]

随着越来越多的产品被列入配给名单，工作岗位也越来越多，可支配收入与可消费产品之间的矛盾越来越明显。在战争时期，可支配收入增加了64%，从920亿美元增长到1,510亿美元，但是民用物资的供应却只增加了23%，从770亿美元增加到950亿美元。[27] 为了控制通货膨胀，政府出台了《紧急价格调控法案》对工资、房租和价格进行强制调控。1942年，在价格管理办公室的监督之下，政府根据法案对800多万种商品的价格进行了规范，对于部分紧缺的货物，如糖、奶油、咖啡和汽油实行了配给制管理。[28] OPA对一些国防产品生产集中的地区实行了房屋租价控制，对某些关键行业设置了工资上限。工资上限的设置帮助控制了可支配收入的增长，并且也抑制了工会的活动。[29]

企业在这些年中获取了巨大的利益，并且政府也赋予它们更大的经营自主权，但是它们也没有完全避免被提起垄断诉讼的可能。在这个十年刚开始的时候，联邦通信委员会（Federal Communications Commission，FCC）要求国家广播公司（NBC）卖掉它的一个广播网。大卫·萨尔诺夫（David Sarnoff）掌管下的NBC在很多重要的城市都控制了两个网络（红网和蓝网）。随着广播的普及和大量使用，FCC希望能够采取措施来控制对电波的垄断，它认为最好的办法就是让每一个公司在每个大城市最多只能控制一个电台。为了避免受到反垄断指控，1942年萨尔诺夫以800万美元的价格将蓝网卖给了爱德华·诺贝尔（Edward Noble）——救生圈糖果公司（LifeSavers Candy）的创始人。诺贝尔于1945年将广播网的名称改为美国广播公司（American Broadcasting Company，ABC），并于1953年以当初购买价格的三倍价格将公司卖给了派拉蒙公司（Paramount）。[30] 这个十年中最主要的反垄断诉讼，是对美国铝业公司（ALCOA）的诉讼，而此前这家公司曾经在多场反垄断诉讼中取胜。在1937年反垄断法修改之后，美国铝业公司控制了全国铝制品市场的90%，于是美国最高法院开始设法拆分这家公司（见第三章）。在经过一系列的撤诉、起诉之后，法院最终于1945年裁定"仅就规模来看，也即从产品对市场的占有率来衡量，就已经违反了《沙尔曼反垄断法案》的条款"。[31] 这一裁定是反垄断立法的一个转折点。此前，反垄断诉讼的标准是基于企业是否有反对竞争的言论或者是否有垄断性的企业行为，而不仅仅从企业的规模来判断。1945年，美国铝业公司被裁定为违法，这为以后的企业扩张设定了新的标准。案件结案时，战争动员已经开始，并且铝业市场也已经变得多样化。在这种新形势下，美国铝业公司得以避免拆分部分业务，但是在战后它被禁止购买任何军工厂。

虽然战争减轻了美国铝业公司可能受到的处罚，但是这个案子的判决结果却引起了一系列基于企业规模的反垄断诉讼，如1946年针对烟草行业的反垄断诉讼，

1949年针对杜邦特和美国电话电报公司的反垄断诉讼,1956年针对伊斯特曼·柯达和RCA的反垄断诉讼等。[32] 所有的诉讼都达成了和解,起到了限制企业进行大规模市场扩张的作用,但也阻碍了企业进行最重要的结构重组。修改后的反垄断法促使垄断向新的形式——"联合"(conglomerate)的方向发展,这种新动向在接下来的20多年中表现尤为突出。有趣的是,第一个使用"联合"这个词的,是联邦商业委员会,这个词出现在1948年委员会向公众发布的警告书当中。[33] 委员会用这个词来描述收购不相关业务实体的不正常行为。既然法案限制对市场份额的占有和行业内部的垂直整合,那么多种经营就成了企业扩张的新途径。

尽管出现了几起反垄断诉讼,但是政府和企业之间还是存在大量的合作。第一波重要的合作发生在战争军事动员期间,极大地刺激了生产力的发展和标准化的推行,也将新技术应用到了很多行业。许多历史学家都认为政府和企业界的联合是盟军最终取胜的关键因素。第二波合作的浪潮则发生在冷战时期。

大战(第二次)中的世界

虽然第二次世界大战持续的时间与第一次世界大战大致相同,但是由于机械化装备的大量使用,伤亡人数是上一次的两倍还要多。[34] 大屠杀加上军事行动使得这次战争中的总伤亡人数超过了6,000万。[35] 由于主要依靠科技手段和机械化装备,美军在战争中的伤亡相对较低:与别的国家动辄上百万的伤亡人数相比,美国在这次战争中死亡的人数为40.5万人,受伤67万人。[36]

在战争中制造了巨大伤亡的工业和生产力,最终也帮助美、英和它们的盟国赢得了这场战争。1945年,原子弹在广岛和长崎爆炸,日本投降,标志着战争的最终结束和新的国际关系的开始。意大利在此前的几个月前就已经投降,德军在英美从西线进攻、苏联从东线进攻的夹击下最终屈服。1945年的雅尔塔会议(Yalta Conference)让英国、美国和苏联坐到了一起,商讨如何瓜分胜利果实——为新的力量对决创造舞台。

与第一次世界大战时的情形一样,美国再一次充当了结束战争的国家,但是这一次战后,美国成为了超级大国。美国的大萧条已经结束,工厂恢复了全面生产,劳动力得到了充分利用,而且美国本土没有受到战争的任何伤害。战争的结束为美国带来了新的地位,与第一次世界大战结束时有所不同的是,美国现在没有拒绝这一地位,而是被迫承担起更多的国际责任,孤立主义不再是一个可行的长久选择。

有几项行动显示出美国正在越来越多地卷入国际事务,并且在进一步巩固自己作为全球大国的地位。美国和其他44个国家一起成立了国际货币基金组织

（International Monetary Fund）以便平抑国际货币的波动。与此同时，这次联合还产生了另一个重要的组织——世界银行（World Bank）（最初叫国际重建和发展银行），它是以重建金融公司为蓝本建立的，旨在为饱受战争重创的国家提供重建方面的救济和帮助。[37] 这两个机构的宗旨是加强世界范围内的稳定、提高自给能力——以避免再次出现20世纪30年代那样的战后大萧条。美国还通过加入关贸总协定进一步确立了自己的国际地位。关贸总协定规定降低5万多种商品的关税，这个协定最初有23个国家参加，其成员间的贸易量在1947年占世界贸易总量的75%，关贸总协定限制互惠性的保护主义的贸易模式。关贸协定对美国的主要影响是，将当时的关税降低了三分之一。[38]

在杜鲁门总统（Harry Truman）和马歇尔国务卿（George C. Marshell）的大力推动下，美国在战后还承担了另一项国际性任务：欧洲复兴计划，也就是马歇尔计划。虽然马歇尔计划没有任何维护美国一己利益的字面表述，只强调了对饱受战争摧残的欧洲提供经济和人道主义援助，但国会最终能够支持这个计划，却是为了美国最终能够从这些民主国家获得善意。[39] 这个主意出自杜鲁门总统，并获得大力推行，成为众所周知的杜鲁门信条："美国的政策（必须是）支持自由的人民反抗少数武装力量和外来势力的侵略和压迫。"[40] 在苏联攻占捷克之前，这一计划的有些内容还曾经引起激烈的争论，但随着苏联支持下的共产党人在希腊和土耳其发生革命，这一计划的最后通过变得几乎没有什么争议。

从很多方面来看，130亿美元的马歇尔计划也帮助美国企业保持了始于第二次世界大战期间的扩张和持续发展的势头。[41] 通过美国政府五年时间的扶持，美国公司了提供劳动力和数不清的急需商品，终于帮助欧洲完成了物质上的重建。马歇尔计划的庞大支出让美国的工厂一直处于全面开工状态，在解决了大量就业问题的同时，也极大地维护了资本主义的利益。[42]

虽然苏联在战争中基础设施损毁严重，人员伤亡也超过了别的参战国，但是它也在战后成为了一个超级大国。从苏联到德国的这一部分欧洲地区成为了共产主义的基地。随着苏联掌握了原来被德国占领的那些国家的控制权，它与美国之间的关系急剧恶化。为了抑制共产主义国家，美国对苏联采取了"包围政策"。这一政策包括大规模的军事建设，这反过来又为企业提供了大量的机会。[43] 举例来说，从1947年到1963年间，聚硫橡胶公司（Thiokol Corporation）的约瑟夫·克罗斯比（Joseph Crosby）将一个投资300万的小型军工企业（供应喷气式发动机燃料）建成了一个资产超过2.75亿的大公司，同时具备了先进的研发能力。在任期内，聚硫橡胶公司为水星计划和双子星计划开发了成熟的火箭发射装置，并且为一种用于牵制敌人的民兵型导弹开发了零部件。[44]

对共产主义的怀疑和恐惧对于1947年《国家安全法案》（the National Security Act）的通过起了非常重要的作用。根据这一法案，参谋长联席会议制度（Joint

Chiefs of Staff）这个二战时期的产物成为一个常设机构。中央情报局（Central Intelligence Agency）也产生于同一背景之下，与此同时，美国首次在和平时期保留一支大规模的常备军。《国家安全法案》是在美国加入北大西洋公约组织（North Atlantic Treaty Organization，NATO）之后出台的，NATO 将北大西洋沿岸民主国家的军事力量联合了起来，美国的常备军现在随时准备"听从召唤"，维护世界的民主。[45] 随着美国和苏联不断地加强它们的力量（包括苏联于 1949 年实验了自己的原子弹），持续 40 年的军备竞赛开始了，无数的资金被用于国防和科技的发展，所有这些都是以自卫和超越敌人的名义进行的。那些在战争时期曾经获得繁荣的企业，现在又有理由继续进行创新方面的投资了。国防开支和科技研发在数十年中一直刺激着经济的发展，并给多个产业带来了繁荣——激发了美国历史上保持时间最长的经济持续发展。

创新带动科技进步

如果没有在标准化方面的努力，战争时期大批量复杂机械设备的生产速度将不可能达到。虽然亨利·福特在他的汽车工厂做了大的量标准化工作，但是快速生产大批量前线所需要的战争设施，却需要将精密和专注的程度提升到一个新的高度。这种对标准化的专注，使得一个个生产流程得以简化并且变得有序，为美国创造了前所未有的生产效率：从 1940 年到 1943 年，美国制造业的产量提高了 24 倍，从 15 亿美元增加到 375 亿美元。与此同时，德国和苏联只增加了一倍，英国增加了两倍，日本增加了三倍。[46] 在美国全面参战的第一年，制造业的生产率惊人地提高了 25%——而在此前的 40 年中，年平均增长率只有 1.9%。[47]

巨大的成就在各行各业都能看到，但是在飞机、船舶和汽车制造工业尤为明显。仅汽车工业就生产了 75% 的飞机发动机和 20% 的各种战争物资。[48] 比如福特汽车公司在密歇根州的威洛伦（Willow Run）建造了大型工厂，总共生产了 8,524 架 B-24 轰炸机。[49]

除了供应军用轰炸机和飞机发动机，福特还与威利斯－欧瓦兰德汽车公司（Willys-Overland Motors）联合生产了一种新型军用马车——吉普车。1940 年，威利斯在"小型武装人员运输工具"设计竞争中获胜。[50] 虽然福特也参与了这次竞争并且失败了，但是公司一直为威利斯制造这种汽车的发动机，两家公司总共生产了 66 万辆吉普车。[51] 这种车最终成为缩小军用车和民用车之间差距的最优秀的产品，它代表了一种全新的汽车类型，并且成为运动型车——SUV 发展的前身。

航空和航海制造领域的生产速度也是有目共睹的。借鉴了汽车行业大规模生产的经验，亨利·凯塞尔（Henry Kaiser）对造船行业也进行了改革，他将建造一艘自由级货轮所需的 200 天减少到了一百天。[52] 另一个例子是波音公司，在 1944

年6月生产高峰时，波音公司平均只要7分钟就能生产一架B-17轰炸机。[53]

这些制造技术的标准化是创新的副产品。受战争驱动而进行的大规模的科研投资也提高了产品发展的生命周期。举例来说，第二次世界大战前美国是世界上最大的天然橡胶进口国，当轴心国控制了橡胶生产地后，美国的进口渠道就被堵住了，但是美国很快就从零开始在几个月内建立了自己的人造橡胶工业。对此做出贡献的是小哈维·费尔斯通（Harvey S. Firestone）的费尔斯通轮胎和橡胶公司（Firestone Tire and Rubber Company），在为军队生产了占总量50%的防空机枪的同时，费尔斯通还投资人造橡胶的研发活动。到战争结束的时候，美国已经成为世界上最大的人造橡胶出口国。[54]

战争还加速了第一台计算机——ENIAC的研发速度。作为美国陆军部的产品，ENIAC最初设计出来是用来支持战略和战术规划的。机器于1946年完成，重30多吨，使用了18,000个真空管，耗资48.7万美元，占据了一个30×60英尺的大房子。[55] 1948年，贝尔实验室（Bell Laboratories）成功开发了晶体管，对于后来的计算机革命起了十分重要的作用。制造业的快速发展也影响到科学界的进步，最值得一提的是青霉素的研制。亚历山大·弗莱明（Alexander Fleming）早在20世纪20年代就发现了青霉菌这种真菌所具有的抗菌特性，但是直到第二次世界大战时，这种药物才被改良并得以大规模生产，被称为神奇的药物。青霉素从根本上改变了战争中药物治疗的理念。[56]

虽然发明家、企业和政府经常会因为战争动员得力而获得表彰，但是劳工的作用对于整个战争的胜利也是十分重要的。在战争最激烈的时候，加入劳动大军的人数也创造了前所未有的纪录，带来了商业运营的新景观。人们不再拘泥于传统的生产工序，开始对生产过程进行重新思考，这样做的结果是生产效率被提升到了一个新的高度。第二次世界大战前大规模失业的艰难岁月磨炼了人们吃苦耐劳的精神，当工作的大门开始敞开的时候，忍耐已久的潜力和欲望得到了释放。

劳工总动员

第二次世界大战初期美国的失业率为17.2%，也就是说有950万美国人失业。这一数字在五年之内下降到了1.2%，或者说只有67万人失业。上一次失业率达到如此低水平的时候是第一次世界大战期间的1914年，当时失业率为1.4%。并且，从1929年到1943年期间，美国劳工的状况发生了巨大的变化。[57] 农民所占的比例持续下降，制造业雇佣的人数上升到740万人。到了1943年，美国基本上达到了零失业率。

第二次世界大战期间，美国失业人数的变化状况是十分迅速而且富有戏剧性的，超越了历史上其他任何时期，并且对于劳工运动和整个社会的影响十分深远。与第一次世界大战时一样，进入工作的女性人数创造了前所未有的纪录，在1941年到1945年间，女性就业总人数超过了500万。[58] 1942年2月，《纽约时报》有一篇文章对制造业中心城市底特律的职业女性进行了报道："蓝粗布工装代替了晚装、茶杯让位给了钉锤，越来越多的底特律的妇女们在军工生产的工作中承担着她们的责任。"[59] 政府在全国范围内进行了大规模的动员活动，吸引妇女加入劳动大军中来，其中最具代表性的一个活动，是"铆钉工露西"的上演。露西从前是一位家庭主妇（由某演员扮演），她离开家庭进入工厂负责装配枪支。这个时候，传统的对于女性进入男性主导的职场的怀疑和反对的观点已经不复存在。[60] 但是，不幸的是，这并不意味着男女实现了同工同酬。平均来说，战争时期妇女所得的工资只有做同样工作的男性的60%。[61] 随着战争的结束，传统的歧视妇女的观点又重新占据了主导地位。

表5–2

美国就业状况的变化

时间	农业雇员（百万）	非农业雇员（百万）	失业人口（百万）
1929	11.5	35.6	1.5
1940	9.5	37.9	8.1
1943	9.0	45.3	1.0

非洲裔美国人也以前所未有的速度加入了工厂劳动力大军的行列，美国南方的黑人移民源源不断地进入到北部和西部的工厂。移民潮从40年代开始一直持续到50年代，大约有250万黑人移民得到了重新安置。许多历史学家指出，美国黑人为了赢得人们对他们在军队和企业中所做出的成就的认可而进行的斗争，是现代民权运动的开始。正是由于这个原因，美国的全国有色人种协进会（National Association for the Advancement of Colored People，NAACP）从一个名不见经传的小组织成长为一个拥有50万会员的、具有全国影响力的组织。[62] 虽然美国黑人也开始拥有自己的声音，但是为了改善他们的社会和经济地位，这种斗争一直持续了几十年。

尽管有些人获得了稳定的工作和较高的工资，但是在雇员和雇主关系的天平上，指针还是明显偏向雇主。在很多领域，工人们为了不影响爱国主义动员而暂时安静下来，但是战争一结束，一直被压抑的要求又释放出来了，由此引发了一系列席卷全国的大罢工。战争结束后的18个月里，工会在全国范围内组织了350

次罢工,包括钢铁行业、汽车行业、石油行业、肉类加工行业、交通运输行业等关键行业在内的140万名工人参与其中。[63] 风起云涌的罢工浪潮开始影响到公众的利益,这也成为战后反工会运动发展的主要动力。

紧跟着工会运动的发展,由共和党控制的国会在大型企业的支持下开始限制工会的活动,20世纪30年代工会在《瓦格纳法案》(*Wagner Act*)中取得的成果被颠覆。1947年,随着《塔夫特-哈特里法案》(劳资关系法案)的出台,一些行业的工会,比如已经歇业的商店的工会,被宣布为非法,而且工会领袖也被要求宣誓和共产主义没有关系。没有了"共产主义支持者"这个招牌,工人要求集体性权利的斗争也变得更加困难,尽管大部分工人被雇佣从事的工作是用来防范共产主义的。[64] 正如《纽约时报》1947年6月23日刊登的一篇文章所报道的,《塔夫特-哈特里法案》的发起人罗伯特·塔夫特(Robert A. Taft)说:"当雇主在处理与工人的关系方面占据绝对优势时,联邦政府的政策改变了这种情况,让工会领袖夺得了优势。"那么这个法案的目的,他补充道,就是要"扭转这种形势,使双方能够平等对待"。[65] 但是工人运动一方却认为这个法案是一个不平衡的法案,是"奴役工人的法案"。[66]

表5-3

20世纪40年代的社会和人口状况

- 48个州的1.32亿人口到1950年增长到1.5亿人口
- 在战争动员的高峰期,失业率下降到1.2%
- 国债达到430亿美元
- 55%的美国家庭安装了室内下水管道系统
- 人们发现南极洲原来是一片大陆
- 冷战开始,美苏成为世界两个超级大国
- 1949年大学毕业生人数是1940年的三倍
- 商业电视出现
- 杰克·罗宾逊(Jackie Robinson)加入职业棒球大联盟,成为第一个黑人球员
- 纽约扬基队的乔·迪麦吉欧(Joe DiMaggio)成为第一个年薪超过100,000美元的球员
- 时尚:胜利花园重新恢复、吉特巴舞、佐特套装、爱国主义电影、超人
- 游戏:纤体、橡皮泥、飞盘
- 新词:吉普车、铁幕、冷战、混乱
- 平均年收入:1,299美元(1940)
- 预期寿命:女性65.2岁,男性60.8岁(1940)

除了与新一轮的反工会潮流进行艰苦的斗争，工人运动还要与从战场归来的士兵们竞争工作岗位。随着数以百万计的士兵回到国内，失业率又开始缓慢地攀升（1949年达到5.5%），尽管女性已经开始退出工作领域。[67] 为了减轻退役军人带来的压力，政府于1944年出台了《军人权利法案》（GI Bill），也称《军人调整法案》。根据这一法案成立了退伍军人管理局（Veterans' Administration）来管理退役老兵的福利，包括减低抵押贷款利率、职业培训、失业保险等。到了1950年，政府为这些老兵的福利所做的补贴达到200亿美元。老兵们享受到的最好的福利是学费减免，实际上是为这些老兵提供了免费受教育的机会，同时也让他们延缓四年进入工作领域。综合来看，《军人权利法案》总共帮助培养了45万名工程师、24.3万名会计、18万名医护人员（包括外科医生、牙医和护理人员）、15万名科研人员以及10.7万名律师。[68]

大规模移民

老兵只是美国迁移人口的一个方面，在这个十年当中，人口大约增长了1,900万，从1.32亿增加到1.5亿。影响人口增长的最主要的因素是国内因素，尤其是婴儿潮的开始。新移民只占了人口增长的5%，也就是大约100万人口。[69] 虽然移民人数比30年代翻了一倍，但实际的增长仍然很小（比此前各个十年平均数的一半还要少）。尽管当时欧洲发生了大规模的迫害，但也只有十多万移民从德国、法国、意大利、波兰和奥地利来到美国。而且很多人是在第二次世界大战后才来到美国。只有来自墨西哥的移民数量有显著增长。

随着越来越多的美国农民在战时加入军队或者进入工厂，从事农业耕作的劳动力急剧减少。为此，美国政府和墨西哥政府合作推出了短工项目，由美国从墨西哥引进工人从事急需的农业劳作。这个项目于1942年推出，到1947年结束，雇主不是某个人或某公司，而是美国政府。墨西哥政府与美国政府达成了协议，保证这些劳工要受到适当和公正的对待——工资不得过低，劳动强度不得过大，在经济和社会条件恶化时不得被驱逐出境。根据官方统计，在这一项目实施过程中，有超过22万墨西哥人移民到了美国，当然，非官方估的计数字就更大了。[70]

随着移民从墨西哥涌入美国，美国人口增长的总体分布变得很不均匀。老兵返乡、墨西哥移民进入美国农业地带、美国黑人进入北方，整个国家的人口构成正在经历"美国历史上最大规模的内部迁徙"。[71] 整个社会好像都在迁移。人口迁移的最初目标是北方国防工业的工作机会，但很快，目标变成了对更好生活的追求。国家对高速公路的巨额投资，也使得迁徙变得容易了。从1940年到1950年，国家总共修建了34万英里的高速公路，公路总里程数在原来的基础上翻了一番。[72]

随着高速公路系统的不断扩展以及空调设施在家庭中的普及，美国的人口中心开始向西部转移。一位历史学家解释道，从1940年到1960年，美国西海岸的人口数量增加了110%……边远西部的居民中有一半人现在生活的环境与出生时相比发生了天翻地覆的变化。大约有五分之一的新增加人口居住在加利福尼亚州，到1963年，这里超过纽约州成为美国人口最密集的地区。[73] 在整个国家范围不断迁移的结果，最终将很多新家庭带到了城市的近郊区，在那里他们希望按照他们的美国梦来生活和建设。一幢幢新的房屋拔地而起容纳这些新家庭，新建住房从1944年的11.4万套增加到1950年的超过170万套。[74]

有一个人对郊区的发展和扩张起到了关键作用，他就是威廉·李维特（William Levitt），他将标准化的建筑技术应用到了新房屋的建设之中。李维特确定了建造一栋新房子所需要的27个标准步骤。根据《华尔街时报》的记载："李维特的房屋建筑理念灵活借鉴了亨利·福特汽车厂和第二次世界大战时军工厂的一些做法。在李维特镇（Levittown）（位于长岛的19平方英里未开发的土地），卡车卸下了一堆堆标准化的木材、水管和鹅卵石，每一堆相隔60英尺距离。非工会会员的工人们在房子之间移动着，重复着相同的工作……当整个系统全面启动的时候，建造一栋房子最少只要30天。"[75] 当描述李维特在郊区发展中所起的作用时，《华尔街时报》是这样说的："有时候各种经济力量会聚集在一起，而早有准备的企业家则能利用这个机会狠赚一笔。"[76] 李维特正是在适当的时候想出了适当主意的人。虽然他被尊称为建筑天才，但是他的社会思想却不是那么进步，他拒绝将房子卖给黑人，直到后来法律强迫他这样做，他也经常因为过于整齐划一和平庸的建筑风格而受到批评。随着（很多白人）拥有住房的美国梦成为现实，同样强大的美国式观念——个人主义却遭到了冷遇。

社会遭遇了伪善的面具

美国人在大萧条时期所做的牺牲（推迟购买、扩大资源的利用、买二手衣服等）是迫不得已而为之，而在20世纪40年代做出的牺牲则是出于对战争的义务。有时，对于一些最基本的商品如糖、黄油和咖啡的配给，人们也觉得比30年代更能接受，因为暂时剥夺对这些东西的占有是为了一个神圣的目的。除了配给品之外，几乎没有什么商品是可以买到的，因为很多公司都转产军需品了。美国人对于他们在战争时期做出牺牲是接受和理解的，但是对于这个国家施于某些人的彻底的种族主义的和压迫的行为却感到困惑。美国政府利用珍珠港袭击事件之后人们的憎恨和恐惧情绪，轻易就将10万多名日本裔美国人关押了起来，[77] 而实际上公众对此并没有要求。战争期间，日本裔美国人被剥夺了财产，并且被送到隔离营，他们不仅要受到肉体上的折磨，也遭受了精神上的迫害。这个国家对自己的国民的迫害向人们揭示了一个残酷的现实——所谓的大熔炉是根本不存在的。

许多商业执行官因为他们的企业在战争动员时期转产军工品而被大加褒扬，

但是对于那些日本裔或德国裔的美国人来说，不管他们是否忠诚于国家，他们的企业都被剥夺，其中一个例子就是彼得·赫斯特（Peter F. Hurst），他是航空设备公司（Aeroquip）的创立者。赫斯特是一位受过专业训练的工程师，他发明了对于航空工业发展至关重要的两项产品——可拆卸式软管和自密封耦合器。随着飞机在第二次世界大战中的使用，这些安全装置变得更加重要，但是赫斯特的德国血统和公民身份使得他不得不放弃这项事业达五年之久。第二次世界大战后，赫斯特重新获得了企业控制权，并将它建成了一个特种零部件全系列供应商，专门供应配套于危险液体传送装置的零配件。[78]

虽然黑人也为战争流血出力，但是他们不仅在军队中不受欢迎，在工会中、在工作中也都不受欢迎。在这种情况下，黑人也开始联合起来，最早由黑人主办的出版物《匹兹堡快报》（*Pittsburgb Courier*）表达了"两个V"的愿望，即在国内和国外都取得胜利。尽管很多大门都关着，但是还是有一些正在慢慢地打开。1941年，罗斯福总统签署了行政命令，要求国家项目的合同承包者要为黑人以及其他少数族裔提供相同的工作机会和薪金。但是在接下来的六年中，这项命令的收效甚微。

实实在在的变化发生在1948年，那时，杜鲁门总统下达命令在军队中取消种族隔离。在军队中取消种族隔离是第二次世界大战结束之后三年实行的，虽然姗姗来迟，却是一次重大的改变，它标志着政府内已经有一些有识之士开始严肃思考民权问题。1948年，杜鲁门参加第二次竞选活动的一个重要组成部分，就是提出他所谓的公平交易（the Fair Deal），主要内容是让所有人都平等地享受政府补助的住房、教育和其他福利。虽然这些意义深远的政策遭到了许多人的反对，但是《国家住房法案》（*National Housing Act*）最终在1949年出台。这项法案为弱势群体提供了100万套政府补助的住房，并且制定了逐步实施的贫民窟清除计划。列夫拉克公司（Lefrak）是第一家参与市政补助住房计划的私人公司。列夫拉克公司完成了很多个住房项目（比如布鲁克林的国王湾项目、皇后区的帕克文顿项目、皇后区的列夫拉克城项目等，其中列夫拉克城占地40公顷，投资1.5亿美元，包括20栋18层的楼房），这些项目为纽约的城市复兴提供了极大的支持。[79]

从许多方面看，20世纪40年代发生的社会变化来得如此迅猛，以至于美国人对于世界和自我的理想主义的认识都发生了动摇。美国人面临着本国的种族主义问题、对共产主义的妄想症和恐惧症问题，以及对自身脆弱性的认识（特别是在原子弹发明和使用之后）。战争和受战争影响的许多事件迫使美国人从多个方面重新审视自己的生活：一些人开始追求简单、舒适的生活方式，另一些人则宣称要走一条通向消费主义和创新的道路——这显示出美国人想要找回失去的生活的一种权利感。但不管拣选哪一条道路，企业都有无限的机会。

企业家：借发展的东风

很多企业家试图在国家人口中心转移和婴儿潮开始的变迁大潮中找到一些商业机会。比如"R"玩具公司的创始人查尔斯·拉扎勒斯（Charles Lazarus）通过外观一致的连锁店为玩具行业带来了革命。罗伯特·里奇（Robert E. Rich）也利用第二次世界大战后郊区发展的机会和人们对于方便食品的需求，于1945年发明了冷冻蛋奶小点心，开创了一个新的冷冻非乳制品工业。第二次世界大战后高效冰箱的普及也帮助里奇的公司成为了一个能持久发展的企业。而且，对冷战的恐惧使得人们习惯性地日常储存大量的食物和水，这也促进了家用冷藏设备的销售，这是里奇另一条生产线的产品。里奇的业务如此成功以至引起了奶制品生产商的激烈竞争，他们认为里奇的产品会严重损害他们的生计。里奇成功地击退了竞争，并且在此后的20年里不断推出具有创新性的产品。[80]

当许多企业家寻找新的市场机会的时候，另一部分人开始关注有影响力的顾客群体。最显著的变化发生在出版行业。三角出版公司（Triangle Publishing）的沃尔特·安林伯格（Walter H. Annenberg）于1941年推出了《17岁》（Seventeen）杂志，引领出版界关注青少年消费人群的新动向。1953年，安林伯格又推出《电视指南》（TV Guide），再一次领导了时代潮流。这份杂志在20世纪60年代中期成为美国最畅销的杂志，发行量超过2,000万份。[81] 约翰逊出版公司（Johnson Publishing）的领导者约翰·约翰逊（John H. Johnson）觉察到美国黑人经济和政治影响力的提升，于1942年推出了《黑人文摘》（Negro Digest），这本杂志被称为黑人版的《读者文摘》。之后，约翰逊又于1945年出版了《乌木》（Ebony）杂志，这本杂志被称为黑人版的《生活》杂志。[82] 战后其他成功的企业家还有：伦纳德·休恩（Leonard S. Shoen），他观察到了再安置家庭和退伍老兵的需求，成立了提供卡车租赁服务的U-Haul公司；威廉·凯利（William R. Kelly），他成立了美国最大的临时工作中介机构，凯利服务公司为数以百万计的工人在新成立的管理机构中找到了工作。[83]

虽然这些企业家不能预见婴儿潮将对他们的企业产生什么样的具体影响，但是他们感觉到了美国家庭结构和迁移的生活方式所发生的根本性变化。为这些位于大都市边缘的接近自给自足的新社区提供服务是存在一定风险的，甚至就是一场赌博，而爱德华·迪巴特罗（Edward J. DeBartolo）就是这样的一个赌徒，他认为郊区的购物中心将取代城市里的商业街。虽然后来他的购物中心被认为是传统美国都市衰落的祸首，但是他并没有因为这种指责而感到不快。他没有浪费时间去为商业街的衰落而惋惜，而是在转型中完成了自己的事业。

爱德华·迪巴特罗（1909 – 1994），爱德华·迪巴特罗公司

《克利夫兰杂志》（Cleveland Magazine）称爱德华·迪巴特罗的一生为"成就

伟大的美国梦的一个实例"。[84] 1909年，巴特罗出生在一座历史悠久的钢铁城——青年城（Youngstown），是一家意大利移民的孩子。刚出生不久，他的父亲就去世了，那时他的名字叫安东尼·保尼撒（Anthony Paonessa），他后来改名为迪巴特罗是出于对他的继父老迪巴特罗的尊敬，因为是他的继父抚养他长大，并且培养了他对商业的兴趣。小迪巴特罗在当地的公立学校接受了几年教育，十多岁的时候就开始了创业生涯。在他继父的公司里他除了跟一位泥瓦匠当学徒，还经常被叫去帮着计算工程报价，因为他的继父不识英文。从13岁到18岁，小迪巴特罗慢慢开始在谈判中承担越来越多的工作。

高中快要毕业的时候，迪巴特罗梦想成为一名卡车司机。这一年是1927年，汽车工业的发展和国家道路设施的大规模建设激发起他冒险的天性。但是很快，他母亲打消了他的这种念头，"傻子！"她说，"你的堂兄将成为大学生，而你到时候却是一名卡车司机。"[85] 这位堂兄正要上圣母大学，虽然迪巴特罗没有任何推荐信，但是他也同他的堂兄一道去了印第安纳，凭借他娴熟的谈判技巧，他也被大学接受了。60年后，迪巴特罗作出了一项足以影响圣母大学发展前景的决定：他为这所学院捐赠了3,300万美元。[86]

迪巴特罗在大学选择的是民用工程专业，他通过打夜工和为大型承包工程打零工来支付他的学费。1932年他大学毕业后回到了青年城，在他继父的工程承包公司里工作。五年之后，迪巴特罗决定开创自己的事业。然而，1941年第二次世界大战爆发后，迪巴特罗被应征入伍，参加了预备军官学校。战争期间，迪巴特罗在地形学方面的技术得到了应用和提高，成为军事行动和部队调动时进行地形评估的专家。回到青年城后，他继续建造经过预先设计的房屋，并和他的继父一起联合建造城市超市和药店。他的事业也因为老兵返乡、家庭人口规模扩大以及政府资助的廉价抵押贷款而得到了快速发展。随着新住宅离城市中心越来越远，市郊也得到了开发。迪巴特罗认识到这将带来更广阔的机会，他认为居住在青年城外围郊区的家庭，也会希望在自己家附近就有商店。

迪巴特罗的这个想法获得了银行的支持，他于1948年正式建立了爱德华·J. 迪巴特罗公司。他的第一次赌博是在青年城近郊建造名为波德曼广场（Boardman Plaza）的购物中心。这个广场大厦共23层，里面有超市、药店和其他的专营店，整体呈"L"形，也就是现在我们通常所说的条形摩尔（strip mall）。波德曼广场距离城市很远，许多人都认为迪巴特罗肯定会在一两个月内就输得精光。出人意料的是，广场一推出就获得了成功，最终带动美国的商业模式发生了根本性的转变。很快，他的"乡下"购物中心周围就建起了医院和其他服务设施，所有这一切都是为了满足居住在郊区的居民的需要。威廉·柯文斯基（William Kowinski）在《美国的摩尔化》（*The Malling Of America*）一书中写道："所有这些（位于郊区的）通过高速公路连接起来的独栋家庭住宅，都缺少一个非正式的社交空间，那些不需要像学校那样有明确定位的空间……主妇整天在家里都待腻了，孩子们也没有地方去，家庭缺乏共同活动的空间。"[87]而购物中心的出现，正好解决了这一问题。

凭借波德曼广场的成功，迪巴特罗又在美国中西部和南部建了数十个这样的郊区购物中心，带动了全国建筑业的快速发展。虽然迪巴特罗不是这种购物中心理念的发明者，但是他是第一个将这种理念推广到全国的人。到了20世纪50年代，战前还很少见的郊区购物中心便如雨后春笋般地发展起来，增加到了1,800多个，其中很多带有迪巴特罗商标。迪巴特罗的"L"形设计后来演化为"U"形设计，再后来变成了并排设计。因为采用这种设计之后，就很容易在两栋建筑之间搭建一个跃式的穹顶，把整个购物中心笼罩起来。迪巴特罗于60年代早期实践了这种设计，这对于推动下一代购物中心——摩尔（the mall）的出现具有十分重要的作用。最早的封闭式摩尔"南方山谷"（Southdale），是由建筑师维克多·格鲁恩（Victor Gruen）于1956年在明尼苏达州的艾迪纳（Edina）建成的。格鲁恩在广场的两头各安置了一座百货商场，广场中部是封闭式的庭院，庭院两侧是一排排的小商店。这种封闭式的设计有一个好处：可以保护商店不受恶劣天气的影响，特别是在像明尼苏达这样冬季异常寒冷的地方，这一设计的优点就更明显了。[88]虽然迪巴特罗的妻子催他把购物中心卖给封闭式摩尔的开发商，但迪巴特罗还是倾向于由自己来做。迪巴特罗拒绝早早地退休，他买了一架飞机，沿着中西部的高速公路和次级公路搜索下一次下赌的最佳地点。这个时候，他的地形学知识派上了用场。

在当时，有潜力的新购物中心在选址时，也开始对市场地形进行郑重的考虑和分析。购物中心的大规模建造使竞争变得越来越激烈，1958年城市土地研究院（Urban Land Institute）发表公告说，购物中心的发展机遇前景"不再广阔……因为竞争实在是太激烈了"。[89]而迪巴特罗早期的训练使得他在这种情况下仍然能够游刃有余，他被誉为"具有从2,000英尺高空评估摩尔选址的最敏锐视角"。[90]在开创了从市场分析到场地开发、再到后续管理的全系列业务模式之后，迪巴特罗开始用铁拳统治自己的商业帝国。

迪巴特罗注重业务每个方面的细节，他认为非凡的购物体验和普通的购物体验其间的差别，就在于对细小因素的感受不同。他不是那种在管理上顾头不顾尾的人；相反，他为公司在后续维护方面所取得的成绩感到自豪，他说，"我们所有的理念就是方便维护，防止损毁，不能让摩尔看上去破破烂烂的"。他认为"混乱的成本是十分昂贵的……不管是思想的混乱还是事情的混乱，所有的混乱都成本巨大"。[91]迪巴特罗认为如果在前期开发时多花心思、多投入，后续的维护成本就会相应地减少很多。

迪巴特罗一生中都保留着一些年轻时代的习惯。从很多方面看，他工作狂似的性格使他总能在竞争中领先一步。他每天工作13—15个小时（基本上每天都是早上5:30开始工作),并且希望他的经理们也能像他那样。他常常在周六召开高级管理会议,有时甚至是在周日,而且一开就是八个小时。在解释他的职业道德时,迪巴特罗说:"我是在贫穷、大萧条和战争中成长起来的。当我是个小孩的时候,我成天感到饥饿,当我十多岁的时候,我还是成天感到饥饿。我从来不习惯有钱,也不习惯别人送给我东西。工作的时候我什么都不想,除了敲自己的头。"[92] 工作占据了他生活的大部分时间,很早以前他就已经做好安排,让他的个人生活适应他的工作。为了减少在两者之间转换时浪费时间,他在离办公室几个街区的地方安了家,并且在总部后面的跑道上停一架单引擎飞机随时准备待命。这让他可以以最快的速度飞回青年城,在那里有一架喷气式飞机可以带他去见零售商、银行家、投资者或是地产商,也可以让他去更清楚地了解他控股的公司。

除了努力工作,迪巴特罗还要求他的员工对他尊敬和无条件地忠诚,这些期望常常也有很大的回报。迪巴特罗喜欢说:"我可以接受一个能力平常的人,如果他是一个忠心的人。"[93] 他的雇员薪水通常都很高,他将它作为忠诚的回报。当大多数企业家将"拼命工作,拼命享乐"当做人生信条的时候,迪巴特罗的信条却是"更加努力地工作"。[94] 虽然卑微的出身是促使他努力的一个原因,但作为一名意大利人的后裔,他觉得必须努力工作才能反击那些认为他的成就不完全是凭借他的努力取得的批评。在他的职业生涯中,他不得不一再澄清那些怀疑他与黑手党勾结的谣言——虽然这些谣言从来没有得到过证实,却一直如影随形地跟着他。后来他开发了跑马场,并且获得了几项体育运动项目的特许经营权(旧金山49人足球队、匹兹堡企鹅冰球队,以及其他一些项目),他的名声受到了更严格的审视。

虽然迪巴特罗和其他一些郊区购物中心的开发商们经常会因为建了某种外观丑陋的建筑而受到嘲笑,但是他们的确是精明和勇气的象征。《纽约时代杂志》载文报道了这些超级购物中心所带来的社会文化转型——"摩尔将消费主义变成了现实生活中的体验:这是一个可以买衣服、会朋友、闲逛、吃饭、看电影、带孩子玩耍、夫妻一起逛街、晒太阳的地方,在这里你会不由自主地花更多的钱获得更多的快乐。"[95] 摩尔实际上已经成为美国新的城市中心,而迪巴特罗就是它的市长。[96]

领导者:将可能性放大

像迪巴特罗这样在第二次世界大战后建立了坚实企业的企业家,他们所遇到的挑战可能比那些在第二次世界大战前就接管了企业,并和企业一道渡过战争难关的领导者要小得多。虽然像波音公司的威廉·艾伦和福特汽车公司的亨利·福特二世这样的领导者在战争期间仍然能够努力保全他们企业的核心业务,但是其他一些商业领导者们面对的,则是要他们的企业在战争时期转产军工用品,战后再转回来。还有一些公司,它们在战争期间可以生产一些可持续的商品,并且在战后利用政府的企业转型补助对企业进行了重组，这对某些公司来讲，是一次绝佳的在一个垂死的行业中找到一线生机的发展机会，但对于另外一些公司来说，也许仅仅是在一个时期内扩大了些许业务量而已。

波音从军工到民用的转型并没有经历太大的困难。1945年，艾伦被任命为波音公司的新一届CEO，但他随即就面对了价值1.5亿美元的军工品合同被取消的挑战，为了应对这一挑战，艾伦将公司上下团结起来，在民用品市场上寻找到了新的出路。[97]艾伦赌了一把，托马斯·麦克劳说："当艾伦意识到航空企业将要进入新一轮的扩张之后，他决定即使没有任何订单也要开始大型客机的生产。"[98]虽然这一做法没有收到立竿见影的效果，但是在当时那样一个行业前景尚不明朗的时期，它极大地支持了发动机工业的发展，并且为航空工业未来的发展（既包括商用也包括军用，尤其是在冷战的紧张气氛之中）打下了基础。虽然经历了战后短暂的低迷，他最终带领波音取得了巨大的商业成功。

而当亨利·福特二世于1945年接管福特汽车公司的时候，公司每个月的亏损都达到950万美元。福特在公司内部加强了审计制度，提高了制造过程的自动化水平，并且在战后首个推出新的车型。在福特的带领下，福特汽车公司超越了克莱斯勒，再次成为销量第二的汽车公司。福特汽车公司不断创新，陆续推出新的车型，同时对汽车原有的设计进行改造，以便满足郊区客户的需求。[99]

有一个人，他甚至将企业重组变成了一种习惯，这个人就是尤金·莫尔黑德·派特森（Eugene Morehead Patterson），美国机械铸造公司（American Machine and Foundry Company，AMF）的第二代领导者。派特森带领公司完成了从战前的一个卷烟机械设备制造厂到战时的雷达天线生产厂再到战后的保龄球设备生产企业的转变。当年派特森接管公司的时候，公司只是一个小工厂，生产自动卷烟机器，每年500万美元的总收入中，大部分来自一些专利技术的长期租借费用。派特森马上着手调整AMF的机械设备，以便拓宽所能生产的机械产品的范围，增加了包括装饰条缝纫机和饼干生产机在内的新产品。

第二次世界大战期间，派特森的工厂转产，开始生产军工品。他决定利用公司在工程技术上的优势为航母、战列舰、B-29轰炸机生产雷达天线，同时生产一些火炮零部件。战后，派特森一方面继续维持原有的烟草机械制造业务，另一方面开始大力承揽政府的军工品外包合同。虽然AMF在雷达天线技术方面的优势使它在冷战时期继续保持了公司的繁荣，公司还进一步加强了它在国防用品生产方面的实力，开发了导弹地面控制设备和发射系统。公司最终赢得了价值2,930万美元的竞标合同，承揽了泰坦（Titan）洲际弹道导弹发射装置的设计和开发工作。[100]

当公司在国防工业领域名气大振的时候，它原有的核心业务——机械制造也重获发展。派特森的好奇心和对于机械的偏爱，在美国人最喜欢的一个闲暇运动项目上体现出来,并且保证了公司未来的发展。这个运动项目就是保龄球。保龄球运动最具革命性的发展出现在20世纪40年代,其标志是保龄球自动整理机的出现——这种设备在每次投球完毕之后会自动摆好瓶柱。派特森认为公司可以大量生产这种设备,然后把它们租给全国的保龄球馆,通过这种方法可以创造一个全新的、可持续的租金收入来源(与当初对烟草设备实施的战略基本相同)。

虽然他在战前就购买了这项发明,但是它的首次登场却一直等到战争结束后的1946年,地点是在布法罗举行的第四十四届全美保龄球协会(American Bowling Congress,ABC)锦标赛上。因为保龄球协会与布伦瑞克(Brunswick)签订了排他性的协议,所以 AMF 的新产品不能在竞标赛的保龄球赛道上做展示。但是在 AMF 的支持下,设备的发明者在离锦标赛赛场两个街区的一家兵工厂设置了两条简易的保龄球道来展示这种设备。这种神奇的保龄球自动整理机的出现很快就被人们传开了,甚至比锦标赛本身吸引了更多观众和媒体的目光。ABC 立刻决定在今后的竞标赛上使用这种保龄球自动整理机。出于对机械的热爱,派特森改进了这种保龄球自动整理机的设计,并且于1956年以共同发明者的身份获得了改进后产品的专利权。这种改进后的设计比原来的设计更加智能化了,它能识别沟球,从而避免了不必要的瓶柱重置。

与从前对烟草机械和其他产品实施的战略相同,派特森将这种保龄球自动整理机出租赢利,后来开始生产成套的保龄球设备,这些设备也出租给特许经营的保龄中心。AMF 的业务从最初的一个工厂扩展到超过45家工厂和19个研发实验室,遍布全世界各地。在每一条生产线上,AMF 都是行业的主导者。101

一个时代的结束和新时代的开始

战后,传统的政府、企业和劳工之间的冲突和旧的不信任的关系模式已经难以为继。劳工们在经历了战时的牺牲后开始为新的需求而斗争,而政府也在努力确立一种可以适当放松监管的战后新秩序。当然,1945年罗斯福总统的去世,标志着这个十年中理想主义阶段和现实主义阶段的分裂。在他死后的几个月里,美国结束了它在世界上扮演的一个角色,并且开始进入一个全新的角色。而在这个十年里,成功的商业执行官们不得不面对这样一个断裂的事实——从全面为满足战争需要而生产转向为满足战后受到压抑的企业和消费者需求而生产。

随着20世纪50年代的即将到来,十年前那种绝望和不知去向的感觉已经依稀成为记忆。40年代快要结束的时候,一场持续几十年的繁荣正在拉开序幕,消费主义观念日渐流行。如果说40年代企业最大的客户是政府的话,那么现在,个人消费者已经开始重新占据这个位置。企业通过准确进行目标客户定位、细分市场开发而获得了新的繁荣,这个国家又重新变得乐观起来。下半个世纪是属于消费者的时代。

表5-4

20世纪40年代的企业家、经理人和领导者

企业家

Walter H. Annenberg, Triangle Publications
Edward W. Carter, Carter Hawley Hale
F. Trammell Crow, Trammell Crow Company
Edward DeBartolo, Edward J. DeBartolo Corporation
Georges F. Doriot, American R&D Corporation
John C. Emery Sr., Emery Air Freight
Conrad N. Hilton, Hilton Hotels Corporation
Peter F. Hurst, Aeroquip Corporation
John H. Johnson, Johnson Publishing Company
William R. Kelly, Kelly Services
Estée Lauder, Estée Lauder
Charles Lazarus, Toys "R" Us
James J. Ling, Ling-Temco-Vought
Charles E. Merrill, Merrill Lynch & Company, Inc.
Alexander M. Poniatoff, Ampex Corporation
Robert E. Rich, Rich Products Corporation
Leonard S. Shoen, U-Haul
Henry Taub, Automatic Data Processing

经理人

Stanley C. Allyn, National Cash Register Company
William Bernbach, Doyle Dane Bernbach
Harold Blancke, Celanese Corporation of America
Walter S. Carpenter Jr., DuPont Corporation
Catherine T. Clark, Brownberry Ovens
Joseph W. Crosby, Thiokol Corporation
James E. Davis, Winn-Dixie Stores
John A. Ewald, Avon Products
Marshall Field III, Field Enterprises
Harvey S. Firestone Jr., Firestone Tire and Rubber
John M. Franklin, United States Lines
Daniel F. Gerber Jr., Gerber Products Company
Leonard H. Goldenson, American Broadcasting-Paramount
J. Peter Grace, W. R. Grace & Company
Crawford H. Greenewalt, DuPont Corporation
Henry J. Heinz II, H. J. Heinz Company
Eugene Holman, Exxon Corporation
Norman O. Houston, Golden State Insurance
Edward C. Johnson II, Fidelity Investments Limited
W. Alton Jones, Cities Service Company
Donald S. Kennedy, OGE Energy Corporation
Bernard Kilgore, Wall Street Journal
Mills B. Lane Jr., Citizens & Southern National Bank
Fred R. Lazarus Jr., Federated Department Stores
Samuel J. Lefrak, Lefrak Corporation
Joseph M. Long, Long's Drug Stores
Joseph A. Martino, National Lead Company
Frederick L. Maytag II, Maytag Corporation
Fowler McCormick, International Harvester
Donald H. McLaughlin, Homestake Mining
Andre Meyer, Lazard, Freres and Company
Joseph I. Miller, Cummins Engine Company
Louis B. Neumiller, Caterpillar Tractor Company
LeRoy A. Petersen, Otis Elevator Company
Philip W. Pillsbury, Pillsbury Mills
Helen R. Reid, New York Herald Tribune
Richard S. Reynolds Jr., Reynolds Corporation
O. Wayne Rollins, Rollins
Dorothy Schiff, New York Post
Dorothy Shaver, Lord and Taylor
Philip Sporn, American Electric Power Company
Jack I. Straus, Macy (R. H.) and Company
Watson H. Vanderploeg, Kellogg Company
Lew R. Wasserman, Music Corporation of America
John P. Weyerhaeuser Jr., Weyerhaeuser Company
Uncas A. Whitaker, AMP
Charles Edward Wilson, General Electric Company
Charles Erwin Wilson, General Motors Corporation

领导者

William M. Allen, Boeing Company
Francis C. Brown, Schering
Justin Dart, United Drug Company
Leland I. Doan, The Dow Chemical Company
Henry Ford II, Ford Motor Company
George H. Love, Consolidation Coal Company
Roger Milliken, Milliken & Company
John R. North, Ringling Brothers, Barnum & Bailey Circus
Eugene M. Patterson, American Machine & Foundry
Norton W. Simon, Hunt Foods & Industries
Joseph C. Wilson II, Xerox Corporation

第六章

1950—1959
用消费来喂饱机器

尼克松：有些地方你们可能走在了我们前面，比如说发展火箭进行外太空探索；也有一些地方我们走在了你们前面，比如说彩色电视。

赫鲁晓夫：不，我们在这一点上也赶了上来。我们在一个又一个技术上超越了你们。

尼克松：我们不想让苏联人民感到吃惊。我们只是想展示我们的多样性和我们选择的权利。我们只是不想所有的决定都由高层的官员来做出，不想由他们来说所有的炸弹都要造得一模一样。难道竞争一下谁造的洗衣机质量更好不比一味强调火箭的威力要好吗？这难道不是你们想要的竞争？

赫鲁晓夫：是的，这是我们想要的竞争。但是你们的将军总是说："让我们来比火箭吧。我们在这方面很强大，可以打败你们。"但是你知道，在这一方面，我们也有一些东西可以拿出来展示。

——尼克松副总统和赫鲁晓夫总理，
莫斯科"厨房辩论"，1959年7月24日

两次全球性的对话让20世纪50年代的美国充满了两种不一样的情绪：消费主义和恐惧。一方面，40年代战争时期的配给制和国民的自我牺牲使消费受到了暂时的压抑，但随着企业重新转回商业化生产，消费的欲望被释放出来；另一方面，美国人的生活时常面临着共产主义和另一场世界大战——不是靠过去那种兵营和前线来定义，而是靠核武器时代来定义的战争——的威胁。中国和东欧地区的共产主义化和俄国对核武器的掌握更加重了这种恐惧。大规模的消费正是美国人用来消除恐惧的一种方式。虽然历史学家常常把50年代的美国社会视为保守、自大和盲从的时期，但也为人们提供了另一种感知世界的方法。

通过购买同样的住房、同样的家电、同样的汽车、同样的衣服、同样的唱片和同样的书籍，美国人在纷乱的世界中制造了一种可预见性。从1948年到1958年，他们共建造了超过1,300万栋房屋，绝大多数位于大都市的外围，而所有

这些房屋都需要装备最先进的家庭用具。[1] 当美国人用胡佛吸尘器、五月花洗衣机、GE 电冰箱和 RCA 电视机把雷同的房屋填满的时候,他们也在计划着建造自己的防空避难所。20 世纪 50 年代,政府推出了一本小册子《你能幸存》(*You Can Survive*),于是修建避难所的运动如火如荼地开始了。这本小册子的内容包括各种各样的在核爆炸后生存的小技巧。美国人这种歇斯底里地修建避难所,同时在花园里种同一种花的行为看上去十分地不正常,但是在当时那种复杂的形势下,又很难说美国人不正常。在学校里,孩子们接受的是"卧倒—隐蔽"这样的预防空投训练,电视上播出的是议员约瑟夫·麦卡锡(Joseph McCarthy)在庄严的政府大厅里批驳共产主义者进行渗透的言论。[2]

虽然这种盲从限制了个人化表达的机会并且破坏了多样性,但是却为商业的发展提供了肥沃的土壤。物质占有是一种新的成功标志,而像 S. S. Kresge 公司(后来的 Kmart)的哈里·坎宁安(Harry B. Cunningham)和 Neiman Marcus 公司的斯坦利·马库斯(H. Stanley Marcus)这样的商业执行官,就极大地利用了社会各阶层的这种共同心理。尽管也许是因为整个社会习俗的改变,大企业在这个十年获得了巨大的繁荣,但实际上,很多公司都做得非常出色,以至于商业执行官们产生了一种天下无敌的感觉。婴儿潮也进入了高峰期,美国家庭已经为花钱和消费做好了准备。在很多方面看,大企业经历了一次多种利好支持下的复兴期——经济持续增长、人口猛增、政府十分支持、国际竞争较小。1953 年,通用汽车公司的查尔斯·威尔逊(Charles E. Wilson)总结了这个国家所处的状态:"很多年来,我一直在想:凡是对国家有利的事情就会对通用公司有利,反之亦然。"[3] 随着各种情境因素交织在一起制造出一种震荡的、爆发性的环境,大企业实际上已经渗透到了日常生活的各个领域。

人口爆炸

在所有为商业执行官们创造了机会的情境因素之中,最重要的一个,就是美国大规模的人口增长。从 1950 年到 1960 年,人口增长率达到了 19%,也就是说增加了 2,860 万人(从 1.507 亿增加到了 1.793 亿)——这一增长速度超过了 20 世纪其他任何一个十年。[4] 在这 2,860 万人口中,只有很小一部分是移民——大概有 250 万人。[5] 人口的增长也有一部分原因是 1959 年新加入了两个州——阿拉斯加和夏威夷,但是这两个州的人口加起来只有 80 万人。[6] 人口增长最主要的影响因素还是出生率的大幅提高,在 1955 年高峰期时曾达到每 1,000 人中就有 25 名新出生者的地步。出生率如此之高,以至于 50 年代新出生的人口比前 30 年出生人口的总和还要多。[7] 医疗技术进步了,尤其是医疗条件的可获得性在 50 年代都有了很大的改善。1953 年,乔纳森·索尔克(Jonas Salk)改进了小儿麻痹症疫苗的质量,同年,DNA 的双螺旋状结构也被发现,这些非凡的成就揭开了医学和科学大发展的序幕。

创纪录的婴儿出生率加上预期寿命的延长使得人口爆炸的局面表现得更加明显。[8]

除了人口数量的变化，不断增加的国内人口迁徙数量也极大地改变了这个国家的人口分布。整个50年代，美国每年大约都有25%的人口在迁移，这在当时一点儿也不稀奇，这个数字不仅较前有了很大的提高，而且预示了将来的趋势。[9]在这个十年之中，农民的数量从530万下降到了390万。[10]除了农村人口呈现外流之势，城市人口也出现了外流。自本世纪以来，大城市，特别是北部人口稠密的大城市，还是第一次经历人口的外流。这些外流的人口大多数是中产阶级白人。在50年代和60年代新增加的人口中，有83%的人居住在郊区，那里盖了1,000多万栋新房子。[11]尽管许多家庭在向郊区迁移，但城市人口仍然在增加（虽然速度放缓了下来），这主要是因为南方黑人移民大量进入了市区。[12]

很多从前的农民和城市居民选择到郊区定居的一个重要原因是，那里出现了买得起的独栋家庭式住宅。这一时期拥有住房的人口大概占了总人口的60%，[13]美国石膏公司（Gypsum Company）的克莱伦斯·西瓦（Clarence Shaver）和李维特镇的建造者威廉·李维特在这一时期的大规模住宅建设获得了极大的成功。随着大都市郊区住房私有率的增加，拥有两辆车的家庭也在增加，一辆用来上班通勤，另一辆用来应酬家庭社交或去超市购物（已经没有什么超市可以走着去了）。睡城（bedroom community）这个词也是在20世纪50年代被创造出来的，用来描述郊区居民的生活状态，他们白天去城里上班和娱乐，晚上回到自己的社区放松和就寝。[14]虽然个人和企业可以从郊区安全和私密的生活中得到安慰，但是却不能驱走50年代散布在社会各个角落的恐惧和偏执的气氛。对于不可预知的战争，不存在任何的保护性措施。

共产主义和资本主义的初次交锋

第二次世界大战结束五年后，美国开始面对自己新的责任，此时，西方式的民主遭遇到共产主义国家的抵抗。当然，美国是乐于承担自己的使命的，虽然有时会有矛盾和怀疑，还需要付出巨大的物质和精神代价。事实上，美国在世界新秩序中所要承担的无可推诿的角色，早在40年代就已经确定下来了，当时杜鲁门总统签发了国家安全委员会第68号文件，这份联合国文件警告说，共产主义国家（显然指的是苏联）正在设法控制整个世界，美国应当义不容辞地承担起责任，决不让这一切成为可能。[15]美国感觉到它有特别的责任来保持现状——对共产主义进行包围，而出于这一目的，美国对传统的军队建设政策进行了调整，加强了核武器建设的力量。

美国第一次履行保护者职责的成绩如何，在朝鲜战争中得到了检验。1945年日本投降后，朝鲜成为一个战利品，它的命运和德国有几分相似，以东经38度线为界，朝鲜被一分为二，成为两个"暂时"独立的国家，即苏联支持的北朝鲜和美国支持的南韩。这种不安的并存状态持续了五年，之后，北朝鲜在斯大林领导的苏联的支持下跨过了三八线，开始了自己所说的统一行动。杜鲁门则在对国会的演讲中毫不犹豫地表达了美国的决心，敦促美国进行干预。即使是这样，杜鲁门对于胜利的定义也只是要恢复三八线两边不稳定的和平，而不是吞并整个北朝鲜。这一妥协对于许多美国人来说是很奇怪的，因为他们相信美国是不可战胜的。但是在前线经历了多次拉锯战之后，杜鲁门赢得了联合国的支持，1951年7月10日，双方达成了初步休战。但是彻底停战在接下来的两年中都没有实现，在这段时间里，局部的战争仍然在持续。战争是从杜鲁门总统任职期间开始的，但是最终与北朝鲜达成和平协议的，却是他的下一任——艾森豪威尔（Dwight D. Eisenhower）总统。[16]

随着艾森豪威尔的上任以及在同一年里斯大林去世，赫鲁晓夫掌握苏联政权，冷战的对立双方都换了统帅，双方领导人都试图建立一种和平共存前提下的对抗局面，但是却寄希望于通过核武器扩张竞赛来实现这种共存。尽管在这个十年中美国作为民主卫士的角色也时常受到挑战，但是这个国家的霸主地位依旧不可动摇，整个50年代，艾森豪威尔的外交政策在公开干预、公开支持和完全中立之间摇摆。[17] 他的这些有点彼此矛盾的政策也反映了很多美国人内心的犹豫，他们一心所想的，其实是延长和平，并且回到国内那种安逸的状态。

政府政策的不安和信心

美国人发现从艾森豪威尔那里可以找到他们所追求的安逸生活。在国内，艾森豪威尔设法保持了任期内的预算平衡，因为他害怕不加节制的官僚主义会导致美国自己走向社会主义革命。令人惊讶的是，艾森豪威尔虽然出身军界，却非常重视削减传统的国防预算经费，他认为对传统的国防建设进行大规模投入，不如在核武器计划上加大投资更能够帮助美国获得优势地位。他认为相比核武器的大范围杀伤力，传统军事力量似乎已经没有继续存在的必要了。[18]

朝鲜战争结束后由艾森豪威尔发起的国防预算快速削减计划，让整个国家在1953年末和1954年初陷入了衰退。为了刺激非军工领域的投资，艾森豪威尔于1954年支持通过了《税法改革法案》（Tax Reform Act）。新税法改革的一条重要措施，就是允许企业加快固定资本的折旧。在通过这项法案的时候，艾森豪威尔认为新技术和资本方面投资的增长，将会远远抵消税收减少带来的损失，他还认为这些投资最终将会促进新企业的发展，从而带来更加广阔的税收来源。[19]

除了努力刺激经济领域的投资，艾森豪威尔还通过解散重建金融公司、取消对工资和物价的控制，以及降低农业补贴等措施来改革政府官僚制度，使其更加合理化。虽然艾森豪威尔认为重建金融公司已经完成了带领国家走出萧条、帮助国家进行战争动员的历史使命，但他还是同意保留其中的一个部门——小型企业管理局（Small Business Administration，SBA）。艾森豪威尔政府授权SBA保护小型企业的利益，并且作为一个信息中心为小型企业提供服务，同时也为新企业的发展提供支持。此外，艾森豪威尔还批准发行食品票来取代对农业的大规模直接补贴，并且增加了联邦政府在公共健康和就业方面的投入。当然，最值得一提的是，他增加了对国家高速公路路网建设的投入，批准了在十年内新建4.2万英里新公路的计划，使得快速发展的郊区从此全部通上了大路。[20]

虽然艾森豪威尔发起了税法改革、支持SBA的建立，并且加大了基础建设领域的投资，这一切看起来似乎有些亲企业，但是它也支持了两项重要的限制企业自由发展的法案：《色勒－基福弗法案》（Celler-Kefauver Act）和作为食品、药品与化妆品法案修正版的《德莱尼修正案》（Delaney Amendment）。《色勒－基福弗法案》是1950年作为《克莱顿法案》的修正案通过的，它弥补了《克莱顿法案》存在的一些漏洞——对行业内部通过资产买卖而进行的并购行为的忽略。在杜鲁门执政期间，《色勒－基福弗法案》得到了略微的强化，特别是朝鲜战争爆发期间，那时政府正在寻求企业的帮助。艾森豪威尔政府的确强化了修正案的有关条款，并且阻止了几次并购行为，但是很快就有人找到了法案的新漏洞。《克莱顿法案》修正案并没有阻止不相关行业的企业之间进行的并购行为，这为后来出现的大规模的企业联合大开了方便之门。于是，多种经营的潮流自20世纪50年代开始发轫，并于60年代进入了高潮。[21]有两个人从一开始就抓住了机会，他们分别是查尔斯·B.桑顿（Charles B. Thornton）和查尔斯·B.布拉多（Charles B. Bluhdorn）。桑顿在1953年至1961年期间，将李顿工业公司（Litton Industries）从一个小电器制造公司发展成为一个拥有25家公司的大型联合企业。布拉多将海湾和西部汽车零件公司（Gulf and Western's Auto Parts）建成了一个包括传媒控股、采矿和食品加工业务的大型联合企业。

按照《德莱尼修正案》，任何添加了防腐剂和其他添加剂的食品在上市之前，都要经过申报和政府的审批。而在该法案出台之前，有关食品成分的检测工作，是由美国食品和药品管理局来负责的。当时的做法是，只有当一种不良商品上市并且造成一定的伤害之后，食品和药品管理局才能获得这种证据。《德莱尼修正案》则规定厂家有进行取证的义务，也即要对食品的成分进行申报，这就保证了任何使用了添加剂的食品或药品，如果不能证明它对人体是无害的，厂家就不能将它拿到市场上销售。[22]虽然该修正案没有对产品功效问题和虚假广告问题提出应对办法，但是它标志着消费者保护性立法开始提上了议事日程，成为这个十年中的一个标志性事件。

艾森豪威尔在保持国际和国内事务平衡方面的成功很快就有了回报，1956年，他成功地得以连任。他的胜利是压倒性的，而究其原因，主要是因为他对于企业一贯的、强有力的支持。从很多方面看，艾森豪威尔都延续了上一任期的执政原则，这给了很多美国人以信心。尽管社会变革正在酝酿，但艾森豪威尔的战略倾向是，只要不涉及外交，就选择无为而治。即使出现了像麦卡锡（McCarthy）那样荒谬的反共产主义调查，艾森豪威尔仍然是充耳不闻。虽然麦卡锡最后不可避免地走上了自我毁灭的道路（他的这些怀疑从来都没有确凿的证据），艾森豪威尔还是付出了代价，而且这个代价相当高昂，不仅使他的名誉受到损害，也使很多无辜的人受到牵连。23

尽管在麦卡锡事件上表现得有些放任，艾森豪威尔却十分重视在面临共产主义威胁的时候，保持一个统一的战线。他认为，任何事情，只要它破坏了这个统一战线，就是危险和值得怀疑的。于是，通过一种特殊的途径，美国人对于这种态度上统一的感觉和渴望导致了一种自以为是的优越感的产生。很多人认为美国是上帝选中的国家，因为它承担了上天赋予的使命。于是在对美国的效忠誓言中出现了"上帝之下的国家"、在国家的货币上出现了"我们信仰上帝"这样的词，就毫不奇怪了。美国人对于美国代表正义这一信念坚信不疑，对任何反对意见都予以鄙视。24

表6-1

20世纪50年代的社会和人口状况

- 50个州的1.51亿人口到1960年增加到1.79亿
- 阿拉斯加和夏威夷于1959年加入美国
- 汽车电影院的数量到1950年增加到了2,200个
- 美国生产的货物占世界总量的52%
- 通用汽车公司推出了世界上第一款安装了空调的汽车
- 98%的美国人用上了电
- 麦卡锡议员煽动全国性共产主义多疑症
- 罗莎·派克（Rosa Park）拒绝在公共汽车上让座引发持续一年的蒙哥马利公共汽车抵制运动
- 在《布朗诉托皮卡教育委员会案》（Brown v. Topeka Board of Education）中，最高法院的裁定打破了"分割但是平等"的原则

表 6-1（续）

- 防空袭避难所计划得到广泛的接受
- 时尚：呼啦圈、狮子狗式衬衫、牛仔裤、浣熊皮帽、三维电影
- 游戏：芭比娃娃、番茄头先生、霍帕隆·卡塞迪枪和西装
- 新词：摇滚、DJ、快餐、UFO
- 男女劳动力比例：5∶2
- 最低工资：每小时75美分（1950）
- 平均年收入：2,992美元（1950）
- 预期寿命：女性71.1岁，男性65.6岁（1950）

寂静之声

在这个十年刚开始的时候，伴随着冷战而来的麦卡锡计划和席卷全国的共产主义多疑症，毫无疑问加剧了20世纪50年代发展方向上的趋同性：如果你不在某些有形的方面表现出对这种趋势的追随，那么你就不是一个自由主义者，或者更糟糕的是，你就有可能被认为有共产主义倾向。社会的趋同性在飞速发展的郊区表现得尤为明显，并且第一次地，居住在这个区域的阶层在国家总人口中占据了大多数，他们的影响力和购买力也使得他们开始影响主流的社会模式。举例来说，有组织的教民数量达到了历史新高。1950年至1956年期间，罗马天主教会新增了500万教民，还有其他800万人加入了新教的各个教派。[25] 从1952年到1954年的三年间，美国非小说类最畅销的读物是标准修订版的《圣经》，位居第二的是诺尔曼·文森特·皮利（Norman Vincent Peale）的《积极思考的力量》（*Power of Positive Thinking*）。[26] 这个十年之中，美国人追求的如果不是精神上的指引和统一，那么就一定是厨艺或是装修方面的建议——难怪最佳销量排行榜上有七本书都是关于如何做一个理家能手方面的。[27] 从很多方面看，这些为了工作机会而选择在郊区定居的人们，希望能够创造一种新的社区文化和中心归属感——这种感觉应该是容易理解、容易形成，并且容易复制的。

这一时期的保守思想在很大程度上压制了妇女在劳动大军中地位的进一步提高。虽然现在参加工作的妇女比以往任何时候都多，但是她们通常被限制在级别

不高的办公室里，从事较简单的工作，所得的收入与从事相同工作的男性相比也低得不成比例。妇女界在整个50年代几乎没有发出自己的声音，但是另外两个群体却没有甘于这种沉寂，他们是青少年和美国黑人。这一时期年轻人的叛逆实际上并不是要表达什么理想，而只是追求一种自由。中产阶级的队伍日益壮大，家庭也在向郊区迁移，在这里年轻人有大把的空闲时间却没什么钱花销。于是当他们的父母播放劳伦斯·维尔克乐队的唱片、啜饮香槟泡沫酒、开越来越大的私家车时，他们则从猫王唱片、改装汽车和摩托车中找到了表达叛逆的方式。[28] 离经叛道者们在年轻人中间的流行没有逃脱商人敏锐的视线，于是一些新的产业发展起来。虽然年轻人常常嘲笑父母没有个性，但是他们自己在购买相同的唱片、服装、汽车的时候也制造了他们自己的同一和盲从。当广告商开始认识到在这一市场上赢得品牌忠诚度的潜力，认识到年轻人创造流行新元素的能力时，这个群体就成为了最热的目标市场。成功地利用了这一商业机会获得发展的人中就有沃尔特·哈斯第二（Walter Haas Jr.），他让李维斯牛仔裤成为了个性和独立的象征。[29]

年轻人的叛逆迫使许多人不得不应对个人家庭中出现的社会断裂问题，但是威力更大的美国黑人的叛逆，则迫使整个社会面对一些根本的习俗和弊端。50年代有两个标志性事件为60年代民权运动的发展指明了方向，它们分别是：布朗诉托皮卡教育委员会案和蒙哥马利市公共汽车抵制运动。在布朗诉托皮卡教育委员会案中，最高法院于1954年裁定教育中的隔离是不符合宪法精神的。在为废除种族歧视而进行的辩论中，后来的最高法院成员舍古德·马歇尔（Thurgood Marshall）出示了充足的证据，表明向黑人学校投入的资金与同级别的白人学校相比，一般只有白人学校的50%。[30] 虽然人们为废除"隔离但是平等"这一种族歧视原则经过了50年的斗争，但是为了形成真正的融合所花费的时间更久（直到今日都还只是一种理想状态）。

民权斗争的一个阵地是在这个国家的最高法院，另一个阵地则是在蒙哥马利的公共汽车后座上。像当时社会的其他领域一样，阿拉巴马州的公交系统也是隔离的，白人坐在前面，黑人坐在后面。而且，如果公共汽车上人太多的话，黑人就要给白人让座。1955年12月1日，罗莎·派克拒绝将她的座位让给白人遭到了警察的逮捕，并被判违反联邦的隔离政策。派克的被捕成为唤醒民权运动的萌芽，在蒙哥马利市，黑人对公共汽车进行了长达一年的抵制。抵制期间，超过两万名黑人乘客（约占所有乘客数量的80%）每天选择其他交通方式出行。这种非暴力的抗议方式最终取得了成功，阿拉巴马最高法院于1956年裁定，公交系统的隔离是不符合宪法精神的。[31]

早期民权运动所面对的野蛮和偏见，迫使美国人从这个社会表面的宁静和一致中看到了背后残酷的现实。那些在20世纪50年代宣扬消费经济的媒体，同时也成为了民权运动的支持力量，毫无疑问，电视帮助大众终结了保持沉默的习惯，并且，电视原本就是一种比较容易为特定目的所利用的技术——如扩大销售、制造影响，以及进行娱乐和教育等。

变革性的技术

从许多方面看，电视是一种强大的、创建和谐社会的工具。它可以用来宣传什么是可以接受的、什么是应该唾弃的；它可以用来揭发、可以用来褒扬也可以用来告知。电视为家庭设定了一整套新的规则，并且在这一过程中，从根本上改变了家庭生活的结构。看电视现在取代了家庭生活中原有的阅读、聊天和一些其他形式的互动。可以说，美国人把他们除睡眠之外的三分之一的时间都用在了看电视上。[32] 1953年出现的斯旺森电视大餐（只要98美分就可以享用冰冻火鸡、豌豆和马铃薯泥）为美国人提供了一个更好的借口，将边就餐边聊天的时间转移到了去卧室看电视上。[33]

虽然电视已经发明了很多年，但是由于成本的原因一直无法大规模生产，电视台和可选择的电视节目就更少了。尽管有这么多的不便，但是在20世纪40年代后半期，还是销售出了700多万台电视，每台的平均售价在500美元左右，而当时普通美国家庭的平均年收入只有3,000美元。那时的电视图像质量就像"透过一个半关的百叶窗看东西"一样模糊。[34] 1953年，随着电子显像管技术的改进，新型电视机的平均成本下降了两百美元，到这个十年结束的时候，总共有4,500万台电视机被售出。[35] 在消费者迅速接受电视机这一消费品的同时，商家也迅速利用电视来作为销售媒介。20世纪50年代初，亚瑟·尼尔森（Authur Nielsen）的市场调查利用了对电视无线电波进行的监控，他了解到了谁在看电视，他们在看什么样的电视节目，什么时候看这些问题，并将它提供给电视机制造商和广告商。

很快，彩色电视机时代来临了。1953年，FCC否决了由CBS开发的全新设计，转而支持RCA的技术，这种新技术可以和RCA的黑白电视机技术兼容。公司于1954年生产的彩色电视机被认为是有史以来最复杂的消费品，彩色传输技术要求对整个播出系统进行转换，从摄像机到设备到技术人员都是新的。彩色电视机的普及用了将近15年，几乎比黑白电视机的普及多花了三倍的时间。[36] 像弗兰克·弗里曼（Frank M. Freinmann）领导的马格纳维斯（Magnavox）和约瑟夫·莱特（Joseph S. Wright）领导的天空公司（Zenith）就乘上了这股电视机大发展的东风。在弗里曼的领导下，马格纳维斯公司从1950年到1967年间电视机的销售量增加了将近十倍，而天空公司也经历了大发展，莱特更关注产品的升级，无线遥控器的推出就是成果之一。

一项50年代出现的新技术——晶体管的发明，让无线遥控器成为可能。晶体管和微型集成电路的发明为两个重要人物的革新提供了动力——他们是约翰·约翰逊（John E. Johnson）和帕特里克·哈格梯（Patrick Haggerty），在他们的领导下，德州仪器公司（Texas Instrument）实现了成功转型。说到对于电子技术进步的贡献，晶体管显然比真空管要重要得多，因为它的体积更小。认识到晶体管潜在的商业价值之后，德州仪器的约翰逊购得了贝尔实验室（Bell Lab.）硅晶管专利的使用许可，然后他组建了一个团队专门从事这项技术的扩展性研究，这使得德州仪器在晶体管电器的生产、销售方面占领了先机。到50年代末，哈格梯成为德州仪器的CEO，在他任职期间对生产运营进行了很大的改进，使德州仪器成为第一家低成本、大规模生产晶体管的公司。在杰克·基尔比（Jake Jilby）的技术指导下，德州仪器继续推动着晶体管技术的发展。基尔比是第一个将晶体管、电阻和电容放在同一块母板上形成集成电路板的科学家。集成电路体积虽小却能量巨大，有了它就不再需要焊接一大堆的导线。基尔比在技术上的优势与哈格梯在运营上的优势相结合，使得德州仪器能够将晶体管的商业价值和技术潜力进行最大限度的发掘。[37]

当哈格梯的小组正在开发集成电路的时候，罗伯特·诺伊斯（Robert N. Noyce）也在探索一种可以使集成电路被大规模复制的方法。他们彼此都没有意识到另外有人也在从事同样的工作，因此他们几乎同时开发出了相似的集成电路板，而他们都试图获得这种电路板的专利。在接下来的很多年中，专利权在诺伊斯和基尔比之间几经易手，直到1969年，才最后判给了诺伊斯。从此以后，诺伊斯与他的长期合作伙伴戈登·摩尔（Gorden Moore）一起，以仙童半导体公司（Fairchild Semiconductor）的名义生产低成本的集成电路板长达数十年之久。[38]

德州仪器、仙童和贝尔实验室的工作为电脑巨头IBM的崛起打下了基础。IBM的业务重组主要是在托马斯·沃特森第二（Thomas J. Watson Jr.）的带领下完成的。虽然他父亲在世时已经把IBM打造成了一个十分成功的企业，但是当小沃特森于1955年继承公司时，IBM是一个业务繁杂、结构松散的企业，不得不与其他竞争者抢夺有限的资源。经过精心重组，IBM获得了更大的成功，它在六年内并购了十家工厂并且增加了外国投资。沃特森还继续在研发领域加大投资。到1956年，IBM已经占领了85%的美国电脑市场，而《财富》杂志将沃特森称为"世纪资本家"。[39]

虽然美国对于它在电视机、晶体管及其衍生产品方面所创造的技术奇迹十分自得，但是它在技术领域的统治地位自1957年开始受到了来自苏联的威胁。这一年，苏联发射了人造地球卫星，这是一个重184.3磅的铝质球体，以每小时1.8万英里的速度绕地球轨道运行，大概每92分钟就能绕地球轨道运行一周。这给美国政府和民众带来了极大的震动。[40]这一次美国完全丧失了警觉，并且被人造地球卫星的成功弄得十分难堪。苏联人造卫星发射的成功不仅暴露了美国政府在科研和改革方面存在的自满与不足，同时也引发了社会对于共产主义前所未有的恐惧。在第一颗人造卫星上天后一个月，第二颗人造卫星也被成功地送上了天，这次还将一只狗带入了太空，这进一步增强了美国人的紧迫感。在苏联发射第二颗人造卫星后的几周之内，美国邀请全世界观看了它将自己的人造卫星送入轨道。全世界都在观看，但看到的不是美国的创新，而是发射的失败。1957年11月，运载卫星的美国海军先驱者火箭在发射后几秒钟起火爆炸，向全世界暴露了这个国家在空间技术上的落后。41

又一次，美国人对于自己国家的理解遭受了一次重创。1958年，艾森豪威尔成立了美国国家航空和航天局（National Aeronautics and Space Agency）来协调与监管国家的空间探索事业，并签署了《国防教育法案》（National Defense Education Act），为科学、数学和现代语言方面的培训提供了联邦政府的资金支持。这一系列的努力不仅为美国的空间探索事业注入了新的活力，同时也最大程度地激发了整个国家的竞争精神和想象力。42

劳工遇到组织人

美国人的想象力不仅在空间竞赛中受挫，在大企业中也常常遭扼杀，因为"组织人"开始出现并成为主流。很多文献中都记载了职业人越来越明显的趋同性，其中比较著名的有赖特·米尔斯（C. Wright Mills）的《白领社会》（White Collar Society）和威廉·怀特第二（William A. Whyte Jr.）的《组织人》（The Organization Man），这两本书都是1956年出版的。在这段时期，要想在事业上获得成功通常需要疯狂地工作，同时压抑个人的想法。为了获得事业上的成功，个人必须按照规则来行动——哪里有需要就心甘情愿地到哪里去，并且要接受职场生活的枯燥无味。

美国企业仍然享受着始自战争时期的标准化和科技投资所带来的好处，工人的生产率也在继续提高，从1945年到1955年期间，生产率提高了35%。43 朝鲜战争开始时，企业向军工转产的速度比历史上任何时期都要快。政府又开始像第二次世界大战时期那样干预劳资关系。1953年，杜鲁门下令国内的部分钢铁厂停产，因为他担心工会工人会罢工，从而使战争所需的钢铁供应中断。这一切的起因是钢铁公司的执行官们拒绝了钢铁工人工会和工资稳定委员会（Wage Stabilization Board）提议的为钢铁工人加薪10%的建议。工资稳定委员会是一个准政府性质的管理机构，其目的是防止在战争时期的通货膨胀对工资和物价造成大的影响。但是很快，最高法院就裁定杜鲁门的停产命令是违反宪法的，并且对于总统干预企业运营的行为进行了限制。法院裁定的精彩之处就在于它限制了个人（这里主要指的是总统）在没有得到国会授权的情况下单方面干预企业运作的行为。钢铁工人的罢工得到了批准，这次罢工持续了53天，并且他们此后得以加薪，只是加薪的幅度没有原来期望的那么高，这也是工会和执行官们再次彼此妥协的结果。44

钢铁工人罢工事件是这一时期劳工激进主义抬头的一个标志——这种倾向随着两大工会联盟决定联手扩大政治影响的发展方向而得到了进一步的强化。作为一个拥有1,030万会员的大联盟,美国劳工协会(American Federation of Labor, AFL)于1933年合并了拥有450万会员的美国产业工会联合会(Congress of Industrial Organizations, CIO),成立了美国劳工协会暨产业工会联合组织。美国产业工会联合会作为非熟练工人的代言人,在20世纪30年代大萧条的高潮时期与美国劳工协会的界限变得越来越模糊。而此前,美国劳工协会一直是熟练工人的代表,他们认为如果接纳非熟练工人进入他们的组织,会降低他们与老板谈判的筹码。而现在,随着自动化技术的广泛应用和科技的高速发展,一些原有的技术岗位遭到淘汰,另外一些低技术的岗位却越来越受欢迎。在这一颇具讽刺意味的转变过程中,美国产业工会联合会在组织非熟练工人方面的能力和所取得的成绩就变得令人刮目相看了。[45]

在这次合并中,两个组织都试图消除其内在的冗余并降低因为要运行两套规模巨大的行政机构而产生的巨额成本,同时他们还希望能够减少正在日益加剧的会员流失。在这些重要的商业考虑之外,合并后的机构确实使得工会运动呈现出一种新的面貌。而此前工会运动一直因为其与共产主义及有组织犯罪的联系而饱受打击。通过联合在一起,AFL-CIO试图摆脱这两个特征,出于这个目的,合并后的联盟开始花大力气整治内部的腐败。[46] 在合并后不到两年,AFL-CIO要给公众一个新面貌的承诺就面临了一次真正的考验,这次的事件是把一个规模很大而且很有影响力的组织——卡车司机工会开除出联盟。卡车司机工会当时由吉米·霍法(Jimmy Hoffa)领导,他拒绝配合针对其组织的反腐败调查——因为很多调查实际就是针对霍法本人的。虽然这是一次级别很高的开除事件,但是像卡车司机工会被驱逐类似的事件还有很多。

劳工们要求改善形象的努力不光是 AFL-CIO 在做。政府也决定通过《兰德伦·格列芬法案》(Landrum-Griffin Act)来进一步推动其深入发展。这项立法旨在通过设立对滥用工会基金的惩罚措施,防止那些被指控有罪的人把持工会领导职务,以及限制使用次级抵制等措施来控制工会的腐败和强权。在工会选举、要求工会提供财务年报和公示会员的权利等方面该法案还设定了一些新的规定。[47]

在很多方面,20世纪50年代工会活动进入鼎盛时期同时也开始慢慢结束。随着工厂自动化的不断深入,同时也随着公司不断地向相关和不相关的业务分化以获得更大发展,工会的谈判优势也在慢慢丧失。在60年代初,工会会员的人数开始不断下降,并且在这个世纪剩下的时间里一直持续着。50年代,美国产业界白领工人的比例首次超过了蓝领。[48] 讽刺的是下一次掀起高潮的将是那些顺从的职员的组织——白领工人的组织,而这一切将在今后的十年中发生。

经理人:面向市郊销售

随着经济的急速增长,投资者的预期也开始爆发。商业执行官们比起他们在

40年代的对手来要更加细致了。虽然争夺代表权的斗争长久以来一直存在，这也是主要的股东对公司运行施加影响的一种手段，在50年代之前这种手段还是极少被使用。在1954年到1955年间，多家美国公司的股东们发起了超过30余项的代表权争夺。[49] 因此，虽然20世纪50年代通常被认为是商业繁荣的年代，但是在某些方面，要获得成功也就更加困难了，而要保持某种程度的成功就更加难上加难。

到目前为止，对商业执行官来说，最大以及最明显的机会就是抓住不断增长的郊区顾客的物质需求。对这些需求的迎合刺激了一种全新的商业和产品线扩张的模式的诞生。很多人从这种机会中获益，这其中就有杰克·厄克尔德（Jack Eckerd）。他在自己的药店中引入了自助式销售模式，并且在这一过程中打造了美国南部最大的药品零售连锁店。在连锁超市获得成功后，厄克尔德是最早意识到连锁药店的商业潜力的。通过谨慎地收购并且借助了超市大发展的东风，厄克尔德在1959年到1975年间将他的业务规模以每两年翻一倍的速度扩张。[50]

为了提升市场规模和深度，很多企业也大量投资来进行激进的广告攻势。值得特别注意的有R.J.雷纳德烟草公司的鲍曼·格雷（Bowman Gray）和菲利普·莫瑞斯公司的约瑟夫·F.库尔曼（Joseph F. Cullman）。库尔曼在菲利普.莫瑞斯公司的主要成绩是将万宝路香烟成功转型，而在此前的30年里万宝路一直是作为一种优质的女性香烟在销售。在1955年，库尔曼通过重新设计包装和广告开始了万宝路的转型之路。他引入了红白相间的掀盖式烟盒，这"可以说是烟草行业近半个世纪以来最主要的包装改革"，同时他还通过粗犷的"万宝路男人"这一全新的形象重新确立了万宝路的市场定位。[51] 猛烈的广告攻势使得万宝路成为世界上最畅销的香烟品牌并且一直持续到1972年，而菲利普·莫瑞斯公司也成为了世界上最大的香烟出口商。而公司的主要竞争者R.J.雷纳德烟草公司也迅速地利用广告来实现扩张。在1954年，格雷推出了温斯顿（Winston），这是雷纳德公司的第一款带过滤嘴的产品，它很快就成为了美国最畅销的香烟。[52] 而让R.J.雷纳德公司和菲利普·莫瑞斯公司获得巨大成功的工具就是大众广告。而按照今天的标准被认为是很重要的东西，比如烟草的致癌性，在战前50年代的消费者来看还不是一个问题。吸烟和癌症之间存在的联系至少要在十年之后才慢慢被消费者所认知。

虽然很多经典的经理人都利用电视来作为促销产品的手段，但是宝洁公司的霍华德·摩根斯却在这一点上走得更远。作为宝洁公司的CEO，摩根斯在20世纪50年代到70年代中叶他的任期内，将宝洁公司的年利润扩大了三倍，从11亿美元增加到49亿美元，而且收入增加了五倍，从6,700万美元增加到了3.16亿美元。最终，这个让人琢磨不透的人将这家有120年历史的公司带上了一条成功之路，并且为未来的半个世纪设定好了战略基调。

表6-2

20世纪50年代发生的商业大事

时间	事件
1950	美国派军队到朝鲜
1950	杜鲁门总统签署制造氢弹的命令
1950	《国防保护法案》重新确定了朝鲜战争期间的工资和价格控制
1950	AC 尼尔森公司采用了电视收视率调查法
1950	联邦通信委员会授权播出彩色节目
1951	AT&T 成为美国首个股东过百万的公司
1952	德州仪器公司生产出第一个硅晶体管(按照贝尔实验室的专利)
1952	国会终止了工资和价格控制
1952	查尔斯·琴伯格(Charles Qinsburg)发明了磁带录像机
1953	孩之宝公司的土豆先生成为第一个面向儿童的商业形象
1953	小企业管理局成立
1953	三角出版公司创立了电视导报,其发行量超过任何美国杂志
1953	斯旺森(Swanson)创立了电视大餐
1953	DNA 的最初形态被发现
1953	朝鲜战争结束
1955	乔纳斯·沙尔克(Jonas Salk)发明了脊髓灰质炎疫苗
1955	第一期财富500强出炉,通用汽车位列榜首
1955	迪斯尼在加利福尼亚开业
1956	白领工人的数量首次超过蓝领
1956	道琼斯工业指数创500高点
1956	第一家全功能的摩尔在明尼苏达的艾迪那开张
1957	艾森豪威尔总统签署了《民权法案》
1957	苏联发射了人造地球卫星,发起了空间竞赛
1957	Fortarn 计算机程序语言面世
1957	第一辆日本丰田车销往美国
1958	美国发射了第一颗卫星——探险者号
1958	NASA 美国国家航空和航天局成立
1958	美国运通推出了第一张能够广泛使用的信用卡
1958	美国航空旅客量首次超过公路和铁路
1958	跨大西洋定期航班开始出现
1958	集成电路板面世
1959	农业部长授权印发食品卷来发放剩余食品
1959	《兰德伦·格列芬法案》对工会活动作出额外的限制
1959	微芯片面世
1959	美国发射了第一颗气象卫星——先锋2号

霍华德·J.摩根斯（1910 – 2000），宝洁公司

摩根斯（Howard J.Morgens）1910年出生于圣路易斯州，长大后在华盛顿大学接受了人文学科的教育。摩根斯希望自己能够成为一名剧作家或者是记者，所以他在大学期间常常靠"演出音乐喜剧、为电台改编剧本或者为报纸撰写剧评"来贴补自己的学费。53 此外，他还通过在市歌剧院唱歌和在电话公司打工增加自己的收入。他写了很多短故事和剧本，却从没引起过出版商的兴趣。后来，他考取了哈佛大学商学院，转而投身商界。

1933年他从商学院毕业后，在宝洁公司找到了一份工作。尽管他从没有成功地推销出自己的任何一篇剧本，但是这并不影响他成为一个入门级别的销售人员。由于此前曾经见识过无数的退稿信，所以即使面对最令人尴尬的推销场面，他也能够做到泰然自若。他的这种特质早在面试的时候就引起了品牌管理的先行者尼尔·麦克伊洛伊（Neil McEloroy）的注意。研究宝洁的历史学家奥斯卡·斯奇斯高（Oscar Schilgall）写道："麦克伊洛伊可能希望他如简历中所写的那样有冲劲、个性丰富而且是个多面手。但是他所见到的摩根斯却是一个安静、内向、嗓音柔和的22岁的年轻人，他的一双蓝眼睛又大又亮，平静中带着自信。" 54

作为南方区的初级销售员，摩根斯每个月的薪水是150美元，他的工作就是开着公司提供的福特"A型"车去推销象牙牌肥皂和胖子牌罐头。这辆车车身上带有宝洁公司的月亮和星星标志，可以作为公司产品的展示车和临时店铺来使用。摩根斯习惯于把改善销售的好点子记录下来并且加以总结，然后汇报给位于辛辛那提的公司总部。他的主意受到了公司热烈的好评，他也因此于1934年被调到了辛辛那提，在面向全国的广告部门工作。

在那里，摩根斯成为第一位负责广告品牌管理的执行官，他打造的第一件产品是名为奥克多的洗洁剂。在他上任的前一年，宝洁选择奥克多作为它的第一部系列广播剧——《奥克多的马·帕金斯》的赞助商。马·帕金斯是一个寡妇，在节目中她经常向人们提供一些建议或者讲一些扣人心弦的故事。这部系列剧开创了一个在美国众所周知的"肥皂剧"现象，也称为"迎合妇女的节目"。之所以叫肥皂剧，是因为这个节目是由肥皂制造商赞助的。55 系列广播剧还只是公司积极的广告策略中的一个，这也使得宝洁公司即使在大萧条时期仍然保持了较好的销售业绩和赢利水平。奥克多的成功更加深化了摩根斯对广告巨大价值的认识。

在整个20世纪30年代和40年代，摩根斯伴随着公司的壮大而不断成长，他于1948年成为了继麦克伊洛伊之后分管广告业务的公司副总裁。在这个新职位上，摩根斯将公司的未来与电视广告联系在了一起。虽然宝洁公司在电视刚刚出现的时候就开始以电视赞助的形式做广告，但这种做法在第二次世界大战期间大大减少了。1945年之后，在摩根斯的建议下，宝洁成立了一家室内剧创作公司，专门

为电视提供内容服务，从而逐渐形成了宝洁系列电视剧。虽然公司将广播系列转为电视系列的努力一开始不太顺利，但宝洁赞助的《指路明灯》（*Guiding Light*）一剧却是例外。这部电视剧经改编后于1952年播出，并且一直播到现在。到了50年代中期，宝洁公司赞助了13部电视连续剧，包括《寻找明天》（*Search for Tomorrow*）、《另一个世界》（*Another World*）和《夜的边缘》（*Edge of Night*）等。50年代日间电视剧的内容大多与这个时代的主流和正面内容一致。实际上，宝洁公司制定了严格的限制来保证剧本内容符合主流大众的口味，并且多年以来，公司对于这方面的要求从来没有放松过。结果是，出现了很多与之竞争的连续剧，这些电视剧没有得到宝洁的赞助，通常包含了很多趣味低俗的内容。[56]

从1950年到1955年，宝洁从根本上改变了广播广告投入和电视广告投入之间的比例。1950年，广播广告投入占整个广告投入的97%，而到了1955年，这一比例下降了20%。[57] 宝洁在电视广告方面的投入是无人能及的，只有通用汽车公司花在电视广告和赞助上的费用超过宝洁。[58]《财富杂志》曾经将摩根斯列入美国商业名人堂，它是这样评价摩根斯的："霍华德·摩根斯对于电视广告商业潜力的理解超过其他任何一个商人，他利用这一新媒体为公司带来了收入和利润的双丰收。"[59] 摩根斯在广告部门的成功为他积累了个人资本，他于1950年被选为公司董事会主席，七年后成为公司总裁。

摩根斯一方面负责公司主要的广告业务，另一方面还有了新的职责——负责公司药物性产品业务的运营。在当时，这一部分业务比起肥皂、清洁剂等标志性产品业务以及起酥油（食品类）业务来说，还很不起眼。当时只有两种产品：普莱尔牌和德莱尼牌洗发水，全国范围的销售人员也仅有20多人。相比之下，其他业务大多已有完善的生产线，并且销售队伍超过了700人。尽管业务很小，摩根斯却成功地为它们争取到了独立单位的待遇，并且在雇用专业的品牌经理、进行广告宣传以及建立产品开发团队方面，提供了充足的资金支持。虽然只有两个品牌，他还是坚定地实施了专业的、有竞争力的品牌战略。当普莱尔和德莱尼这两个品牌之间形成竞争时，摩根斯开始在新产品研发上投入巨资，并在两年之内开发出两种新的强势产品——丽特牌家用烫发剂和格利姆牌牙膏。

两种产品在全国范围内的销售很快获得了成功，但是销售活动在全国范围内的展开并不是一个短时间的过程。摩根斯信奉在产品正式上市之前先进行完备的试销，因此在全面销售之前，实际上已经对格利姆进行了两年多的试销，而在正式上市的时候又进行了大规模的广告宣传，这些也都是宝洁的习惯做法。1954年，《参考时代》（*Advising Age*）报道宝洁公司花在格利姆品牌上的促销广告费用为1,400万到1,900万，产品正式上市后仅仅12个月，就实现了在1.35亿牙膏业务总销售额中占20%的良好业绩。[60] 虽然格利姆经过了试销，摩根斯还是继续在研发上投入较大精力，实际上，这也为公司后来的最佳销售产品——佳洁士的面市铺平了道路。佳洁士最终完全取代了格利姆，但是这种不断革新的竞争精神，使得公司能够时刻与消费者的需求保持同步。

摩根斯的成功源于他将药物性产品业务部门作为一个独立的公司来运营，这为后来整个公司的组织架构打下了基础。摩根斯模仿通用汽车公司的组织模式，将公司的业务部门分成了一个个独立的管理团队，而总部的行政部门只起到一个支持作用。公司的组织架构调整完毕后，摩根斯升任执行副总。而在1957年麦克伊洛伊被艾森豪威尔任命为国防部长之后，摩根斯就无可争议地成为宝洁公司的新掌门人。据《参考时代》报道："当时宝洁公司需要选择一个新总裁，于是人们都将目光投向了广告部，前一任总裁就是从那里提拔上去的。"[61] 这一年，宝洁的广告总投入高达5,700万美元，平均每天要发7,900万条销售广告。[62]

虽然宝洁在利用广告进行促销宣传方面走在了前头，但是这也同样为公司带来了问题。1957年，就在摩根斯被任命为总裁后不久，公司就因为在前一年收购高乐氏公司（Clorox）而面临联邦商务委员会的反垄断起诉。这一案件的特殊之处在于，宝洁和高乐氏生产的产品并不相似，因此不能被诉为完全的垄断行为。然而，公司还是被诉有垄断的企图和可能，因为宝洁公司的广告影响力实在太强大了，一旦指向某一种产品，这种产品就很有可能主导市场。虽然高乐氏在被宝洁收购的时候，就已经是洗涤品市场上的主导产品了，但宝洁还是被指控有利用公司的广告资源打败所有竞争对手的企图。这场旷日持久的诉讼持续了十多年，摩根斯一直积极应对，但最终还是不得不放弃了这项业务。虽然如此，他还是没有放弃目标明确的收购计划，因为他始终认为，宝洁的业务应该向多样化方向发展。

通过收购，摩根斯扩展了公司的产品类别，其中包括收购查民纸业（Charmin Paper）、邓肯海尼斯蛋粉（Duncan Hines）以及福杰仕咖啡（Folgers & Company）等。收购查民纸业为宝洁了解和进军可再生纸制品行业提供了专业知识与内部资料，公司得以继续扩大产品线，并且建立了新的生产部门和研发中心。研发出的再生纸项目——帮宝适牌纸尿裤，成为一种畅销产品。福杰仕吸引摩根斯视线的原因是咖啡越来越受到公众的欢迎，而且也有着巨大的市场潜力。在美国的很多地区，咖啡的消费量超过其他任何一种饮料产品的消费量，摩根斯认为咖啡的这种特殊性十分符合宝洁公司的发展战略。由于此前在咖啡行业没有任何经验，宝洁选择"购买经验"的做法。福杰仕当时是美国第二大咖啡生产商，这项收购价值1.3亿美元，是当时最大的一宗收购。正如公司在收购查民之后虚构了一位惠普尔先生（Mr. Whipple）作为品牌的代言人一样，宝洁创造了奥尔森夫人（Mrs Olsen）这一形象在全国范围内宣传福杰仕咖啡，这一动人的形象向公众传达了产品贴心的品质。

福杰仕咖啡广告的巨大影响再一次触怒了联邦管理者，他们于1966年再一次对宝洁提起了反垄断诉讼，这一次诉讼与上一次的收购诉讼案仅仅隔了三年时间。

为避免卷入另一场旷日持久的官司，摩根斯与政府协商了一个解决方案：此后七年，宝洁不再并购零售行业其他品牌的家用消费品，而且不能与宝洁的其他产品一起促销福杰仕咖啡产品。尽管公司的并购战略被迫放弃，但在摩根斯的领导下，公司的产品研发能力获得了巨大的提高，1960年代中期，75%的宝洁产品是在过去的15年中研发出来的。[63]

终于，宝洁公司在摩根斯的领导下，从美国中部的一家肥皂和起酥油生产厂发展成为一家拥有众多产品门类的、国际化的消费品生产企业。回顾成功的历程，摩根斯总结到"产品质量、营销试验和对细节的关注——而不是单纯的产品服务，再加上想象力"是他制胜的法宝。[64] 宝洁的产品和服务并不统一，摩根斯更关注的是将公司的力量和市场的需求统一起来，从而形成一个宝洁自己的联盟。[65]

企业家：用特许经营开创新局面

除了规模庞大，美国的地理景观和不断扩张的郊区城市化进程为一些产业企业家的发展提供了肥沃的土壤。通过完善和利用特许经营网络，理查德·A和亨利·布洛赫（Henry Bloch）、C.柯蒙斯·威尔森（Kemmons Wilson）和雷蒙德·A.克罗克（Raymond A. Kroc）从中发现了新的市场机会。从本质上来说，这些企业家将这个时代追求舒适的特性发挥到了极致——他们认识到了流动而且分散的人群所具有的消费潜力。

理查德和亨利·布洛赫在1955年就开始涉足报税准备服务，在美国国家税务局（IRS）的免费服务之外，人们又多了一个选择。虽然国家税务局一直在设法简化完税手续，但结果却往往起了反作用。很多完税表格都错误百出，由此导致了很多抱怨和重复工作。当IRS决定从1955年开始停止完税准备服务之后，布洛赫兄弟在堪萨斯发布了一条广告，告知将为客户提供完税报表的工作。他们很快收到了大量的问询，很多人甚至从外地打电话来咨询。他们认识到这是一次极好的发展机会，但是仅靠他们的力量还不能完成这一重任，于是他们想到了特许经营这个办法，通过特许当地的财务团队从而将业务扩展到全国。1965年，兄弟两人从纽约城开始这项业务，很快获得了赢利，并且将特许经营网络扩展到了全美国。到1978年，全国每九份完税表中就有一份是由H&R Block公司（公司的名称由Bloch改成了Block，因为后者更容易发音）完成的。[66]

就在布洛赫兄弟抓住财务服务行业发展良机的时候，柯蒙斯·威尔森开办的业务满足了美国人的另一种需求：面向儿童的便宜的儿童寄宿服务，这种需求因为人们可支配性收入的不断增长而产生。在一次从孟菲斯到华盛顿的家庭旅行结束之后，威尔森发现另一种类型的汽车旅馆可能大有可为，他决定建立一些稍微高档一点儿的汽车旅馆。威尔森不赞同旅店对儿童与父母同住还要加收费用这一规定，他声称他绝不会对儿童征收额外费用。威尔森的第一家假日旅店于1951年开业，此后他通过广泛的授权项目快速地扩展了这一连锁企业。每一家假日酒店，尽管东家可能不同，内部设施却几乎是一样的，比如，都有空调、彩电和游泳池。威尔森严格的标准和假日酒店大学制订的强化培训计划，将假日酒店打造成为一个价格实惠、广受欢迎的酒店连锁品牌。[67]

然而特许经营商业模式的终极形态却是由一个52岁的销售员创立的。一般来说，人们到了这个年纪都会认真规划自己的金色年华。雷·克罗克正在关注他的另一块金——麦当劳的金色拱门。他在后来回忆当时如何决定发起这项风险投资："在商战的战场上，我是一个伤痕累累的老兵……我有糖尿病和早期关节炎……但是我相信我的前途是无限光明的。"[68] 他是对的。从52岁开始一直到82岁，克罗克战胜了数不清的困难，终于建成了世界上最大的特许连锁网络。约翰·F.洛夫（John F. Love）在《麦当劳的秘密：拱门背后》一书中记录了麦当劳一步步成长为世界知名企业的过程，他在书中写道："麦当劳成功的最主要的秘密，就是运作规则的一致性和员工的忠诚，它同时又不失美国式的个人主义和多样性。麦当劳的管理方式将是统一性与创造性的有机结合。"[69]

在很多方面看，克罗克本人也正是这种矛盾的化身——统一性和创造性。虽然他的企业战略重点是一致、统一和可靠的，并且从中受益良多，但是克罗克和他的公司也认识到了创新和改革的重要性。改革的形势可能是某种新产品的推出，也可能是某种新的可以很容易被复制的操作流程。到了世纪末，麦当劳已经从伊利诺伊州德斯普兰斯市的一个小公司，成长为在100多个国家拥有超过2,5000家连锁店的国际巨头。麦当劳帝国每天要为3,000万人准备食物，而且它拥有的青年雇员，比其他任何美国公司都要多。实际上麦当劳每三个小时就会在世界的某个地方开一家新店，因此，公司代表的已经不仅仅是一种快餐食品。[70]

领导者：掌控食物链

当克罗克靠着打破成规而获得成功的时候，20世纪50年代的领导者们也找到了一个新的方法，以期为一蹶不振的商业界带来一丝新鲜空气。正如在其他时期一样，东山再起的机会通常与创新和发展并存。而在食品包装业领域这一定律也同样适用，虽然战争时期情况有了根本改变。随着人口的激增以及原材料供应的限制和配给制的升级，战后的食品加工业面临着全新的市场机会。那些将企业战略重新定位于郊区居民的人，成功实现了转型。

20世纪40年代，食品加工企业的重点放在了标准化和产量上，但是因为有严格的原材料配给限制，所以没有比追求速度和产量更好的成功之道。战后的形势允许通过增加生产线、新产品或者是通过并购来进行大规模的扩张。这一时期成功的领导者有百事可乐公司的阿尔弗雷德·N. 斯蒂尔（Alfred N. Steel）、阿莫尔包装公司的威廉·伍德·普林斯（William Wood Prince）。

从可口可乐的一个无足轻重的岗位离职后，斯蒂尔进入了百事公司，他立即在陷入低迷的软饮料市场掀起了全方位的改革。斯蒂尔在可口可乐公司任职时的风格被认为激进而华丽，而这正是百事可乐所欠缺的。斯蒂尔设立了很多自主管理机构，并且发起了一场激进、广泛的广告攻势，这帮助百事很快摆脱了"穷人喝的可乐"的形象，并且开创了自动贩卖业务。斯蒂尔不仅仅靠广告来制胜，他还重新设计了可乐的包装，使它显得更加新潮；此外，他还和罐装网络建立了牢固的联系。这些变革使百事赢得了大量的市场份额，百分比从20%上升到了30%。在他任期之内，他将公司的收入从1950年的160万美元增加到了1958年的1,150万美元，遗憾的是，他意外地过早离世了。[71]

阿莫尔公司的普林斯选择了另外一条道路——投资和自动化——来获得成功。在1957年就职之后，普林斯关闭了不赢利的生产线，并且在工厂内实行了大规模的自动化改造，从而使得生产成本降低了50%。他还将公司的主营业务从鲜肉转移到半成品肉类上来，更好地满足了郊区居民的需要。经过三年的努力，普林斯使公司的业务重新焕发了活力，此后，他领导公司在60年代进行了一系列的并购。[72]

就在人们忙着进行企业改造和扩大生产以满足激增的人口需要的时候，他们的一个同行者，却开始了货物运送流程的改造，他就是马尔科姆·P. 麦克莱恩（Malcolm P. McLean），一个卡车司机。麦克莱恩从根本上改变了延续了100多年的运输行业，而此前人们都认为这个行业已经没有多少改变的余地了。麦克莱恩开发出了第一艘安全可靠并且价格廉价的集装箱货轮，为海运事业做出了巨大贡献，以至于人们甚至把他和蒸汽汽轮的发明者罗伯特·富尔顿（Robert Fulton）相提并论。

马尔科姆·P. 麦克莱恩（1914 – 2001），海陆服务公司

麦克莱恩在北加利福尼亚马克斯顿镇子的一个小农场长大，他很早就懂得了辛勤工作和果断决定的价值：他的父亲是一个农场主，同时还兼做一些邮差送信的活儿来贴补家用。即便这样，当年轻的麦克莱恩于1931年从高中毕业的时候，整个国家还处于大萧条之中，要继续上学看上去不太可能了。他通过在附近的一家服务站给汽车打气攒了一些钱，于1934年买了一辆二手卡车，这辆卡车花了他120美元。从此以后，麦克莱恩的一生都与运输行业联系在了一起。

麦克莱恩开始在马克斯顿为农村社区运送各种货物，在当时，当地基本上还

没有一家可靠的运输公司。后来他又购买了五辆卡车，并且雇用了几名司机，这样他就能从公路上撤下来专门从事寻找新客户的工作。在接下来的两年里，他的业务蒸蒸日上，然而很快，糟糕的经济形势迫使许多老客户撤销了运输合同，麦克莱恩不得不压缩了业务规模，并且自己也不得不重新操起了方向盘。

这次挫折使他几乎失去了整个公司，但麦克莱恩很快又有了新点子，这个点子最终改变了他的命运。1937年，麦克莱恩有一次要把一些棉包从北卡罗来纳的费耶特维尔运到新泽西的霍布肯。到达霍布肯的时候，麦克莱恩等着别人来卸货，然而一等就是几小时。他后来回忆说："我不得不在卡车里一坐就是大半天，看着装卸工为别的卡车装卸货物。这使我极为震动，我好像看到大量的金钱和时间正在白白流走。我看着他们把一箱箱的货物卸下车，装进一个网兜，再把网兜搬到货船上。货物上船之后，又要把每一个网兜散开，把货物堆放整齐。无聊等候的时候，我的脑子里突然有了一个主意：为何不能把整个货柜直接装上船，这样就不用一个一个地搬里面的东西了。"[73] 然而直到19年以后，麦克莱恩才将这个想法在公司的业务中付诸实施。

接下来的15年里，麦克莱恩专注于他的卡车货运业务，到20世纪50年代早期，他已经拥有了1,776辆卡车，并且在东海岸建了37个货栈。他将他的公司打造成了美国第五大运输公司，并且拥有南方最大的运输车队。随着卡车货运业务的成熟，美国政府新采取了一系列措施来限定载货数量，并且开征了新的税费。超载的卡车拖车跨州运货将面临罚款。对于卡车司机来说，就是要在不被罚款的情况下尽量多拉货。麦克莱恩知道肯定有办法让货运变得更有效率，他的想法又回到了船运。他认为："在限载的条件下，船运将会是一条经济有效的途径……没有轮胎、不发生维修费、不需要那么多司机，没有燃油费……只有从轮子上解脱出来的货柜，并且也不需要将货物分开搬运。一艘货船所能装载的不是一两个货柜，也不是几十、几百个货柜，而是上千个。"[74] 在很多方面看，麦克莱恩的想法并不新颖。早在1929年，海洋运输公司就让铁路货车上船，在纽约和古巴之间运送货物。此外，偶尔用船来装载大型货物也是十分常见的，但是还没有一家企业真正系统地开展箱式货运业务。

看到了这项业务的可行性之后，麦克莱恩获得了灵感，并且将这个概念进行了提升。开展"集装箱货物运输"看上去更加合情合理，并且更节约成本。麦克莱恩开始将他的卡车车队作为一个整体运输网络的有机组成部分，现在，他不需要用卡车将货物沿着东海岸运输了，而是在南部和北部建了一些战略性的货运集散中心，这些中心可以充当节点，从重要港口城市搜集货物或者向这些城市配送货物。船运现在成为了他的主要运输手段，卡车只进行短途配送，以避免由跨州运输所产生的费用。

有了这个想法之后，麦克莱恩重新设计了卡车拖车，他将卡车拖车分为两部分——带轮子的拖车头和独立的箱式拖斗，或者叫集装箱。他设想的不是海洋运输公司那样的业务，那种业务是通过厢式货车自己行驶上货船；相反，他要的是那种可以堆叠在船上的集装箱。这些拖斗由钢铁材料制成，能够经受住海上运输的恶劣环境，并且能很好地保护里面装载的货物，它们还要被设计成下面没有固定的轮子，同时便于堆叠。麦克莱恩为这种用钢加固的角柱结构申请了专利，这种结构既方便装卸，也能提供支撑集装箱堆叠的力量。此时，麦克莱恩还收购了泛大西洋船运公司，这家公司的总部设在阿拉巴马，并且东海岸的多个港口拥有运输和靠港权。

麦克莱恩花了700万美元收购了泛大西洋船运公司，他认为这次收购将会"让我们马上开始集装箱货轮的建造，以此补充大西洋和海湾地区的传统客货运输业务"。[75] 他认为他强大的卡车运输公司一旦与新型的货船相结合，很快就会成为运输市场无人能敌的力量。《华尔街时报》这样评论麦克莱恩的这个有争议的商业计划："这个国家最古老、最病态的行业之一悄无声息地开始治疗自己的一些痼疾，患者就是那些经营沿海和跨洋业务的干货承运商。"[76] 文章还指出，药方就是像麦克莱恩这样的领导者，他们为航运行业带来了新气象。

虽然麦克莱恩辞去了麦克莱恩卡车运输公司总裁的职位，并且将他的股权委托信托公司来打理，但是仍有七家铁路公司指控他违反了《州际商业法》（Interstate Commerce Act）。指控者们试图阻止麦克莱恩"设立沿海海陆集装箱运输业务"。[77]《州际商业法》中有一章规定："任何人未经州际商业委员会的许可，为谋求共同利益而控制或管理两个或以上的承运人都被视为违法。"[78] 因为最终也未能获得州际商业委员会的许可，麦克莱恩不得不做出了艰难的抉择：是继续从事已经成绩斐然的卡车业务，还是赌一把投入到船运行业之中？虽然他从前没有涉足过船运行业，但麦克莱恩还是不顾一切地投入到了联合运输行业之中。1955年，他以600万美元的价格卖掉了麦克莱恩卡车运输公司75%的股份，并且成为了泛大西洋船运公司的总裁，随后他将公司更名为海陆工业公司（Seal and Indusries）。

麦克莱恩对一艘油轮进行了改装，并命名为"理想十号"（Ideal X）。1956年4月，货船开始了处女航，它总共装载了八个新的集装箱，从新泽西的纽瓦克运往休斯敦。业内人士、铁路公司和政府都十分关注这次航行。当货轮抵达休斯敦之后，集装箱被直接卸到了拖车底座上，并且被接驳到了不属于麦克莱恩公司的卡车上。随后所有的货物都接受了检查，货柜里的货物干燥，分毫无损。麦克莱恩的冒险过了第一关，然而这只是他所克服的诸多困难中的一个而已。他需要说服从前的老客户接受这种新业务，还要说服港口当局重新设计船只泊位，以适应集装箱装卸的需要。他还需要快速扩展业务的覆盖范围，以确保取得稳定、可靠的赢利。说服客户也许是最轻松的任务了，因为麦克莱恩的海陆联运业务可以比传统的运输方式节省25%的费用，并且可以减少很多运输环节。此外，麦克莱恩的货柜是全封闭的、安全的，因此货物不会遭偷窃也不会损坏，而这在传统运输方式里都是要在企业成本中加以考虑的。麦克莱恩货柜的安全性也可以让客户减少保险费用的支出。

麦克莱恩面对的下一个挑战，是要说服港口当局重新设计泊位，以适应这种新型联运业务的需要。虽然他成功地说服了纽约港的港务当局，但是此后他却接连遭到了拒绝。这种局面直到老港口看到了采用新式集装箱的港口获得了实际利益才有所改观。20世纪60年代早期，加利福尼亚的奥克兰港投资60万美元建造了新的集装箱船运设施，因为它们相信这些新设施会为"与亚洲的贸易带来革命"，79 从此之后，麦克莱恩的业务取得了快速增长。

麦克莱恩的联式运输所节省的劳动力，对于船东和港口都是一个巨大的胜利；但是对于码头工人的工会组织却是一个极大的威胁。传统的拆包式装卸雇佣了大量的码头工人，对于一些港口来说，这个行业所面临的真正威胁不是麦克莱恩，而是任何一种让传统船运方式过时的运输方式。通过采取麦克莱恩的商业战略，港口当局认为它们正在保护这种产业的未来，如果这将导致需要更少的工人，那也只好如此。它们解释道，与其让大量的工人都在一个朝不保夕的产业中等死，不如让少数人在新产业中活下去。

为了减少劳动力和服务时间，麦克莱恩对标准化十分热心。为了增加效率，他将集装箱的设计标准化并且申请了专利。考虑到标准化是所有行业成长的必经之路，麦克莱恩将他的专利免费提供给了工业标准化组织（ISO）使用。80 对于标准化的深化使得联式货运的前景更为广阔。在不到15年的时间里，麦克莱恩建成了最大的运输网络。到20世纪60年代末，麦克莱恩的海陆工业公司已经拥有2,7000个货柜式集装箱、36艘集装箱货船，并且对30多个港口开辟了航线。81 因为处于行业中数一数二的地位，海陆公司也开始吸引并购者的目光。1961年，R.J.雷蒙德以1.6亿美元的价格收购了海陆公司。当初麦克莱恩冒险投身集装箱货运行业的时候，他可能从来没有想到他会给这个行业带来革命性的变化。麦克莱恩的想法给航运业带来了一个契机，使它能够在接下来的50年中继续发展。到了20世纪末，集装箱运输的货运量已经占到了全球货物贸易量的90%。82 虽然我们将麦克莱恩划归为领导者，当时他的很多方式和特征更像一个企业家。在创新和再造之间通常有一条比较明显的界线，虽然这条界线有时会变得模糊，我们通常还是习惯将那些通过变革为一个行业带来新生的人，而不是创造出一个全新行业的人称之为领导者。出于这个原因，我们将麦克莱恩归为领导者。

盲目的繁荣

不论怎样，20世纪50年代这十年中，大企业都好好利用了社会上流行的"为今天而活，因为不知道是否还有明天"的心理，并从中获得巨大的利益。这种情绪流传的范围很广，因为绝望的美国人亲眼目睹了第二次世界大战时期的毁灭。老一辈人，也就是大萧条时期那一辈人虽然带着疑惑和难以置信，但是他们确实看到了战前和战时那种忏悔的价值观让位给了消费至上主义。83 实际上，在1950年到1955年之间，美国个人的债务都翻了一倍，从58.7亿美元上升到了110.6亿美元。84

虽然革新和技术的潜力是推动产品进步的主要原因，但是市场、广告和标准化也在50年代将产品推向了新的高度。销售额也得到了进一步的增长，因为很多产品都开始遵循有计划的生命周期。成功的业务都采用了这种使用——替代的战略，这在很大程度上帮助提升了那些以塑料和合成材料为原料的产品的产量。对于产品质量的忽略最终成为美国制造商的一个暗伤，但是这在50年代的一片繁荣和60年代公司利润持续增长的情况下是很难被人发觉的。

表6-3

1950年代的企业家、经理人和领导者

企业家

Desiderio A. Arnaz, Desilu Productions
Ian K. Ballantine, Ballantine Books
Richard A. Bloch, H & R Block
Charles G. Bluhdorn, Gulf and Western
Richard W. Clark, Dick Clark Productions
Richard M. DeVos, Amway Corporation
Berry Gordy Jr., Motown Records Corporation
Hugh M. Hefner, Playboy Enterprises
Michael Ilitch, Little Caesar's Enterprises
Ewing M. Kauffman, Marion Laboratories
Raymond A. Kroc, McDonald's Corporation
Alden J. Laborde, Ocean Drilling & Exploration
Robert N. Noyce, Fairchild Semiconductor
Kenneth H. Olsen, Digital Equipment Corp.
Franklin P. Perdue, Perdue Farms
Simon Ramo, Thompson-Ramo-Wooldridge
Harland Sanders, Kentucky Fried Chicken
James E. Stowers Jr., American Century Companies
Charles B. (Tex) Thornton, Litton Industries
Rose Totino, Totino's Pizza
Jay Van Andel, Amway Corporation
An Wang, Wang Laboratories
C. Kemmons Wilson, Holiday Inn

经理人

Olive Ann M. Beech, Beech Aircraft Corporation
Marvin Bower, McKinsey & Company
Francis Boyer, Smith Kline & French Laboratories

Herbert P. Buetow, 3M
John T. Connor, Merck & Company, Inc.
Ralph J. Cordiner, General Electric Company
Joseph F. Cullman Ⅲ, Philip Morris Companies
Harry B. Cunningham, S. S. Kresge Company
Harlow H. Curtice, General Motors Corporation
Morse G. Dial, Union Carbide Corporation
Earl B. Dickerson, Supreme Life Insurance Company
Frederic G. Donner, General Motors Corporation
Jack M. Eckerd, Eckerd Corporation
Frank M. Freimann, Magnavox Company
Robert W. Galvin, Motorola
Harold S. Geneen, International Telephone and Telegraph
Jean Paul Getty, Getty Oil Company
William B. Graham, Baxter International
Bowman Gray Jr., R.J. Reynolds Tobacco Company
Walter A. Haas Jr., Levi Strauss & Company
Patrick E. Haggerty, Texas Instruments
Henry F. Henderson Jr., Henderson (H. F.) Industries
John M. Hiebert, Sterling Drug
Samuel E Hinkle, Hershey Foods Corporation
Herbert W. Hoover Jr., Hoover Company
William Irrgang, Lincoln Electric Company
Robert H. Johnson, Ingersoll-Rand Company
John E. Jonsson, Texas Instruments
John W. Kluge, Metromedia
Plato Malozemoff, Newmont Mining Corporation
Morton L. Mandel, Premier Industrial Corporation
H. Stanley Marcus, Neiman Marcus
Oscar Gustave Mayer, Oscar Mayer

表6-3（续）

John J. McCloy, Chase Manhattan Bank
John H. McConnell, Worthington Industries
Dean A. McGee, Kerr-McGee Corporation
Donald C. McGraw, McGraw-Hill
Howard J. Morgens, Procter & Gamble
Charles G. Mortimer, General Foods Corporation
Walter A. Munns, Smith Kline & French Laboratories
Fred M. Nelson, Texas Gulf Sulphur Company
William C. Norris, Control Data Corporation
Guy S. Peppiatt, Federal Mogul Corporation
Wallace R. Persons, Emerson Electric Company
Donald N. Pritzker, Hyatt Hotels
Ernesta G. Procope, E. G. Bowman
Lyle C. Roll, Kellogg Company
Frederic N. Schwartz, Bristol-Myers Squibb Company
Clarence H. Shaver, United States Gypsum
Elwyn L. Smith, Smith-Corona Marchant, Inc.
Henry Z. Steinway, Steinway and Sons
Robert A.Stranahan Jr., Champion Spark Plug
E. Gifford Upjohn, Upjohn Company
Lillian M. Vernon (Katz), Lillian Vernon
Ernest H. Volwiler, Abbott Laboratories
J. Basil Ward, Addressograph-Multigraph

Thomas J. Wattson Jr. IBM
Henry S. Wingate, International Nickel Corporation
Paul B. Wishart, Honeywell
Joseph S. Wishart, Zenith
Oscar S. Wyatt Jr., Coastal Corporation

领导者

Henry C. Alexander, Morgan Guaranty Trust
William M. Batten, JC Penney
Wiltion D. Cole, Crowell-Collier Publshing Company
Arthur J. Decio, Skyline Corporation
Armand Hammer, Occidental Oil Company
John R. Kimberly-Clark Corporation
Garl H. Lindner Jr., American Financial Group
lan K. MacGregor, AMAX
William C. MacInnes,TECO Energy
Malcolm P.McLean ,SeaLand Service
Donald W. Nyrop,Nothwest Airlines
Donald M.Ogilvy,Ogilvy and Mather
Generoso P.Pope Jr.,National Enquirer
William W.Prince,Armour and Company
Alfred N.Steele.PepsiCo
Robert A.Pritzker, Marmon Group
Charles D.Tandy,Tandy Corporation

第七章 1960—1969 泡沫中的商业

父辈们穿过整片大陆

对你们不能理解的东西请不要妄加批评

你的后辈们不再对你言听计从

过去的老路很快就被抛弃

要是你们不愿帮忙就请你们让开

因为时代正在发生变革

——鲍勃·迪伦（Bob Daylan）

尽管有各种漂亮的掩饰，这个国家社会结构上的裂痕早在前一个十年就很明显了。到了20世纪60年代，已经不需要再去寻找所谓的断裂，因为它已经变得无处不在了——在为民权所进行的斗争当中，在为性别平等而进行的斗争当中，在对美式帝国主义的质询中，在老一辈和年轻人的价值断裂中，以及在追寻超越于物质消费的生活意义的过程中。

美国正试图调和它作为自由和机会之地的图景与社会现实之间的矛盾。当约翰·肯尼迪总统（John F. Kennedy）在他就职演说的最后说出那一番一再被人们重复的话——"不要问你的国家能为你做什么，问问你能为你的国家做些什么"——的时候，他可能在不经意间点燃了一份激情，使人们在提升自我的同时也强烈渴望着为国家的进步做贡献，许多人都深受鼓舞。20世纪60年代到处充斥着演讲、抗议和示威，50年代的平静已不复存在，取而代之的是混乱和不确定。然而，在混乱的背后，商业继续着它的繁荣。虽然也受到了反歧视运动、消费者权利运动和环保立法的影响，商业还是超脱于社会和政治辩论之外。

商业执行官们在50年代并没有特别值得庆幸的地方，但至少他们也没有处于被攻击的地位，他们那时候还不是大规模抗议的目标。反对一切权威的浪潮确实摧毁了美国人的"组织人"概念，但是从整体来开，商业执行官们还是十分高兴地看到了由持续消费和发展所带来的繁荣景象。20世纪60年代见证了美国历史上产业发展最快的时期，道琼斯工业平均指数在1966年达到了创纪录的1,000点。[1] 冷战造成的敌对、紧张的气氛极大地促进了国防支出的增长，婴儿潮的持续也提高了一直持平的生活消费支出。随着消费革命的深入，信用卡的使用和商家对信用卡的接受也开始普及。举例来说，在1958年美国运通卡（American Express Card）开始发行的头三个月里，它所吸收的会员人数就达到了253,000人。[2] 到了20世纪60年代中期，在CEO霍华德·克拉克（Howard Clark）的领导下，运通卡发起了"你知道我吗？"的推广活动，从而使会员人数达到了数百万。顾客们开始关注方便性、可达性和可负担性，那些能够满足新的社会需求的公司获得了繁荣。一个特殊的行业——服务行业应运而生，以满足消费者的新需求。有史以来第一次，从事服务行业的人数超过了从事制造业的人数。[3] 国家调整了作为竞争力基础的核心产业，新的行业（特别是高科技行业和电子行业）开始飞速发展。

股东为王

很多公司选择向非相关行业发展的战略。商业执行官们可以大胆地并购企业而不用担心费钱又费时的政府诉讼，前提是被并购企业的业务必须与本企业无关。在这个十年当中，政府加强了反垄断干预，并且在八年中成功地阻止了所有大型的并购行为，只有一起例外。[4] 联合企业这一组织形式巧妙地避开了反垄断法，成为一种新的重要的组织形式。

这种独特的企业联合模式引起许多人分析和评估的热情。罗伯特·索贝尔（Robert Sobel）在《联合企业之王的沉浮》（The Rise and Fall of the Conglomerate Kings）一书中提到："联合企业是超越时代的最激动人心的企业模式，自从世纪之交企业托拉斯出现以来，这种组织形式比其他任何事物都更深刻地改变了商业图景。"[5] 联合企业的主要原则是"整体比各部分之和更有价值"，而在整个20世纪60年代，这条箴言被证明是对的。《纽约时报》对联合企业这一组织形式非常关注，在1968年推出专门的杂志故事进行介绍。[6] 这篇文章报道了联合企业天才的执行官们所实行的一种财务策略。这些人中有凌·特姆科·沃特公司（Ling-Temco-Vought）的詹姆斯·林（James J. ling），有立顿公司（Litton）的查尔斯·B. "塑胶"桑顿（Charles B. "tex" Thornton）、国际电话电报公司（International Telephone and Telegraph）的哈罗德·季林（Harold Geneen），以及海湾与西部工业公司（Gulf & Western Industries）的查尔斯·布鲁顿（Charles Bluhdorn）。通过操纵他们的股票的价格，联合企业家利用股市收益来完成并购。随着股票价格的一再攀高以及经济的持续增长，这种策略看起来既符合逻辑，又能带来收益。1950年到1959年间，制造业和采矿业中有4,789家公司被并购，总资产154亿美元。[7] 1960年到1969年间，被并购的公司数目上升到了 12,614 家，总资产达 633 亿美元。[8]

非相关业务的多样化经营并不简单是混合雨雾公司的专利，它也开始成为很多主流企业的一种策略，通过这一策略企业可以实现快速的增长：辉格燕麦收购了一家玩具公司，约翰沃斯（Johnson Wax）进入了个人护理领域，切斯布劳－旁氏（Chesebrough-Pond）合并了童装生产线，乐威（Loew）也将业务从剧院扩展到了旅店。这些公司以及其他很多类似的公司在实施大规模并购行为的时候，都十分巧妙地规避了政府的法规。实际上，这一时期的并购狂潮是如此猛烈，以至于1968年纽约证券交易所不得不在每星期三休市一天，专门处理大量积压的文件。[9]这时，证券交易所还没有实现办公的自动化。

股东利益最大化通常是企业发展非相关业务的唯一目标。很多联合行为的操纵者确信：对股东有利的事情最终也会对公司有利——而不是对顾客或者员工有利。最终，在大企业吸金的过程中，很多雇员成为牺牲品。只要股票的价格还在攀升，并购活动就可以继续进行，而不用担心债台高筑。但是，债务负担最终还是会变得无法承受，20世纪70年代初，当金融环境开始变化的时候，几乎没有几家联合公司能够生存下来。但是有一位聪明的市场守望者——亨利·辛格顿（Henry Singleton）却做到了这一点。20世纪60年代亨利·辛格顿打造了当时最大的联合企业之一，而当70年代潮流变化的时候，他随机应变地终止了所有的并购，采取了一条保守的策略。辛格顿的运作显示了非凡的灵活性，他同时坚持一条不变的原则，也即是让他发家30年保持不败的真谛——那便是现金流。

亨利·辛格顿（1916 – 1999），特利丹责任有限公司

《福布斯》杂志曾经把辛格顿比作"斯芬克斯"（Sphinx）——一个将自己的想法和意图很好地隐藏起来的人。也许别人很难理解辛格顿，但却能轻易读懂他的成功。七年时间里，辛格顿白手起家将特利丹公司（Teledyne）建成了全美150强企业，而且是全美赢利能力最强的企业。[10] 作为一个多级的持股者，辛格顿拥有一种独特的能力，能够将理论与实际有效地结合起来。他从不草率地作出决定，他所作的每一项决定一定是经过深思熟虑、反复推敲的。通过对时代情境的准确理解以及对市场的灵活把握，他的公司获得了长足的发展。

辛格顿是一位成功的牧场主和棉花种植园主的儿子，他于1916年出生在得克萨斯州的哈斯勒特（Haslet）小镇，小镇位于达拉斯市的远郊。当他还是一个年轻人的时候，他就离开了得克萨斯的农场，此后再也没有回去过。因为曾经梦想成为一名海军军官，他向东到了马里兰州安纳波利斯市（Annapolis）的海军学院就读。在学校待了三年之后，辛格顿患了胃溃疡，这使他不得不暂时休学疗病。病愈返学的时候，他转到了麻省理工学院学习电子工程。在那里获得了学士学位后，

他又继续学习获得了硕士学位和博士学位,这两个学位也都是电子工程方面的。在他就读博士学位期间,第二次世界大战爆发,他被迫中止学业加入海军战略服务部。战后,他在通用电气的实验室从事研究,并且在麻省理工学院谋到了一个教书的职务,最终于1950年完成了博士学位。

1951年,辛格顿离开学术界到加利福尼亚的休斯飞机公司(Hughes Aircraft)开始了工程师的生涯。在休斯,辛格顿是青年财务专家小组的成员,成员中还包括罗伊·埃西(Roy Ash)和查尔斯·B."塑胶"桑顿(Charles B. "tex" Thornton)。桑顿曾帮助福特汽车公司重新焕发了活力。在具备了一定的工作经验之后,辛格顿于1952年加入北美飞机公司(North American Aviation Corporation),在这里他主管领航系统的开发和设计。两年之后,辛格顿加入立顿工业,这是由埃西和桑顿二人在一年前成立的一家以电子产品为基础的联合公司。在立顿,辛格顿感受到了联合这种企业模式的影响和潜力。立顿在兼并小规模、财务状况良好的非主流电子企业方面做了一些尝试。通过这种方式,公司可以规避反垄断法的惩罚,从而把一些赢利的企业结合起来成为一个强大的联合体。随着业务的不断发展,公司也逐渐有能力进行更大规模的并购。在立顿,辛格顿成为电器部的第一任总经理,他在六年的时间里,将业务从零开始发展到了8,000万美元。

如果辛格顿能够说服桑顿和埃西投资半导体业务,他本可以在立顿待得更久,但他的同事们坚决反对半导体,认为这项业务已经有太多的人在做,竞争过于激烈。尽管行业中已经存在激烈的兼并,但辛格顿认为任何成功的电子企业都离不开自身生产能力的提高。因为未能说服他的同僚,辛格顿于1960年离开立顿公司开始自己创业,他的下属乔治·科索默特斯基(George Kozmotsky)加入了他的公司,他们每人拿出22.5万美元投入到这个新的冒险事业中。他们还从风险投资家亚瑟·罗克(Arthur Rock)和汤米·戴维斯(Tommy J. Davis)那里获得了100万美元的资助。

有了最初的启动资本,辛格顿于1960年收购了几近破产的亚美高公司(Amelco)。辛格顿认为,亚美高除了能提供就业机会之外,在战略上并没有什么太大的价值。在将圣莫尼卡公司(Santa Monica)弄到手之后,辛格顿成立了亚美高半导体公司(Amelco Semiconductor),并且从仙童半导体公司挖来了杰·拉斯特(Jay Last)管理公司的运营。最初的两年里,特利丹还利用启动资金收购了另外五家小型电子公司,但是公司真正的发展却是在1961年,这一年辛格顿利用股市加快了收购的步伐。从1961年到1964年,辛格顿主持了17起收购,将公司的年利润由450万美元提高到了3,800万美元。1964年,在《商业周刊》发表的一篇文章里,辛格顿阐明了特利丹公司的目标,他认为特利丹在自动化控制和交通系统中应该有比较广泛的空间,可以制造这些系统所需要的任何部件,并且在有发展前景的电子产品,主要是集成电路和半导体产品领域,形成很强的生产能力。[11]他不想坐等这些目标的自动实现，相反，他不停地进行着收购，并且将他的执行官们的能力发挥到极限，他认为适当补贴没能休假的员工比起生产效率降低要好多了。[12]

辛格顿的公司于1965年迎来了飞跃式发展，当时特利丹向政府提交了一份空降用电脑系统的设计和开发计划，有了这个电脑系统，直升机就能够保持编队飞行，并且可以在零视界的情况下开火射击目标。[13] 辛格顿的科学家团队保证了公司在与诸如IBM、德州仪器等大公司的激烈竞争中保持不败。因为有能力拿到重要的承包合同，公司的股票价格一直保持上升态势，短短一年时间里，由每股15美元上升到了65美元。[14] 特利丹股价的暴涨是辛格顿一直所期待的，乘着股价上升和整个经济形势向好的东风，辛格顿实行了更加全面、更加积极的收购策略。

在接下来的四年里，辛格顿将联合企业这种组织模式的潜力发挥到了极致，一举收购了上百家公司。虽然辛格顿收购的重点是小型的电子公司，但是他也收购那些生产金属制品和消费品的企业，同时兼营保险业务。辛格顿认为："专门公司的时代已经一去不复返了，也就是说，在未来，公司必须随时准备跟随技术进步和社会发展的脚步。"[15] 辛格顿很好地认识到了这一点，并且一直紧跟技术的脚步。在所有收购业务中，辛格顿一直努力保持一个信条，那就是每次收购的产品和服务不超过公司总体业务的3%。[16] 特利丹的业绩如此之好，以至于到1968年，公司以骄人的销售和赢利业绩成为福布斯排行榜的第一名。作为一名成功的经理人，辛格顿有一种令人钦佩的能力，能够识别出哪些公司正处于发展的顶峰期，他也知道如何在适当的时候配置有限的资源。抛开那些连续不断收购来的公司不讲，单是特利丹商业帝国自身的增长率，就超过了20%。

与其他的联合企业不同，特利丹通常所寻找的，是那些只要注入资金或者只要进行专业的管理就能赢利的私人公司。辛格顿不喜欢一步一步地改善它们，他追求的是几何级数的发展。尽管公司的办公条件很简陋，辛格顿对公司财务的控制仍然很严。只要公司的总裁们实现了预定的财务目标，他们就能获得很大的自治；如果不能，他们很快就会被辞退。对于辛格顿来说，这其中并不牵涉任何个人感情，纯粹是在商言商。而他的职责就是"挤出每一分钱来收购更多的企业"。[17] 辛格顿并没有为他的商业手段感到自鸣得意，这一点从公司的名字上就能体现。"Teledyne"（特利丹）这个词源于希腊词根，意思是"可以在远距离使用的力量"。[18] 关于他的管理风格，《商业周刊》是这样报道的，"辛格顿在财务和技术方面的热情要远远胜过对管理的细枝末节的关注。"[19] 辛格顿的这种偏好甚至体现在他的总部办公室的选址上，在最初的几年中，特利丹公司总部就坐落在所收购的位于加利福尼亚州世纪城的一家公司的小巷里。

到了这个十年的末期，辛格顿在1960年收购的这家小工厂，已经发展成为一家市值达1.3亿美元、业务囊括众多行业、由130家公司组成的大型联合企业。辛格顿成功地利用了特利丹股价的提升实现了一系列令人震惊的收购。1969年，公司似乎还在为进一步的收购做准备,但是辛格顿敏锐地觉察到了市场疲软的信息,他立即停止了所有的收购,并且将重心转移到降低公司的负债上来。通过他的努力,特利丹的负债水平被降到只占总资产的22%;与此相比,其他联合企业的负债平均占总资产的40%以上。[20] 在下一个十年中,辛格顿没有收购过一家企业。随着20世纪70年代经济危机的来临,特利丹凭着较低的负债水平成功挺过了衰退。与此同时,辛格顿在低迷的股票市场上抓住机会,开始以极低的价格回购股票。到1976年,在所有发行的3,800万股股票中,他收购了其中的2,200万股。在20世纪70年代的萧条时期,很多持股者都愿意将他们的股票出手,但辛格顿坚决反对支付股息,因为他认为股民花钱去投资配股还不如保持原有的 Teledyne 股票。他的话很难反驳。从1969年(这一年特利丹停止了进一步的收购计划)到1978年,特利丹的年利润增加了89%,收入增长了315%,每股收益增长了1,226%。[21]

当20世纪80年代商业环境再次转变的时候,辛格顿也随之改变了经营策略。雄厚的资金实力使得他可以走一条不同的路,但辛格顿没有再选择直接收购公司;相反,他购买了经营不同业务的公司的大量股票,同时却不去控制它们,这其中也有他的老东家立顿工业的股份。辛格顿全新的业务扩张模式使得特利丹可以从其他公司的发展中获益,却不需要投入管理和过多的资金。辛格顿又一次选对了时机,特利丹的股价也再一次达到了新高,一路飙升至每股300美元。在辛格顿的整个职业生涯中,他表现出一种很强的把握现实的能力。反映到他所使用的方法上,辛格顿曾经说:"我信奉最大的灵活性,所以当环境发生改变的时候,我总是有能力随机应变。"[22] 辛格顿的成功在当时整个社会处于不和谐状况的大背景下,不能不说看上去有些超现实的色彩。

社会达到沸点

当大熔炉开始沸腾的时候,商界其实只扮演了一个旁观者的角色,虽然它们也或多或少地受到了民权运动和女性平等运动的直接影响。始于20世纪50年代的民权运动,到60年代如火如荼地发展起来。虽然运动的重点还是黑人为争取更大权利而进行的各种斗争,但是一些主张的实施却变得越来越艰难了。在高等法院裁定布朗诉托皮卡教育委员会案十年之后,75%的南方学校几乎没有采取进一步的措施来消除学校的种族隔离。[23] 年轻的黑人学生是最早担负起这份责任的群体,他们成为马丁·路德·金(Martin Luther King Jr.)改革运动的主要追随者。全美学生非暴力协会(Student Nonviolent Coordinating Committee,SNCC)作为一个植根于全美高校的基层组织,很快就成为推动这一认同和平等运动的重要力量。通过组织在"只服务于白人"的午餐柜台、剧院和其他公共场合静坐,SNCC 获得了公众的支持。同样在为黑人权利而斗争的自由乘车者运动,也加入了他们的行列。[24]

表7-1

20世纪60年代的社会和人口状况

- 50个州的1.79亿人口到1970年增加到了2.03亿
- 战时出生的85万婴儿到了上大学的年纪
- 加利福尼亚成为人口最多的州
- 全美妇女组织（Natioanl Organization for Women，NOW）成立
- 1966在洛杉矶，1967在底特律，1968在其他100多个城市爆发了种族骚乱
- 约翰·肯尼迪（John Kennedy）、罗伯特·肯尼迪（Robert Kennedy）、小马丁·路德·金和马尔科姆（Malcolm X）的遇刺动摇了国家稳定的基础
- 贝蒂·弗里丹（Betty Friedan）出版《女性的奥秘》（*The Feminine Mystique*）一书
- 舍古德·马歇尔（Thurgood Marshall）成为美国第一任黑人最高法院法官
- 1967年在旧金山的黑什伯里区举行了"夏季之爱"（Summer of Love）庆祝活动
- 1969年在伍德斯托克（Woodstock）举办的音乐节吸引了大约35万名观众
- 时尚：超短裙、喇叭裤、低腰裤、丑娃、摇摆舞靴
- 游戏：滑板、乔娃娃、轨道玩具车
- 新词：静坐、反歧视运动、性别歧视、老年歧视
- 最低工资：每小时1美元：（1960）
- 年均收入：4,743美元（1960）
- 预期寿命：女性73.1岁，男性66.6岁（1960）

1963年金领导的华盛顿大游行（共有25万人参加）使非暴力运动达到了一个高潮。在金以及其他著名的自由战士的努力下，政府于1964年支持并通过了新的人权法案，新法案禁止在公共场所和工作场所实施歧视行为。1965年通过的《选举权法案》（*Voting Right Act*）为不受限制的选举铺平了道路。到1968年，300万黑人代表60%的黑人选民（与白人投票者所占比例相当）参与了投票。25 尽管具有里程碑意义的人权法案已经出台，但是相关的实施方案还迟迟没有出台。金还在继续战斗，与此同时，越来越多的社会团体开始响应号召，投入到争取民权运动的洪流中来了。随着非暴力抵抗活动的深入，一群黑人穆斯林在马尔科姆的领导下，开始鼓吹疾风骤雨式的变革。

到了20世纪60年代中期，70%的非洲裔美国人尽管居住在大城市，却没有享

受到时代的繁荣。[26] 整个60年代，黑人的失业率是白人的两倍，而在就业的黑人当中，大约有一半人生活在贫困线以下。[27] 越来越多的武装民权组织发出了行动的号召，与此同时，黑人几乎看不到摆脱贫困的希望，这二者的结合点燃了全国性的骚乱的火焰。1968年金遇刺后，城市中心的暴力活动进一步升级。[28] 虽然他只是上百名为民权运动而献身者中的一个，但是他是整个斗争的灵魂和核心，他的死很快在一百多个城市引发了骚乱和抗议活动，骚乱及其后果表明，争取法律上的平等和经济上的机会的运动，将不再是无声的抗议。

在民权运动胜利的鼓舞下，更重要的是，在民众思想认识不断提高的形势下，女性争取平等权利的活动也取得了新的发展。贝蒂·弗里丹以其开创性的著作《女性的奥秘》扣动了很多女性的心弦。通过对郊区主妇们生活状态的记述，弗里丹揭示了很多不甘于妻子和母亲角色的主妇们内心深处的渴望与深藏的梦想。在她的书出版后不久，弗里丹和其他一些社会活动家小团体一起，于1966年成立了全美妇女组织，弗里丹出任第一任会长，继续为争取平等的工作机会和合法的堕胎权而努力。[29] 1964年，权利法案第七条规定禁止在工作中实施人种、肤色、宗教、性别等歧视行为，这成为全美妇女组织立法议程的一个重要关注点。虽然她们在20世纪60年代早期获得了上高等商科学校的权利，并且可以去一些公司上班，但是女性仍然被束缚于社会对她们的一些固定角色上。[30]

而在推动个人反思、自我发现和自由表达方面，没有哪一个社会团体比这个国家的青年们做得更多。他们中有人转向了"性、毒品和摇滚"，试图从中发现生命的意义。所以后来当人们反省20世纪60年代的时候，这似乎成了一种固定的印象。联邦药品管理局在1960年批准了避孕类药品异炔诺酮—炔雌醇甲醚片（Enovid）的生产，以便人们可以进一步提升性体验和降低性压抑。[31] 避孕药的使用似乎是特意为人们发明的一种方式，让他们能够更好地追求和平、和谐和自由的爱。人们对60年代流行时尚的最基本的印象，是扎染衬衫、凉鞋和象征爱与平安的彩色长念珠。这个时代也为一大批出色的设计师和零售商提供了沃土。[32] 新服饰风格的流行，特别是适于越来越多的职场女性穿着的服饰风格的流行，加上一大批郊区零售店的出现，令那些时尚公司的执行官们交上了好运。在这个十年中，服装设计师拉尔夫·劳伦（Ralph Lauren）、卡尔文·克莱恩（Calvin Klein）以及安妮·克莱恩（Anne Klein）为美国时尚界带来了尊荣也带来了财富。

劳伦于1968年开始在时尚界的发展，此后他成为当代最具影响力的服装设计师之一，他不仅成功地塑造了美国的新形象，同时还将纽约打造成为与巴黎齐名的时尚潮流之都。劳伦不仅创造时尚，还通过特许的方式出售自己的设计，显示出一种将形式与功能完美结合的非凡才能。劳伦的顾客定位是上层社会，他们大多是一些略带保守倾向的人；而卡尔文迎合的，则是60年代兴起的、具有反叛精神的群体的口味。卡尔文的武器就是富有煽动性的设计再加上富有煽动性的广告。当卡尔文不断推动中产阶级时尚的时候，他的合作伙伴巴里·施瓦兹，则负责业务的运营。施瓦兹实行了一种垂直整合的策略，使得卡尔文公司能够同时生产和销售他设计的服装。最后，安妮·克莱恩在为职场女性设计时装方面做出了重要贡献。她设计的服装有一些可更换的部件，这种独特的设计一面世就受到了追捧，以至于同行都纷纷效仿，其中不乏像克莱恩、劳伦以及后来的丽资·克莱本（Liz Claiborne）这样的大牌公司。33 "自我表达"终于在服装时尚中找到了发泄点，这成为时尚杂志出现的契机。1967年，简·文勒（Jann Wenner）创办了《滚石》（Rolling Stone），这是一份反潮流文化的杂志，1969年，埃德华·李维斯（Edward Lewis）创办了第一本面向美国黑人的时尚杂志《香精》（Essence）。

20世纪60年代种种实验行为的风靡一时，体现了青年运动更趋复杂的现实。肯尼迪的号召掀起了一场更大的运动，在全美国大学的草坪上，都能听到年轻人的呼声。很多学生对于现存的"秩序"不屑一顾，他们认为自己生来就应该与自己的父辈和祖父辈有所不同34。他们没有盲目地响应政府参军的号召——有的逃到了乡下，有的撕掉了自己的征兵卡，有的加入了和平队（Peace Corps），更多的人则通过游行来表达自己的不满。美国历史上最大的一次游行示威活动就发生在1969年，当时有70万人游行到华盛顿抗议越战。35 最初这只是一场学生的抗议活动，但它最终却改变了美国政治的进程。在1965年的时候，61%的美国人认为越战是正义的战争，而到了1971年，有同样多的人转向了对立的阵营。36

随着骚乱在全国范围内爆发，政府也在试图平息这场风暴——有时成功了，有时却使暴力升级。短短几年里，整个国家的面貌都发生了改变。肯尼迪演说中所指的"新一代"，已经接过了变革的旗帜，但是他们所做的努力，在肯尼迪上台之后却注定得不到他的认同。

大政府，大企业

从很多方面看，肯尼迪的当选也预示了动荡的来临。虽然这场竞选的胜利是20世纪得票差距最小的一次，但因为电视在整个过程中所起的作用而使竞选备受关注。超过7,000万美国人收看了肯尼迪与他的竞争对手——共和党人理查德·尼克松（Richard M. Nixon）的辩论。37 虽然政治评论家和那些通过收音机收听辩论的人认为两人不过打了个平手，但是那些通过电视观看辩论的人都认为肯尼迪占优势，可以说肯尼迪是第一位利用电视这种媒体获得胜利的政坛人物，他自己也非常感谢媒体的力量："如果没有这个小玩意，也许我们就得不到上帝的保佑。" 38 肯尼迪以12万票的优势获胜（总共有6,800万张选票），他并没有获得绝大多数选民的认可，他自己也经常承认这一事实。

虽然很多美国人将肯尼迪视为大规模福利政策的创始人，但是林顿·约翰逊总统（Lyndon Johnson）才是真正意义上的抗击贫困的领头人。通过众所周知的"伟大社会"（Great Society）福利计划，约翰逊凭着他的政治影响力和敏感度，敦促立法来反对贫困和种族歧视，促进经济增长并提高国家的社会和文化发展。从1964年至1966年，国会总共通过了超过435条法案，其中在约翰逊上任的头十个月就提出了115条议案，有90条获得通过。[39] 除了通过有关人权和投票权的法案，伟大社会福利计划还包括设立专款支持医疗保险和医疗援助制度，扩大公共住房，大规模推动教育改革。此外还通过立法设立了国家艺术捐赠基金，为年轻人提供了无数的工作机会，保护国家公园和地标，同时出台了要求更高的环境清洁标准。

在肯尼迪和约翰逊统治时期，企业与政府之间是一种爱恨交织的关系。一方面，政府的规制和审核日趋加强，但另一方面，政府慷慨的税收减免和不断提高的国防经费又刺激了经济的繁荣。特别是肯尼迪，从来不惮于在必要的情况下以政府的名义来压制企业，在他执政的早期，为了全力抵御通货膨胀，肯尼迪希望钢铁行业维持钢铁价格的稳定。他争取到了钢铁工人联合会的支持，他们同意为了支持国家的经济安全，只要求工资微涨。但是美国钢铁公司却宣布大幅度提高钢铁价格。肯尼迪被激怒了，在那个极度沮丧和愤怒的时期，《纽约时报》曾引述过肯尼迪说过的这样一番话："我父亲总是对我说，那些生意人都是婊子养的，我曾经不相信，但现在我信了。"后来他又申明，那是报纸错误地引用了他的话，他所指的不是所有的生意人，而只是那些钢铁企业的决策者。这些激烈的言辞只是向美国钢铁公司发起攻击的开始，在该事件发生后数小时内，肯尼迪扬言要对美国钢铁公司实施一系列的专项调查，并威胁取消对其产品的政府订单。反垄断立法、税收调查、工资和价格限制、取消合同等一系列威胁，足以让美国钢铁公司在三天内取消了提价决定[40]。不管美国钢铁公司的感受如何，肯尼迪执政时期实现了商业界的整体繁荣。肯尼迪降低了美欧贸易的关税税率，降低了企业所得税，实行了积极的退税政策（tax credit），并提高了企业的折旧费[41]。

约翰逊承续了肯尼迪以积极的税收政策刺激经济发展的做法。1964年的税收法案削减个人税收116亿—92亿美元，削减企业税收24亿美元。由于预期会有更多的资金注入经济领域，企业纷纷提高它们的库存水平。个人收入的提高使得消费支出得以增长，到1965年，美国国民生产总值（GNP）在四年内增长了25%。同一时期，工业产值增长了27%，公司收益增长了64%。[42] 经济的繁荣使得失业率在1966年下降到了4%以下，这是自1953年以来从未见过的。[43]

尽管20世纪60年代商业界兴旺繁荣，但也没有完全摆脱社会激进主义的影响，尤其是在消费者权益保护和环境保护方面。1962年，作为食品、药品和化妆品法案改进版的《基福弗－哈里斯修正法案》（Kefauver-Harris Amendment）获得通过。修正法案强制药品公司对在美国使用的新处方药进行临床试验，从而更全面地披露药品可能会产生的副作用。食品和药品管理局的监管也通过《肉类卫生法》

（Wholesome Meat Act）和《家禽卫生法》（Wholesome Poultry Act）两项法案实施了更严格的审查标准方面，扩大了监管的范围。当1964年的研究报告提出吸烟致癌后，政府的干预延续到了烟草行业。那时候，烟草是个大行业，约有40%的美国成年人抽烟。44 根据这一统计情况，医生的综合报告在星期六才开始发表，以避免对股票市场造成剧烈冲击。45

两个有名的社会激进分子利用公共论坛来推进他们的事业，结果促进了立法的进程。拉尔夫·纳德（Ralph Nader）在他的《任何速度也不安全：美国汽车的内在危险性》（Unsafe at Any Speed: The Designed-In Dangers of the American Automobile）一书中，揭露了美国汽车工业低劣的工艺和普遍存在的有损安全性能的问题。在一次国会听证会上，他证实"汽车工业对时尚设计的关注远大于对安全设计和合理构造的关注"。他对大的汽车制造商所怀有的警惕性，确保政府在1966年出台了有助于提高交通安全的《汽车安全法案》（Vehicle Safety Act）和《高速公路安全法案》（Highway Safety Act），这些法案为修正无数的质量瑕疵、强制使用座位安全带、安装钢化玻璃、使用可拆卸转向柱等安全措施的实施奠定了基础。纳德的工作对于后来制定严格的排放——控制标准，也起到了一定的指导意义。纳德继续着他的作为一名消费者利益维护者的工作，在各种类型的产品和服务方面，包括玩具、易燃纺织品、放射性材料乃至消费信贷方面，为消费者而辩护46。与纳德为维护消费者权益而斗争的情况一样，海洋生物学家雷切尔·卡森（Rachel Carson）也在为保卫许多默默无闻的地球生物而战。在她的著作《沉寂的春天》（Silent Spring）一书中，卡森揭示了杀虫剂，特别是DDT——二氯二苯三氯乙烷，一种被大量使用了二十多年的农药——的使用对环境的危害性影响。她的呼吁促使政府于1969年禁止使用DDT，并为1970年环境保护局（Environment Protection Agency）的成立奠定了基础。47

由于经济在持续走高，新的消费者运动对它的影响显得相对缓和，越来越严格的政府审查和规制也没有将商界的繁荣拉下马。约翰逊总统理应也确实在振兴经济方面赢得了极高的声誉，当1968年总统选举临近时，民主党人看上去已经成为了一股难以抗拒的势力。然而，事实并非如此。民主党人成了这一时期撕裂国家机体的社会不和谐状况的牺牲品，当国家电视台播放了抗议者与芝加哥警察发生流血冲突的实况之后，1968年的民主党全国代表大会内部发生了重大分歧。48 由于约翰逊已经退出了总统竞选，他的民主党同人们不再能积聚力量与理查德·尼克松抗衡。约翰逊，这位完全能够延续他的经济成就，并以他的伟大社会计划引领民主党走向辉煌的领袖，却由于越战决策的失利而黯然退出历史舞台。

游戏全球多米诺骨牌

历史学家曾经讨论过，约翰逊对越南战争的支持只是履行职责、承续前任的决策。而就肯尼迪来说，在他任期内大大缩减的办公时间里，他的大部分精力放在了全球事务方面。他当选为总统时正值冷战顶峰期，处于对共产主义传播进行遏制的高度警惕状态，甚至他通常宣称为全人类服务的"和平队"，也被证实是一个"在一些国家和地区[部署的]干涉主义的外交政策，因为那些地方的愚昧和贫穷很容易产生共产主义的诉求"。[49]

尽管肯尼迪选择对在德国建造"柏林墙"这类隐秘的行动做出最低限度的反应，他在对付佛罗里达海岸之外的"邻居"时却很少克制。1959年，菲德尔·卡斯特罗（Fidel Castro）推翻巴蒂斯塔（Fulgencio Batista）独裁统治之后不久，即宣称美国是古巴的敌人，并转而在贸易支持和军事防卫方面求助于苏联。卡斯特罗发动革命的时候，美国的经济利益控制着古巴80%的矿产、公用事业、农牧场，以及40%的国家控制的出口商品——糖。[50]卡斯特罗没收了企业的资产并占据了大量土地。艾森豪威尔政府采取的最后措施之一，就是断绝与古巴的外交关系并授权培植秘密军事力量，以便在将来的政变中提供援助。部署军事力量的决策落在了肯尼迪的肩上，他落实这项计划的决策导致了令人尴尬的"猪湾事件"（the Bay of Pigs）的败局。肯尼迪起初计划以隐蔽的力量煽动大规模的古巴人起来革命，但是那种情况并没有出现，倒是美国人屈辱地撤出了这个岛屿。[51]

可以确定的是，美国的蒙羞削弱了国家应对冷战问题的能力，而苏联则开始在古巴建立导弹发射基地。1962年10月15日，美国侦察飞机在进行常规飞越侦察任务时，侦测到了八个这样的基地。侦察照片没有显示有导弹部署在那些基地，肯尼迪据此制订了海上交通封锁计划。在接下来的13天里，美国竭力避开与苏联在国际舞台上进行对抗，当苏联船只驰往古巴时，整个美国都心照不宣地屏住了呼吸。肯尼迪和他的团队通过幕后运作，取得了一项协议，从而将两个超级大国从战争的边缘拉回。作为美国承诺不进攻古巴并撤销其在土耳其的部分非战略导弹基地的对等条件，美国要求苏联承诺撤回弹道导弹并拆除发射基地。古巴导弹危机使肯尼迪受损的名声得以改善，也使得他的瓦解共产主义的事业再度兴起。[52]

随着古巴接受了共产主义，对于美国来说，取得越南战争的胜利变得更加重要。政府中的多数人确信，如果越南倒向共产主义，它将是亚洲倒下的第一块多米诺骨牌。越南于1954年从法国的统治下解放，获得了独立，而作为和平协议一部分的第十七款规定，整个国家被分割成南、北两部分，实行共产主义的北部由胡志明统治，亲西方的南部由吴庭艳领导。协议倡导在1956年举行重新统一的大选。但是美国担心大选的结果会使这个国家统一于共产主义，因此采取各种办法努力干预这种情况的出现。[53]

此后数年内，美国在越南投入了大量的资金、武器和少量的战略军事力量。1963年肯尼迪被刺时，美国部署在越南的兵力共计1.6万人。[54]约翰逊本来可以选择从越南撤出，但是他反而通过著名的《北部湾决议》（Tonkin Gulf Resolution）

使紧张局势升级。在声称美国的两艘驱逐舰在北部湾地区遭到北越共产主义者的攻击之后，约翰逊成功地获得了国会的授权，去"采取一切措施消灭进攻美国军队的武装力量，同时避免遭受更大的侵犯"。[55] 约翰逊制造的美国人遭受无故攻击的虚假声明，使他得到了采取大规模军事行动所需要的支持。他的声明也唤起了美国人民自发的责任感，在一年之内，又有16万士兵被送往越南，在接下来的三年里，派往越南的美军数量在高峰时曾达到54.2万人。[56]

尽管派出了庞大的军事力量，并采取了一系列大规模的、持续不断的轰炸行动，北越并没有被击溃。他们不断地扩大地盘，甚至袭击南越的重要城镇和乡村。当美国士兵带着恐怖和绝望返回他们的家乡时，公众的情绪发生了改变。约翰逊政府不顾日益高涨的反战浪潮，仍然坚持既定政策，以期维持多米诺骨牌不倒。最初的以扼制共产主义为中心的意识形态，现在被一种更强烈的情绪所取代——担心在全世界面前蒙羞。由于速胜无望，约翰逊继续在越南增加兵力，但仍然是结局难料。[57]

奔向月球

美国的生产能力不是决定它在越南战场能否取胜的关键因素。与第二次世界大战甚至是朝鲜战争有所不同，越南不是一个用武器就能征服的战场，越战是一场个人意志的斗争，其代价是约翰逊本人和国家的精神被整个摧毁。"美国精神"破灭了，它亟须灌以新的希望。备受挫折的美国终于在20世纪60年代将结束的时候，迎来了一件值得共同关注的大事：1969年7月20日，尼尔·阿姆斯特朗（Neil A. Armstrong）成为在月球上行走的第一人。

登月竞赛始于20世纪60年代末，苏联太空人尤里·加加林（Yuri Gagarin）成功环绕地球飞行之后。在向太空发射卫星的竞赛中惨遭失败后，美国人对于这第二波太空竞赛明显地信心不足。加加林的壮举刺激了肯尼迪，他发表了那个著名的讲话："我相信我们的国家会全力以赴、实现目标，在这个十年过去之前，把人类送上月球，并把他安全地送回地球。"[58] 其后，美国投入330亿美元的巨资，用了五个月的时间，很好地实现了肯尼迪的诺言。阿姆斯特朗在月球多岩的地面插上了美国国旗的动作成为一个标志，它既显示了美国拥有超凡的技术，更代表了整个国家的进步。[59] 一时间里，美国忘记了街头的骚动、越战的失利，以及那似乎要将国家撕裂的重大分歧。

技术的巨大进步，尤其是计算机硬件和软件技术的发展，为美国铺就了迈向太空的大路。实际上，在奔月任务中，有超过450台计算机提供着技术支持。[60] 1961年微芯片技术的完善，使得计算机能够在更小的空间内支配更大的技术力量。尽管技术发展的焦点主要集中在太空竞赛方面，商界从这一科技进步中也受益匪浅。起初设计用于空间应用计算机控制台的微芯片，现在被应用到了手持计算机、手表、无线电传送装置甚至电视机上。[61] 尽管过程缓慢，彩色电视机还是在20世纪60年代诞生了，并且形成了批量生产，从高价位的新奇之物发展成为必备的家庭用品。在整个20世纪60年代，美国的电视机制造商控制了将近100％的消费者市场，并对其市场领先者地位充满自信。尽管由于高度标准化的生产过程，低成本、可替代的电视机模型已经出现，但美国的制造商仍然死死盯着技术上的超越，而不是成本效益问题。[62] 电视机制造商完全忽视了收音机经营的教训。1955年，美国制造商控制着96％的收音机产品市场，而到了1965年，这个数字下滑到30％；到了20世纪70年代中期，这个数字变为零。[63] 尽管有前事之师，美国的电视机制造商们仍然确信，技术上的优势将是主导价格、市场甚至质量的法宝。但他们很快就会看到另外一种景象。

整个20世纪60年代，消费类电子行业获得了突飞猛进的发展，正如美国人口的增长一样，显得没有止境。企业研发的重点，放在了为用户提供使用更加便利的新产品方面，特别是在双职工家庭日益增多的情况下。对便利性和服务性的重视在银行业也有所体现。1968年，第一台自动提款机（ATM）出现在第一费城银行（First Philadelphia Bank）。第二年，化学银行（Chemical Bank）决定投巨资研发这种新的服务设施，从此引领了银行业务的根本性变革。[64] 自动提款机的发明和使用，成为长期以来所进行的自动化探索的一个顶峰，它帮助企业实现了工作方式由客户服务向自助式服务、由人工向计算机介入的重大转变。

劳动力形势紧张

对自动化的最初的检验，不是关注消费者反映这个最后的环节，而是关注发生在企业内部的效率。为了推动制造业朝着标准化的方向持续发展，数控装置，一种可代替熟练工人的机器设备被推出了。数控装置是可编程的、用于某些产品生产自动化作业的通用机械。这些自动化设备通常被布置在危险的作业环境中，或缺乏熟练工人的区域。用自动化设备取代熟练工人的发展方向，也是由那些再也不能容忍罢工和工会要挟的制造业管理者们促成的。对于生产能力的关注，特别是那些需要苛刻容忍度的政府合约项目，也促进了自动化技术应用的发展。对数控装置和其他生产自动化装置的投入，是国家对劳动力技术水平和需求的渐进转变的一部分。在20世纪60年代后期，自动化逐渐融入普通办事人员的工作领域，如图书保管、工资单制作和其他经济管理工作，都开始得益于计算机技术的应用而变得更有效率了。[65]

在那个联合企业兴盛的时代，对标准化和生产能力的关注更趋强化。由于联合企业的运营方式主要基于财务绩效，所以任何阻碍带来收益的东西都会被迅速放弃。对于一家收购型企业来说，卖掉或关掉一些不赚钱的业务，或者在投资组合中进行业务内容的重新洗牌，并不是什么奇怪的事情。收购型企业通常对工会态度强硬，常常以关掉整条生产线相要挟，迫使工会同意它们在管理上的一些要求。在20世纪60年代后期，通用电气公司在副总裁莱缪尔·博尔维尔（Lemuel Boulware）的领导下，在反对工会的行动中十分警惕。实际上，"博尔维尔主义"（boulwareism）这个词就代表了一种削弱工会活动、迫使对方对所提出的条件要么接受要么放弃的策略。[66]

尽管一些企业执行官态度苛刻，但是20世纪60年代的经济繁荣，掩盖了生产自动化和企业联合化对国内大多数劳动者的冲击。当然，从个人劳动者（特别是妇女和少数民族）的工作条件和工作机会来说，还是从当时的社会激进主义运动中受益良多。尽管已经有26个州通过了《平等报酬法案》（Equal Pay Act）的地方版本，联邦立法机构还是通过立法为男女同工同酬的强制执行提供了一个法律依据。虽然这一法案对于"同等"机会获得的报酬标准失于严格的定义，但它的确为立法行为提供了基础。《平等报酬法案》的相关条款因为纳入1964年通过的民权法案第七款之中，而被进一步强化。第七款规定了遭受就业歧视的受害者基本的生活来源，成为反歧视计划的基础。[67]尽管技术的侵入使他们失去了很多工作岗位，但技术熟练的劳动者还是从更多立法保护中获得了益处。最为重要的是，政府变得对劳工问题更为积极关注，并且设立了一项新的基金，用于支持工人、企业管理者和政府三边之间的合作。

企业联合化和生产自动化还直接影响到了大企业工人的集中程度及其工作性质。在该年代的中期，42%的普通劳动力被员工人数超过万人的公司雇用，其中的15%受雇于员工人数超过十万的大公司。[68]相应地，美国的农民数量持续减少，到1966年，只有略高于5%的美国劳动力从事农业生产，并且随着工商业的日趋繁荣，很多企业愿意也有能力吸纳大部分从农场转向工厂的非熟练劳动力。[69]自动化对于工人获得工作机会的影响具有两面性：一方面，它为非熟练劳动力提供的新机会，多数是充当数控机床操作工、打孔机打孔工和越来越多的维护性工作；另一方面，自动化为那些设计程序和工序的高级熟练劳动者提供了机会，这些程序和工序确保了计算机技术能够实现既定目标。而像电子信息系统公司（Electronic Data Systems）的佩罗特（H.Ross Perot），以及科学数据系统公司（Scientific Data System）的马克斯·帕勒夫斯基（Max Palevsky）这些人，均致力于推动工厂和办公室的更高水平的自动化，并且从中获益巨大。由于企业寻求最大限度的自动化水平，所以他们为了广罗英才，经常将目光从国内投向国外。

人口持续增长

1965年通过的移民法案从根本上改变了自20世纪20年代中期以来形成的歧

视性的移民配额惯例。新法案作为约翰逊伟大社会计划的一部分，以一个平等的基准对待来自所有国家的移民。法案阐明了一项规定：在每年总计约29万的移民中——其中西半球以外17万，以内12万，不超过两万的移民可以来自任何国家。尽管新法案提出了宽泛的地区限制，但它并没有限制移民中的家庭数量。那些在本国受到迫害寻求政治庇护的人，和那些在某些领域具备特殊技能（比如计算机技术）的人，也得到了优惠的待遇。在其后的年岁里，全世界各国的技术、专业人才流向美国，使得这个国家大为受益[70]。企业和工会也都支持移民政策的这种改变；它们相信这将提供一个新的熟练技术工人才库。

移民法案改变了进入美国的新成员（多数来自亚洲和墨西哥）的构成，并使整体的移民进程得到稳定。整个20世纪60年代，每年新增的移民数量平均达32万[71]。尽管在这个十年内有超过300万的新移民进入美国，但他们只占国家人口总增长的13％。20世纪60年代出现了持续的生育高潮，人口增长总量大约为2,400万——总人口从1.79亿增长到了2.03亿。正是这持续增长的庞大的人口数量，支撑了20世纪60年代的消费经济，并成为商业界不断得以扩展的一个基本因素。

企业家：认识到消费者的价值

从许多方面看，能够在繁荣的经济大潮中把好舵，是所有商业执行官取得成功的先决条件。虽然经理人运用他们的财务技巧创建了联合企业，但企业家对财务的理解和运用则与此不同，企业家型执行官更关注财务绩效的核心驱动力——雇员和消费者，并将经营建立在价值、产量和成本效率的前提之上。

通过实行区域性的、低成本的、以消费者为中心的战略，企业家们，西南航空公司的赫伯·凯莱赫（Herb Kelleher）、沃尔玛的山姆·沃尔顿（Sam Walton）、联合公用事业（United Utilities）的保罗·亨森（Paul Henson），均打破了各自的企业过去成功的模式。虽然这些人都起步于竞争激烈的区域性市场，他们却建立了全国性的企业。他们在理解消费者的需求，以及更重要的消费者的潜在欲望方面，都遥遥领先。

凯莱赫很快草拟了西南航空公司低成本、高利润发展的计划。他最初提出的从达拉斯到休斯敦航班票价20美元的计划，遭到了那些大型空运承运商的激烈反对，他们担心自己的饭碗会受到影响。应该说，他们的担忧不是没有道理的。而一旦他开启的低成本航线计划获得了大家的认可，凯莱赫立即就控制了市场。西南航空通过它的低成本、无装饰、无预留座位的措施，重新定义了航空旅行。凯莱赫知道西南航空与它的竞争对手之间的唯一区别，就是它贴近于消费者和雇员。飞机、出入口和目的地都是一样的，而西南航空高度共享的企业文化，却激发了员工的积极性，改进了服务，并扮演了一个没有罢工现象的、持续获利的大角色。[72]

沃尔顿通过对消费者的关注也带领沃尔玛取得了很大的成功。沃尔顿对于那些通常被人们所忽略的群体，以及小镇和乡村的居民提供服务非常感兴趣。为此，他开办了开放度难以想象的高折扣大型超级市场，销售品类繁多的低价商品。绝大多数大型零售商确信，乡村区域的消费能力不足，可以带来的有效回报也太小，差不多可以忽略不计。而沃尔顿却从另一个角度考虑问题，证明这里是一个尚未服务到位的、被严重低估的区域，是真正的宝地。差不多20年的时间里，沃尔顿在美国乡村的生意无可匹敌，建立了一个覆盖全国范围的、高收益的折扣店网络。[73]

亨森在内布拉斯加（Nebraska）接手了一个小型的、区域性的电话公司，后来将它改造成了位居全美第三的电信公司。当亨森加入联合公用事业时，该企业拥有50万用户，服务于500个乡村社区，销售额为4,200万美元。1964年亨森担任CEO之后，乘着当时经济繁荣的东风，掀起了企业收购的浪潮，他在五年之内购买了28家公司。亨森的收购运作与其他收购者不同，他能够以较低价位获得高技术企业。凭着他的远见，联合公用事业成为光纤技术的最早采纳者，这种技术使公司跃上了全国性的舞台，并跨越式地将竞争对手过时的设备和基础设施抛在了后面。这项新技术反过来在一个价格敏感度很高的市场上，催生了一个具有成本效益的平台。[74] 一个突破性的理念或企业结构的产生，如果人们能持之以恒地关注它的执行和变异的情况，通常会在市场中长期占据优势。

表7–2

20世纪60年代发生的商业大事

时间	事件
1960年	美国开始对古巴实施贸易禁运
1960年	一种女用口服避孕片——异炔诺酮—炔雌醇甲醚片，获美国食品及药物管理局批准生产
1960年	第一台激光器在休斯研究实验室（Hughes Research Laboratory）研制成功
1961年	美国食品及药物管理局要求化妆品制造商必须通过安全审查
1961年	安定片（药）研制成功
1961年	食品券发放项目启动，以应对贫困和增加农场收入
1961年	东德修筑柏林墙
1961年	企业联合化达到高涨
1962年	《贸易扩张法案》（Trade Expansion Act）降低了关税
1962年	约翰·格伦（John Glenn）成为环绕地球的第一个美国人
1962年	恺萨·查维斯（Cesar Chavez）成立农场工人联合会（United Farm Workers）

表7-2（续）

1962年	古巴导弹危机
1962年	雷切尔·卡森的著作《沉寂的春天》在《纽约客》（The New Yorker）上连载
1963年	《平等报酬法案》禁止企业对男女员工实行同工不同酬
1963年	《清洁空气法案》（Clean Air Act）通过
1964年	约翰逊总统制订"伟大社会"计划
1964年	政府相关部门研究吸烟与肺癌的联系
1964年	约翰逊总统签署115亿美元的减税议案
1964年	《反贫困议案》（Anti-Poverty Bill）通过
1964年	"北部湾决议"通过，美国卷入越南的战争升级
1964年	《公民权利法案》通过
1964年	《经济机会法案》提供了工作救济程序
1964年	BASIC 编程语言
1964年	IBM 推出第一个规模化生产操作系统，OS/360
1965年	防止环境污染的议案规定新的轿车和卡车的排放标准
1965年	医疗保险和公共医疗补助制建立
1965年	拉尔夫·纳德出版《任何速度也不安全》一书
1965年	数字设备公司（Digital Equipment Corporation）推出第一台微型计算机
1966年	联邦交通安全局（National Traffic Safety Agency）成立
1966年	《包装真实性议案》（Truth-in-Packaging Bill）要求食品包装标志体现所包装的食品内容
1966年	《机动车安全法案》（Motor Vehicles Safety Act）规定排放控制标准
1966年	德州仪器公司推出第一台手持计算器
1966年	道琼斯工业指数第一次攀上1,000点
1966年	联邦足球队与美国足球队合并
1967年	美国电话电报公司引入"800"免费号码
1968年	失业率创15年来的新低——3.3%
1968年	《贷款真实性法案》（Truth-in-Lending Act）通过
1968年	纽约股票交易所创自1929年10月份以来的最大交易量纪录——1,600万股
1968年	阿拉斯加州普拉德霍湾（Prudhoe Bay）发现石油
1968年	美国汽车制造商被要求增加安全设备
1969年	DDT 被农业部禁止使用
1969年	尼尔·阿姆斯特朗成为在月球上行走的第一人
1969年	人造心脏发明
1969年	自动取款机发明

领导者：让企业重新焕发青春

　　领导者们指出，一个公司绝对不会老到不能重现活力。百得公司（Black & Decker）的经历就是一个极好的佐证。1969年，当"阿波罗11号"宇宙飞船上的宇航员返回地球时，他们带回了从月球上采集的样本颗粒。为了更好地了解月球表面的物质构成，美国国家航空和航天局（NASA）后来登月的宇航员们，随身携带了一台百得公司生产的以蓄电池为能源的钻孔机，这使他们能够穿透月球核心15英尺。国家航空和航天局之所以选中百得公司，是因为"像拿到月球上去的任何其他东西一样，钻孔机必须小而轻，并且以蓄电池为能源"。[75]这个专门设计、不用电线的钻孔机，内置了一个先进的计算机程序，从而能够充分发挥钻孔机的钻孔性能，并且最大限度地减少能耗。虽然它的应用成效显著，但百得公司参与太空竞赛，实际上是对阿伦佐·德克尔第二（Alonzo G. Decker Jr.）创建美国"自行安装"产品市场这一努力的自然延续。德克尔将家族企业所经营的产品，从百分之百的企业用品，转向了关注家用消费品。

　　随着公司转入消费品市场，德克尔在研发方面也进行了大量投入。企业投资于后来成为供登月使用的钻孔机的关键部分——先进的蓄电池，一直是一个秘密，甚至销售人员对此也不了解，直到在向"持怀疑态度的华尔街分析员"展示时，谜底才揭开。[76]钻孔机以蓄电池做动力，被认为是可以可靠地服务于个人消费者市场的一个转折点。以此为基础，企业付出巨大努力开发了一系列家用无线产品，包括草坪修整机、篱笆修剪机、螺丝刀和锯子等。德克尔领导的企业转型，适逢美国郊区化浪潮的顶峰时期，这使企业获得了巨大的收益。在整个20世纪60年代的扩张时期，百得公司保持着年均15%的销售增长率和利润增长率。[77]到这个年代末，公司60%的销售额，源自消费者家用修剪设施。[78]

　　向一个疲惫不堪或者过时的企业注入新生命的过程，往往是生死难卜的。尤其是当赌注已经极高并且难以为继时，企业领导者通常别无选择，只能孤注一掷以赢得更好的未来；或者任其自然，看着它不可避免地慢慢倒掉。这就是肯尼思·艾弗森（F. Kenneth Iverson）执掌美国纽科公司（Nuclear Corporation）时所面临的抉择。

肯尼思·艾弗森（1925 – 2002），纽科（Nucor）公司

　　杰瑞·贾西诺斯基（Jerry Jasinowski）和罗伯特·哈姆林（Robert Hamrin）在他们合著的《美国制造》（Making it in America）一书中，恰当地总结了艾弗森所面临的挑战："是遵循传统的道理，在这个寡头垄断的行业里实行一种基于联合的管理模式，还是突破陈规，做一名新型的'钢铁工人'？"[79]一次又一次地，艾弗森选择了开辟新的道路。他的胆识和决心不仅使他能够俯瞰古老的传统学识，

更为重要的是，能够解决他自己内心的疑虑。虽然他的作为所蕴含的道理堪与安德鲁·卡内基留传的理论相媲美，但是就职于钢铁企业是艾弗森期望在他的职业生涯中要做的最后一件事情。当他还是普渡大学（Purdue university）的一位22岁的硕士生时，艾弗森前往一家综合性钢铁生产企业进行了一次实地调查。他回忆道："我们穿过厂区，有时我们竟然不得不从那些昏昏入睡的工人的身上跨过去。那一刻我决定我再也不会就职于大型钢铁企业。"[80]艾弗森的信念只对了一半。他确实没有为一家大型钢铁公司工作，他创建了自己的钢铁公司。

艾弗森于1925年出生于伊利诺伊州芝加哥城外的一个名为唐纳斯·格罗夫（Downers Grove）的小型乡村社区。他的母亲出身于一个农民家庭，孩提时代，艾弗森和他的亲戚们在农场度过了很多假期。他的经历连同他关于劳动的伦理和作为农民的自豪感，后来强烈地影响着他选择雇佣的人和建造设施的地点。艾弗森的父亲，一个电气工程师，是西部电气公司的设备负责人，主要负责密西西比西部的所有设施。艾弗森步其父后尘，在科内尔大学（Cornell University）主修工程学，在科内尔大学求学期间，他还于第二次世界大战的最后几年里在美国海军预备部队服役。临近大学毕业时，艾弗森在普渡大学进修冶金和机械工程学的硕士学位课程。

当艾弗森于1947年毕业时，他在芝加哥国际收割机公司（International Harvest）获得了一个职位，成为一名科研专家。艾弗森在国际收割机公司工作了五年，这是他为之工作的最后一个大型的、成立已久的企业。尽管他对那段经历很满意，但他还是相信服务于大型企业牺牲太多，而难以得到相应的回报。艾弗森在他的《谈天录》（Plain Talk）一书中阐明这样一个观点："庞然大物提供给你的一些东西，却要求你回报以更多的诚实的工作。它甚至还榨取属于你个人范围内的东西。"[81]艾弗森于1952年离开国际收割机公司，此后的十年间他在各类以科研为基础的小型制造企业工作，其中包括新泽西州的海岸金属制品公司（Coast Mentals），在那里他作为执行副总裁为这个热合金定位焊接杆生产商工作。

当纽科公司试图收购海岸金属制品公司时，恰逢艾弗森的努力得到回报的时刻，艾弗森的才干给公司留下了极深的印象。纽科公司希望他继续效力，担任这个被并购公司的未来领导人，但这个计划并没有被海岸金属制品公司的当时的总裁很好地加以落实。为了避免法律上的纷争，艾弗森决定离开公司。由于这个猎物不够完善，纽科公司请艾弗森帮助它评估另一个猎获对象——南卡罗来纳州的Vulcraft公司。艾弗森接受了这个提议，最终建议纽科公司购买这个钢梁和工业用大梁的制造企业。纽科公司不仅购买了Vulcraft公司，而且说服艾弗森担任这家工厂的总经理。

1962年，艾弗森从新泽西州来到南卡罗来纳州。从许多方面看，艾弗森对存在于企业工作环境中的根深蒂固而又明显的分隔毫无准备。在Vulcraft公司，存在着专为黑人工人使用的分隔的工作间、出入口、盥洗室和食堂。反思他在Vulcraft

公司最初的感受，艾弗森写道："我到南卡罗来纳州并不是去反对种族主义，我是去从事管理的，我有企业要经营运作，我知道如何让 Vulcraft 公司以它能够做到的方式完成任务，我必须说服每个人一起工作，并且平等地彼此尊重。"[82] 艾弗森拆除了分割工人的墙壁，开始与"我们对他们"这种意识作斗争。他在 Vulcraft 公司的早期经历对他后来管理雇员所使用的方法影响至深——最小化管理层级、提供实实在在的和可达到的经济激励，听取每一个阶层的意见和建议。他对 Vulcraft 公司雇员所付出的心血也是他们挫败工会组织的行动中的一个有效因素。

1962年至1964年之间，艾弗森的努力使销售和利润增加了两倍。艾弗森成为纽科集团唯一的一个明星。尽管纽科声称它的目标是建立一个能够保持"美国在原子能时代的竞争力"的公司，但它实际上却实行了随意的、机会主义的并购战略。所并购的这些公司之间并没有什么联系，纽科对这些公司也缺乏明显的关注，甚至较少监管。到1965年，纽科公司到了破产的边缘，管理人员陆陆续续地离开，艾弗森也在考虑他的下一步行动。在这一剧变当中，该公司的掌控者塞缪尔·西格尔（Samuel Siegel）尽管已经递交了辞呈，仍然提议如果艾弗森担任纽科公司的总裁，他就恢复对该公司的掌控。作为母公司的掌控者，西格尔无法提供帮助，但是他对 Vulcraft 公司的业绩还是留下了深刻印象。理事会答应了西格尔的条件，艾弗森被任命为这个几近倒闭的集团公司的领导人。艾弗森和西格尔组成了黄金搭档，通过一系列措施来调整扩张理念。1965年，公司在艾弗森的领导下销售额达2,200万美元，而净亏损仅为220万美元。

尽管经济在飞速发展，但纽科公司的并购时代还是过去了。就在艾弗森担任总裁12天之后，他宣布了大规模的裁撤计划，使得公司超过一半的业务被出售或终止。Vulcraft 公司成为纽科业务的基础。1966年初，艾弗森决定将总部办公室从亚利桑那州的凤凰城（Phoenix）迁往南卡罗来纳州的夏洛特（Charlotte），以便离公司的主体资产所在地更近一些。当迁移计划宣布时，13家子公司中有12家的骨干成员辞职，他们确信公司注定会倒闭。艾弗森和西格尔组织了东迁之旅，在总部建立了无差别的带状办公室，使用可折叠的办公桌和一种新型的活动办公椅。在后来的数年内，虽然取得了巨大的成就，这两个搭档始终保持着同样的节俭。

一年之内，公司的业务又开始恢复赢利，并且将这种状况一直持续了30年。通过将业务集中到 Vulcraf 公司，艾弗森将它打造成为了行业的领头羊。尽管纽科因业务集中而获得了成功，艾弗森还是对公司成本结构的不稳定感到担心。因为公司每年都有超过一半的销售成本来自于钢铁采购，并且80%的钢铁原料来自欧洲，艾弗森坚信纽科公司将能够靠自身生产满足对钢铁的需求。虽然公司刚刚从灾难中恢复，但他还是决定为公司的未来赌上一把。

虽然美国所有的钢铁都是从综合性工厂里生产出来的，艾弗森还是决定引入一种在欧洲和日本都广泛采用的新的炼钢技术：迷你钢厂。艾弗森是这样描述迷你钢厂的："它不需要铁矿，不需要冶炼炉，也不需要煤矿。"[83]它只需要有电炉子来处理废铁，便可以制造出像铁条、建筑结构模块以及铁棒这样的再生铁制品。这些产品对于钢梁和托梁这样的工业用铁是十分适合的，但不能用作精炼钢制品。艾弗森的第一家迷你钢厂建于1968年，地点设在南加州达林顿（Darlington）的农村地区。艾弗森这样解释他在这个小城镇建厂的原因："你可以招到农业人口，他们有良好的工作道德，他们知道扳子该拿哪一头，他们有一种天生的机械感。"[84]他也知道成为这个地区最大的雇主所要承担的责任，而这种认知对于他的管理理念的形成起到了关键作用："当时局艰难时，每个人都要分担痛苦。"

艾弗森认为做自己公司的总的合同承包商，公司就可以获得时间上和成本上的优势。随着第一家迷你钢厂的建设，纽科公司开始首创了自己建厂的传统。在达林顿的工厂破土动工九个月之后，钢厂开始投入运营，并且很快开始赢利。通过加大对科技的投入以及招募非工会成员的工人，纽科公司的成本只有其他大型综合企业的一小部分。并且，因为没有高昂的运输成本，艾弗森的公司可以和外国的钢厂在价格上一比高下。有了达林顿工厂成功的经验，艾弗森很快就开始建设下一座钢厂，1972年，这家工厂也更名为纽科公司。

在整个20世纪70年代，艾弗森继续扩大着公司的迷你钢生产业务，即使有时这种投资与直觉相悖，他也毫不犹豫。这一时期，由于建筑业和汽车业萧条，美国的钢铁行业也遭遇了重挫。更糟糕的是，市场上到处充斥着外国进口的廉价钢铁产品。这些因素加在一起，让很多老字号的钢铁企业走向了坟墓，只有纽科公司继续着它的繁荣。在十年的时间里，纽科公司已经成为了世界上赢利最丰的碳钢制造企业，也是美国唯一能与外国钢铁公司在价格上竞争的钢铁企业。艾弗森认为科技方面的投入对于公司成功所起的作用只占了一小部分："我们的文化是公司成功的一多半。"[85]

这种文化是建立在一整套商业前提之下的。首先，艾弗森将决策权交给了各个工厂的总经理，他认为他们处于评估运营需求的最佳位置。艾弗森是最小化管理层级的坚定的拥护者，即使公司成为了美国第二大钢铁企业，它的组织层级也没有超过四层，而且在总部的工作人员也少于25人。因为鼓励地方自治，地区负责人也有了开拓创新和承担风险的责任，而往往在这些风险之中，蕴藏着更大的生产力。第二，艾弗森设立了一项创新激励计划，它可以让所有的工人享受到由绩效而获得的实际的利益，从而成为工会组织的坚定反对者。虽然纽科公司的基本工资（不管是从事生产线工作还是管理工作）是其他钢铁公司的70%，但是绩效工资却可以让员工的收入大大超过其对手公司雇员的收入。工厂团队按照总体生产率和最终产品质量来评估工作绩效。当团队获得激励工资的时候，它马上就被打入下一次的工资单。通过这种方式，他们努力工作的结果立竿见影。当不景气的时候，艾弗森采取了"分担痛苦"的做法，这种做法可以减少产业工人的工作时间和管理人员的津贴。这一做法使纽科避免了裁员,而当时这个行业已经因为裁员而缺乏基本的安全感。最后,所有的员工,不管他是哪个级别的,都得到了同样的对待:没有公车,没有预留车位,没有高管餐厅,没有包机,执行官也没有头等舱的待遇。

从一开始,艾弗森就坚定地维护着企业的文化。而随着纽科公司成为美国最大的工业企业之一,他的信念也没有改变。实际上,在公司不断推出新技术来与美国其他大型综合钢厂的高端产品进行竞争的时候,这种企业文化成为纽科公司保持成功的一个重要因素。艾弗森成功地挑战了钢铁行业的成规,但是它并非仅仅改造了技术基础,相反,他改变的是人们大脑中的管理理念。[86]

泡沫破灭

20世纪60年代所展现的历史情境(如地缘政治紧张加剧、政府审查更趋严苛,以及大规模的社会动荡)比50年代更加紧张,但是经济扩张的势头依然良好。在很多方面,由于历史情境完全改变所获得的商业成功会让人们产生一种无敌和自负的感觉。第二次世界大战后的大部分时间里,美国企业都在没有竞争、不用考虑客户需求和不用担心资源消耗的情况下发展的,很多企业的执行官对于70年代将要面对的新形势完全没有准备,但是这些情况却发生了根本的变化。随着美国家庭都已配备了电器、电视和其他小玩意,持续了四分之一个世纪的"工业扩张潮流"终于接近尾声。[87]而它的终结与国民自信心达到一个低点以及受石油影响经济陷入衰退之时不谋而合,更加剧了所存在的问题。那些盲目遵循老路的执行官们在面对国际竞争、资本稀缺和政府严格监管的时候完全没有准备。如果说20世纪60年代是不加拘束发展的年代,那么70年代就是为生存而疲于奔命的年代。

表7-3

1960年代的企业家、经理人和领导者

企业家	
Mary Kay Ash, Mary Kay Cosmetics	Ralph Lauren, Polo, Ralph Lauren
Frank Batten, Landmark Communications	Mary W. Lawrence, Wells, Rich and Greene
Warren E. Buffett, Berkshire Hathaway	Mark H. McCormack, International Management Group
Mervyn E. Griffin Jr., Griffin Productions	Patrick J. McGovern, International Data Group
Bruce D. Henderson, Boston Consulting Group	William G. McGowan, MCI Communications
Paul Henson, United Utilities/Sprint Corporation	Robert G. Mondavi, Robert Mondavi Winery
William R. Hewlett, Hewlett-Packard Company	Thomas S. Murphy, Capital Cities/ABC
Amos Hostetter Jr., Continental Cablevision	Jean Nidetch, Weight Watchers International
Herbert D. Kelleher, Southwest Airlines	M. Kenneth Oshman, Rolm Corporation
Anne Klein, Anne Klein & Company	Max Palevsky, Scientific Data Systems
	Jeno F. Paulucci, Jeno's Frozen Pizza

表7-3（续）

H. Ross Perot, Electronic Data Systems
Thomas B. Pickens, Mesa Petroleum Company
Sumner M. Redstone, Viacom
Steven J. Ross, Warner Communications
Pete Rozelle, National Football League
W. Jeremiah Sanders III, Advanced Micro Devices
Richard M. Schulze, Best Buy
Muriel Siebert, Muriel Siebert & Company
Robert E. (Ted) Turner, Turner Communications
Samuel M. Walton, Wal-Mart
Leslie Wexner, Limited (The), Inc.

经理人

Terrence E. Adderley, Kelly Services
Robert O. Anderson, Atlantic Richfield Company
Paul R. Andrews, Prentice-Hall
Roy L. Ash, Litton Industries
J. Paul Austin, Coca-Cola Company
Edward J. Bednarz, Pinkerton's
Eugene N. Beesley, Eli Lilly and Company
Glen W. Bell, Taco Bell Corporation
William Blackie, Caterpillar Tractor Company
Fred J. Borch, General Electric Company
John Y. Brown Jr., Kentucky Fried Chicken
Willibald H. Conzen, Schering-Plough Corporation
Bert S. Cross, 3M
Fred DeLuca, Subway Sandwiches
Bernard A. Edison, Edison Brothers Stores
Louis K. Eilers, Eastman Kodak Company
John C. Emery Jr., Emery Air Freight
Donald G. Fisher, Gap
Richard M. Furlaud, Squibb Corporation
Henry W. Gadsden, Merck & Company, Inc.
Edward G. Gardner, Soft Sheen Products
Maurice R. Greenberg, American International Group, Inc.
Robert C. Guccione, Penthouse International Limited
Ralph A. Hart, Heublein
Stuart K. Hensley, Warner-Lambert Corporation
Wayne Hicklin, Avon Products
E. G. Higdon, Maytag Corporation
Philip B. Hofmann, Johnson & Johnson Company
Carl C. Icahn, Icahn & Company
John K. Jamieson, Exxon Corporation
Mitchell P. Kartalia, Square D Company
Erwin Kelm, Cargill
Donald M. Kendall, Pepsi Co.
William F. Laporte, American Home Products
Edward T. Lewis, Essence Communications
Peter B. Lewis, The Progressive Corporation
Ray W. MacDonald, Burroughs Corporation

Forrest E. Mars Sr., Mars
Jack C. Massey, Hospital Corporation of America
Thomas S. Monaghan, Domino's Pizza
Ray T. Parfet Jr., Upjohn Company
Charles M. Pigott, PACCAR
Thomas M. Rauch, Smith Kline & French Laboratories
Jean Riboud, Schlumberger, Limited
Cedric H. Rieman, Gardner-Denver Company
Leonard S. Riggio, Barnes & Noble
David Rockefeller, Chase Manhattan Bank
Willard F. Rockwell Jr., Rockwell International
Francis C. Rooney Jr., Melville Corporation
Joseph L. Rose, Deluxe Check Printers
Barry Schwartz, Calvin Klein
Robert B. Shetterly, Clorox Company
Henry E. Singleton, Teledyne, Incorporated
William F. Souder Jr., Marsh & McLennan
Robert D. Stuart Jr., Quaker Oats Company
R. David Thomas, Wendy's International, Inc.
John P. Thompson, Southland Corporation
Laurence A. Tisch, Loew's
Jane Trahey, Trahey Advertising
Charles R. Walgreen III, Walgreen Company
Henry G. Walter Jr., International Flavors & Fragrances
Sigfried Weis, Weis Markets
Jann S. Wenner, Rolling Stone Magazine
George H. Weyerhaeuser, Weyerhaeuser Company
Walter B. Wriston, Citibank/Citicorp
Vincent C. Ziegler, Gillette Company

领导者

W. Michael Blumenthal, Bendix Corporation
Howard L. Clark, American Express Company
Alonzo G. Decker Jr., Black & Decker Corporation
Jerry Della Femina, Della Femina and Travisano
Katharine M. Graham, Washington Post
Amory Houghton Jr., Corning Glass Company
F. Kenneth Iverson, Nucor Corporation
Samuel C. Johnson II, Johnson Wax Company
Howard B. Keck, Superior Oil Company
William F. Kerby, Dow Jones & Company
Edgar F. Luckenbach Jr., Luckenbach Steamship
Robert F. McDermott, USAA
Monroe J. Rathbone, Standard Oil of New Jersey
Herbert J. Siegel, Chris-Craft Industries
John E. Swearingen, Standard Oil of Indiana
Ralph E. Ward, Chesebrough-Pond's
Thornton A. Wilson, Boeing Company
William Wrigley III, Willian Wrigley Jr. Company

第八章
1970—1979 应付不适

> 这真是一个劳心又劳力的时代。
>
> ——杰拉德·R. 福特（Gerald R. Ford）

> 据报道，沙特以石油相威胁。
>
> ——《纽约时报》头条，1973年10月16日

整个70年代都是在不停地与不适、气馁甚至是绝望作斗争中度过的，而且这种斗争常常以失败收场。比20世纪30年代的大萧条更为甚者，70年代见证了历史上一些最黑暗的时刻——越战失败、水门丑闻、石油禁运、肯特郡的冷血暴力事件、为平等而进行的艰苦斗争，以及震惊世界的伊朗人质危机。在30年代，人们还可以向总统和政府寻求帮助和指导，但是在丑闻不断的70年代，连这些都变得遥不可及了。随着整个国家的士气降到了历史的最低点，人们的苦痛也在无奈地继续。[1]

没有什么图片比加油站前排起的长龙更能反映出美国人的这种无助。[2] 拥有丰富自然资源的美国却不能应对大规模的能源危机，以至于美国的家庭、企业和政府都不得不仰中东国家的鼻息。60年代辉煌的日子一去不复返了，取而代之的，是经济的谜团——滞胀。高通货膨胀和高失业同时并存让经济学家百思不得其解，而20世纪70年代之前，"通常认为，经济衰退和通货膨胀是不可能并存的，因为缓慢发展的经济应该会带来稳定的价格"。[3] 国家经历了自1947年以来最高的通货膨胀率，平均水平超过了8%，最高的时候甚至达到了13%。[4] 与此同时，失业率也达到了8.5%，这在1941年之后还是第一次。[5] 高利率、高通货膨胀以及高失业率同时存在引发了一系列的衰退。

对于企业来说，它们要面对资源稀缺、顾客需求增加、金融服务减少、外国

竞争加剧等问题。虽然持续的通货膨胀已经让美国的产品在国际市场上变得更加昂贵并且没有吸引力，但是对质量的忽视更加剧了这种危机。举例来说，美国三大汽车厂商放任、自负的做法为那些廉价、节油的进口汽车提供了市场空间。而当美国公司开始进入微型车市场的时候，它们常常不考虑油耗问题，雪佛兰的科维尔（Corvai）、福特的品脱（Pinto）以及美国汽车公司的格里姆林（Gremlin）是这个时代质量低劣的突出代表。即使是像通用汽车这样的公司，虽然通过适时满足客户需要而打败了福特，但它在微型车市场上同样进展缓慢。通过关注质量、价格承受力和安全性，日本汽车厂商恰好利用能源危机和美国企业的短视争得了先机。到这个十年末期，日本汽车厂商占领了美国微型汽车市场21%的份额，而在70年代初期，它们所占的份额只有6%。[6] 20世纪70年代美国三大汽车巨头和其他企业所经历的痛苦并不是孤立的，这种痛苦在世界的每一个地方、每个角落都上演着。

全球之痛

当理查德·尼克松于1968年进入总统竞选阵营的时候，他宣称有一个计划可以保证美国在越南的"和平与体面"。像他的前辈那样，尼克松认为北越面对美国的全面军事压力会被迫屈服。出于这个目的，尼克松签署命令将更多的部队派往越南参战，并且提高了空袭的烈度。尼克松还批准了另外一项长达14个月的大规模入侵柬埔寨的计划，因为柬埔寨一直被北越用作战略平台和避难所。尽管这次攻击所使用的炸弹数量达到了第二次世界大战时攻击日本所用弹药数量的四倍，但是却没有取得预期的效果。[7] 相反，它激起了共产主义世界的广泛支持，并且在美国国内引发了反战浪潮，其中就包括肯特州的国民卫队向大学生开枪事件（四名抗议者被打死）。在巨大的压力之下，尼克松同意逐步从越南撤军。[8]

这次撤军持续了四年之久，在此期间，美国政府试图与北越当局达成一项和平协定，这让人们回忆起朝鲜战争的场面，1973年签署的停战协定与1969年战争之初的那个协定是多么惊人地相似！而在这四年当中，有超过两万名美军士兵伤亡。在最后一支美国军队于1973年3月撤离越南之后，曾经有一段时间的平静，然后在1975年，多米诺骨牌开始倒塌，在美国军队撤离的第二年，北越攻击了南越，而这一次，美国没有干预。[9]

虽然尼克松在国内政途坎坷，并且最终也没有实现他对越战的承诺，但他在国际舞台上却是一个经验丰富的机会主义者。他一边在越战中保持警惕，一边却同时讨好两个最大也是最强的共产主义国家。虽然20世纪50年代麦卡锡议员的反共议案曾使得局势一度紧张，尼克松在外交上却是一个实用主义者，而且在与共产主义国家发展关系上他比任何一个前任做的都要多。他取消了贸易限制，并且通过法案赋予中国最惠国待遇。这些努力的背后都有强大的产业支持，其中包括纺织、石油以及高科技装备企业等。可口可乐的执行官保罗·奥斯汀1978年12月就利用这样的机会敲开了可口可乐进入中国市场的大门，其他人也很快试图进入这个潜力巨大的市场。尼克松并没有止步于中国，同年他针对苏联发起了一项旨在缓和双方关系的计划，他同意在空间开发、环境、医药甚至武器方面与苏联开展合作。10 而在尼克松接触苏联之前，阿曼德·哈默（Armand Hammer）已经开始了与共产主义国家的交往。哈默通过与苏联签订一笔价值200亿美元的交易而大大地扩展了西方石油公司（Occidental Oil Company）的业务，交易让公司获得了俄罗斯的氨水和天然气供应，但条件是帮助苏联建立化肥工厂。11

美国从越南撤军以及与中国和苏联外交关系改善所取得的大好形势，却因为中东局势的紧张而被削弱。美国因为支持以色列的赎罪日战争（Yom Kippur War）而遭到了阿拉伯产油国的石油禁运报复。很多产油国都于1960年加入了石油输出国组织（OPEC，欧佩克）以应对日益下降的油价，它们在60年代的努力却基本没有取得成果，但是随着禁运的开展，它们的力量得到了壮大。1973年，美国国内消费需求的36%依赖于外国石油（1970年时这一数字为22%），因此，失去阿拉伯的石油对于美国企业有着十分突出的影响，12 特别是那些历史悠久、对自己的业务有绝对控制权的跨国石油公司，它们现在沦为了石油出口国的生产代理商。13 与之相应，像埃克森美孚这样的大公司的执行官们发起了合成染料开发计划，并且盲目地向核心业务之外的领域发展。

虽然实际的石油禁运时间很短，但是它的影响特别是不断飙升的油价却持续了很长时间。禁运之前每桶石油的价格不过1.5美元，而禁运之后则涨到了每桶32美元。14 油价上涨的影响非常广泛，因为这个时期已经有85%的美国人开车上下班。15 在这个十年当中，尼克松、福特和卡特政府都采取各种措施降低美国对外国石油的依赖。1973年，美国国会通过了《紧急石油配给法案》（Emergency Petroleum Allocation Act），鼓励美国人关掉取暖器；增加了替代能源的开发投入，包括核能和煤炭；将高速公路的限速降低为每小时55英里；鼓励提高汽车和家用电器的效率。此外，还通过立法开发阿拉斯加的输油管道，并且正式成立了能源部。除了采取措施降低对国外石油的依赖，每一届政府还都设法通过直接价格控制和严厉的管制以及征收重税等措施来控制油价上涨。但是，每一种措施所起的作用都非常有限。到了70年代末，卡特总统签署法案解除了油价控制。16 油价控制措施的实行实际上打消了美国公司投资昂贵的石油开采的积极性，并且导致它们更加依赖欧佩克的石油进口。17 除了对美国经济产生最大影响之外，赎罪日战争也迫使美国在中东政治舞台上扮演更重要的角色。在尼克松的国务卿亨利·基辛格（Henry Kissinger）的调解下，以色列、叙利亚和埃及达成了一项停火协议，并且为后来的戴维营和平协定奠定了基础。

政府的难处

正如肯尼迪在20世纪60年代乐观的开局一样,尼克松的开局也并没有让人预见到70年代所遭遇的那种里程碑式的困境。尼克松入主白宫是因为得到了"沉默的大多数"的支持,这些守法的市民(大部分是白人)不会用游行或者论争的方式来提升他们的利益,他们就是普通的美国人,但是他们对于社会的放任和不负责任却越来越失望和反感。作为被剥夺了权利的白人的典型,尼克松讨好沉默的大多数的做法,与20年代沃伦·哈丁(Warren Harding)呼吁常态的做法不一样,尼克松1968年的当选标志着美国向保守主义和传统主义的转化。

在他的第一届任期内,尼克松致力于刺激经济,他将他的精力的大部分放在了控制经济滞胀上面。他通过了一项为期90天的工资和奖金冻结计划,取消了美元的金本位,缩减了太空计划的开支,批准了一系列的税费减免,支持一项带有保护主义色彩的对进口货物增加10%额外关税的措施,并且大幅度地削减了国防开支。社会保障方面的优惠和食品券根据通货膨胀水平而随时调整,少数民族企业家在获得政府合约方面能享受一定的优惠,此外还通过了一系列新的健康和职业安全标准。尼克松对沉默的大多数的迎合、对经济的看似有力的控制(石油危机前)以及他对越南的默许,使得他在1972年总统选举中成为一个不可阻挡的候选人。因为获得了群众的支持,尼克松在50个州中赢得了49个州的支持。[18]他的执政风格清晰而明确,这也是他由辉煌走向失败的原因之一。

从表面上看,仅凭水门事件本身——闯进民主党全国委员会办公室,并且在那里安装窃听器——并不足以使一位总统下台。当这个事件最初被报道的时候,事情看上去也就到此为止了,没有多少人去关注它。但是当现场证据表明这一非法闯入实际上是在选举委员会的授意下进行的,而总统本人实际上并不知情,媒体开始陷入了疯狂的境地。虽然总统本人与此事没有直接的联系,但是尼克松确实是他所授权的一项调查的积极干预者。在两年的时间里,电视揭露了一个总统级的欺骗网。美国民众在面对能源和经济危机的同时,还要面对对国家、对最高领导以及对同胞的信任危机。到了尼克松不得不辞职以避免更高级别的弹劾的时候,已经有25位政府官员,包括四名内阁成员和副总统被关进了监狱或者不体面地引咎辞职。[19]

在福特接任总统之后一个月,尼克松得到了赦免,整个国家一片哗然。福特曾经在美国民众心中留下的良好印象顿时荡然无存。对福特本人来说,他躲开了群众性的起诉事件。在28个月里,福特否决了66项议案,这一数量是尼克松在位的68个月里所否决的议案数的1.5倍。[20]福特是自由主义政府的坚定拥护者,但是他的努力对于发展经济所起的作用却微乎其微,而且经济形势在1974年降至最低。

共和党内部的分裂和混乱的经济形势为1976年吉米·卡特（Jimmy Carter）的当选铺平了道路。卡特上台的时候并不像其他人上台时那样心中充满喜悦。整个国家低迷的形势给选举笼罩上了一层阴影，使得这次选举的投票率达到了28年来的最低水平。21 最初，卡特朴素的性格和不那么老练的表现被人们所欢迎与夸赞，但这种魅力很快就消失不见了，因为他不能也不愿让国会阻止立法行为。22 但是卡特在国际舞台上还是做出了一些初步的成绩。

1978年，卡特与埃及总统萨达特（Anwar al Sadat）以及以色列总理贝京（Menachem Begin）签署了戴维营协议，协议中埃及承认以色列的主权以换取以色列从西奈半岛撤军。虽然协议内容有些空泛，但是却奠定了美国在国际政治舞台上的地位。卡特在国际政治舞台上的成功并没有持续太长时间，虽然此前他在中东外交政策上表现出灵活的一面，但是他在面对外国压力时的软弱表现却受到人们的诟病。这一点在1979年11月表现得尤为突出，当时伊朗武装分子冲进了德黑兰的美国使馆，并且扣押了53名人质。这次袭击的目的是为了报复美国过去对伊朗国王的支持。美国民众对电视上播放的美国国旗和美国总统的肖像被烧毁与涂损的画面十分震惊，23 事情发生在70年代末，这种无助和痛苦的感觉一直持续了很久。

尽管有尼克松的丑闻、福特的不作为和卡特的无能，70年代还是制定了相当数量的有关消费者权益的法案。从某种程度上说，这些立法针对的是60年代企业以赢利为目的的一些做法——这种做法通常导致对消费者在质量、安全和效率方面意愿的忽视，立法实际上是对企业某些做法的一种纠正。尼克松成立了一个公共安全委员会以收集并分析各种可能对消费者存在潜在威胁的产品的数据。24 委员会的第一份报告是令人震惊的——每年有2,000万人受伤、11.1万人永久性残疾，三万人死亡，整个国家为此而耗费的成本估计超过55亿。25 紧随其后，国会通过了《消费产品安全法案》（Consumer Product Safety Act），为制造企业设定新的市场标准和产品质量标准。消费者保护措施同时还扩展到了产品质量广告和财务信用领域，1975年的《马格努森－莫斯保证法案》（Magnuson-Moss Warranty Act）强令制造商明确标注有关产品保证的条款、范围和限制。另一项让消费者受益的《公正信用汇报法案》（Fair Credit Reporting Act）为信用记录的使用和规范设定了新的标准，也使得公众第一次能够获得信用报告。

70年代政府出台的一项对商界最具有意义的措施，就是缩小国家对经济干预的范围。在几家最重要的航空公司的强烈反对下，卡特总统于1978年签署了《航空解制法案》（Airline Deregulation Act）。这一法案逐渐停止了政府控制的民航委员会（Civil Aeronautics Board）的作用，该委员会有权决定新的航线，决定由哪一家航空公司来承运、设定价格，并且评估合并请求。随着国家控制的减弱，市场开始参与决定航线、价格和网络结构，而政府则只负责保障航空的安全。因为担心小社团会受到解制的影响,政府强调当前的承运人必须由自己保持其服务水平或者找其他承运人来继续这一航线。这一法案刚通过的时候,全美国只有43家合格的航运公司,到了1984年,这一数量增加了一倍。而低廉的价格加上运力过剩使得整个行业的赢利能力急速下降。[26] 到了80年代中期,业界的合并才再一次出现。

尼克松、福特和卡特的大多数旨在刺激经济的措施都失败了。滞胀水平、失业率和利率都相继达到了历史的新高。[27] 在美国人继续受苦的同时,一些社会和环保事业也在60年代遭遇了低潮。特别是成立于70年代初期的环保署,在这一时期经历了相当程度的倒退。[28] 新的限制措施造成了失业的上升,而企业和劳工的利益压制了很多对于环境问题的关注。

劳工的不平等地位和失望

尽管劳工运动在一些改善工作环境的斗争上获得了胜利,但是在改善工资和价格冻结方面却十分无力。价格控制的最初目的是为了控制滞胀,但是也间接地降低了美国商品的竞争力,从而造成了工作机会的减少。美国失业率的上升,从1969年的3.5%到1975年的8.5%,来的特别不是时候。[29] 从1969年到1980年,婴儿潮期间出生的那一批人现在都已经成年,美国的劳动力增加了40%,大约有3,000万人加入了劳动力大军。[30] 从整体上来说,工作机会的增长已经赶不上劳动力增长的步伐。

失业率的增长本身就已经是一件很糟糕的事了,而偏偏它发生的时间又是这个国家工人的生产率急速下降的时候。[31] 工人的低生产率也意味着更少的商品产出,而这又将相应地加剧通货膨胀。实际上,美国人不得不更加努力地工作以赚取每一个贬值的美元。这个国家弥漫着普遍的失望情绪,而在两起公开的工会领袖谋杀案震惊全国之后,这种情绪达到了新的高潮。约瑟夫·亚伯隆斯基(Joseph Yablonski)、他的妻子和女儿都被杀害了,因为他准备调查联合煤矿工人的主席选举受到非法操控的情况。五年之后,吉米·霍发(Jimmy Hoffa)被绑架,而且很明显是被谋杀了(因为直至今日也没有找到尸体),事情再一次震惊了全国。1971年,尼克松总统赦免了颇有权势的卡车司机工会(Teamsters Union)的前任领导人霍发,而此前他曾受到指控,并因养老基金诈骗和干预陪审团而被判有罪。而尼克松在竞选时曾得到卡车司机联盟的捐献,因此他赦免了霍发,前提是他不在工会中谋求曾经担任过的职位。如果霍发遵守了被赦免的条件,可能他的命运会有所不同。[32]

有一个人选择了一条不一样的道路,这个人就是塞萨尔·查韦斯(Cesar Chavez)。这个美国劳工运动领袖在改善边远农场工人的生活方面做了很大的努力。通过旗帜鲜明的抵制活动，查韦斯将全国的注意力吸引到了边远农场工人的现状上来，而这一个群体曾经被认为是最不可能组织起来的。当在争取认同的运动中出现了暴力的时候，查韦斯没有予以支持；相反，他选择个人绝食这种非暴力抵制的方式。1970年，他被关进监狱十天，理由是组织了非法的、全国性的抵制莴苣的活动。但是查韦斯将这场斗争继续下去并且组织了另一个全国范围的抵制加州葡萄的活动。这一运动最终迫使26个葡萄种植园主正式承认了美国农场工人协会（United Farmer Workers，UFW）。到了1975年，这个刚刚成立五年的组织成功地为它的五万会员争取到了三倍的工资，并且改善了工作条件。[33]

随着工人运动不断为自己的利益而奋斗，工人们也从政府的立法和干预中得到了好处，这其中就包括职业安全和健康管理局（Occupational Safety and Health Adimiristration，OSHA）制定的一些规章。与关注消费者权益相类似，职业安全方面的立法，针对的也是60年代企业对于财务业绩过分追求这一现象。从1964年到1969年，一场全国性的产业调查发现工伤的百分比增加了25%。[34] 国会希望OSHA的成立能够缓解这种状况，而在OSHA开始正式运行的第一年，它进行了28,900起调查，发现了89,600起违规行为，并且开出了210万美元的罚款[35]。而OSHA的真正影响并非来自它所发起的调查，而是来自OSHA本身。在很多方面，这一机构的存在迫使很多企业重新评估它的运作，以应付可能到来的调查。

民权立法中的反歧视条款和积极平权措施也通过了高层的司法辩论。1971年，美国最高法院批准了第七条，禁止在雇用员工时存在歧视。法院裁定"雇主不能在雇用员工时提出歧视性的要求，除非这些要求是工作必需的"。[36] 1979年，最高法院在美国钢铁工人联合会诉韦伯案（United Steelworkers of America v. Weber）中再一次肯定了优先雇用原则以纠正长期存在的工作机会不平等问题，法院裁定只有在和过去的歧视行为不一样的情况下优惠措施才是适合的。从本质上来说，它裁定的是当一个雇主试图纠正长期存在的用工不平等时，反向的歧视是可以接受的。

社会在"追求幸福"

《独立宣言》签字后200年，美国仍然在为一个最值得称道而又最难于定义的信念而奋斗——"人受造而平等，他们都从他们的'造物主'那边被赋予了某些不可转让的权利，其中包括生命权、自由权和追求幸福的权利。"当美国人正要开始庆祝他们获得民主200周年的时候，他们开始正视这一理念的最真实的含义。特别是黑人争取民权的斗争迫使这个国家开始按照《独立宣言》的精神来行事。

随着越来越多的黑人开始维护他们的民主权利，一小批有影响力的黑人企业经理人也开始维护自己的经济权利。通过发展企业，很多黑人在经济上获得了成功，他们就像是叩开了财富世界的大门。通过创立汽车城录音公司（Motown

Records），小贝里·戈第（Berry Gordy Jr.）为20世纪60年代的黑人企业家树立了一个榜样。通过支持烟鬼罗宾逊（smokey Robinson）和奇迹组合、戴安娜·罗斯（Diana Ross）和超越、杰克逊五人组，汽车城录音公司成为当时最成功的非洲裔黑人企业。虽然支持的大多是黑人艺术家，戈第却开创了一个音乐新纪元，受到了各式各样听众的喜爱。37

托马斯·巴瑞尔（Thomas Burrell）、伊万·休斯敦（Ivan Houston）和艾尔·格瑞福斯（Earl Graves）都是戈第模式的后来者。在1971年，巴瑞尔成立了一家广告代理公司，并且从当时尚未开发的非洲裔美国人的潜在市场中获利，而且通过这种方式，他成为了目标市场的先锋，将公司建成了美国最大的黑人广告代理公司。通过关注对产品的情感依赖，他为可口可乐、麦当劳、普里克特和盖博公司设计了具有突破性的广告，这些广告不管是在黑人中还是在白人中都引起了共鸣。休斯敦对于金州保险公司（Golden State Insurance）运作流程的形成可谓是功不可没，在他的带领下，金州保险开始赢利并且扩大规模。他将公司从一个目标单一的只经营黑人个人保险业务的小公司，发展成为了一个经营团险的保险集团，并且成功地从福特、通用汽车以及美国电话电报公司获得了保险订单。在他长达20年的任期里，金州保险成为美国第三大黑人所有的财务服务企业。在美国军方绿色贝雷帽部队服役之后，格瑞福斯进入了政坛，此后他开始创办《黑人企业》（Black Enterprise）杂志，为黑人上班族提供新闻，同时也为企业发展提供媒介。巴瑞尔、休斯敦和格瑞福斯这些杰出的执行官成功地开创了一种模式，激励着其他美国黑人企业家奋斗的道路。38

美国黑人同样也加入了妇女们为争取经济和政治平等而进行的有组织的运动中。全美妇女联合会（National Organization of Woman，NOW）成为"平权"和"流产"最强有力的鼓吹者。其间通过的具有分水岭性质的法律是1972年的《教育修正法案》（Educational Amendment Act）第四条。法案要求高校支持针对妇女的就学项目。作为法律要求的结果，各大高校都开始确保女性在课堂和竞技中享有同等的机会。这一开创性的法案为女性在哈佛、耶鲁、普林斯顿求学打开了大门，而且第一次给予女性运动员一块平等的竞技舞台。39

1972年，国会还批准了《平权修正法案》（Equal Rights Amendment）。经过50年的斗争，女性的平等地位终于得到了正式承认，虽然修正案的正式实施有一个延长期，以便于在它正式进入美国宪法之前能够得到国家的批准。延长期在1982年终止，因为需要得到至少38个州的批准，但是在此之前还少三个州。这一并不矛盾的法案成为了自由派和保守派的战场。40 1973年，罗伊诉韦德案（Roe v. Wade）中最高法院充满感情色彩的判决有力地分裂了女性运动。这一判决裁定州法院在妊娠头三个月禁止堕胎的规定不合法。罗伊诉韦德案的裁定激起了保守派的反应，而保守派和激进派之间的对立阻碍了进一步的立法行动。41 在获取权利的过程中，女性的声音虽然是最响亮的，但除了女性之外，这场争取认同的斗争还得到了各种各样的群体的支持，包括为不再受人歧视而斗争的同性恋者、遭受过去政策的不公正待遇后希望获得赔偿的美国土著，以及那些为了获得更公正的待遇而引发了大规模骚动的囚犯。[42] 这些争取平权的努力对于改变美国劳工阶层的构成有着十分重大的影响。虽然他们赢得的反响各不相同，但是企业却最终变得更加"紧凑"。

在混乱和斗争中，很多美国人选择只关注自己能够控制的范围，这也就是说，他们只关注自己的生活。这十年中最畅销的就是那些能够自我帮助和自我放纵的书，比如《寻找第一》（Looking for Number One）、《怎样成为你自己最好的朋友》（How to Be Your Own Best Friends）、《自我控制》（Pulling Your Own String）和《我很好——你也很好》（I'm OK – You're OK）。对于新的自我价值的追寻，也成为自我发现和自我分析这样的培训项目赖以成长的最肥沃的土壤。这其中就包括了超然冥想和艾哈德研讨班课程（Erhard Seminars Training, EST）。在一些案例中，这种追寻走向了极端，其中最明显的就是一些邪教的出现。在这些邪教中最臭名昭著的就是由吉姆·琼斯（Jim Jones）领导的人民圣殿教，他在1978年率领他的信徒服下了带氰化物的果味饮料，致使913人死亡。[43]

整个国家对这种自我超脱的追求成为逃脱70年代痛苦的一个途径。因为目睹了他们的领导者逃避自己行为所带来的后果，所以美国人开始越来越多地寻找途径来逃避个人的责任，有时甚至是逃避自己的义务。在这十年中出现了无责任保险和无过错离婚，而且自我放纵的性行为也有增加的趋势。这些自我放纵的人群最好的游戏场所就是迪斯科舞厅，而到了70年代末，在美国有上万家迪斯科舞厅，整个行业的收入超过40亿美元。[44]

20世纪70年代行乐主义文化的另一个体现就是对健康的狂热关注，特别是跑步狂潮席卷了全国。曾经有一项政府报告将减少胆固醇的摄取量和锻炼与降低心脏病的风险联系起来，这引发了全国对慢跑的兴趣，并且带动了健康和减肥类书籍的热销。1972年，弗兰克·索特（Frank Shorter）获得了奥运会马拉松的金牌，此后他又在1976年获得银牌，极大地刺激了健身产业的发展，特别是运动鞋产业的发展。整个国家对于健身的狂热成为多项新产业的基础，这其中包括菲利普·奈特（Philp Knight）的"耐克"和保罗·费尔曼（Paul Fireman）的"锐步"。通过策略性的广告、对明星运动员的赞助以及创造性的产品开发，耐特和费尔曼成功地在彼此竞争的同时创立了一个数十亿美元市值的产业。[45]

城市的衰败

很多美国人对于通过文学、自我拓展或者锻炼来摆脱70年代的混乱并不满足，他们希望找到一种更为普通的方式。城市内部的迁移达到了新的高度，因为美国人开始放弃在混乱嘈杂的市中心生活，转而搬到安静的郊区。很多制造业城市的市区也遭遇了行业萧条，其中包括钢铁、重型机械、汽车、轮胎等行业。[46] 突然衰落的经济对建筑行业打击惨重，新建住宅数下降了将近200万套，从60年代的1,220万套下降到70年代的1,040万套。[47]

现在要维持基本的生活已经越来越难了，特别是在东北和中西部那些制造业中心区域。随着企业纷纷关停，城市以及它们的外围已经成为一大片设施不足、无人问津的荒地。城市的衰败和倒退成为困难时期的一个常见现象及标志。在城市中流行的高通货膨胀和失业迫使很多人纷纷搬走以寻求更多的机会。总的来说，美国人口从1970年的2.033亿增加到1980年的2.265亿。[48] 增加的2,300万人口与60年代增加的人口数基本持平，但是70年代人口增加的很大一部分是移民，[49] 特别是亚洲来的（特别是中国、韩国、菲律宾和越南）移民数量在60年代和70年代之间增加了三分之一。推迟的婚姻、不断攀升的离婚率以及较低的出生率导致了内部人口增长的缓慢，虽然这些人口统计学上的变化有时因为医学的发达所带来的人的整体寿命的增加而相互抵消。

表8-1

20世纪70年代的社会和人口状况

- 到1980年，美国50个州的人口从原有的2.033亿增加到了2.265亿
- 尼克松总统因为"水门事件"（Watergates）而辞职
- 美国庆祝建国200周年
- 美国宪法第12修正案将拥有投票权的最低年龄降为18岁
- 曾经是解除种族歧视功臣的巴士现在成为骚乱的起源
- "罗伊诉韦德案"使堕胎合法化
- 圣公会教堂（Episcopal Church）有了女性牧师
- 女性也可以上军事学院
- 1979年女性的大学入学率超过了男性
- 美国宣布1975年为"国际女性年"
- 反战示威游行，肯特州立大学惨案发生
- 环保主义者设立了"地球日"（Earth Day）
- 高速公路的最高限速降为55英里

表8-1（续）

- 流行词汇：宠物摇滚、迪斯科、情绪周期、笑脸标签、裸奔、地球牌鞋子、休闲装
- 游戏：鲁比克魔方、星球大战人偶、雅达利的"Pong"游戏机
- 新词：水门、底线、原声摘要播出、滑稽明星、躺在沙发上看电视的人
- 最低工资：每小时1.6美元：（1970）
- 年均收入：7,564美元（1970）
- 预期寿命：女性74.8岁，男性67.1岁（1970）

全新的科技世界

医学科技的进步是这一时期科技创新的两大动力之一。20世纪70年代早期，大学实验室完善了基因编码，使得DNA再造成为可能。在读了报纸上由加利福尼亚大学的赫伯特·博伊尔（Herbert Boyer）发表的一篇关于DNA重组的文章后，一个来自Kleiner & Perkins公司的风险投资者敏锐地发现了生物科技的潜在市场价值。他找到了博伊尔，两人最终于1976年合伙成立了基因科技公司（Genentech），这也是第一家将生物科技商业化的公司。公司成立一年之后，研究基因科技的科学家通过克隆细菌DNA制造了一种叫做生长激素抑制素的蛋白质。这第一种人工合成的蛋白质只是在微生物中制造成功，几乎没有什么商业价值，但是不管怎样，它还是让人们看到了发展的前景。当艾利·丽丽授权将这种技术应用于糖尿病的治疗时，这种人工合成胰岛素就成为了第一个面向市场的DNA重组产品。[50] 医学上的发现继续以大踏步的速度向前迈进，并且达到了前人不曾想象的高度。当第一个试管受精卵在1978年试验成功的时候，消息震惊了世界。虽然科学家不过是在试管里完成了精子和卵子的结合，但是这种生产试管婴儿的科学构想还是引起了社会的极大反响。随着时间的流逝，对于人工授精的反对声音越来越微弱，但是对于科学探索和施压是否应该涉及人的复制与疾病管理领域的讨论才刚刚开始。[51]

20世纪70年代另一个伟大的科学进步就没么有争议了，虽然它对企业和社会的影响都同样巨大。在这一时期，集成电路和微电子芯片得到了全面的发展。套用商业史研究者托马斯·麦克劳里的话来说，这就是第三次工业革命——一次建立在信息、速度和科技发展基础上的革命。[52] 在很多新产品中都可以找到微电子芯片的身影，但是它的第一次大规模的商业应用还是在便携式计算器上。在德州仪器生产的微型计算器上，微芯片上的集成电路只有四分之一英寸大，却能承担6,000个晶体管才能完成的任务。[53] 它在最初面世的时候价格高达4,000美元，被

认为是"成功人士才能拥有的礼物"。这个东西很快获得了广泛的关注，几个月之后，它的价格下降到了100美元以下，并且还在继续下降。在一年之内，有超过90家公司在卖微型计算器，但是到了70年代末期，只有十家公司在经历了产品的面世、被消费者接受和产品的成熟这样一个周期后才生存下来。[54]微型计算器的生命周期模式是十分具有戏剧性的，而且是十分迅速的，但是它不断地与其他电子产品一起重新回来，其中也包括了个人电脑。

计算机技术能够得到认可并且持续发展，提供可供使用的软件并且软件具备某种功能是十分重要的。第一个将电脑这种威力释放出来的是一款叫做可视表格的电子表格系统。这一系统在1979年一面世就立刻获得了极大的成功。在六年的时间里，有超过100万份软件拷贝被卖给个人或单位。可视表格的巨大成功引来了一大批模仿者，像微型计算器一样，很快，市场上就有了很多类似的产品。可视表格的最终消失成为软件业可持续发展的一个学习案例。[55]如果没有不断的调试、升级、技术支持，一款软件，尽管它当时是占据着主导地位，也注定会消亡。技术革新，特别是在电子和医药方面的革新，其速度比以往任何一次革新都要快。那些能够利用这种潜力的企业执行官们，常常能够获得非常大的竞争优势。

经理人：面临新的现实

在70年代这种复杂的商业环境中，生存是一件十分困难的事情——激烈的国际竞争、政府的严格控制以及紧缩的货币政策往往限制了很多企业的发展。发展，即使是通过发展不相关的产业来实现——那样的时代也已经结束。对于集团企业的经理们来说，现在已经很难再讲"他们能够管理核心能力之外的业务，这一点比起那些只关注特定企业的特定业务的经理来说要强"这样的话了。[56] 20世纪60年代财务技巧曾经大有市场，现在在低迷的股票市场里却再也找不到用武之地，投机取巧被实用主义所代替。现在更多关注的是产品质量、资源的有效利用和研发上的大力投入。执行官们开始关注战略规划、成本管理和工人效率以应对业已到来的新形势。正如尼亭·诺瑞尔、戴维斯·戴尔和弗里德里克·达尔泽尔在《改变财富：再造工业企业》（*Changing Fortunes: Remaking the Industrial Corporation*）一书中提到的："现在的关键问题已经不再是上什么新产品或者是向哪个工厂或者分销机构投资，而是关停哪个现有的业务。"[57]

随着美国市场的饱和，很多执行官开始在海外寻找机会，跨国企业也因此获得了长足的发展。20世纪70年代，美国最大的300家企业（这其中包括了七家银行）在国际市场上赚取的利润占了总利润的40%。[58]一方面许多企业向外扩展以保持赢利的稳定，另一方面还有很多其他的企业试图从大规模的研发投入中寻找机会。这种情况在医药类企业中表现尤为明显。

表8-2

20世纪70年代发生的商业大事

时间	事件
1970	美国环保署成立
1970	《职业安全和健康法案》规定了安全和健康的工作环境
1970	《诈骗影响和腐败组织法》出台专门针对有组织犯罪
1970	软盘面世
1970	纳斯达克股票报价自动化
1971	美国国家铁路乘客公司（Amtrak）成立
1971	尼克松总统结束了持续20年的对华贸易禁运
1971	90天工资和价格控制实施
1971	美元贬值
1971	英特尔公司发明了微处理器
1972	NASA 航天飞机项目获批
1972	美苏开始在科技方面开展合作
1972	《平权法案修正案》出台（1982年废止）
1972	在1900年以来自行车的销量首次超过汽车
1973	与北越签署和平协定
1973	OPEC 开始石油禁运
1973	阿拉斯加输油管协议签订，计划铺设789英里的石油管道横穿阿拉斯加
1973	美国经济遭遇大萧条以来的最大挫折
1973	消费者产品安全委员会成立
1973	基因重组被发现
1974	美国发起了反垄断诉讼，AT&T 于1982年被拆分
1974	《信用机会平等法案》消除了信用歧视
1975	《证券法补充案》鼓励证券行业的竞争
1975	《公制转换法案》出台并开始被企业所采用
1975	Altair 个人计算机面世
1976	格雷研究机构推出了第一台超级计算机
1976	《反海外贿赂行为法》禁止贿赂外国官员或为他们提供佣金
1976	基因科技成立，成为第一家将生物技术成功商业化的公司
1978	卡特总统同意将纽约从破产的边缘拯救出来
1978	《航空管制解除法案》取消了联邦政府对航空的控制
1978	拉夫运河敲响了健康警钟；有毒废弃物被任意排放
1979	卡特总统取消了石油价格管制
1979	通货膨胀率达到33年来的最高值15%
1979	三里岛核反应堆被关闭

通过在研发方面大力投入，约翰·赫兰（John Horan）领导下的美克制药（Merck）成为了美国首屈一指的处方药生产商。虽然赫兰上任后将研发的投入增加了一倍，但是他同时也从根本上改变了投资的内涵。赫兰将公司研发的方向从研究化学成分和反应物转移到了对人体疾病的研究方面。这一转变将实用的程度提升了一个级别，并且将研究过程和研究结果贴近市场应用。59 另一个热衷于研发的人是埃德蒙德·普拉特第二（Edmund T. Pratt Jr.），他于1972年就任辉瑞制药（Pfizer）的 CEO。在近20年的任期里，他将辉瑞打造成为世界上最成功的制药公司之一。当业界都在推崇快速周转和财务业绩的时候，他就开始立足长远管理。他的努力最终得到了回报：销售增长了七倍，利润增长了八倍，并且打造了业界最强的药品开发渠道。

埃德蒙德·普拉特第二（1927 – 2002），辉瑞制药有限公司

埃德蒙德·普拉特第二凭借他的有条不紊和专注的工作方式赢得了辉瑞制药 CEO 的职位，但这与他平日的生活方式截然不同。普拉特曾经说："在我的一生中，我对于我要做什么从来就没有一个清晰的规划。在机会到来的时候我就抓住它们。"60 虽然他在个人生活上可能是一个机会主义者甚至有点不负责任，但是对于辉瑞他却十分关注它的计划和目标。当他就任 CEO 的时候，公司只有少数几个可以推向市场的产品，研究途径也十分缺乏，公司下属的各个单位互不相关而且对于未来也没有规划。凭借自己精确的定位和清晰的目标，普拉特卖掉了不赢利的企业，在新的研发上进行投入并且整合了公司的业务。到他卸任的时候，辉瑞已经成为全球领先的公司之一，对于一个没有明确远景目标的人来说这已经是一个不坏的结果了。

普拉特于1927年出生于佐治亚州的萨凡纳（Savannah），他出生后不久全家就搬到了马里兰州的艾尔克顿（Elkton），他的父亲在那里的美国陆军工程兵团获得了一个警卫的职务。虽然这个职务的薪水并不是很高，但是它还是能让普拉特，这个家里唯一的孩子，拥有一个幸福的童年。正如他所说的："我在一个非常低微但是非常舒适的环境中长大，而且我猜想，这就是典型的美国式的生活吧。生活很简单，但是很幸福。我对此非常珍惜。"61 因为没钱上大学，普拉特在高中毕业后参加了杜克大学举办的 V-12 海军学院训练班，这一天正好是"登陆日"（D-day），1944年6月6日。在这个三年制的海军训练里，普拉特得到了海军的资助，条件是毕业后加入海军履行军事使命。但是在普拉特入读后的第二年，战争结束了，而他根据《军人权益法》完成了学业，并且于1947年以优异的成绩获得了电子工程学学位。此后，普拉特在宾州大学的沃尔顿学院完成了 MBA 学位的学习。

在1949年获得 MBA 学位后，普拉特进入 IBM 成为一名销售人员。他在 IBM

干了差不多有14年，期间有两年他进入海军情报部门为朝鲜战争服务。普拉特在IBM一步一步地往上升，在1958年至1962年期间他担任IBM世贸中心的主管。他见证了IBM是如何一步步成长为一个跨国企业，这些经历对于他后来管理辉瑞起了不可估量的作用。如果不是因为肯尼迪政府的征招，普拉特可能一辈子就待在IBM了。1962年，肯尼迪的国防部长罗伯·迈克拉马拉（Robert McNamara）邀请普拉特担任他的助理来管理军队的财务工作，普拉特利用这次机会再次跳出来为他的国家服务。在政府机构工作的头两年里，他负责监管军队的预算并帮助在所有的决策和分析部门推广数据处理技术的使用。就像他在IBM的经历一样，普拉特在政府中所经历的政策制定和管理，也成为他后来带领辉瑞走出70年代复杂的政策监管环境的有利条件。

普拉特在1964年离开了政府部门，他加入辉瑞成为纽约办事处的主管。招聘他的是军队前总参谋长劳顿·柯林斯（J. Lawton Collins），他当时是辉瑞国际的副主席。在普拉特加入辉瑞的时候，公司正在对主要业务进行细分和扩展。1962年出台的《食品、药品和化妆品法案》的《基福弗－哈里斯修正案》要求对新的处方药进行严格的临床试验，这从根本上改变了制药业的经济环境。药品批准上市原来只要几个月的时间，现在却需要几年。辉瑞应对这种严格监管的方法就是将公司的业务多元化，为了做到这一点，需要在60年代初期建成超过30家公司。辉瑞为了规避药品准入扩大化规定所进行的并购都是围绕着核心业务展开的，其中涉及药品、特殊化学品、医用产品、矿物质以及农用药品等。此外，与很多美国公司一样（正如前面所提到的，美国三家最大的企业赢利中有40%都来自海外），辉瑞也开始了快速扩展海外市场的努力，并且在全球建立了很多研究实验室和生产基地。

普拉特的战略规划和强有力的组织技巧对于国际业务的发展起到了至关重要的作用。1967年，他开始接手副总裁。公司的国际业务虽然扩张很快，但是整个公司的效率却因此受到了拖累，而普拉特所负责的工作则是在不牺牲发展的前提下，保持国际业务部门的秩序和受控。普拉特对于这个新的机遇并不是很热心："在这堵墙的后面，有谣言说这件事情其实并不是那么重要……有些人走了，另一些人则跑到外面去找新的工作。房间里的气氛并不是很融洽。" 62 而从事国际业务的经理们因为公司限制他们的发展干起工作来都不是那么热情。普拉特很熟练地在保持国际业务发展和提供一定程度的自治二者之间保持平衡，同时他还重新配置了公司的资产并且重新调配了目标。虽然他将国际业务的很多东西都保留了下来，但是他改变了他们申报主要财务资源的汇报架构；他们现在直接向总部而不是他们的部门主管汇报。他还鼓励跨部门的沟通，而且在适当的条件下整合业务，从而更进一步地规范公司的发展。普拉特为这个庞大的公司带来了秩序和稳定。两年的时间里，普拉特晋升为国际部总裁并且被选为公司董事会主席。

在普拉特干得风生水起的时候，他的竞争对手杰拉德·劳巴克（Gerald D.

Laubach)在辉瑞制药领导人的位置上也积累了极高的声望。在普拉特试图集中和协调公司的国际业务的同时,杰拉德为辉瑞分散的研究引入了秩序和结构。他们两人都关注生产率和经济效益的改善,而且他们都获得了极大的成功。回溯他们走过的路,对于他们同时竞争 CEO 这个职位就毫不奇怪了。因为他们都有能力彼此配合,所以当时的 CEO 兼董事会主席约翰·鲍尔斯(John Powers Jr.)设计了一个皆大欢喜的方案,任命普拉特为 CEO、劳巴克为总裁。普拉特和劳巴克20多年的合作成为他们两人能够分享公司权利的最好见证。普拉特的国际经验和市场头脑与劳巴克的专业技术和科学经验正好起到了扬长避短的互补作用。

普拉特和劳巴克继承公司的领导权时公司销售几乎达到了十亿美元,但是产品发展的路径却十分有限。当时辉瑞涉足了多项业务,但是公司最大的业务保健产品生产——主要是研发和销售处方药——却极其依赖那些专利保护快要到期的药品制剂。辉瑞同时还严重依赖其他公司授权的产品,这进一步增加了公司的风险。虽然辉瑞在60年代进行的业务多元化帮助自身保持了可持续的发展,但是由于核心业务受到新药品准入的限制,再加上中心研发部门不被重视,使得保健产品部门相对薄弱。普拉特在接任 CEO 时这样描述公司的状况:"我们在药剂行业是一个新兵。但是我们很幸运,我们有很多好的产品……我们的投入不到美克公司或者其他公司的一小部分……见鬼,如果我们要在这个行业里生存下去,我们就不得不在它们控制的地盘上努力拼杀。"63

普拉特将公司的研发投入从销售额的5%增加到了15% － 20%,特别是增加了对治疗慢性病的药物的研发投入。普拉特和劳巴克同时还艰难地作出了将公司的研究集中化的决定。20世纪60年代随心所欲的扩张导致了很多没有结果的研究,而现在将资源集中起来是为了更加有效地获得新产品。这些决定都是经过反复的争论方得以出台。从药品的项目研究开始到最终获得批准上市最少需要十年时间,其间辉瑞的业绩考核标准也在改变,而普拉特经常会有一些事后诸葛亮的行为,而且常常信奉那些只追求快速、短期结果的华尔街分析家的讲义。普拉特十分相信自己的判断,而最终结果也证明那些持怀疑态度的人是错的。从20世纪80年代初开始,辉瑞陆续有新药问世,这极大地提高了公司产品的销量并且奠定了公司在市场上的主导地位。在80年代和90年代成为畅销品的药物中有 Zithromax(一种抗生素)、Feldene(一种治疗关节炎的药品)、Novarsc(一种控制血压的药)和 Zoloft(一种治疗抑郁的药品),它们都是在70年代开始研究的。

到70年代末,辉瑞已经理顺了其研究项目,调整了国际业务,增加了产能并且完成了一些小规模的有选择性的并购。1979年,辉瑞的销售额达到了27亿美元,成为美国100强企业中的一员。随着普拉特继续在研发上加大投入,到20世纪80年代,辉瑞的研发费用已达到将近30亿。到1989年,辉瑞已经有超过15个药品通过了 FDA 的审批,一跃成为世界第二大药品研发企业。64 在将销售额的14%投入研发之后，辉瑞终于可以和市场的老大——美克制药一较高低。[65] 普拉特是这样评价他对研发的投入的："我的同事和我都认识到我们这个行业正在飞速地改变，这个改变游戏的名称就是一个创新。随着新药品技术研发速度的不断加快和周期的不断缩短，我们发现只有那些掌握了科技资源、能够建立起强大的产品渠道的公司才能获得生存。"[66]

随着公司产品线的不断扩大，普拉特也十分重视辉瑞公司专利和知识产权的保护。他尤其重视辉瑞产品在那些没有专利保护法或者专利保护有限的国家的销售。辉瑞经常要面对市场上同类产品的竞争，有时甚至是在辉瑞的药品获得FDA的审批之前。举例来说，当辉瑞在80年代向阿根廷市场推广Feldene的时候，市场上已经有六家公司用自己的名字来销售这个药品，而且它们不支付任何专利费。[67] 普拉特和美国、欧洲以及日本的大型的制药企业以及其他的知识产权供应商（软件公司、音乐制作公司等）一起，成立了国际知识产权委员会（International Property Rights Committee，IPC）。IPC与世界贸易组织一起，制定了知识产权保护的基本指南和在发展中国家的最低标准。虽然普拉特的成功十分有限，但是他所提出的这个问题却是跨国公司在世界舞台上需要面对的主要问题之一。卡特政府和里根政府都认可了普拉特所做出的贡献，并且任命他为总统顾问团贸易谈判主席。

在他任期结束的时候，普拉特将辉瑞打造成世界五大制药公司之一。1991年，他退休的前一年，《福布斯》这样评价他的贡献："那些在华尔街和其他地方的曾经批评普拉特研发投入巨大却收效甚微的人终于改变了他们的看法。"[68] 对于普拉特来说，这是一个小小的胜利，而大的胜利在于他确保了辉瑞历经久远的传奇。[69]

企业家：在科技创新的边缘滑行

在经济萧条时期，企业家们承担着巨大的风险，并且在新的业务上加大了投入，特别是在创新科技上加大了投入。虽然大投入对于很多企业的执行官来说看上去有点儿不正常，特别是对那些只想努力保持企业生计的执行官来说。但是对于这个十年中的企业家来说，投资是必须付出的，因为他们心中的绩效标准可不仅仅是经济效益上的成就，他们认为速度、服务当然还有首要的科技进步都是十分有价值的东西。在这个到处充满绝望和混乱的年代，企业家们所构想和发展的企业经营模式对于美国人的生活和工作起到了重大的影响。细数这些企业就好像在读一本虚拟的知名企业大全——微软、苹果、英特尔、联邦快递、甲骨文、家得宝、嘉信理财（Charles Schwab）、本杰里（Ben & Jerry's）、Price Club和Visa国际。这些企业和它们的创建者成为美国商业传奇的一部分。几乎所有这些企业家都把科技创新作为一个重要的杠杆。

在70年代出现并且最终重塑了美国人的个人生活的一项重要产品就是个人电脑。戈登·摩尔（Gordon Moore）、斯蒂文·乔布斯（Steven Jobs）以及比尔·盖茨（Bill Gates）是这场革命的先行者。英特尔早在70年代早期就开始发展8080型微处理器，在戈登·摩尔和罗伯特·诺伊斯（Robert Noyce）的指导下，它成为个人电脑发展的奠基石。8080型微处理器在一块威化饼大小的芯片上集成了个人电脑的所有部件，如中央处理器（CPU）、输入和输出电路等。[70] 这块微芯片只有八分之一英寸宽、十六分之一英寸长，但是它却比40年代末期开发的第一台数字机算机——像屋子那么大的 ENIAC——的计算能力还要强大。[71] 8080型微处理器的发展使个人电脑成为现实，并且成为 Altair 出现的基础，这是一种可以邮购的家用计算机组装设备。

Altair 是电子爱好者的一个偶然发现，但是却引起了乔布斯和盖茨的兴趣。乔布斯和另一个电子狂热爱好者斯蒂文·沃兹奈克（Steven Wozniak）认为，Altair 的出现是这个行业决斗的第一波。特别是沃兹奈克，他接过了这个挑战，决定开发出一种更好、更实用的个人电脑。在这种指导思想下，他于1975年开发了苹果 I 型电脑。虽然苹果 I 型电脑只卖出了不到200台，但是它却点燃了乔布斯的商业构想。与其说乔布斯是一个技术工作者，还不如说他是一个杰出的市场开发者，他对于第二代苹果电脑的开发起到了关键性的作用，因为他将电脑的受众定位为接受过高等教育的消费者而不是电子爱好者。由于得到了英特尔前创始人迈克·马克库拉（Mike Markkula）的经济支持，并且凭借产品所特有的超强设计，苹果的崛起速度十分迅速。在短短五年的时间里，两个在车库搞电子产品试验的电子爱好者建立了一个市值30亿美元的企业，它进入财富500强的速度比历史上任何企业都要快。[72]

Altair 同时还启发了比尔·盖茨和保罗·艾伦（Paul Allen），他们两人当时共同为 Altair 编写了 BASIC 程序语言。此后的十年中他们一直在为程序语言和操作系统的完善而努力，终于在1980年取得了重大突破。当时 IBM 要他们为新型个人电脑开发一套操作系统，盖茨保留了 MS-Dos 操作系统的版权（这是一套改良后的系统编码，当时他花了五万美元从西雅图的一个程序员那里买来的），并且与几乎所有的个人电脑制造商达成了交易，因为他们认为自己的机器必须在 IBM 的兼容系统上运行。盖茨的策略和创造性的合作帮助微软成为了个人电脑的代名词。[73]

此外，还有两位企业家将新科技应用到组织模型中，组建了全新的企业，他们是弗里德里克·史密斯（Frederick Smith）的联邦快递（Federal Express）和迪伊·沃德·霍克（Dee Ward Hock）的 Visa 国际。他们两人都认为科技将成为他们的物流体系的关键元素，并且最终会让他们按照客户的要求以更快的速度、更高的效率完成送达任务。当史密斯还在上大学的时候就已经有了这样的想法，他帮助建立并主导了"次晨达"业务。虽然联邦快递在最初的两年里（1973－1975）

亏损了大约2,900万美元，但是对快递业务的需求很快就呈几何级数增长。史密斯通过建立战略伙伴关系和实行特许加盟，并且利用科技手段简化复杂的物流流程，终于带领联邦快递走向了成功。[74]

1970年，霍克运用一种科技系统和开创性的组织设计成立了一家储备控股公司，它将上千家独立的银行联合起来，成为后来的Visa国际的一部分。他的进取型的市场策略和高超的谈判技巧让Visa很快就控制了20%的美国银行卡份额，成为与万事达（Master Card）和美国运通齐名的公司。他开发了第一套电脑系统帮助银行间进行数据传输，创造性地使用了磁条，并且为国内银行和国际银行之间的业务合作牵线搭桥。

迪伊·沃德·霍克（1929 − ），Visa国际

在霍克成为那张塑料卡片的推销者之前，他对任何一张信用卡都缺乏资信。25岁的时候，霍克失业了，陷入了严重的债务危机，当时他已经结婚并且有了两个孩子，还有一个孩子正要出生。在透支了多张信用卡的额度之后，霍克已经到了破产的边缘。为了维持家用，霍克什么工作都干，用他自己的话来说就是，"我发誓，如果能够摆脱房贷，我再也不从银行借一分钱……我们透支了手头上的每一张卡，并且发誓再也不办下一张"。[75] 15年之后，霍克再也不用为某一张信用卡发愁；相反，他现在要为上百万张卡发愁了。

霍克在25岁时所遇到的财务危机并不是什么新鲜事，这对于居住在犹他州郊区的一个两居室住宅里、养了六个孩子的家庭来说，几乎是一个共同的经历。这样的房间里面没有管道系统、没有浴室、家具简单也没有像壁炉那样的供暖设施，但是物质条件的缺乏并没有磨灭人的自尊以及家庭的传统，霍克从小就被教育要努力工作、敬业并且自主。在他初长成人之后，就开始承担一些养家的责任，最初是帮助处理一些家务和农场的农活，然后是到城里打工。

小时候，霍克通过看书拥有了幻想，并且成为了一个爱读书的人，他常常被书中那些领袖人物的故事所吸引。在回忆他对那些历史人物的崇拜时霍克这样说道："这些人（杰斐逊、甘地、歌德等）似乎能够预见自己的未来，并且能将世界变成他们所想象的那样。他们有能力将这个未来提前到现在，并且变成真正的现实。"[76] 然而，他虽然热爱阅读，却并不意味着他同样热爱上学，因为他发现在学校里受的限制实在太多了，而且除了辩论，没有什么事情能够激发他的热情。他在说服别人方面表现出的天赋使得他成为了一个天生的辩手。在一次州辩论赛中，霍克赢得了韦伯大专提供的50美元的奖学金，他欣然接受了这个好意。

在之后的16年中，霍克在多家金融机构从事过各种各样的初级管理工作，却

从来没有进入过公司管理层。霍克常常发现他的处境尴尬，因为他不能按照"规则"来玩这场游戏，早年他在学校所体验的那种限制和刻板在此后的数年里一直伴随着他。虽然有时他的原则令家庭面临谋生的困境，他还是不愿意改变。数年来他的事业一直在成功和失败之间徘徊。1965年，霍克决定是时候在这种拉锯之间做出平衡了，当时他36岁，而且刚刚失业。他的上一份工作将他的全家带到了西雅图，在这里，他的妻子刚刚开始耽误了许久的大学学业，他的孩子也刚刚开始融入了社区。因为不想让家庭从头再来，霍克决定"再也不去费力琢磨如何爬到公司的上层了"。相反，他写道："我希望能够成为一个普通人，并且在任何一家现代化的公司里寻一个位置，'一直干到退休'。我的受害者应该是当地的一家银行，在这里通过优雅的风范、遵守规则以及一些能力和努力，我能够过上小康生活。"[77] 他的"受害者"就是国家商业银行（National Bank of Commerce），霍克成为了这家银行的一名储备管理人员。

在此后的一年里，霍克经历了各种管理岗位，并且受到银行总裁马克斯韦尔·卡尔松（Maxwell Carlson）的赏识，他让霍克协助他启动一项信用卡计划。当时国家银行同意承接美国银行的个人信用卡项目——美国银行卡计划，但是霍克希望"安稳地退休"，所以他并不愿意出面接手这个项目。他回忆到他当时是这样回复卡尔松的："我绝对不会去用信用卡的，我所用的信用卡在14年之前就全部销毁了，在那之后我再也没用过，而且今后我也不会去用它。"[78] 卡尔松听了霍克的抱怨，但还是决定让他去接手这个项目。尽管对信用卡不喜欢，但是当这个项目开始概念化并且展现其潜力的时候，霍克表现出了他的天赋。尽管有数不清的障碍，比如缺乏资源、缺少技术以及缺少可资借鉴的经验，但是国家银行的信用卡系统还是按时、按预算地建立起来了。启动初期的混乱似乎正合霍克的胃口，没有规则也没有任何已有的游戏规则，霍克和他的团队就可以随心所欲地创新。银行认可了霍克在项目运行中发挥的作用，一年之内霍克就由实习经理成为了信用卡部的正式主管。

凭着出色的能力，霍克于1968年参加了在俄亥俄州哥伦布市举行的美国银行卡发行会议。虽然美国银行从银行卡发行业务的快速发展中获利颇丰，但是也只有它一家从中获利，因为卡的发行使现金业务受到了冲击。一位与会的会计人员记录了所面临的很多问题："获得发行权的机构没有适当的操作指南、没有适当的方式来共享信息，也没有一个机制来解决发行中所面临的问题。此外信用卡诈骗日渐增多，发行系统存在很多问题，而且获得发行权的机构总要处理堆积如山的文件。"[79] 美国银行的低效率，或者说银行由于缺乏足够的系统资源而很难确定银行之间以及银行和商户之间资金流转的情况，又因为获得发行权的机构为客户保密的原因而变得更加复杂了。获得发行权的银行认定信用卡的发行会带来更多的新业务，因此它对于客户信用和未来的前景都毫不在意，儿童、囚犯甚至是宠物都能申请信用卡。

美国银行对于这些情况完全没有准备。会议计划安排两天的日程，但在第一天会议结束之后，似乎"美国银行的整个信用卡计划的前途都受到了质疑"。[80] 因为没有其他切实有效的办法，美国银行决定将账户资金的转移和所有权等问题转嫁到获得发行权的机构。当时有七家获得发行权的机构被要求为美国银行卡计划提供推荐服务，而霍克所在的银行就是其中的一家。霍克不仅同意提供推荐服务，同时还提出，如果委员会的工作不光是界定问题和提供解决方案，也关注整个项目的发展，那么他愿意出任委员会主席的职务。而当美国银行同意了这个建议之后，霍克的职业生涯就进入了一个新的天地。

此后的两年中，霍克虽然仍旧从（美国）国家商业银行支取薪水，但是却把获得发行权的银行组织起来成立了一个代表委员会，开始从根本上着手处理美国银行卡项目的每一个环节。霍克的运行委员会一开始就遇到了大堆的难题，最后霍克只好建议他们另起炉灶，建立一个新的信用卡系统，这个系统建立在一个清白的记录之上，没有现存的基础，也就没有了限制。正是在这样一种清零的视角之上，一个新的系统诞生了，这个系统建立于对未来合作型组织结构和科技基础的展望。根据研究 Visa 历史的专家保罗·楚特克（Paul Chutkow）的说法，霍克坚信"数字化技术，虽然在1961年才刚刚出现，却将从根本上改变银行业、信用卡和我们最基本的对于钱的概念"。[81] 而在距离这一切成为现实还有很长一段时间之前，霍克就已经规划了一个无纸化的，能够在一周七天、每天24小时的任一瞬间在两个单位之间传输和接收资金的系统。

因为有创造性思考的自由，霍克的委员会制订了一个计划，它要求"会员银行进行自我管理（来取代现行的授权制度），以便共同管理并解决世界上任何地方的银行之间所发生的资金流转。"[82] 根据这个计划，美国银行将让出对于美国银行卡项目的控制权，从一个所有权拥有者变成一个会员单位。这是一个大胆而且出乎预料的转变，霍克最初推销这个点子的时候毫无疑问地被美国银行拒绝了，在资助了项目最初的启动资金并且花费了数百万美元来使它运转之后，美国银行当然不会轻易放弃控制权。但是经过霍克不厌其烦、软硬兼施的劝说之后，美国银行最终还是同意了他的建议，霍克威胁说他要解散委员会并且向公众公开美国银行拒绝与发行商合作的内幕，虽然美国银行可以克服负面宣传的影响，但是它毕竟不愿意与公众为敌。1970年，美国银行同意将所有权出让，于是美国银行卡全国公司（National BankAmericard Incorporated，NBI）作为一个独立的非股份制的营利性会员组织，应运而生。

将 NBI 的概念推销给美国银行只是整个转型过程的第一步。霍克同意如果他不能说服总数2,700家美国银行卡发行单位中的三分之一，让它们解除与美国银行所签订的合同，转而与 NBI 签订新的信用卡发行合同，他就放弃这一转型努力。所有的加盟银行都将是 NBI 的平等会员，它们根据自己的信用卡收费情况拥有相应的投票权。这真是一次全情投入的推介过程，霍克后来回忆说："一方面，会员机构彼此之间存在激烈的竞争，它们发行信用卡，也就意味着它们要彼此争夺客户；另一方面，会员们又不得不彼此合作，为了让系统运作，所有的成员必须接受由其他任何会员机构发行的美国银行卡。"[83]虽然美国银行认为九个月的时间对于完成这个任务可能很仓促，但是霍克却为自己定了90天的期限，他使用一种成熟的市场策略获得了发卡银行的支持。因为有美国银行的帮助，他得到了七家知名银行的支持，紧接着，他像一个政治家一样，开始在全国旅行，向客户解释新项目的好处和发展前景，并且得到了一些主要银行的支持，剩下的那些观望的银行也很快加入了新计划。到90天截止的时候，霍克说服了全部2,700家银行加入了NBI。

1970年7月，霍克正式从美国国家商业银行辞职，搬到了圣弗朗西斯科，开始执掌NBI的大权。新公司的启动对于乐见打破成规的人来说无疑是令人振奋的。在霍克的管理下，尽管NBI没有官方头衔，没有固定结构，也没有成规，但是传统管理形态的缺失却阻挡不了人们对它的期待。从很多方面看，霍克都是一个不知疲倦的目标管理大师，他追求结果并且不能忍受有一丁点儿错误。对于霍克和NBI来说，这件事的风险很高，而他是不愿将希望寄托在好运气上的，这个不守成规的人毫不吝啬地对自己苛刻，尽管他的管理方式有些粗暴，但是他的愿景和魅力却极富感染力。霍克在雇用员工的时候，更倾向于雇用那些有热情、有雄心的人，而不是有经验的人。为了达成他的"价值无缝交换"（seamless exchange of value）的最终梦想，霍克不得不着手处理NBI会员面临的一些主要问题——信用卡诈骗、持卡人的高风险等级、发卡缓慢、文字工作庞杂。在NBI运营的第一年，它的主要目标放在了坏账和诈骗的处理上面。它将美国银行卡的持有人数量由2,370万减少到1,970万，整整减少了四百万。虽然持卡人减少了，但是信用卡收费却增加了一亿。[84]

NBI成功的最终关键在于依靠了霍克所预想的数字化科技。霍克将金钱视为"以电子和光子形式存在的包括字母和号码的数据，它可以以光速在世界上移动，而它的损耗极小，并且在整个电磁频谱范围之内有无限条路径"。[85]就在霍克领导的团队着手开发一套符合他的理想的系统时，他得知美国运通公司也在制订相似的计划。美国运通已经说服了NBI最大的会员——美国银行，让NBI加入它的全国网络开发计划。NBI将为系统的开发提供一些前期的开发资金，以换取系统开发成功后以较低的收费来使用系统。与霍克的希望相反，NBI董事会于1971年同意支持美国运通的系统。就在合同即将签订的时候，霍克开始说服董事会，如果采用了运通的系统，NBI最终将失去对它的会员的控制，因为会员的需求总要服从系统的所有者。他认为只有独占系统才是NBI的唯一方案。霍克的说服技巧再一次发挥作用，虽然NBI成立不过短短一年，还在为站稳脚跟而努力，但是董事会授权开发这套系统。

NBI 从美国运通的系统项目中撤出，而霍克很快为他的团队增加了技术力量。开发电子支付系统没有任何前人的经验，也没有成规可以借鉴，并且不能保证一定成功，但是对于这套系统要达到什么目的，团队却有着清楚的认识。霍克将一群组织松散的咨询师和团队成员集合到了一起，开发出了后来众所周知的 BASE 1——银行授权系统试验版（Bank Authorization System Experimental），这是一套实时而且带有预算控制的系统。而此时，美国运通的系统已经"胎死腹中"，另一个竞争对手万事达卡，也是在数月之后才开始此系统的开发。[86] 有意思的是，美国运通和万事达卡最终都成为了 NBI 系统的用户。当系统于 1973 年开始全面运行的时候，BASE 系统将信用卡批准的时间从 5 分钟减少到了 56 秒。[87] 霍克的团队继续对这一套系统进行优化，并最终开发出背面有磁条的信用卡，这种磁条可以用来传递账户信息并且核实身份。

就在 NBI 进行自己的技术基础设施建设的同时，霍克也跨出国内，开始构想国际货币交换系统。为了达到这个目的，他与十多家外国银行建立了合作关系，并且于 1974 年创造了一个国际化的 NBI 组织，简称 IBANCO。IBANCO 的宗旨与 NBI 相似，在这个组织中，各个会员银行负责发行和管理信用卡，而中央会员管理机构则处理电子交易、市场开发以及品牌打造。美国境内只有美国银行卡这一唯一品牌，而 IBANCO 则有多个信用卡品牌。但缺乏统一的品牌也限制了 IBANCO 机构的整体效率，为了解决这个问题，霍克试图打造一个新的品牌，以期将不同文化、风俗和规则融合到一起。公司举行了一次征名活动，得到了 Visa 这个品牌名称，Visa 所蕴涵的自由旅行和开放的含义正符合国际化的要求。1976 年，霍克和他的团队开始了一项里程碑式的任务，他们要将数以百万的信用卡、商业符号和其他间接的元素整合到 Visa 这个品牌和标志之下。这个原定于四年完成的项目，在完全霍克式的管理模式下只用了 18 个月就完成了。

到了 1980 年，也就是霍克参加那次发行商会议之后 15 年，霍克已经将美国银行卡即现在的 Visa 卡打造成了世界上最大的信用卡机构。凭借在美国银行卡交易中 53.3% 的份额，它超过了万事达卡并且拥有超过 6,400 万持卡会员。霍克的组织成功地减少了庞杂的文字工作、减少了信用卡诈骗案件的发生率并且提高了整体效率。更重要的是，信用卡部门从一个赔钱的部门一跃成为重要的赢利部门。霍克的"跳跃的电子和光子"的梦想也变成了现实，而且他独特的会员制机构也表现出强劲的竞争和合作能力。[88]

领导者：差异化生存

20 世纪 70 年代严峻的经济形势对于许多老字号企业，甚至对于整个产业界来说，都像是一场灾难。与 30 年代不同，领导者需要关注的是如何让企业生存下去，而对于很多人来说，生存现在是一个如何控制成本和让经营多元化的问题。领导者需要完成削减成本和调整业务中心的使命，但与此同时，他们还要为企业的长远发展打下一个坚实的基础。领导者试图让赢利周期更加平稳，或者减少对某一家企业或者产品、服务的依赖。总之，比起20世纪60年代，企业现在更显出"不惜一切代价地寻求在任何一个行业发展"的倾向。

20世纪70年代的联合农业公司（ConAgra，Consolidated Agriculture），曾经是一家不景气到极点的企业，不仅仅是不景气，它还严重缺乏一项基本的东西——现金流。这个价值6.33亿的企业经营谷物、家禽和面粉业务，在迈克尔·哈珀（C. Michael Harper）入主公司的时候，它已到了破产的边缘。但这家似乎短命、注定没有前途的企业，却成为了70年代最大的命运逆转故事的主角。哈珀接管公司后开始了大规模的撤资计划，他卖掉大量的不动产、效率不佳的企业部门，甚至卖掉了一家尚在赢利的百货分销企业以清偿公司债务。经过几年的努力，公司挺过了最艰难的阶段。

在成功地解决了短期财务问题之后，哈珀开始着手制订一个长期的可持续发展的商业计划。他重新招聘重要岗位的执行官，寻找新的业务增长点，制定强调业绩的、开放的和负责任的企业文化，开始了企业重塑的过程。他召集管理团队在公司外召开会议，制定了后来众所周知的联合农业公司文化。这是一本16页厚的小册子，里面罗列了从一家普通粮食和商品生产企业，成长为为整个食品链提供产品和服务的企业所需达成的各种目标。[89] 这个远大的定位为公司的发展提供了空间，它同时还结合了一些特定的业务目标，比如降低成本、为股东增进财富、鼓励有雄心敢冒险的领导方式，以及促进开放和透明的沟通等等。

虽然业务部门被制定了严格的财务标准（20%的资产净回报率、不超过40%的资产负债率以及14%的年均收益增长率），它们同时也获得了经营的自主权，可以自由选择达成这些目标的方法。这一严格责任和自由运作的结合，成为联合农业公司文化的主要部分。有了这个政策的支持，哈珀和他的团队开始了大规模的并购活动，以使公司的业务多元化。他们并购了多家管理不佳、投资欠缺以及营销乏力的企业，为这些企业注入了所需要的资源和成功经营所使用的工具。在为这些收购来的公司提供支持时，技术扮演了一个非常重要的角色。作为一个率先引进管理信息系统的公司，哈珀建立了一套完善的计算机系统，它可以让他同时管理联合农业的多个单位的运作，这样他就可以监控项目进度并且拓宽沟通的渠道。[90] 这套系统可以为运作单位提供报告以及其他企业运行所需要的信息。哈珀同时还在他的企业中树立了一个榜样，"避免唬人的头衔、前呼后拥的雇员和其他官僚主义的形式"，[91] 他是这样解释的："当你被雇员众星捧月似的包围的时候，你就会渴求权利。这可不是我们想要的。"[92]

当哈珀于1992年退休的时候，联合农业已经成为一个销售额超过230亿的世界上第二大的食品公司。其赢利增长和资产回报都是十分惊人的。在回忆他在联合农业的经历时，哈珀提到："灾难让我们从公司的过去中摆脱出来，也让我们有机会选择一个新的联合农业。"[93] 哈珀接任联合农业时投资的3,000美元，到他退休的时候，变成了50万美元。[94]

超越稳定求发展

经过20多年的艰苦挣扎，美国人已经厌倦了说抱歉、厌倦了牺牲，也厌倦了不佳的感觉。过去的那种羞愧感和窘迫感对于许多美国人来说也不是天生就有的，它如今已是一种既不舒适也不受欢迎的感觉。从忧伤和黑暗的70年代步入充满希望和自信的80年代，这一转变是意义深远的。但是所走的道路却是在不断的摸索中前进。在很多方面，是国家出资将社会从绝望、失败和萧条中拯救出来，但是个人和公司的各种债务却在节节攀升。个人的牺牲和国家的调节最终让位于放任的自由经济。

表8–3

1970年代的企业家、经理人和领导者

企业家

John C. Bogle, The Vanguard Group
Thomas J. Burrell, Burrell Advertising
Elisabeth Claiborne, Liz Claiborne
Bennett R. Cohen, Ben & Jerry's Ice Cream
Richard J. Egan, EMC Corporation
Lawrence J. Ellison, Oracle Corporation
Debra J. S. Fields, Mrs. Fields Cookies
William H. Gates III, Microsoft Corporation
James H. Goodnight, SAS Institute
Lore Harp, Vector Graphics
Dee Ward Hock, Visa
Jon M. Huntsman, Huntsman Corporation
Steven P. Jobs, Apple Computer
Philip H. Knight, Nike
George W. Lucas, Lucasfilm, Limited
Alfred E. Mann, Pacesetter
Bernard Marcus, The Home Depot
L. Lowry Mays, CLEAR Communications
Gordon E. Moore, Intel
Allen H. Neuharth, Gannett Company
Michael Ovitz, Creative Artists Agency
Robert E. Price, Price Company

Barbara G. Proctor, Proctor and Gardner Advertising
Charles R. Schwab, Charles Schwab & Company
Frederick W. Smith, Federal Express Corporation
John G. Sperling, Apollo Group
James G. Treybig, Tandem Computer Company
Donald J. Trump, Trump Organization

经理人

Louis F. Bantle, UST
Howard O. Beaver Jr., Carpenter Technology
Henry W. Bloch, H & R Block
Joseph A. Boyd, Harris Corporation
Joseph D. Brenner, AMP
John W. Brown, Stryker Corporation
John H. Bryan Jr., Sara Lee Corporation
James E. Burke, Johnson & Johnson Company
Frank T. Cary, IBM
William K. Coors, Adolph Coors Brewing Company
Robert F. Dee, SmithKline Corporation
Robert E. Dewar, Kmart Corporation
Harrington Drake, Dun & Bradstreet
Walter A. Fallon, Eastman Kodak Company

表8-3（续）

Edward A. Fox, Student Loan Marketing Association
Earl G. Graves, Black Enterprise Magazine
Alan C. Greenberg, Bear Stearns Companies
Dick Griffey, Dick Griffey Productions
John P. Harbin, Halliburton
Edward G. Harness, Procter & Gamble
Stephen D. Hassenfeld, Hasbro Toys
Paul C. Henshaw, Homestake Mining Company
Raymond H. Herzog, 3M
John J. Horan, Merck & Company, Inc.
Richard H. Jenrette, Donaldson, Lufkin & Jenrette
Edward C. Johnson IIIl, Fidelity Investments Limited
Reginald H. Jones, General Electric Company
Charles F. Knight, Emerson Electric Company
Harvey H. Lamm, Subaru of America
William E. LaMothe, Kellogg Company
Joseph E. Lonning, Kellogg Company
Whitney MacMillan, Cargill
J. Willard Marriott Jr., Marriott International
Thomas W. Mastin, Lubrizol Corporation
C. Peter McColough, Xerox Corporation
John G. Medlin Jr., Wachovia Corporation
Morton H. Meyerson, Electronic Data Systems
David W. Mitchell, Avon Products
Eugene R. Olson, Deluxe Check Printers
Warren H. Phillips, Dow Jones & Company
Robert T. Powers, Nalco Chemical Company
Edmund T. Pratt Jr., Pfizer
Donald T. Regan, Merrill Lynch & Company, Inc.
John M. Regan Jr., Marsh & McLennan
William J. Ruane, Sequoia Capital
Robert A. Schoellhorn, Abbott Laboratories
Irving S. Shapiro, DuPont Corporation
Vincent R. Shiely, Briggs & Stratton Corporation
Naomi Sims, Naomi Sims Collections
Goff Smith, Amsted Industries

Whitney Stevens, J. P. Stevens & Company
Dwight L. Stuart, Carnation Company
Diane S. M. von Furstenberg, Diane von Furstenberg, Ltd
Charles B. Wang, Computer Associates International
Richard D. Wood, Eli Lilly and Company
Alan L. Wurtzel, Circuit City Stores
John A. Young, Hewlett-Packard Company

领导者

Leonard Abramson, US Healthcare
Michel C. Bergerac, Revlon
Charles L. Brown, American Telephone & Telegraph
Philip Caldwell, Ford Motor Company
Edward E. Carlson, United Airlines
Helen K. Copley, Copley Newspapers
Paul Fireman, Reebok International, Ltd.
Richard L. Gelb, Bristol-Myers Squibb Company
C. Michael Harper, ConAgra
Frank G. Hickey, General Instrument Corporation
Ivan J. Houston, Golden State Insurance
Harold J. Hudson Jr., General Reinsurance
Lido (Lee) A. Iacocca, Chrysler Corporation
Sidney Kimmel, Jones Apparel Group
Daniel J. Krumm, Maytag Corporation
Francisco A. Lorenzo, Texas Air Corporation
John C. Malone, Tele-Communications
Harold W. McGraw Jr., McGraw-Hill
Rene C. McPherson, Dana Corporation
Anthony J. F. O'Reilly, H. J. Heinz Company
William M. Rosson, Conwood Corporation
Donald H. Rumsfeld, Searle (G. D.) and Company
Robert H. Sorensen, PerkinElmer
Kenneth T. Wessner, ServiceMaster Company

第九章
1980—1989 重塑美国商业的辉煌

> 现在的你 应该比4年之前好多了吧？
>
> ——罗纳德·里根（Ronald Reagan）

在经历了十多年的绝望和不满之后，整个国家都在憧憬一种新的希望。而这一次，不出所料，人们又在商业的大发展中找到了这种感觉。商业被视为重振美国的重要因素，它因此被给予了高度的重视，而这直接导致了一大批机会的出现。虽然财富往往只是由一小部分人享受，但是投资升温所带来的新的发展势头，其价值却无法估量。随着一批知名企业的复苏（如克莱斯勒），股市又开始扶摇直上（道琼斯工业指数在1982年至1987年之间翻了三番），国家对经济的干预大幅减弱，华尔街又掀起合并的狂潮，商业执行官在80年代，又重新获得了英雄般的地位。

新的融资魔法

20世纪80年代具有代表性的商界人物，是那些试图摆脱70年代沉重债务束缚的金融家和投资银行家[1]。风险投资公司如KKR（Kohlberg Kravis Roberts）和德雷克赛尔（Drexel Burnham Lambert），则将财务杠杆的运用推向了一个新的高度，他们引领了一波大规模的、通过借贷来实现的收购活动。亨利·R. 克拉维斯（Henry R. Kravis）和他的合伙人杰拉米·克尔伯格（Jerome Kohlberg）以及乔治·罗伯茨（George Roberts）在使用杠杆收购（Leverage Buyouts，LBOs）挽救业绩不佳的公司方面做得尤为出色。KKR并不是杠杆收购的创立者，但是它完善了杠杆收购的实践手段。1988年，它们以250亿美元的空前价格完成了对雷诺兹·纳贝斯克公司（RJR Nabisco）的收购，将LBOs的运用发挥到了极致。通过将LBOs变为美国商界融资运营的主流方式，克拉维斯将"债务"这一概念改造成为公司运营的一个积极因素。2

与此相类似,德雷克赛尔公司的迈克尔·米尔肯(Michael Milken)创造性地使用低档债券(junk bonds)来收购别的公司。这些高收益、高风险的债券是专为那些没有资格发行投资级别债券的公司而设计的。此外,低档债券也是杠杆收购的一个最佳选择,因为目标公司的资产都将被抵押以偿还债权企业的债务。有了这个风险虽高但是十分有效的债权工具,对一个公司的侵吞就能够得以实现。为了保持独立性,很多收购案中的目标公司都试图从收购者手中以高于股票发行价的价格买回股票,但在这一过程中,也就是通过后来人们所说的绿票讹诈(*greenmail*),收购者已经收拢了大量的资金,而目标公司虽然保持了独立性,却往往陷入债台高筑的境地。在80年代这个辉煌的时期,高负债率被视为成功的一个条件,因为它表明对于承担高风险的意愿和信心。

雷金纳德·F. 刘易斯('Reginald F. Lewis)是一个完美的风险猎取者,他改变了美国商界对于债务的认识。他不仅打破了传统的融资模式,同时还打破了华尔街对于非洲裔美国人的壁垒。虽然他本人并不愿意被视为非洲裔美国人的偶像,但是当他在1987年完成历史上最大的一宗海外债权收购之后,还是被推到了舞台的中央。强烈的决心和斗志使得他能够克服各种障碍,打破特权阶层设置的那些似乎是不可逾越的壁垒。

雷金纳德·F. 刘易斯(1952 – 1993), TLC 集团

在雷金纳德·刘易斯的父母离异之后,他就和他的母亲以及外祖父母一起,到种族隔离的巴尔的摩市住了四年(从五岁到九岁)。他的母亲兼做邮递员和服务员,每天工作很长时间,于是,刘易斯的外祖父母成为对他早期的发展给予指导最多的人。他的母亲和外祖父母向他灌输了诚实、努力工作和果断的价值,后来他将之称为"十分正统的美国价值"。刘易斯九岁的时候,她的母亲再婚了,整个家庭搬迁到了西巴尔的摩,在那里,这对再婚的夫妇很快有了自己的孩子。

因为不想成为家庭的负担,刘易斯在十岁的时候就找到了一份按周支付薪水的工作。刚开始他为十个家庭递送《巴尔的摩美国黑人报》,但他很快就建立了一个包括上百个家庭的递送线路。刘易斯一边经营递送业务,一边上学,还十分热衷体育运动。上学的时候,他是学校棒球队、橄榄球队和篮球队的队长,他梦想有朝一日能够成为职业球员。1961年他从高中毕业,进入弗吉尼亚州立大学,并且获得了运动员奖学金,但是在一次肩部受伤之后,他成为职业运动员的希望破灭了。他相对瘦小的身材(五英尺十英寸)、早年的伤病以及在球场上的平庸表现,使得他只获得了一个三线队四分卫的位置。考虑到他的职业球员的梦想已经

不可能实现,他离开了球队并且放弃了奖学金。没有了奖学金的资助,刘易斯被迫打多份工来支持学业,他的工作包括在保龄球馆管理晚班,以及为一家图片社做销售工作。

进入高年级之前,刘易斯了解到哈佛法学院有一个夏季项目,可以介绍少数民族学生进行法律学习和实习。刘易斯从弗吉尼亚州获得了最后一个进入夏季项目的提名,从而有机会最大限度地将自己的才能展示给哈佛大学的老师和主要的决策者。虽然举办方已明确表示过参加这个项目并不意味着参加者可以进入哈佛长期就读,但是刘易斯却把它当成进入哈佛的敲门砖。他在课堂上表现十分积极,课后又去找到教授和管理人员,向他们表明自己对于进入哈佛学习的极大兴趣。刘易斯优秀的课堂表现加上他坚持不懈的努力,终于使得哈佛在政策上做了调整,刘易斯甚至还没有来得及完成正式的申请程序,就已经获得了哈佛法学院的进入许可,并且获得了洛克菲勒基金会颁发的奖学金。

1968年刘易斯大学毕业之后,进入纽约的一家法律咨询公司。在那里,他获得了开办公司、筹备合资和签订并购合同所需掌握的一些基本技能,以及公开销售证券的法律基础知识。1970年,刘易斯离开这家公司,与他的哈佛同学弗雷德·华莱士(Fred Wallace)合伙开了华莱士、墨菲、索普和刘易斯公司,这也是当时华尔街最早由黑人开办的公司之一。三年之内,有两位合伙人相继离开,而刘易斯则买下了他的同事手中的股份。

他很快聘请了法律顾问查尔斯·克拉克森(Charles Clarkson),而新公司被命名为刘易斯&克拉克森公司(Lewis & Clarkson),这是一家专门为风险投资交易提供法律服务的公司。在他开办公司的第一年,刘易斯就成为了《黑人企业家》杂志商务和法律版的专栏作家。好像预示着什么事情将要发生一样,刘易斯所著文章的题目,涉及了从企业并购到风险投资再到首次公开发行(IPOs)的方方面面。在接下来的十年中,刘易斯&克拉克森公司为很多企业提供了咨询服务,其中包括Aetna、Equitable、Norton Simon和通用食品(General food)等,公司还向少数民族业主开办的企业提供贷款。公司与少数民族业主开办的企业之间的业务发展迅速,很快,它开始专门为少数民族小型商业投资企业(Minority Enterprise Small Business Investment Companies,MESBIC)提供服务,这些企业是美国小型企业管理局监管之下的风险投资公司。[3] 刘易斯的名声越来越响,他很快成为了全国知名的MESBIC交易律师。

因为一直从事帮助新企业获取资金和准备法律文书的工作,刘易斯逐渐萌生了创办企业、实干一场的念头。他对于如何去做可以说已经成竹在胸:"当我决定从法律行业跳出来进入投资行当的时候,我想干我最擅长的事情,当然就是并购和融资。对于我来说,走出去成立自己的公司并不是我一直想做的。"[4] 在20世纪70年代末和80年代初,刘易斯开始尝试一些业务,但是没有获得成功。他在1982

年完成了第一起并购——一家位于圣托马斯岛的小广播电台。刘易斯希望利用这家小广播电台来打造覆盖加勒比盆地的广播网，但是这家电台收购过来之后就再也没有赢利过。经历了这次失败之后，刘易斯又开始寻找下一次机会。1983年，他得知麦考尔·派顿公司（McCall Patten Company）正等待被收购。这家有着113年历史的缝纫花样生产企业，正遭受着市场萎缩和收益下降的双重打击。在前途一片灰暗之中，刘易斯找到了未被开发的潜力，决定集中全力来竞拍这家公司。

因为有前几次并购失败的经验，刘易斯这次没有以他个人的名义，而是使用了"TLC集团"这个名字。而TLC的意思，其实就是刘易斯公司（The Lewis Company）。他没有暴露他的真正含义，并且认为加上"集团"这个词人们会认为这是一家有实力的公司，而不是刘易斯一个人的公司。他没有说服那些人相信这个所谓的"集团"是由白人创建的，在与一些刘易斯称之为"华尔街势力堡垒"的人在商场上较量过之后，刘易斯努力争取不让种族成为影响竞价的因素。[5] 刘易斯最终以2,250万美元的价格竞标成功，其中只有100万是他本人的资金，剩下的大部分来自银行家托拉斯的1,900万贷款。TLC集团成功竞拍到麦考尔公司的关键因素，就在于刘易斯本人。在他决定竞拍这家公司的时候，他花了大量的时间来了解缝纫花样业务，并且花费许多时间与公司的主要管理者交流。

买下麦考尔公司之后，刘易斯展示了他将公司从困境中解救出来的决心。他开发了一套简化的生产流程，降低了给零售商的折扣，提高了价格，从主要竞争对手那里挖走了高级管理人才，并且为公司开发了一套新的产品生产线来生产贺卡。将公司制作缝纫花样的压纸机转型用来制作贺卡并不困难。他为扭转公司困境所付出的努力终于得到了回报。到1986年，公司不仅拥有了一定的经济实力，并且赢利水平达到了自成立以来的最高水平。公司在1986年赢利1,400万，比历史上任何年份的赢利都要多出两倍。

1986年底，刘易斯策划了一起重要的资本重组项目（以1,900万买进），并且希望将公司上市。刘易斯准备以麦考尔公司为基础，凭借公开上市所募集到的资金进行下一步的并购活动，但是这一公开募股计划却从来没有实施过——因为市场不愿意支持一个处于萧条行业中的企业。因为没能获得充足的资金，刘易斯最后决定将公司卖掉。1987年6月，麦考尔公司被卖给了英国纺织巨头约翰·克劳瑟集团（John Crowther Group），对方出价为8,600万美元，包括支付6,300万美元的现金和分摊麦考尔公司2300万美元的长期债务。这样，刘易斯于1984年投入麦考尔公司的100万美元就得到了60倍的回报，TLC从中的获利接近6,000万美元。正如80年代许多多通过负债并购的企业一样，麦考尔公司在被售出后两年就破产了。当时的CEO厄尔·昂斯塔德（Earle Angstadt）这样回忆公司被闪电般售出的情况："麦考尔对于雷吉（Reg）来说是一个终结，他对缝纫花样业务根本就不感兴趣，他买下这个公司只有一个目的，就是通过它尽快赚到大钱。"[6] 克劳瑟和旅行者公司都持有麦考尔公司的长期债券,他们起诉刘易斯隐瞒了公司的财务状况,但法庭驳回了原告的上诉,称刘易斯既然已经不再是公司管理团队或者董事会的一员,他就不应该再为公司的业务下滑负责任。

刘易斯通过麦考尔所获得的不可思议的成功,使得他一时间在华尔街名声大振,而他,也已经准备好了开始下一次更大规模的收购。虽然许多交易已经比麦考尔的那次要大上好几倍,但是刘易斯只对那些更大、更深不可测的交易感兴趣。他的下一笔交易的金额是麦考尔那笔交易的44倍。刘易斯将目光放在了比阿特丽斯(Beatrice)的国际部上,这笔交易价值25亿美元,由KKR拍出。比阿特丽斯的国际部包括64个运作实体,分布在31个国家。刘易斯将起拍价9.5亿美元提交给了萨洛蒙兄弟公司(salomon),这家投资公司负责KKR这次拍卖的具体工作。萨洛蒙的执行官在交易进行时要求与刘易斯举行一次面谈,他们声称,"说实在的,没人知道你是谁。"[7]刘易斯知道他必须提高TLC的声誉,才有机会与花旗银行、希尔森·雷曼兄弟公司(Shearson Lehman Brothers)、皮尔斯布利公司(Pillsbury)以及其他公司的分析师们一比高下。他寻求迈克尔·米尔肯的帮助,而这时,米尔肯正好也为刘易斯在麦考尔公司交易中的出色表现所折服。米尔肯同意为TLC竞标提供融资支持:"我的原则是,真正的稀缺资源是人才,而不是钱。在麦考尔公司交易中,雷吉展示了他作为出色管理人才的宝贵资源,以及对于未来的美好构想,同时他也有能力激励人们共同合作。"[8]

将德雷克赛尔公司(Drexel)拉来支持TLC的竞标,只是刘易斯要走的第一步棋。在他未完成的自传中刘易斯这样总结他的计划:"我们要竞标的是整个交易,但是在签合同和最终成交之间,将有一个拍卖会,我们可以从中获利。不仅对于整个公司,而且对于不同的部门也是如此。我们可以在合同成交期间就拍卖掉一些物业,而我们自己则根本不需要承担任何风险。我们可以将资产以数倍于收购价的价格售出。这样,一笔价值十亿美元的交易只需要花四亿到五亿美元就可以完成了。我们用这种方法来减少我们的负债,然后我们只要关注核心业务部分,通过这一部分再筹措资金,并获得发展。"[9]刘易斯完美地执行了这个计划。名不见经传的TLC集团以9.85亿美元的价格在比阿特丽斯国际部的竞标中获胜。通过纯粹的LBO的方式,刘易斯自己只投入1,500万美元就获得了这笔交易,获得了实际价值25亿美元业务的55%的净资产值。而德雷克赛尔,因为资助了这笔将近十亿美元的交易,获得了余下的净资产。

根据计划,刘易斯卖掉了比阿特丽斯的大部分资产,其中包括加拿大分部80%的业务,从中获利2.35亿美元,澳大利亚分部的业务也被以1.01亿美元的价格售出,而位于西班牙的肉类加工厂卖了9,000万美元。这些业务中有一些在并购的当天就被售出了。拉丁美洲以及远东的业务于1988年售出,公司从中得到两亿美元。在全面接管企业之后不久,刘易斯将其合并为一个以欧洲业务为核心的企业,并且用现金偿付了七亿美元债务中的六亿。刘易斯试图用IPO的办法来偿付余下的债务,但是他的计划再一次搁浅,交易不得不取消,因为媒体的一些负面报道使潜在的投资者开始动摇。媒体关注正在进行的麦考尔公司销售诉讼案,他们觉得似乎作为最大股东的刘易斯,才是IPO的最大受益者。

虽然又一次失望了,但是刘易斯很快把全部精力都投入到比阿特丽斯的业务中去了。他收缩了不赢利的生产线,削减了成本,并且把重心放到了收益高的业务上来。刘易斯对于理解欧洲文化有一种近乎偏执的执著。他全身心地投入到了公司的业务之中,他在工厂巡视,自学了法语,并且将自己的时间分别花在美国总部和比阿特丽斯欧洲分部两个地方。比阿特丽斯和TLC的成功来得并不那么容易,据大家讲,刘易斯是一个严厉的领导,他不允许出现任何错误。在他担任TLC比阿特丽斯公司负责人的五年中,有一大拨执行官来了又离去。作为一个严苛的完美主义者,刘易斯要求别人就像要求自己一样严厉。他的脾气极坏,又不肯原谅人,很容易对别人造成伤害。尽管脾气暴躁,刘易斯却成绩斐然,正如美林公司(Merrill Lynch)的一位食品分析师所说:"毫无疑问,公司已经开始向着一些比较鼓舞人心的目标迈进。"[10]

对于刘易斯和很多LBO专家来说,这样的成果可以确保他们获得可观的收益。因此在1991年,刘易斯直言不讳地向公司董事会提出了300万年薪的要求,以弥补他在1988年的损失,这一薪水是比阿特丽斯年薪最高的执行官的15倍。对于刘易斯来说,操控这一史无前例的LBO所要承担的风险,也的确需要这么大金额的补偿才能相称。刘易斯对于他的成功无须辩解,[11]金融操盘手们为企业带来的成功也许并不能反映公司的长远价值,但至少它是一次短期的财务收获。这个成功为一些个人所带来的经济收益,往往也是可观的。一年之后,米尔肯宣布其收益超过五亿美元。[12]

因为政府对金融操盘手开始采取不干预的政策,他们可以不必担心受到反垄断法的制裁。投资的快速收益实在令人心仪,投资银行成为全美大学毕业生就业的首选。成功的标志不再是能够管理一家企业,而是买进来,再卖出去,从中得利。[13]终于,有人在诱惑面前失了足,米尔肯和伊万·博斯基(Ivan Bosky)相继因内部交易被公开逮捕,这使得华尔街的名声大跌,不过对于整个商业界来说,损失似乎并不太大。相反,在整个80年代的大部分时间里,他们的运作都显得游刃有余。

表9-1

20世纪80年代发生的商业大事

时间	事件
1980	银行业管制被解除
1980	最高法院裁定可以为在实验室创造的新的生命形式申请专利,以支持生物科技
1980	美国有线新闻网(CNN)开播,这是第一家提供24小时新闻服务的节目
1980	银行最高利率达到21.5%
1980	经济管理成为大学的热门专业
1981	《经济复苏税收法案》(Economic Recovery Tax Act)出台,降低了个人税率
1981	哥伦比亚号航天飞机首航
1981	里根总统镇压了飞航管制员工会(PATCO)的罢工
1981	克莱斯勒公报亏损17亿美元,为美国商业史上最庞大的亏损
1981	MTV 开播
1981	IBM 进入个人电脑市场
1981	MS-DOS 面世
1982	AT&T 同意拆分业务
1982	国会解除对存贷业务的机构限制
1982	《今日美国》(US Today)面世
1983	CD 播放器面世
1984	职场女性数量首次超过男性
1984	美国成为债务国,负债1,074亿美元
1984	苹果电脑推出首款鼠标
1985	最高法院裁定地方银行可以成立区域性网络以应对大银行的竞争
1985	家庭购物网(Home Shopping Network)遍及全美
1985	微软推出视窗操作系统 Windows
1986	挑战者号航天飞机爆炸
1986	参议院批准自第二次世界大战以来最大的税收改革方案
1987	道琼斯指数在10月大跌之前达到了2,700点的历史新高,但是在10月份下跌了508点(折合市值5,000亿美元)

表 9-1（续）

1987	"波里奇国家质量奖"（Baldridge Quality Award）设立
1988	存贷风险达到峰值
1988	KKR 收购雷诺兹·纳贝斯科，以 250.7 万亿美元的总价创造了 LBO 的历史纪录
1988	CD 销量首次超过唱片
1988	人类基因组计划获得了首批资金
1989	埃克森·瓦尔迪兹油轮（Exxon Valdes）在阿拉斯加泄露 1,100 万加仑原油
1989	共产主义在东欧失利
1989	柏林墙被推倒
1989	南非的种族隔离被解除

白宫里的另一个朋友

里根就任总统之后，将"沉默的卡尔（Silent Cal）"——柯立芝（Coolidge）视为他最尊敬的领导人，"他总是很沉默，让联邦政府尽量不干预社会运行，从而使商业在 20 年代得到繁荣。"[14] 与柯立芝一样，里根通常也不关心细节，并且他从不透过一种阴影看世界，而是黑白分明的。他们两人都追求政策、言语和行动的简洁，并且都重视商业以实现经济的腾飞。里根的经济复苏计划包括增加军备开支以及减税。里根将"不信仰上帝的共产主义"和"大政府"归结为美国复苏的两大障碍。[15] 而最能展示美国军力的庞大开支计划，就是战略防御计划（Strategic Defense Initiative），也被称为星球大战计划。如巴克·罗杰斯（Buck Rogers）所言，"它可以使用激光束技术摧毁任何来袭的导弹，以建立一个防护屏障。"[16] 虽然星球大战计划科幻的意义大于实际意义，但是总统的言论和媒体的支持，却大大地推进了美国和前苏联之间的军备竞赛。

里根经济政策的第二个支柱是 1981 年实施的《经济复苏税收法案》，对于里根来说，这也是"政府计划时代"[17]终结的标志。按照这一法案的条款，个人所得税将在 33 个月的期限内下调 25%，最高征税率也从 70% 下调到 50%，同时资本所得税从 28% 下调为 20%。[18] 根据里根的计划，在经济流中保持更多的收入源将会刺激投资，并激发一种强烈的企业家精神。与联邦税收下调同时进行的还有一系列的预算削减，其目的是为了结束由大社会计划所创造的福利国家。预算削减包括减少对教育、食品券、医疗救助、残疾人福利、美国艺术捐助、公共电视以及学校午餐等项目的资金投入。从1980年到1984年，政府对社会福利项目的投入总计减少了1,400亿美元。而与此同时，国防开支增加了1,810亿美元。[19]

因为国防开支大大超出了社会福利方面节省下来的费用，联邦政府的财政赤字大为提升，达到了前所未有的高度。然而，大规模的国防投入却帮助缓解了失业问题，而且随着货币控制的实施，国家经济很快就开始复苏了，尽管这种复苏建立在 OPEC 的损失之上。从1983年开始逐渐下降的油价，对于美国人生活水平的恢复起了很大的作用，也大大刺激了商业投资的增长。油价的下跌同时还使得70年代开始兴起的新能源（太阳能、风能）开发活动的投入减少了。企业和消费者在80年代剩下的日子里变得挥霍无度，负债不再被认为是鲁莽和有风险的事，而是成了一件值得炫耀的事情，即使是一贯保守的银行业也变得如此。

在20世纪80年代，银行业的限制被解除，这一措施为小投资者带来了丰厚的利息收益，也为经常账户储户带来了利息支付。但银行业则要为储蓄支付高达两位数的利息（最高达到18%），而同时从借贷那里只能得到8%的利息收入，这种情况一度使银行的发展受到阻碍，[20] 其结果是从1980年到1983年间有超过500家的存贷机构（S&Ls）破产倒闭。[21] 美国国会因此废除了对存贷机构的投资限制，先是允许它们将40%的资产投入虚拟的房地产控股，后来允许将全部资产用于此类投资。政府也同意为存贷机构的存款准备金提供保险。为了弥补巨大的存贷差，S&Ls 开始从事风险投资，其中包括投机性房地产和低档债券。1987年，市场崩盘，无度的投资和公然的诈骗使得很多存贷机构陷入破产并引发了恐慌，一年中有超过三分之一的存贷机构处于亏损状态或者濒临破产。[22] 因为政府承诺为存贷机构提供保险，它也因此陷入了救市危机，金额高达3,000亿美元。[23]

存贷机构的遭遇并没有削弱政府放开企业运营限制的决心。企业限制的减少虽然为存贷机构创造了机会，但也同时改变了航空企业竞争的环境。虽然航空业有一大批新的竞争者加入 [比较著名的有人民航空（People's Express）]，但市场最后还是让位给了大规模的行业合并。放宽政策也进入了家庭用品行业，随之而来的是电子产品行业、其他能源行业以及电信行业的放开。在这些行业实行的结果也与银行业以及航空业大致相同。政府的有限管制和有意忽视为这些行业的合并、重组铺平了道路，其影响一直持续到这个世纪终了。很多美国人都对政府管制的放松拍手称快，在经历了20多年由社会、财政和全球政策的变化所带来的调整之后，美国人又在放任主义的政府和国家主义的骄傲中找回了自信。

世界局势的转折

里根信奉所有的事情都应该以美国的方式来解决，并且强烈地与共产主义作对，这与美国人试图重建国际地位的想法产生了共鸣。很多美国人认为美国在世界舞台上已经消沉得太久了,从越南战场草草撤军到人质被劫持都令人感到耻辱和烦恼。美国人决定走出外交上的失利。里根理解这一思维,并且做了很多事情来强化它。他在1983年的一次演讲中,将苏联称为"邪恶帝国",这也迎合了很多美国人的口味。他还将美苏之间的军备竞赛描述为"对与错、正义与邪恶之间的斗争"。[24]

1985年,米·谢·戈尔巴乔夫(Mikhail Gorbachev)当选为苏联总理,标志着美苏两国的关系开始改善。里根和戈尔巴乔夫第一次见面的时候,都希望能够为军控打下基础。虽然他们就很多文化和科技方面的合作达成了共识,但是却没有签署任何军事方面的协议。在他们第一次会谈两年之后,戈尔巴乔夫和里根确实就削减射程在300到3,000英里的中程核子导弹达成了意向协议,虽然这项协议所涉及的导弹数量只占两国导弹总数的5%,其政治意义却是十分深远的。[25]

苏联在军控方面所推行的政策,只是戈尔巴乔夫执政早期政策的延续。而他对于"glasnost"(开放)和"perestroika"(重建)的追求,初衷也是为了重建人们对共产主义国家的信心。但是,这却为一场静悄悄的、威力巨大的革命埋下了伏笔。戈尔巴乔夫放弃了苏联传统的帝国主义的做法。在经历了九年的国内冲突之后,他于1989年签署命令,将苏联军队从阿富汗撤出。但是苏联东部的骚乱已呈燎原之势,反叛并没有真正被镇压下去。于是,一系列"不流血的革命"一个接一个地相继在波兰、匈牙利、捷克斯洛伐克和保加利亚发生。[26] 最富戏剧性并且标志着旧的世界秩序终结的事件发生在1989年,东德人和西德人一起,推倒了分隔一个城市、一个国家和一个世界的柏林墙。

随着共产主义堡垒在苏联和东欧崩塌,南非的一项激进的政治制度——种族隔离制度也开始瓦解。1986年,美国国会在里根总统行使否决权的情况下,还是通过了一系列对南非的经济制裁提案,其目的是为了向南非执政党施压,以改变南非在人权和政治结构上的不公正。[27] 正如戈尔巴乔夫成为苏联那场史无前例的变革的催化剂一样,德克勒克(F.W. de Klerk)在南非也扮演着同样的角色。在1989年当选为南非总统之后,德克勒克呼吁建立一个没有种族主义的新南非,这为新宪法的制定打下了基础,并且为曼德拉(Nelson Mandela)的出狱铺平了道路。美国人以局外者的身份注视并且欢庆这些席卷世界的变革的发生。漫长而又黑暗的冷战终于结束,虽然前路依然迷雾茫茫,但是对于美国人来说却充满了光明的希望。

向右转

水门事件中觉醒的沉默的大多数,在20世纪80年代变成了"道德多数派"(Moral Majority),这是一个松散但很有影响力的团体,其成员大多数是福音派基督徒以及相对保守的共和党和民主党人士。70年代末期和80年代早期，宗教又获得了很大的影响力，特别是，它们也开始利用电视来壮大力量。在电视上传教的基督教牧师数量，从1978年的25个增加到了1989年的336个。[28] 虽然很多牧师都经历过从红极一时到门前冷落的遭遇，但是这些宗教团体在国家中占领了一席之地。在里根执政期间，道德多数派坚定地信奉保守主义，并且最终也极大地影响了保守主义的信条，其中包括：恢复学校中的祈祷仪式、呼吁反堕胎立法、加强死刑惩罚、审查课堂教材等。

尽管里根尽力扭转，但美国还是变成了一个胸襟狭小，自我放纵的国家。20世纪60年代和70年代，人们谈论最多的是关于"他们"（得不到很好的服务，以及任职人数不足），而到了80年代，人们开始标榜以"自我"为中心。在这样一个充满诱惑和浮华的世界里，人们信奉的是"如果你有（钱、好相貌、权力），你就应该好好炫耀"。对于一些人来说，自我放纵社会的表现就是对于财富和外表的不停追逐。有关饮食和锻炼的书籍，如《比佛利山食谱》(*The Beverly Hills Diet*)、《理查德·西蒙斯绝不减肥手册》(*Richard Simmons' Never-Say-Diet Book*)、《简·方达训练手册》(*Jane Fonda's Workout Book*) 以及《维特·沃切斯356种食谱》(*Weight Watchers 365-Menu Cookbook*) 成为了畅销书。体育用品产业在这个全民关注健康的时代也得到了极大的发展。1980年至1991年，运动服市场增长了四倍，从31亿美元增长到119亿美元，而整个体育用品产业也从167亿增长为451亿。[29]

大幅的税收减免、疯狂的股票投机、极大的投资回报，使一小部分人发了大财。在1980年到1989年间，美国主要大公司CEO的收入，比普通工厂工人的收入要高40－93倍。[30] 在这个十年中，每年都有超过十万名新的百万富翁出现，因此很有必要将这些暴发户和超级巨富区别开来。[31] 当年轻的都市雅皮试图模仿富人和名人的生活方式的时候，还有很多人在为生存打拼。大规模的消费和浮华、放荡的生活方式的另一面，是一部分人生活在赤贫之中。尽管很多人设法通过门禁和居住区划分在两种社区之间建立隔断，但社会分化仍然不可避免地变得十分严重。对于黑人男性来说，这种机会上和经济地位上的不平等尤为明显。到1991年，有将近30%的黑人男性有可能被监禁，而他们中只有15%的人有望完成大学学业。[32]

在这个贪婪和铺张浪费的年代里，相继而生的还有贫穷、犯罪、吸毒和流行病。社会福利资助项目的减少以及精神病院看护、设施等项目的减少，为美国社会造成了大批的无家可归者。截至1987年，每五个美国人中（包括1,200万儿童）就有一个生活在贫困之中，自1979年以来增长了24%。[33] 在可卡因成为80年代上层阶级吸食的毒品的同时，它的低价衍生物Crack也成为了城市贫民的选择。社会各阶层滥食毒品导致暴力犯罪增加，间接引发了南茜·里根（Nancy Reagan）所发起的"向他们说不"运动。这个运动还猛烈地抨击同性恋和注射毒品者，因为这两类人和一种致命的疾病——艾滋病（AIDS）联系在一起。80年代早期艾滋病病例（截至1983年大概有1,300多例）的发现引发了医疗界的担忧，这种担忧到80年代中期成为了一种社会恐慌。[34] 它同时也引发了人们对于上个十年间的性革命和放纵主义的猛烈抨击。有关艾滋病的错误信息被传播开去，对犯罪的憎恨不断增强，社会阶层的界限也开始崩溃。随着死亡人数超过九万并且还存在进一步扩大的趋势，人们对于医疗研发的呼声很快超过了单纯的指责。[35]

虽然80年代人们开始重新看重传统价值，但是核心家庭的数量还是在不断地减少。成年人中结婚的比例从1967年的67%下降到了1990年的57%，而从没有结过婚的人的比例也从22%上升到了27%。[36] 此外，未婚同居的数量也在这十年中增加了两倍。[37] 男女初婚年龄在上升，而整个国家开始进入老龄化社会。[38] 20世纪80年代，婴儿潮时期出生的第一拨人已经进入中年，而随着这些人开始成为社会的主力，他们也开始影响社会和商业的模式。

移民潮

另一个对人口影响巨大的因素是移民，它与老龄化的影响相互抵消。80年代，美国经历了历史上第三次移民高潮。整个70年代的移民数量为450万，到80年代增加到了730万，比人口增长总数2,300万的30%还要多。从70年代开始的超过63%的移民数量增长，对于美国社会很多方面的意义都是巨大的。[39] 这是自20世纪第二个十年以来移民人数增长最快的一次，移民的来源地也发生了大的转变。[40] 其中，来自亚洲和美洲的移民数量是来自所有欧洲国家移民数量的八倍。随着移民数量的激增，人口的构成也发生了根本的变化，截至1990年，在整个国家的2.25亿人口中，12%的人口是黑人，9%为西班牙裔人，3%为亚洲裔人，大约1%为美洲土著人。虽然黑人与美洲土著人口所占的比例与70年代基本持平，但是亚洲裔人在美国人口构成中的比例却增加了两倍，而西班牙裔人口比例也增长了40%。[41] 虽然移民的数量如此巨大，这一数字还是被认为有些保守。这个国家广阔的边境线为那些不想通过合法途径入境的人提供了可乘之机，非法移民数量的增长导致《移民改革和控制法》（*Immigration Reform and Control Act*）的出台。这一法案意在对边境进行更加苛刻的检查，并通过立法来惩罚那些雇用非法移民的企业，从而达到控制非法移民的目的。[42]

正如后来被证明的那样，移民潮为未来的商业执行官们创造了很多机会——特定族裔市场的开辟、新劳动力的积累、管理和融资多元化的挑战等等，都出现了。在整个80年代，非英语移民数量的激增也引发了一些人群的怨恨，因为需要从税收中抽取专款支付他们的双语教育和培训。由此还引发了沉浸式教育支持者和同化教育支持者之间的论战。[43] 移民问题在劳工运动领域也有很大的反响，一场争论延续了几十年之久，其焦点集中在：一派认为移民会影响劳工在劳资斗争中的地位，而另一派则认为纳费会员人数增加对工会是一个机会。尽管劳工组织在移民中的位置还没确定，但是有一个事实已经确定：劳工运动陷入了困境。

表9-2

20世纪80年代的社会和人口状况

- 美国人口从2.27亿增加到2.49亿
- 到1986年底，国家负债达20,000亿
- 美国到访人数（每年2,000万）超过出访人数
- 已确认艾滋病在美国流行；艾滋病的面纱于1987年被揭开
- 摘要式电视节目（Tabloid TV）开始流行
- 桑德拉·奥康纳（Sandra Day O'Connor）成为首位美国高等法院法官
- 莎丽·赖德（Sally Ride）成为美国第一位女宇航员
- 时尚：守旧的服装、有氧运动、山谷女孩、日光浴沙龙
- 游戏：棋盘问答、看图猜词游戏、卷心菜娃娃、蓝精灵、吃豆豆、忍者神龟
- 新词：雅皮、毫亿秒、在家上班族、真牛（Totally Awesome）、绿票讹诈、追星族
- 最低人均工资：每小时3.1美元（1980）
- 平均年收入：15,757美元（1980）
- 预期寿命：女性78.2岁；男性71.1岁（1980）

劳工地位下降

里根上任之后马上就对劳工运动进行严格的限制。1981年，PATCO违反联邦法律发动了一场罢工，使整个国家的航空公司处于危机之中。根据他们工作的特殊性质，PATCO成员希望提高基本工资，减少每周的工作时间，并且获得更好的退休福利。因为相信公众会支持他们的行动，17,000名航空管制员工中有13,000人于1981年参与了罢工。[44] 但是公众却出乎预料地没有支持他们的行动，相反，人们对他们表示愤怒和谴责。里根十分巧妙地将参加罢工的工人描述为不诚实的人，因为他们曾经发誓不会罢工，但是现在却出尔反尔。他向罢工的工人发出最后通牒，要么在48小时之内回到工作岗位，要么永远失去这份工作。大部分参与罢工的工人都没有返回工作岗位，也因此失去了工作。通过一场大规模的招聘活动，

空缺职位很快就招到了充足的人员。在三天的招聘活动中，国家恢复了70%的航空运力，但是培训新人所支出的费用，比起PATCO所要求的还要多，这个严厉的总统所作出的决策，其道德象征意义上的胜利代价是巨大的。[45]因为未能从罢工的失败中恢复，PATCO于1981年末宣布破产，这标志着"劳工运动十年低潮"的来临。[46]

虽然工会工人数量在1980年还占全国工人数量的25.2%，但是到1987年却只占17%，而且在这个世纪剩下的日子里，这个数字还在下降。[47]除了政府的管制，工会力量还因为制造业工人的大量失业而受到影响。随着企业开始将制造基地向海外转移，"从底特律到匹兹堡这一带曾经高高在上的经济轴心开始有了新的绰号：'生锈地带'。"[48]席卷全国的并购狂潮也使得制造业的许多工序被简化。如今空空如也的工厂，其直接后果就是大量制造业工人的失业，以及他们在谈判中力量的减弱。只有服务行业的工作机会在增加，从1979年到1987年，98%的新工作都出现在服务行业。[49]

服务业的发展和新的生产工具的引入从根本上改变了劳工运动的舞台，这个舞台从车间转移到了办公室。80年代早期新技术的发展显示了极大的威力，特别是在办公领域，传真机、激光打印机以及移动电话成为买得起的办公用品，而且随着时代的发展它们变得越来越容易操作。最早的蜂窝电话是装在汽车上使用的，用户数量从来没有超过20万，但是新型的便携式电话命运却截然不同，[50]在经过十年的测试并且投入1,500万美元的研发费用之后，摩托罗拉于1983年推出了第一款便携式蜂窝电话，售价3,000美元，每月服务费150美元。[51]尽管费用昂贵，便携式电话对于80年代精明的商人来说却是一个必要设备。手机最初是身份和地位的象征，但是AT&T公司对这项业务的介入以及卫星传输线路的开放，为手机费用的下调提供了手段和基础，并最终将这项技术变成了大众都能享用的便利条件。这些提升办公效率的工具的出现，使得一种新的远程雇员形式——在家上班人员出现了。

科技提高效率

1981年IBM进入个人电脑市场，为这一刚刚萌芽的产业带来了合理性和可行性。在推出个人电脑之后两年的时间里，IBM就占领了75%的市场份额，并且这一份额还在不断增长。[52]截至1984年，美国拥有1,900万个人电脑用户，主要分为家庭用户和商业用户。[53]虽然IBM的销量很快超过了苹果电脑，但苹果公司还是在努力打造其用户的忠诚度，并且不断引入新科技以简化电脑的操作。举例来说，苹果推出了一种叫"鼠标"的手持设备，被《纽约时报》评为降低电脑使用难度的重要设备。[54]

第九章 1980—1989 重塑美国商业的辉煌

到这个十年结束的时候，电脑用户的数量至少翻了三番。[55] 而且，大约有40%的雇员开始在工作中使用电脑。[56] 虽然IBM在电脑快速发展的早期占据了主导地位，但是，它很快丢失了部分阵地，因为它未能抓住几次重要的机会。事后人们发现，IBM本来是可以从参股两个主要供应商——微软和英特尔中获得巨大利益的。IBM对两家公司的认可以及对独占性合同的排斥从根本上形成了一个平等竞争的市场；此外，IBM未能关注顾客的需求，未能对技术开发进行持续的投资。这些失误为其他竞争者，如戴尔、Gateway 和康柏等电脑公司进入市场铺平了道路。[57]

横扫美国商业和家庭的电脑技术革命，实际是被那些风险投资家们所操纵的，他们能看到比当前所应用的技术更远的东西。他们构想了一个可以进行沟通和数据传输的无缝连接的互联世界，并且成立公司专门发掘这些技术革新的潜力。对于他们来说，一个未来的互联世界不会让人们丧失自由和隐私，而是会为人们的交流提供多种途径。技术成为了沟通的桥梁、生产的工具，并为商业的发展提供了极大的机会。

1982年，斯科特·迈克尼利（Scott G. McNealy）成立了太阳微系统公司（Sun Microsystems），这是一家功能强大、影响深远的计算机制造公司。通过开发相互联结的、网络化的电脑模型，他的公司将电脑的高科技运算能力开发为大规模商业流程主处理器的功能，其中包括物流追踪、运营管理和客户互动系统。具有网络功能的电脑是在 Java 程序语言环境下设计和开发的。网络基础和在线编程语言的结合，使得公司可以满足大规模、实时数据处理的需求，而这一切是通过因特网来实现的。这一结果使得太阳公司和它的客户能够利用因特网的巨大潜力。[58]

就在迈克尼利关注互联世界基础设施的时候，斯蒂芬·克斯（Stephen M. Case）则沉浸在一对一的网上交流。作为必胜客80年代早期的市场总监，克斯经常在晚上走夜路。为了与家庭办公的发展趋势保持一致，克斯购买了 Kaypro 便携式电脑，以及号称是最早提供网上服务的"The Source"。克斯提到："我记得它真是让人灰心，但是只要你进入系统，获得信息服务，并且可以与世界各地的人交谈，你又觉得它非常神奇。"[59] 克斯对此非常着迷，他于1983年离开必胜客加入 Control Video，这是一家为 Atari 电脑游戏用户提供在线服务的公司。虽然克斯加入 Control Video 时游戏产业已接近饱和，并且 Atari 也在衰落，但是他看到了 Control 在线服务所具有的巨大潜力。他与吉姆·金斯（Jim Kimsey）一起于1985年开创了 Control Video 的后续商业模式。通过这种被称为"昆腾电脑服务"（Quantum Computer Service）的模式，公司可以为"普通电脑用户而不是游戏狂人提供 Q-link 服务"。[60] 虽然一开始用户对这种服务的接受速度很慢，但是当它在1989年改名为美国在线（AOL）之后，Q-link 服务开始引起全国的关注。克斯的商业背景也是 AOL 在个人电邮领域得到认可的重要因素，系统的易用性、网际关系的建立（聊天室）、网上一站式购物以及交互的无缝连接，成为 AOL 市场营销的主要卖点，并且帮助 AOL 在90年代早期成为了世界上最大的在线服务供应商。[61]

　　就在迈克尼利和克斯打破技术应用模式的时候，他们的竞争对手中也有一家公司打破了商业运营和客户管理的成规。迈克尔·戴尔（Michael Dell）是在德州大学的学生宿舍里开始他的电脑业务的，当时他只有19岁，他从根本上改变了电脑采购的模式。由于认识到个人电脑的快速发展终将使电脑成为一种消费产品，戴尔开创了一种革命性的直销系统，称之为定制。通过戴尔所提供的服务，人们可以根据自己的特殊需求决定电脑的配置，戴尔则会在接下来的二到三天里将其组装好。戴尔还提供门店和远程客户服务以保证交易和装配的顺利完成。1992年，27岁的戴尔成为了《财富》500强企业中最年轻的CEO。他还通过在互联网上提供电脑报价、销售和服务继续进行电脑零售市场的变革。[62]

　　除了提升办公效率之外，电脑在各行各业的应用也越来越广泛。在产品设计和制造领域，成熟的电脑辅助设计（CAD）以及电脑辅助制造（CAM）程序也有助于改进设计效率、减少人工环节并且提升整体的生产效率。CAD/CAM的广泛使用对于质量——改良系统大有助益，对于美国赢回其失落的全球竞争力也发挥了极大的作用。[63]

　　科技的蓬勃发展使人们重新燃起了对于太空计划的兴趣。1981年，哥伦比亚号航天飞船的首次发射成功，标志着美国空间计划的复苏。早期的几次飞船成功发射帮助太空探索计划获得了必要的资金和关注，而里根总统要在冷战僵持的时间里再展美国的强大，这使得航天计划受益匪浅。但是这种使命感持续的时间不长，因为不久航天器的发射就成为了一项例行公事。为了继续吸引各个年龄阶段人群的注意，第25次发射（挑战者号）被定于1986年，计划搭载一名小学科学教师。一场声势浩大的宣传运动也开始为航天器的发射造势，在发射的当天，全国每个学校的教室里都安放了一台电视。但挑战者号在升空1分30秒之后爆炸了，疑惑和痛苦席卷了全国。一系列高层调查和指责直指NASA管理者、科学家和合同分包商。价值12亿美元的航天飞机"却因为一个价值900美元的人造'O'形环而坠毁"。[64] 航天器计划在随后的一年多时间里陷入了停顿，NASA试图重新设计其质量控制流程和整体管理系统。NASA严苛的质量管理办法在80年代的企业中被复制，多年来一直被忽视的质量问题也开始重新获得管理人员的重视。

领导者：在结构改革和重组中重生

　　美国脆弱的国际竞争力在某种程度上使得顾客不得不付高价购买相对劣质的产品。20世纪80年代，美国制造业引进了日本的管理技术，如将生产线步骤最小化、实现准时库存、引入供应链管理等，其主要目的是为了实现运作的高质量和高效率。少就是多——更少的员工、更少的工序、更少的劳动。值得一提的是20

世纪50年代爱德华·德明（W. Edward Deming）和约瑟夫·朱朗（Joseph M. Juran）富有前瞻性的工作。菲利普·克罗斯比协会（Philip Crosby Association）成立的主要目的，就是支持美国企业的质量控制管理。截至1986年，大约有36,000余名商业领袖从克罗斯比质量学院（Crosby Quality College）毕业。[65]

美国汽车制造产业最终也只能选择对其生产和流程进行革新。截至1980年，日本已经成为世界上最大的汽车生产国，同年，美国的四家主要汽车公司都陷入了亏损。其中美国汽车公司亏损1.56亿美元，通用汽车公司亏损7.62亿美元，福特汽车公司亏损15亿美元。[66]而亏损最大的则是克莱斯勒汽车公司，它在1980年亏损甚至达到了创纪录的17亿美元，使得克莱斯勒陷入了破产的边缘。这时克莱斯勒的CEO李·艾柯卡（Lee Iacocca）引入了一项空前的政府救援计划。艾柯卡说服政府，为了国家的利益不能让这个美国的标志性企业破产。考虑到当时克莱斯勒的雇员已超过了13万人，如此大规模失业的压力再加上艾柯卡在加强成本控制方面所作的保证，终于使政府同意利用纳税人的钱来进行一场拯救行动。15亿美元的政府贷款担保是以克莱斯勒能够保证发放工资、工会工人同意放弃1.425亿美元的利息收入、非工会工人同意让出1.25亿美元利息收入为条件的。[67]有了贷款保证和主要工会的让步，艾柯卡开始对克莱斯勒进行大规模的结构改革和重组。

在三年的时间里，艾柯卡关闭了一些汽车生产线，降低了价值10亿美元的库存，开始对前景看好的新型号汽车进行投资（最值得一提的是微型卡车），并且减少了克莱斯勒的雇员数量。[68]到1983年，克莱斯勒的雇员数量已经降到了七万人，并由1980年净亏损17亿美元变为赢利9亿美元。[69]有了15亿美元的现金储备，克莱斯勒已经有能力偿还政府的贷款了。因为成功地挽救了一个作为国家象征的企业，艾柯卡获得了很高的地位，而他也在1984年出了一本自传，自曝经验并大赚稿费。这本书将管理大师彼得斯（Thomas J. Peters）和沃特曼（Robert H. Waterman Jr.）挤下了排行榜首位，并占据销售榜首长达两年之久。

作为1983年畅销书榜排名第一的著作，由彼得斯和沃特曼编写的《追求卓越：美国优秀企业的管理圣经》（In Search of Excellence: Lessons from America's Best-Run Companies）为求知若渴的企业领导者们提供了宝贵的建议，获得了巨大的影响力。作者宣扬灵活性和变革、谨慎地冒险、关注雇员和顾客的利益。虽然这些建议听起来不过是些常识，但实际上企业却很难轻易实行。这些建议无论是从效果上还是从内在潜力上讲都具有革命性的意义。从很多方面看，成功的领导者需要采取最基本的方法来管理他们的企业，对于一些领导者来说，这种办法意味着减少不必要的生产线或者精简业务类型，对于其他人来说则可能是控制成本和进行公司结构调整。对企业运作的改进可能会在短期内缓解财务上的问题，但是从长远来看，谨慎的投资战略才是真正的制胜法宝。

当鲁宾·马克（Reuben Mark）于1984年接管高露洁—棕榄有限公司（Colgate-

Palmolive）的时候，这个消费品业的巨人正处于调整期。70年代，公司通过一系列中等规模的并购获得了较大的发展，而马克上任后的首要任务，则是将一些赢利不佳的下属公司出售。结构调整还伴随着一系列的裁员、工厂关闭和业务调整。在这一切都完成之后，马克重新开始投资，于1992年并购了美能公司（Mennen），此后又发起了一系列的国际收购，并且增强了核心品牌的市场竞争力，这一切帮助高露洁实现了创纪录的赢利水平。[70]

要说80年代的领导者谁最能从结构重组和改革中获得最大利益，那无疑当属杰克·韦尔奇（Jack Welch）了。虽然他不是一个典型的"劫掠者"（raider），但是他采取了一种内部劫掠的方式来应对通用电气所面临的严峻挑战。在他担任CEO的最初几年里，一直致力于压缩成本，他放弃了赢利不佳的业务如空调、消费类电子产品以及煤矿机械等，将精力放在了高附加值的制造业（飞机引擎、涡轮机、医疗器械等）、金融服务和娱乐行业。据统计，从1981年到1990年，韦尔奇总共关停了200家下属企业（占公司销售总量的25%），从中获得了110多亿美元的流动资金。[71] 在重构企业框架的同时，他还收购了370家单位，其中包括雇主再保险公司（Employers Reinsurance）、威斯汀豪斯（Westinghouse）的照明产品业务，以及Kidder和Peabudy两家公司。

通用电气在80年代的重组总共缩减了超过12万个工作岗位，虽然在并购的过程中增加了一些新雇员。通过这些措施，韦尔奇将通用电气改造为当时最有效率的集团公司之一。这个集团公司在行业的各个方面都是领导者，不论是飞机引擎制造还是电视广播（NBC）以及信用行业。事实上，韦尔奇声称他对于任何不是或者不能成为行业第一或第二的企业都不感兴趣。除了这些提升效率的做法，韦尔奇还通过减少总部计划并将权力下放到一线单位，来改善通用电气的管理作风。通用电气"去中央化"的管理方法是韦尔奇引进的，再加上总部集中的资源和支持，为许多优秀企业执行官的成长奠定了基础。最终，通用电气纪律严明的公司架构和文化，被全世界的企业争相模仿。[72]

经理人：以革新求发展

20世纪80年代的企业结构重组和变革，是重建那些一蹶不振的行业的一项重大战略决策。对于这个时代经营着历史悠久的大企业的经理人来说，仅仅进行结构重组是不够的，还要积极地改良管理方法。一些经理人通过并购来实现业务的多元化，另一些经理人则采纳新的人员聘用方式或是对生产效率进行大规模的改进。对于所有经理人来说，从关注质量中所表现出来的对于价值和机会的重视，与他们为客户服务的努力联系在了一起。60年代以来，顾客需求一直被忽视，虽然在70年代不景气时期情况曾有一些好转，但是真正得到重视，是从80年代开始的。

那些信奉质量至上原则和推行客户服务信条的经理人在许多行业涌现出来,从软饮料行业到金融服务行业再到各种制造业。韦恩·卡洛威(D. Wayne Calloway)因为简化了百事公司的组织结构、能够向各层级的员工授权,并且因保持公司的持续发展而备受称赞。在卡洛威的领导下,百事公司的业务被分为三大块:软饮料、休闲食品和快餐。在卡洛威的领导下,通过减少对非核心业务的投资并鼓励谨慎地冒险,百事公司的年收入增加了四倍,从80亿美元增长到320亿美元,并且在1986年到1998年间将百事公司的市值从70亿美元增长到460亿美元。73

在银行业,约翰·瑞德(John Reed)是将花旗银行打造为美国实力最强、最重要的金融机构之一的主要功臣。对于公司运营的全方位的掌控使得他能够打造一个简洁而高效的组织。在精简业务流程的工作告一段落之后,瑞德将他的注意力转移到了高科技基础设施投资方面。通过大力扶持设施自动化和高科技化(特别是ATM的发展)以及不断削减管理成本,花旗获得了可观的经济回报,这也为日后公司与旅行者集团(The Travelers Group)合并奠定了基础。74

鲍尔·奥尼尔(Paul H. O'Neill)不仅带领美国铝业公司(Alcoa)成为世界上最大的铝业联合企业,还赋予了公司一种完整的企业形象,强调员工终生学习,将职业安全和工作环境与良好的企业形象联系起来。作为Alcoa首任外来的领导者,奥尼尔最初只关注一个问题,那就是安全,他坚信不断加强公司的安全标准将会为公司带来更高的效率。奥尼尔开创了向下级授权和团队合作的文化,并且彻底颠覆了科层制的管理方式,将CEO的办公室搬到了一个只有9×9英尺大小的房间里。虽然这个做法的象征意义大于实际意义,但不能因此把奥尼尔想象为一个过于感性的领导者,因为对于他来说,办公室设计是一种表现效率和交流的方式,而这反过来又会改善公司的业务绩效。75

奥尼尔对于办公室设计的主张与马克斯·O. 德普里(Max O. De Pree)十分相似。毫无疑问,Alcoa对家具的一些要求受德普里任职的公司——赫曼·米勒(Herman Miller)家具公司的影响。作为赫曼·米勒公司的第三任家族领导者,德普里将公司打造成了世界第二大办公家具制造商。在他的领导下,赫曼·米勒不只满足于制造更加优质、新颖的家具,还追求用最新的管理方法来管理员工。员工被视为公司发展的伙伴,随着公司规模翻了三番,从2.3亿美元增长为7.43亿美元,员工也能同公司一起分享成功的果实。在这种富有戏剧性的发展过程中,德普里不停地培育和发展公司独特的文化,使得公司能够一直跻身《财富》杂志最受人敬仰、最具创新性和最佳管理公司的行列。

马克斯·O. 德普里(1924 –),赫曼·米勒有限公司

德普里领导赫曼·米勒成为了一家最受人敬仰和最具创新性的企业,他们

所走过的道路，在20世纪80年代还鲜为人知。德普里拒绝了公司CEO们贪婪追求名利的做法，在他于1989年出版的一本备受好评的著作《领导是一门艺术》（Leadership Is an Art）中，德普里这样表述他与众不同的信念："在引领消费、流行和转瞬即逝的满足感的同时，公司离死亡也就不远了。"[76] 当其他人还在用财务数字和个人的经济收入衡量成功的时候，德普里和赫曼·米勒公司已经开始用雇员和顾客的满意度来衡量成功了。

作为家中七个孩子之一，德普里从没想过要进入家族企业。虽然还在上高中的时候他就到公司做过门卫、装修工和普通制造工，德普里的志愿却是要成为一名医生。他在高中毕业之后进入惠顿学院（Wheaton College），向他的理想迈进了一步。但是在1943年他该上大二的时候，他没有再去伊利诺斯，而是开始了人生的冒险。他来到大后方，进入战时的美国军队医疗机构服役。服役期满之后他决定走向社会，而不是重新回到学校。他后来回忆说："我对于学校不再感兴趣，只想结婚和工作。"[77] 他正是这样做的。德普里与高中时的恋人结了婚，并且不顾父亲的反对，于1947年进入赫曼·米勒公司开始全职工作，他在那里干了将近十五年。几年后他完成了大学学业，但是在霍普学院（Hope College）。

1947年到1968年，德普里在赫曼·米勒美国公司历任各种管理岗位，他在位于密歇根州泽兰市（Zeeland）也就是他的家乡的总部工作过，还在各个分公司待过。50年代后期，在他组建了公司的市场和销售部门之后，他的大哥休（Hugh）从他父亲手中接过了家族企业，请他帮助重组和领导公司的欧洲业务。公司当时在欧洲市场已签订了一些初步的、风险相对较小的特许协议。在市场上摸爬滚打了几年之后，赫曼·米勒公司准备将国际业务提升一个层次。德普里被任命为国际业务执行副总裁，他将家庭搬到了欧洲，以便能够停止特许业务并与特许企业中最好的一家成立合资公司。

德普里于70年代早期回到泽兰帮助公司上市。在他大哥的领导下，公司依据开放式办公的理念进行了几项设计革新，这种理念在70年代开始流行，并且在这个世纪的后20年中一直受到追捧。休延续了他父亲的做法，聘请全美最著名的设计师担任设计，这让赫曼·米勒公司在从家用家具向办公家具转型的过程中，能够保持其优雅、优质和新颖家具设计者的名望。德普里在这一转型过程中起了十分重要的作用。公司上市之后，他还负责成立董事会并组建一个顾问团队以指导公司的转型。此外，他负责监督公司快速扩张的工厂，在此过程之中，他要设计能够传达公司核心理念的富有创新性的生产、仓储和办公空间。

休于1980年退休，德普里接任CEO，他继承的是一个拥有深厚价值传统的组织严密的公司。在德普里的父亲和哥哥管理公司的57年里，创造了一种以雇员为中心的企业文化，在这种文化氛围之下，雇员们被鼓励为企业出谋划策，并且所有的雇员都可以分享企业的利润。德普里家族的人坚信雇员不是他们达到目的的手段，而是公司不可分割的一部分。随着企业的发展和壮大，德普里面临着如何将企业文化发扬光大下去的挑战。在赫曼·米勒公司日益受到公众关注的同时，也面临着一些人的怀疑，他们怀疑赫曼·米勒是否能够长久保持这种独特的魅力。

德普里在挑战面前毫不退缩。值得一提的是，在将公司的销售翻了五倍的同时，他还将公司的文化发扬光大。德普里设立了一种叫做"巡回领导"（roving leadership）的制度来确保员工参与公司管理。通过巡回领导，他授权每个阶层的雇员为企业发展或改进产品设计献计献策。对此，他这样解释："毋庸置疑，如果我们将每个人的才能集中起来，其效果肯定好过高层里那几个人的才智。"[78] 雇用员工的时候，他们更注重人品和与人融洽相处的能力而不是传统意义上的能力，因为他们觉得适合的人比专家更重要。对于德普里来说，参与式管理主要源自对他人能力和人品的信任。沟通是一个开放和参与环境的重要组件，为此，德普里十分乐意与所有员工分享详细的财务和市场信息。因为通过这种方式可以监督公司的运营，员工们非常欢迎每月的信息分享会。

德普里还修改了公司的奖金和利润分享模式，确保所有雇员都可以通过提出改进效率的建议而获得经济上的奖励。他还制订了一项员工创新保护计划，被称为"银色降落伞"计划。一方面公司的"金色降落伞"保障公司内部选拔出来的一小部分精英的利益，另一方面，德普里的银色降落伞惠及公司所有的雇员。根据银色降落伞计划的规定，所有3,500名雇员都能享受十分慷慨的离职补贴。如果将来有一天赫曼·米勒被其他公司收购员工因此失去职业，或者在被收购两年之内自动辞职，那些服务期满一至五年的员工可以获得一整年的补贴，而那些服务期超过五年的员工则能享受更高的离职补贴。最后，德普里通过制订CEO薪酬计划，实现了公司内部各阶层的公平，根据这一计划，CEO的收入不得超过工人平均工资的20倍。

德普里于十年前开始的国际化扩展计划，到20世纪80年代也取得了很大的发展。公司相继在英国和法国开设了新的制造工厂，并在韩国、马来西亚和澳大利亚发展了一些特许经销商。除此之外，他在美国建了多家工厂，并且收购了多家创新型家具设计企业。这些公司里就包括制造移动幕墙的 Vanghan Walls、搭建工作站的 Tradex 以及制造电脑桌的 Miltech。随着他不断拓宽公司的产品门类，德普里向新产品开发投入了巨资，研发投入占年利润的比重达到3%。通过收购、建立战略伙伴关系和进行目标研发，德普里将赫曼·米勒的产品从单一家具扩展到了整个办公领域。

虽然赫曼·米勒的大规模收购和国际化扩张终于在1986年将公司推上了《财富》500强之列，但是德普里的信念没有动摇，他计划每隔几年就将公司的规模扩大一倍。参与式管理对于公司成本节约的好处显而易见，因为员工意见对于提高生产效率和改善产品设计具有显著的效果。这种管理方法的好处还体现在出勤率上，公司1%－2%的缺勤率明显低于行业平均6%的水平。此外，7%的员工流动率也不到行业标准水平15%－29%的一半。德普里对员工的关怀还避免了与工会的冲突，这又进一步提升了公司的竞争力。但是在办公设施生产行业陷入萧条的时候，他也毫不犹豫地实行严苛的成本控制，甚至是解雇员工。一位值班经理这样描述赫曼·米勒的公司文化——"参与，但不纵容"。79

德普里从CEO位置上退下来的时候已经65岁了，他是最后一个执掌公司的家族成员。为了能将参与式管理的方式保持下去，休和德普里都不希望因为偏袒家族成员而限制任何一位员工的潜力。因此，不会再有德普里家族的成员担任公司CEO的职位了。德普里希望赫曼·米勒成为一个人人都能发挥最大潜力地方。据说，这一切都正在发生着。80

商业繁荣达到新高潮

80年代里根政府扶持商业的政策为经济带来了新的繁荣，拉动道琼斯工业指数不断攀升，这种情形一直持续到1987年10月19日，那一天，市场遭遇了大规模的回落，股市下跌了508点，五万亿美元被蒸发，其中IBM损失200亿美元、通用电气损失80亿美元、AT&T损失60亿美元、宝洁损失40亿美元。81股市回落的部分原因在于电脑交易模式的使用，它使得根据预期或者实际指数放开股票销售成为可能。数量巨大、受程序控制的交易指令于10月19日那一天突如其来地涌现，致使股市在一天之内回落了22.6%，恐慌中的投资者们不由自主地回想起1929年股市崩盘的情形。然而恐惧很快就抚平了，因为跌势没有继续。两年之内，市场又重新获得了价值。

从很多方面看，股市的调整不过是80年代所发生的一系列重组和调整的一部分。为了成功，执行官们不得不时刻保持异常的灵敏度以应对市场变化。虽然很多人重视在提高质量方面进行投资以获得长期的竞争优势和可持续的发展能力，他们也不得不同时关注短期的市场变化。国际竞争的威胁与并购买手的威胁交织在一起。在这些威胁之下，商业执行官必须面对三个要求：首先，他们既要灵活，又要专注于企业的运营。第二，他们既需要创新，又必须在花钱的时候非常谨慎。最后，他们需要在保证质量的同时保持效率和产量。随着经济的不断繁荣，许多CEO成了名人，甚至一些人成为了美国新一代的超级英雄，他们应对媒体的出色技巧和商业智慧备受推崇。

表9-3

1980年代的企业家、经理人和领导者

企业家

Gordon M. Binder, Amgen
Michael R. Bloomberg, Bloomberg, L. P.
Donald C. Burr, People's Express
Stephen M. Case, America Online
James H. Clark, Silicon Graphics
Scott D. Cook, Intuit
Robert L. Crandall, American Airlines
Michael Dell, Dell Computer Corporation
David Duffield, PeopleSoft
David L. Geffen, Geffen Records
Fred M. Gibbons, Software Publishing Company
Andrew S. Grove, Intel
William Guthy, Guthy-Renker Corporation
H. Wayne Huizenga, Blockbuster
Irwin M. Jacobs, QUALCOMM
Robert L. Johnson, Black Entertainment Television
Henry R. Kravis, Kohlberg Kravis Roberts
Reginald F. Lewis, TLC Group
John P. Mackey, Whole Foods Market
Scott G. McNealy, Sun Microsystems
Howard Schultz, Starbucks
Joseph M. Segel, QVC
Russell Simmons, Def Jam Records
Steven Spielberg, Amblin Entertainment/DreamWorks
Thomas G. Stemberg, Staples
Theodore W. Waitt, Gateway
Oprah G. Winfrey, Harpo Productions

经理人

Lester M. Alberthal Jr., Electronic Data Systems
H. Brewster Atwater Jr., General Mills
Don H. Barden, Barden Communications
James L. Broadhead, FPL Group
Vincent A. Calarco, Crompton Corporation
D. Wayne Calloway, PepsiCo
Lodwrick M. Cook, Atlantic Richfield Company
John W. Culligan, American Home Products
Max De Pree, Herman Miller
Michael D. Eisner, Walt Disney Company
David D. Glass, Wal-Mart
Roberto C. Goizueta, Coca-Cola Company
Eugene P. Grisanti, International Flavors & Fragrances
Harold V. Haverty, Deluxe Corporation
Allen F. Jacobson, 3M
Bruce E. Karatz, KB Home
James R. Kuse, Georgia Gulf Corporation

Ralph S. Larsen, Johnson & Johnson Company
Leonard A. Lauder, Estée Lauder
J. Bruce Llewellyn, Philadelphia Coca-Cola Bottling
Robert P. Luciano, Schering-Plough Corporation
Kenneth A. Macke, Dayton Hudson Corporation
Clayton L. Mathile, The Iams Company
Hugh L. McColl Jr., NationsBank/Bank of America
James R. Moffett, Freeport-McMoRan
Charles W. Moritz, Dun & Bradstreet
J. Richard Munro, Time Warner
J. Larry Nichols, Devon Energy Corporation
John D. Nichols, Illinois Tool Works
Paul H. O'Neill, Alcoa
C. William Pollard, ServiceMaster Company
James E. Preston, Avon Products
Larry L. Prince, Genuine Parts Company
William B. Rayburn, Snap-on Incorporated
John S. Reed, Citibank/Citicorp
Walter V. Shipley, Chase Manhattan/Chemical Bank
James D. Sinegal, Costco Wholesale Corporation
Herbert A. Sklenar, Vulcan Materials Company
John G. Smale, Procter & Gamble
P. Roy Vagelos, Merck & Company, Inc.
Sanford I. Weill, Travelers Group/CitiGroup
Henry Wendt, SmithKline Beecham
Joseph D. Williams, Warner-Lambert Corporation
Edgar S. Woolard Jr., DuPont Corporation

领导者

Vaughn L. Beals Jr., Harley-Davidson
Hans W. Becherer, Deere & Company
Stanley C. Gault, Rubbermaid
Stanley P. Goldstein, Melville Corporation
Christine A. Hefner, Playboy Enterprises
Edward G. Jefferson, DuPont Corporation
Lewis W. Lehr, 3M
Reuben Mark, Colgate-Palmolive Company
Hamish Maxwell, Philip Morris Companies
Raymond J. Noorda, Novell
Donald E. Petersen, Ford Motor Company
George A. Schaefer, Caterpillar Tractor Company
John R. Sculley, Apple Computer
Roger B. Smith, General Motors Corporation
John R. Stafford, American Home Products
David J. Stern, National Basketball Association
William P. Stiritz, Ralston Purina Company
Linda J. Wachner, Warnaco
John F. (Jack) Welch Jr., General Electric Company

第十章
1990—1999
重组、重构和现实的检验

> 世界正在经历一场经济和文化的飞跃,其剧烈程度一点也不逊于工业革命。(OK,不需要天才,也不需要政治家,当我们有了一个媒介而且任何人都可以建立一个网络虚拟店铺并且马上可以接入全球市场的时候,即使一个普通人也能发现眼下发生的变化)
>
> —— 斯蒂文·利维(Steven Levy),"随机接入"
>
> 《新闻周刊》,1997年7月7日

在20世纪行将结束的时候,美国似乎就要实现梦寐以求的共同繁荣。20世纪90年代的每一天,道琼斯工业指数都在开创新高。[1] 1995年11月到1999年3月,道琼斯指数翻了一番,从5,000点跃升至10,000点。[2] 银行利息下降,生产效率上升,低水平通货膨胀率带来了空前的繁荣。美国经济形势一派大好,资本主义显示出欣欣向荣的景象,掩盖了它的许多不足。更多的美国人被一种乐观的情绪冲昏了头脑,大约25%的美国家庭财富被投进了股市,而80年代这个数字只有10%。[3]

80年代的消费热潮在整个90年代持续着,美国人的平均储蓄率在1998年降到了58年以来的最低点——仅为3.8%。[4] 对于那些购物狂们来说,没有什么东西是他们不缺的。到这个世纪结束的时候,每年都有超过两万种新产品面世,这还不算上那些一直在市面上销售但经过"改良"的产品。[5] 位于明尼苏达州布卢明顿市(Bloomington)的大型摩尔的开业,是消费主义盛行的另一个象征,这个超级购物中心的营业面积达到420万平方英尺,拥有一个完整的过山车,一个装有120万加仑水的步行海底世界,4.3英里的街面上还有五百多家零售商户沿街而立。[6] 这家摩尔被称为消费主题公园,员工超过一万人,每年的经济活动能产生超过十亿美元的效益。[7]

虽然社会上一片繁荣景象，但是财富积累所达到的社会面却很有限。在这个十年终了时，占人口5%的富人的收入增长了20%，而中产阶级和穷人的收入只是相对持平，甚至略有下降。[8] 截至1995年，1%的最富有的美国人占有着40%的国家财富，平均净资产达800万美元；相比之下，40%的底层美国人平均净资产只有不过1,000美元。[9] 社会两极分化的一个显著标志就是出现了大批私人保安来保护富人的财富。到90年代末期，私人保安的数量甚至超过了警察的数量。[10]

一直以来都有媒体名人雇用私人保安，因此，有无私人保安甚至成为了90年代的新贵们——知名CEO——显示身份的手段。CEO们的明星身份也伴随着明星收入，但与公司的业绩基本脱节。[11] 1990年《财富》500强企业CEO的收入是普通工人收入的84倍，而到了1999年就增长为475倍。[12] 麦克劳（Thomas McCraw）恰如其分地描述了这种现象："公司律师就像运动员的代理人一样，他们起草股权计划和其他一些'激励'计划，但是这些计划通常只是确保CEO们得到益处，而不管公司究竟如何。"[13]

90年代的CEO有时像演员，有时像赌徒，有时像魔法师，有时又像商人，但是却不存在制衡的力量来阻止情况的进一步发展，可以说，在大多数情况下，没有人能够挑战这种现状。像Yahoo这样雇员只有637人，销售量很小，而且利润是负数的公司，却拥有和雇员超过23万的波音公司一样的市场价值，要在经济行为的理性与非理性之间做出解释似乎变得非常困难。[14] 在时代的沾沾自喜中，严谨的财务分析让位于高科技IPO令人目眩的速度。再也没有时间来反省，速度才是这个时代的主旋律。

全球化成为主流

速度不光是企业的主宰，它适用于所有的事情，甚至是战争。90年代初期，萨达姆·侯赛因（Saddam Hussein）进击科威特，引发了一场任何美国人都没有见识或者经历过的战争。24小时的卫星新闻覆盖，特别是特纳（Ted Turner）的有线新闻网CNN，为实时战争报道设立了新的标准。此外，智能炸弹，或者说由Raytheon这样的公司设计的精确制导导弹的使用，支持美国人发动了一场所谓的"外科手术"式的军事打击，在高效打击战略军事目标的同时，将平民的伤亡减少到最小。为期六周的战争美军伤亡只有不到150人，却有数以万计的伊拉克人被打死。[15] 但是另据非官方统计，有十万甚至更多的伊拉克人被打死，这说明真正的"智能"炸弹还需要有更高的智慧。很快就传来了胜利的消息，虽然萨达姆·侯赛因此后又继续掌权了13年，CNN和其他电视网播出的巴格达被摧毁以及伊拉克士兵排队投降的画面，却恢复了民众对于军队的信心。当苏联外长谢瓦尔德纳泽（Eduard Shevardnadze）和美国国务卿贝克（James Baker）签署共同声明谴责伊拉克的侵略行径时，标志着自第二次世界大战以来两个超级大国首次采取共同行动。有了这次意见的统一，共产主义阵营和资本主义阵营开始了一场不可逆转的换位。[16]

由戈尔巴乔夫倡导的市场改革开始于80年代末期，并且贯穿于90年代，苏联开始正式承认企业的私人所有；而这一权力已经被取消了长达60年之久。对自由的初次尝试带来了不可抑制的渴望，其动力如此迅猛，威力如此巨大。截至1991年，有15个加盟共和国宣布脱离苏联独立，而戈尔巴乔夫虽然赢得了国际声誉，却失掉了国内的支持。1991年，戈尔巴乔夫粉碎了一次政变，但是却付出了昂贵的代价，他被迫辞去党总书记的职务以及正在解体中的苏联中央主席的职务。他只能眼睁睁看着一个又一个国家与苏联解除联盟关系，却什么也做不了[17]。

虽然充满了释放后的喜悦，但是对于快速增长的经济来说，改革的阵痛才刚刚开始。从一个中央集权制的国家变为一个私有制的市场经济体制国家，其中要经历的过程是十分艰难的，特别是在私有化的过程中，将会伴随通货膨胀和货币贬值。自由的喜悦只持续了几个月，改革带来的苦涩却持续了多年，随着从前的共产主义国家纷纷变为资本主义制度，它们很快就认识到即使是缓慢的市场化过程也会在初期导致混乱。在宣布独立后的很多年里，大部分居民的生活水平实际上都下降了，[18]而对于那些从前受到苏联控制的国家如南斯拉夫，情况就更糟了。共产主义国家的演变暴露出不同民族联盟和平共存的脆弱。整个国家陷入了内战，有的甚至导致了种族清洗。[19]

处于分裂状态的南斯拉夫所发生的野蛮行径，其程度不亚于索马里的内战、卢旺达的种族大屠杀、海地的军事政变和巴以冲突。虽然那个所谓的"邪恶帝国"已经灭亡，但是因为理念、政治和历史原因而导致的区域性冲突开始频发。对于美国的外交政策来说，冷战的结束也结束了人们在认识上的清晰感，苏联到底是在道义上输了，还是他本来就是一个比较容易打败的对手？美国的外交政策总是充满了矛盾和歧义，所以乔治·布什和他的继任者克林顿（William J. Clinton）在任职总统的时候都努力保持美国冷战后日常工作的连贯性。美国军队的作用也从传统的战争和备战向维持和平和稳定转化，[20]这一转变，使得国防开支被大大削减，很多像波音这样的大公司也因此丢掉了大量的政府合同。

当种族冲突在全球范围愈演愈烈，威胁着许多国家形势的稳定时，一场亚洲金融危机席卷了全球大部分经济体。泰国货币泰铢于1997年首先崩溃，并迅速波及到韩国、印度尼西亚、马来西亚和菲律宾，这些国家纷纷向国际货币基金组织（IMF）寻求帮助，IMF虽然答应提供帮助，却附加了严苛的财政管理条款。截至1998年，亚洲金融危机已经波及这个地区经济皇冠上的钻石——日本，日本日经225种股票平均价格指数在1998年比高峰时蒸发了三分之二，而一度红火的房地产市场也暗淡下来。[21]日本政府试图通过强化贸易顺差的传统优势来刺激日本经济，但也只能暂解燃眉之急。为了维持就业水平，日本经济遭受了重大损失。

就在亚洲为挽救局面奋力拼搏的时候，欧洲有11个国家正准备组成联盟。根据《统一欧洲法案》（*Single Europe Act*）的规定，英国、法国、刚刚统一的德国以及其他八个国家同意在1999年底之前使用单一货币并成立欧洲中央银行。这种一体化的目的，是要在世界舞台上形成一个更大的经济体，并且改善欧洲内部国与国之间的贸易。欧盟的创立形成了一个拥有3.4亿人口的市场，其规模足可媲美北美市场。[22]

而在北美，《北美自由贸易协定》的签署使得一个自由贸易区得以形成。1994年1月1日生效的《北美自由贸易协定》旨在逐渐消除美国和墨西哥之间的货物关税，而美国和加拿大之间早先就已有类似的协定了。当"协定"生效的时候，墨西哥对由美国进口的商品平均征收13%的关税，[23] "协定"出台的目的就是为了减少贸易壁垒，并且"展示自由贸易的巨大能量，它能将一个发展中国家变成一个发达国家。"[24] 在"协议"生效的第一个十年中取得了一些预期的效果，截至2004年，墨西哥的出口量从520亿美元增加到了1,610亿美元，人均收入增加了24%，达到了4,000美元；而出口占GDP的比重也由15%上升到了30%。[25] 正如所预期的那样，墨西哥的外国投资飞快地增长，很多美国企业都跑到墨西哥来寻求廉价的劳动力，以便与大量涌入美国的进口商品竞争。

劳工运动在全球化和经济重构中挣扎

出于对失业的恐惧，劳工们对《北美自由贸易协定》的签署表示强烈的反对。全球化的推进加深了人们对于外部采购和产业转移的恐惧，但是在很多制造业领域，在工作机会确实向南部和其他地方转移的同时，大规模的失业和混乱并没有真正发生。当1994年"协定"开始生效的时候，美国的失业率为6.1%，而在接下来的十年中，失业率却一直在下降，并于1999年降到了4.2%。[26]

虽然有关失业率的数字讲述的都是令人振奋的消息，但是繁荣的真相却远非如此。下降的失业率并没有体现出不充分就业的问题、打多份工的问题、以收入菲薄的兼职代替全职的问题，或者工会在谈判中力量的丧失，截至1990年，工会仅代表不到20%的美国工人。[27] 当90年代来临的时候，国家经济已经开始衰退，而随之而来的是公司的大规模调整和重构。1991年，施乐（Xerox）和IBM裁减了三万多人；通用汽车在80年代裁员20万人之后又宣布裁员7.4万人。[28] 重组的受害者主要是中上层的管理人员，他们比蓝领工人更容易被裁掉。在1991年10月至12月间，每天大约有2,600名白领工人失业，[29] 而根据他们的能力要想再获得一个类似的职位是非常困难的；根据1996年《纽约时报》一篇文章的报道，只有35%的失业白领找到了和原来相似的职位。[30]

在90年代获得并保持一个职位通常意味着更高的工资，但相应的工作时间却更长了。据统计，1990年的年工作时间为1,600小时，到2000年增加到了1,950小时，这一数字已经超过任何工业化国家。31 工作时间增加的原因部分是因为有一些换工作的人不得不打多份工才能维持原有的收入水平，部分是因为公司员工减少了，人们不得不提高工作强度，还有部分原因是原定用于科技升级的资金投入被冻结。随着工作时间的增加，实际的工资也有所增长。在1991年至1999年间，所有私营企业工人的实际工资每年都增长1.3%，而80年代每年的工资增长只有0.2%。很多经济学家指出，实际工资的增长是刺激消费不断增长的一个因素。工资的增长却远远逊色于生产率的巨大增长，这一时期，生产率每年的增长都达到2.2%。32

和前20年一样，工作机会的增加主要出现在服务行业。截至1998年，政府和服务行业的产值占美国GDP的比重高达75%，33 而服务行业的提升又得益于科技手段的应用。科技手段使低端职能的工作变得标准化了，它同时也从根本上改变了经理人的工作职责。办公科技的进步使得"自助"式办公得以实现，现在，经理人们都自己写报告、准备发言、安排日程，重新承担了"许多例行的低等级文书工作。"34

除了重新塑造办公领域，科技还改变了某些职位的性质和价值。科技帮助人们"进入了一种完全不同的经济状态，其中知识和人力资源才是唯一具有持续优势的资源。"35 90年代的互联网浪潮对高科技人才的绝对迷信，正是这种新价值观的最好证明。虽然员工对企业的忠诚度一直是一个可笑的未知数，但是高科技人才中却很少有人不停地跳槽，去追随90年代的金矿——飙升的科技IPO股票。

技术的互联网热

信息高速公路通常也被称为信息革命的脊梁，它与电脑一样，也是"冷战的产物"。36 信息高速公路起源于阿帕网（ARPANET），其设计初衷是为了建立一个内部网络载体，以提升国防部不同部门之间的协作能力。通过卫星通信、电话线以及后来的光缆，阿帕网成为一个去中央化的电脑网络。20年来，这个网络一直是美国政府官员和国立大学的科学家们专享的网络；但是20世纪80年代，美国国家科学基金会（National Science Foundation）获得了这个网络的控制权，并且曾经试图禁止将网络转为商用。如果不是蒂姆·伯纳斯—李（Tim Berners-Lee），这个网络可能到现在还只是科学家们的游乐场，并且被置于政府的严格控制之下，李在1989年接受了CERN，也就是现在的欧洲粒子物理实验室的委托，开发了万维网（World Wide Web）。

虽然电子邮箱已经存在了很长时间，并且很多公司已经开始使用电子数据交换服务与上游的供应商和下游的买家进行业务联系，但是超文本链接标示语言

（HTML）的开发为个人之间的沟通和企业的互动铺平了道路。伯纳斯－李开发了统一文件标识器，后来被称为统一资源定位器（URL），它可以将文件和特定的计算机与地址连接起来。他还编写了一种被称为万维网的程序，使用一种点击式超文本编辑器（http，超文本传输协议）。1991年，伯纳斯－李推出了第一个网络服务器，在服务器上他发布了URL、HTML和http的程序规范"以促进广泛的使用和讨论。"[37] 登录新服务器的一个网址，就设在伊利诺伊大学的美国国家计算应用中心（National Center for Computing Applications）。

1992年，就是在这里，本科生马克·安德瑞森（Marc Andresen）参加了更高版本网络浏览器的开发小组，这种浏览器可以在比较流行的UNIX系统网络环境下运行，并且对于大多数个人电脑来说也更容易接入。开发小组将这一个新版本的浏览器命名为Mosaic，它可以同时显示文本和彩色图片。1994年，安德瑞森从伊利诺伊大学获得了Mosaic的授权，在硅谷图片（Silicon Graphic）的创始人吉姆·克拉克（Jim Clark）的帮助下，又开发出了Mosaic Communications。伊利诺伊大学还将Mosaic授权给其他几家公司，并且通过法律途径威胁安德瑞森停止继续用Mosaic Communications作为公司名字从事商业活动。1994年年末，安德瑞森和克拉克用"网景"（Netscape Communications）这个名字重组了公司，并且发布了Mosaic的增强版，他们把它称之为Navigator。

网景公司决定在这种不确定的赢利模式上赌一把，他们将Navigator免费发放。通过这一举动，Navigator很快就成为了主流的网络浏览器。[38]它的易用性和可移植性使得万维网经历了前所未有的增长。在Netscape Navigator发布一年后，网上就有了十万个网站。[39] 1996年，网景公开上市成功，并且在上市的第一天就融资23亿美元。[40] 通过它的创始人24岁就成为百万富翁的故事，网景开创了一个甚至不经销售和赢利的财务过程就聚敛起大量财富的先例。互联网公司、互联网相关产业甚至是冒牌互联网公司回避了传统的财务分析和估价机制，成为90年代末期互联网狂热症的一部分。

网络普及的速度是人们始料未及的，它很快就成为了美国主流生活的一部分，其速度超过其他任何一种技术的应用。[41]1993年，美国的上网人数大约为九万人，而到了90年代末期，这一数字增长了一百倍。[42]1998年，电脑用户之间用电子邮箱传递的邮件数量超过了六亿，而美国的邮政递送信件也只有五亿封而已。[43] 光纤网路、数字电缆和无线技术为互联网的发展和认同做出了重要贡献。曾经只出现在科幻小说里的场景——一个互联的世界，数以亿计的数据在暗藏的线路中飞速地传输——现在却已经变为现实，并成为了主流。

与互联网科技发展速度相一致的是医疗技术的飞速进步。1978年出生的第一例试管婴儿现在已经成人，而第一只克隆绵羊Dolly也于1997年试验成功。在克隆试验成功的一周后，《时代》杂志的封面故事这样写道："一条底线已经突破，而生物复制技术无论对于人类还是绵羊都不会一成不变。"[44] 既然克隆绵羊可以实现，那么下一个将会是谁？许多看似不可能的事情在90年代末期都成为了可能，特别是在生育领域。有一位63岁的老妇人生了一个孩子，另一位孕妇一次产下了七个孩子，还有一位中年母亲为不能生育的女儿代孕。医疗科技的发展引发了一系列的社会、道德和政治上的争论，并且还将继续下去。快速的变化也迫使政府去界定研究和探索的边界——而这种界限，通常与民意相左。

政府错失良机、违背诺言

20世纪90年代，政府要就任何问题达成一致意见都是十分困难的。两任总统在国会都有自己的顾问班子为他们提供服务，他们之间时而显得敌对、时而能够合作。虽然布什总统的支持率在海湾战争之后扶摇直上，达到了90%，远远超过了需要，但是他对于恢复经济却无所作为，这限制了国家在战后的发展。到1992年大选之年来临的时候，失业率达到了7.5%，创八年以来的新高。[45] 虽然布什开始着手处理不断攀升的政府赤字，并且呼吁实行更大的保护主义措施，但是他在重整经济和重拾民众信心方面，却无能为力。

在1992年大选中挑战布什的，是来自右翼的布坎南（Patrick Buchanan），一位坚定的保守主义者，和一位坚定的贸易保护主义者皮罗特（H. Ross Perot）；而来自左翼的是民主党候选人克林顿（Bill Clinton），他将共和党存在的问题公之于众，并借此入主白宫。皮罗特获得了19%的选票，从而阻止了布什竞选连任的机会。[46]

克林顿带着选民的希望和对他们的承诺入主白宫，但是八年之后他离开时却落了个不诚实的名声，显得有些灰溜溜。他的困难在他上任之前就已经开始了。克林顿和第一夫人希拉里（Hillary Rodham）被控在担任阿拉斯加州长的期间，在土地开发方面存在财务上和法律上的不当做法。虽然这项指控——也就是众所周知的"白水事件"（Whitewater Affair）——并没有足够的证据表明克林顿确有不当做法，但是独立的司法调查却大大地损坏了他的个人声誉。

虽然在克林顿任职的头两年民主党在参众两院都是多数派，他也因此占据一些优势，但却一直在为一系列立法的确立而奔忙。他因为通过了减少中产阶级税收和保护军队中同性恋的规定而背离了竞选诺言，激怒了重要的选民代表；而另一个备受争议的包括削减开支和对公司与高收入人群课以重税的法案，也以微弱优势通过。事实上，克林顿在他的第一个任期里也成功推出了两个十分重要的法案——《家庭和医疗假期法》（Family and Medical Leave Act）以及《布莱迪法案》（Brady Bill）。《家庭和医疗假期法》让雇员可以延长工作假期以便于照顾新生儿、家庭成员或他们自己而无须担心丢掉工作，[47] 而《布莱迪法案》则是以里根新闻秘书的名字命名的,他在1981年一次刺杀总统的行动中被击毙。这一法案要求人们在购买手枪时要进行背景审查,并且经过一个五天的等待期。[48]

尽管两个法案的通过备受称道,但是克林顿在推动竞选时最重要的承诺——医疗改革承诺时,进展却十分缓慢。1990年美国在医疗方面花费了差不多7,000亿美元,但是仍然有3,800万人不能享受到足够的医疗保险服务,医疗改革亟待施行。[49] 这次医改由第一夫人希拉里牵头,改革小组需要制订一个全民都能负担得起的全面覆盖方案,但是制药厂商、保险商、小企业主和其他一些害怕立法会增加经济负担的人却很快阻止了改革小组的努力。因为无法弥补双方之间巨大的分歧,克林顿不得不放弃了全民医保计划,因为离1994年秋季国会选举的日子已经很近了。[50]

1994年国会选举的结果,52年来第一次与参众两院的大多数意见相左,并且把众议院发言人牛顿·琴瑞克(Newton Gingrich)推向了公众注意的焦点,这是因为他的著名的"与美国的合同"(Contract with America)。相信共和党在选举中获胜将意味着改革的来临,琴瑞克的"合同"希望能限制政府的规模、减少监管、实现联邦预算收支平衡、实行福利改革、减少保守主义措施、设立任期限制并且授予总统对财政预算的逐条否决权。[51] 在接下来的一年里,国会的共和党人提交了一系列的法案以"实现合同条款",但是26项提案中只有四项比较低调的提案得以通过。

到了1996年的大选之年,"与美国的合同"随着经济形势的好转而变得无人问津了。选举之年也为民主党和共和党之间的和解打开了一扇窗户。在13个月的时间里每小时4.25美元的最低工资增加了90美分;在接下来的十年中对小企业进行大幅的减税;最重要的是《个人责任和工作机会和解法案》(Personal Responsibility and Work Opportunity Reconciliation)正式通过,法案包含了自1935年以来最大的福利改革,将福利管理的主体机构变为了国家,法案的另一个目标是在六年的期限内逐渐削减对有未成年儿童的家庭的援助、食品券和其他一些福利项目,共计560亿美元。[52]

得益于福利改革和经济形势的好转,克林顿轻松赢得了选举。具有讽刺性的是,从国家财政的角度来看,克林顿采取的措施和取得的成绩,有很多恰好符合共和党人的"合同"。克林顿执政期间,政府公务员数量大幅下降,收支得以平衡,贸易由逆差转为顺差,国家债务大大减少,福利得以改善、经济也在低失业率、低通胀和大规模投资的带动下开始复苏。[53] 政府监管力度的减弱为电信领域两家公司——WorldCom和MCI的合并铺平了道路,这笔交易的价值达到了史无前例的370亿美元,但很快就传来了金融领域花旗公司和旅行家集团(Travelers)合并的消息,合并总价值700亿美元,与这笔交易相比前一笔不过是小巫见大巫了。合并之后的实体花旗集团违反了1933年《格拉斯-斯蒂格尔法案》的多项条款，而这一法案出台的初衷，就是要防止金融服务领域的机构合并。54

虽然在一般的情况下政府都是偏袒企业的，但是政府也对影响不断扩大、并且变得似乎无所不在的几种企业形式保持了一定的戒心——特别是不断兴起的软件和网络产业。鉴于 Windows 操作系统控制了软件市场 85% 的份额，并且微软一直没有停止收购竞争者或者将竞争者挤出市场，所以比尔·盖茨的微软公司被控有垄断和操控价格的嫌疑。一场针对微软的范围广泛的反垄断行动，让人不由得想起了八十八年前对洛克菲勒标准石油公司的拆分。虽然微软经受住了大部分的攻击，但是它仍处于停业审查中，不过这个结果对于微软来说已经是胜利了。55

虽然克林顿在任期间这个国家经历了富有戏剧性和影响深远的发展阶段，但是他也卷入了接连不断的丑闻之中，极大地损害了他本人以及他所领导的政府的声誉。克林顿与尼克松犯了同样的错误，即使有充足的证据，他们还是不愿意承认错误，并且因为试图掩盖丑闻而遭受了更大的损失。克林顿是第一位在大陪审团面前出庭作证的总统，在经过了七个月的否认之后，他最终承认与一位白宫实习生有不正当的关系。但他坦诚得已经太迟了，未能挽救他的名声，要求他辞职的呼声也越来越强烈。虽然他在总统任期将尽的时候驳回了一次弹劾，但这已经不足以平息民众的不满了。他的行为使得保守主义运动在全国范围内高涨起来。56

怒气冲天的社会

美国高等法院提名并随后任命克莱伦斯·托马斯（Clarence Thomas）作为保守派和自由派之间斗争的避雷针。布什在 1991 年提名托马斯来接替第一位非洲裔的美国大法官舍古德·马歇尔（Thurgood Marshall）。作为一位黑人联邦法官，托马斯持坚定的保守主义观点，他认为应该实行最低工资标准，取消校车的种族隔离做法并采取积极的反歧视行动。57 尽管他的观点备受争议，但是真正让公众对他有所认识的还是安妮塔·希尔（Anita Hill）对他的性骚扰指控。作为一名黑人法律教授，希尔于 1982 年至 1990 年在工作机会平等委员会工作期间曾经与托马斯共事。希尔指控托马斯对她有不当的语言和行为，这当然被托马斯矢口否认，而对于托马斯提名的指控，也因为证据不足无法有进一步的解决。虽然希尔的声誉也因此事受到影响，但是她却让公众开始重视工作场合的性骚扰问题。托马斯就任高等法院法官的提名最终以 52：48 的微弱优势在参议院通过，而保守派也因此成为法院的多数派，他们做出决定限制反歧视行动，限制为解除种族分校而进行的法律修改，也限制利用选区使黑人或伊比利亚人成为多数派。58

保守派掌控下的法院在美国制造了种族间的紧张局势，而当几个洛杉矶警察在逮捕嫌疑犯时野蛮地攻击一个黑人时，紧张局势终于在 1992 年演变成了冲天的怒火。如果没有当时的录像记录下逮捕的过程，民众可能不会关注这一事件，但是录像带清晰地记录了罗德尼·金（Rodney King）在81秒内至少被重击56次的过程，这彻底激怒了黑人，因为他们一直认为自己比其他嫌疑人更容易遭受警方的侵犯。59 而当警察被宣告无罪释放后，骚乱随即席卷了洛杉矶中南部。这场为期三天的骚乱大部分都是黑人之间的内斗，骚乱造成45人死亡，财产损失达十亿美元。60

罗德尼·金审判案中暴露出来的过度紧张的种族关系，只不过是另一起震惊全国的案件的准备而已。从高速公路上白色"野马"车的追逐，到警方封锁道路，再到声名狼藉的手套游行（glove demonstration），辛普森（James "O. J." Simpson）诉讼案在近一年的时间里牵动着人们的目光。案件的每一个细节、每一个方面，以及每一个可能召集到的专家都在国家的电视上轮番出镜。当"梦幻辩护团"帮助辛普森无罪释放之后，黑人为他的胜利而欢呼，而白人却认为不公正，这更加深了国家的种族分化。61

不幸的是，由辛普森案所反映出来的显著的社会分化并不是一起单一事件。20世纪90年代，民间军事组织重新开始复苏，这些反政府的团体认为国会力量的过度扩张最终会限制国民的自由，特别是在《布莱迪法案》通过之后。62 当政府在得克萨斯州的韦科（Waco）打死大约90名大卫教（Branch Davidian）信徒之后，民间军事组织对于政府的不信任感更增强了。当时联邦烟酒和武器调查局接到报告称大卫教虐待儿童并且有大规模自杀的嫌疑，他们马上呼叫了国民警卫队。经过30天的对峙之后，警卫队向建筑物里投掷了可燃性催泪瓦斯，试图制造一个大规模的逃生通道，但是他们没有得到想要的结果，63 这座建筑物很快就被烧得面目全非，而国民警卫队的行动也遭到了顽强的抵抗。在那些民间军事组织看来，政府的行动进一步证明了个人权利在被慢慢地剥夺。64

在纪念韦科事件两周年之际，一枚炸弹被扔进了俄克拉何马市阿尔费雷里德联邦大楼，造成168人死亡。事件最初被认为是外国恐怖分子所为，但很快就发现凶手竟然是美国的退伍老兵。爆炸发生后不久犯罪嫌疑人蒂莫西（Timothy McVeigh）即被逮捕，但事件却反映出一些人不可思议的疯狂。对于很多美国人来说很难相信自己人居然能想出并且做出这样的恶行。65 不幸的是，几乎所有的美国人都想当然地认为炸弹来自某个外国恐怖分子之手。而爆炸之后随之而来的迫害，特别是针对阿拉伯人的迫害，更是表现了这个断裂的国家和它的大熔炉最恶劣的一面。90年代大规模的移民潮改变了美国的人口构成，并且为了反政府言论提供了养料。

表 10-1

20世纪90年代的社会和人口状况

- 美国的人口从2.49亿增加到2.81亿
- 25%的美国人居住在阳光地带
- 农业人口占全国人口的2%
- 25%的人拥有大学文凭
- 58.9%的妇女外出参加工作
- 辛普森案吸引了全国的注意
- 1995年俄克拉何马市联邦大楼被炸震惊全国
- 赌场开始遍地开花
- 美国军队对同性恋采取"不问、不说"的态度
- 流行词汇：风水、玛莎·斯图尔特家居饰品、蹩脚货、嘻哈音乐、轻松周五、童帽娃娃、WWJD
- 游戏：菲比娃娃（Furby）、瘙痒娃娃（Tickle Me Elmo）、in-line skating
- 新词：网吧、70后、页面浏览、胶粘、Ebonics、千年虫、千禧危机
- 最低工资：每小时3.80美元（1990）
- 平均年收入：25,889美元（1990）
- 预期寿命：女性79.0岁；男性72.4岁

新的熔炉

20世纪90年代出生的美国人中大约有三分之一是外来移民的后代，而移民总数达到了900万，为20世纪移民数之最。上一次移民数接近900万是在20世纪的第一个十年，当时有870万人来到美国，但这只是从移民的规模来说，移民的构成现在已经大不相同。世纪之交，只有15%的移民是来自欧洲，15%的移民来自美洲（墨西哥、中美洲、加勒比和南美），31%的移民来自亚洲（主要是中国、印度和菲律宾）。[66]

来自墨西哥和拉美的移民数量的增长，使得他们形成了这个国家最大的少数

民族团体。1980年至2000年期间，美国的西班牙裔人口翻了一倍，达到了3,530万人，而在这个十年结束的时候，美国统计局确认西班牙裔或者说拉丁裔人口已经占到了总人口的12.5%，超过了黑人或者说非洲裔美国人12.3%的人口比重。[67] 与此同时，到这个十年末，有18%的人在家里不说英语而是使用其他语言。[68] 加利福尼亚州和得克萨斯州的情况尤为明显，因为这两个州的人口以移民（合法和非法）为主。虽然官方估计的移民数为900万，但是越过边界而未登记在册的移民可能会让这个数字增大。

移民一方面极大地改变了熔炉，另一方面也使整个国家的人口构成经历了一次大的变化。在这个国家将要迈入21世纪的时候，由结婚夫妇构成的美国家庭只占总人口的50%，低于1950年的78.1%。[69] 更多的人选择不结婚或者推迟结婚的年龄。随着人口向老龄迈进，这个国家人口的年龄中线已经达到了创纪录的35.3岁，而上一次的高峰是婴儿潮之前的30.2岁。[70] 人口的老龄化、移民结构的变化以及非传统型家庭的出现都更加促进了国家的多元化。企业也开始通过各种途径来利用这种多元化——提供满足不同人群需求的产品，扩充雇员人才库，以及改进管理方法等。

经理人：将革新标准化

有一个人曾经设法大规模地利用全球多元化，他就是吉列公司的阿尔弗雷德·蔡恩（Alfred M. Zeien）。作为世界上最成功的跨国公司之一，吉列在90年代已经拥有同时在多个国家推出最小定制或无定制产品的能力，用蔡恩的话来说，吉列成为了"一个真正的全球企业"。蔡恩相信吉列只应当做那些它可以做到最好的产品。他解释说吉列对于全球趋势的关注在产品的研发中得到了体现："我们总是在开发一个新产品的时候，就想到了后续产品的开发。当你对一个企业的驾驭得心应手的时候领导力自会出现。而能够驾驭一个企业也意味着能够控制产品的研发。"[71] 从很多方面看，吉列产品更新换代的程度达到了一个新的水平，从而让这个历经百年的老企业在产品开发上始终拥有一种进取和主动的精神。

阿尔弗雷德·蔡恩，吉列公司

阿尔弗雷德·蔡恩在杰克森高地（Jackson Heights）长大，这是纽约市附近一个文化和种族多元化的地区。他的父亲是一个手艺高超的地毯匠人，能操四国语言。说多种语言、掌握地毯编织技术、修理管道、配线都是蔡恩在家中必须学的技能。阿尔弗雷德掌握了这些技能并且练就了自觉学习的能力，他在小学和中学一直是班里的优等生。虽然他可以选择一所像哈佛和麻省理工这样的大学，而且带奖学金，但他最终却选择了韦伯造船学院（Webb Institute of Naval Architecture）。那一次提出入学申请的800人中，有16人脱颖而出，蔡恩就是其中之一，最终完成学业并且成为造船工程师的只有九人，蔡恩又是其中之一。

表10-2

20世纪90年代发生的商业大事

时间	事件
1990	苏联允许私有制企业存在
1990	《空气清洁法》（Clean Air Act）签字生效，制定了更苛刻的废气排放标准
1990	《美国残疾人法》（Americans with Disabilities）生效
1991	蒂姆·伯纳斯—李推出HTTP和HTML
1991	波斯湾，沙漠风暴行动（Desert Storm）
1991	苏联解体
1992	美国摩尔在明尼苏达开业
1992	《单一欧洲法案》（Single Europe Act）开始启动欧盟建设
1992	万维网开始走入公众视野
1992	Mosaic（网景的前身）出现，成为第一个成功的网络浏览器
1993	《家庭和医疗休假法案》（Family and Medical Leave Act）生效
1993	《布莱迪法案》（目的是控制枪支）通过
1993	世贸中心遭受恐怖分子炸弹袭击
1993	奔腾处理器面世
1993	《西尔斯邮购目录》（Sears catalog）在发行了97年后停刊
1994	美国取消对南非的制裁因为南非的种族隔离终止；曼德拉当选南非总统
1994	"北美自由贸易协定"开始执行
1995	Java程序语言面世
1995	DVD面世
1996	《个人责任和工作机会和解法案》对福利制度进行了改革
1997	亚洲金融危机

表10-2（续）

1997	英特尔公司的安德鲁·格罗夫（Andrew S. Grove）被《时代》杂志评为年度人物
1997	中国收回对香港的主权
1998	美国的失业率跌至25年来的新低
1998	美国在线（AOL）和网景公司合并
1998	微软被提起反垄断诉讼
1998	花旗和旅行者集团合并，交易金额高达700亿美元
1999	欧盟实现货币一体化
1999	道琼斯工业指数攀升至10,000点（从1992年的2,800点开始）
1999	美国将巴拿马运河的控制权归还巴拿马政府

1952年蔡恩大学毕业后，与其他人合开了一家公司，专门从事游艇设计并且为东海岸的船坞设计一些船用零件。朝鲜战争改变了造船的性质，这时候，蔡恩决定丰富自己的技能，他报名参加了哈佛商学院的MBA课程。因为这个时期的MBA课程是在第二次世界大战时期设立的，所以课程中有一系列关于军事领导和战略方面的内容。学校的核潜艇课程尤其让蔡恩着迷，于是在1958年课程结业的时候，他进入位于康涅狄格州格罗顿市（Groton）的通用动力公司的船坞厂，成为一名设计主管。在五年的时间里，他负责公司的并购业务，其中包括收购位于马萨诸塞州昆西市（Quincy）的一个大型船坞。

蔡恩很快接到任命，要他负责通用动力船厂在昆西的业务。他在那个有8,000名员工的船坞待了四年之后，发现造船业的黄金时代已经结束，于是他决定开始拓展新的职业。这一次他没有走太远，而是到了几英里之外的波士顿，也就是吉列公司的总部所在地。蔡恩于1968年加入吉列公司，此时吉列刚刚完成对博朗AG（Braun AG）的收购，博朗是一家德国公司，主要生产个人护理产品和小家电。蔡恩作为博朗负责国际业务的总经理被派往法兰克福，他的任务是进行业务调整并确保公司的电动剃须刀能在欧洲打开销路。他领导放弃了一些非核心业务，并将博朗的主营产品整合到吉列国际的业务中来，他将全球化纳入公司运作的重要目标。

在成功地完成了第一个任期的工作后，1973年蔡恩被召回波士顿担任集团副总裁，主管业务多样化的运作。然而，他在总部的时间却并不长。1974年，虽然博朗在国际市场上运转良好，在德国的日子却不行，因为德国政府发起的价格支持计划终止了。尽管许多人建议放弃这部分业务，蔡恩却决定通过矩阵管理的方式来重构在德国的业务。按照矩阵管理的方式，所有的重要决策都要由至少两名相关责任经理来作出。重构带来了蔡恩所谓的"动态冲突"（dynamic conflict）的效果。[72] 这种冲突扭转了公司的不良业绩，并且最终将蔡恩推上了博朗公司董事会主席的位置。

1978年，蔡恩重回波士顿，在那里度过了他职业生涯的余生。他被任命为高级副总裁，主管公司的研发工作，这使他有强劲的动力来保证吉列产品的推出及其研发能力一直处于行业领先地位。虽然吉列的旗舰产品剃须刀和刀片系列一直受到来自一次性剃须刀的竞争威胁，但蔡恩是公司传统的忠实捍卫者。虽然将公司的资源转而生产价格更便宜、技术更简单的一次性剃须刀很容易，蔡恩却依然不遗余力地发展传统的剃须刀技术。

作为公司研发业务的负责人，蔡恩将公司的研发、设计、制造部门整合为一个单位。结果在公司形成了进行开放性交流的氛围，公司的效率也因此大大提高，吉列以相同的员工人数可以生产出比别的公司多一倍的产品。蔡恩的管理方法很快在公司的不同部门流行，并成为影响产品开发效率的关键因素。凭借出色的能力，他拓宽了国际业务以使公司得以扩张，主导了一系列的企业收购，并且卖掉了22个不具备市场开发潜力的公司。

虽然吉列在20世纪80年代打造了一个竞争强劲的全球化公司，并且在新产品研发方面取得了一系列突破，但是它的年利润递增水平却下降到了3%，这使得一些买手开始对它虎视眈眈。1986年至1990年期间，吉列击退了来自罗纳德·佩雷尔曼（Ronald Perelman）的三次收购企图。佩雷尔曼当时因为恶意收购露华浓公司（Revlon）而名声大噪。当时蔡恩虽然只负责产品开发工作，但也承担了维护公司独立的重任。蔡恩和其他高级经理们不断强调吉列拥有巨大的潜力，如果被迫与露华浓合并，这些优势就将荡然无存。吉利为维护公司独立所做的努力赶上了好时机，当时正值1987年股市崩盘，佩雷尔曼也被牵连进一场内部交易的丑闻。吉列成功地捍卫了吉列的独立，但却为此付出了巨大的代价。公司被迫同意向佩雷尔曼支付股票溢价，这在当时被认为是公司所经历的最糟糕的事情了。但是最大的考验却发生在80年代末期，那时它卷入了一场与康尼斯顿集团（Coniston Group）之间的代理权之争。康尼斯顿设法获得了公司董事会大多数成员的支持，其中包括时任 CEO 和董事会主席的科尔曼·莫克勒（Colman Mockler）。管理层以微弱的优势获得了胜利，他们的选票主要来自小股东，大部分是员工和退休人员，而康尼斯顿的选票则主要来自机构投资者。

51：49的胜利用蔡恩的话来说"让整个公司都冷静下来了"。[73] 而唤醒公司的，是一次对公司的恶意收购，当时公司正好在进行一系列调整，以便集中精力开发一项新的产品。公司于1990年推出了感应式剃刀系统，推出的时机可以说是恰逢其时。它的成功极大地提升了吉列的声誉，比管理者承诺维护公司独立的效果还要好。蔡恩是最早支持可移动或者可滑动刀片设计的人，这一理念也是感应式剃刀的精华所在。这项开发历经20年，耗资近两亿，但是如果没有蔡恩长期的支持和努力，这项技术也许永远不会出现在市场上。感应式剃刀在上市第一年就售出了2,400万把和3.5亿个刀片，大大地超过了预期的600万把剃刀和1.5亿个刀片。[74] 而后续产品的开发在感应式剃刀上市的时候就已经开始。当吉列在1998年推出锋速3系列剃刀后，感应式剃刀的成功再一次被复制。

感应式剃刀取得巨大成功后，蔡恩荣升为公司的总裁和首席运营官。1991年年初，原CEO科尔曼·莫克勒患心脏病去世，蔡恩接替了他的位置。在击败了并购买手、领导过公司的国际化业务和产品研发之后，蔡恩似乎应该是一个小心守成的CEO，很多人也认为他会继续前任的思虑。但是他的抱负却完全不同，他制定了一个确保公司不被买手收购的计划，并且以使命宣言的形式表达出来："我们的目标是在我们所选定的消费品领域，不管是现有的或者是新开发的核心产品，都获得世界级的领导地位。"[75] 蔡恩对使命宣言的承诺很快得到了检验，吉列文具产品集团总裁乔尔·戴维斯（Joel P. Davis）建议公司收购世界第二大钢笔企业派克钢笔公司，蔡恩没有退缩，他同意了收购，帮助吉列在实现文具业务的全球目标上迈进了一大步。

作为吉列公司的CEO，蔡恩对新产品的研发倍加重视。公司每年都推出近20余种新产品，它们在公司的国际销售网络中都有不俗的表现。产品包括女用感应式剃刀、欧乐宝指示型牙刷，以及吉列劲爽系列男士理容产品。蔡恩这样解释这种散弹式（shotgun）销售策略："我们是一个靠研发推动的企业，我们知道每15种产品中只有三种有进一步开发的可能。而每三种进一步开发的产品中只有一种能进入市场，所以这一种一定要是最棒的。"[76] 要实现每年开发出20种创新性产品的目标，吉列11个研发中心中的任何一个，每年都必须保证开发至少300种产品。所以，每一种新产品的面世都是很有冲击力的。而由新产品推出所取得的利润，在此后的五年里也由原来的30%增加到了50%。[77] 虽然研发是吉列不断推出新产品的重心所在，公司也从重要的收购中获取利润，其中就包括以70亿美元收购金霸王电池（Duracell International）。这家公司符合蔡恩的收购标准——它在市场上处于行业领头地位，已打入国际市场，可以利用吉列现有的分销网络，并且有进一步提升的潜力。

全球化和新产品开发是蔡恩作为CEO的三大支柱战略中的两个，第三个支柱关注员工的发展。为实现这个目标，蔡恩花费大量时间研究如何确定和培养公司的领导潜能。他每年都要拜访和回馈大约800名雇员，他非常坚定地支持公司实行对角线式的晋升策略，按照这种策略，一个单位的员工不能垂直升职，而要经历不同的单位、不同的职位才能获得晋升。实际上他甚至宣布每年垂直晋升的比例不能超过10%。

吉列对于后续产品开发所付出的努力、对人力资本的关注,以及不断的全球化,是企业持续发展的主要原因,没有这些政策的支持,吉列早在20世纪60年代就走下坡路了。蔡恩曾经说过:"全球每年大约有200亿个刀片售出。30年后,20年后,十年之后——每年的销量可能就只有十亿上下了。"[78] 尽管市场日趋饱和,吉列的全球市场份额在蔡恩任期内依然从30%增加到了50%。[79] 在《福布斯》杂志刊登的一篇文章中,蔡恩是这样描述他所认为的成功的主要标志:"衡量一个公司的最好标志,不是它做了什么,而是它对发展的前景是否有提升。"[80] 蔡恩当然改变了公司的前景。[81]

如同蔡恩领导下的吉列一样,90年代的成功企业都能够实现客户承诺,并且积极地改善企业的运营。很多企业也像吉列一样积极地投资于技术,不是为了技术,而是为了提升生产效率和促进革新。它们向技术提供者寻求答案,并且对系列化产品项目进行大规模投入,希望藉此得到解决方案。在这个十年之中,企业投入到信息技术设备和软件上的资金总额超过了3.4万亿。[82] 从很多方面看,这些技术投资的长远影响将会使正处于狂热期的互联网的前景相形见绌。经理人们利用这次技术领域的浪潮实现了突破,从传统的要素分配世界延伸到了网络化大容量数据存储的复杂世界。

个人电脑销售在80年代开始兴起,并于90年代达到高潮,由玛莎·英格拉姆(Martha R. Ingram)领导的英格拉姆产业公司成功地利用电脑零部件的仓储和配送获得了成功。就在英格拉姆产业公司因为电脑市场的膨胀得以扩张的时候,约翰·钱伯斯(John T. Chambers)再一次利用网络获得了巨大的利润。钱伯斯于1994年接掌思科公司(Cisco System)之后,立刻着手为公司的服务器和交换机打造了一个大规模的分销网络,它可以"在互联网以及公司内部网络上管理数据的流动"。[83] 随着网络主机呈几何级数增长,对思科公司基础设施的需求(通常指的是互联网的线路设备)也在飞速增长。作为一个受过良好训练的销售人员,钱伯斯计划了大量的产品开发业务以满足销售渠道的需求。而对于那些不能由内部研发获得的产品,他使用另一种方式——收购。1993年至2000年间,思科以一种不可思议的速度一连收购了23家公司,任何有希望推出新产品的公司他都不会放过。思科的销售在1994年为12亿美元,到2000年上升为190亿美元,此外再加上其飞速攀升的股票价格(从2.27元每股上涨到82元每股),为公司的收购提供了充裕的资金。[84]

存储系统提供商 EMC 的上升轨迹与思科基本一致。当迈克尔·鲁特杰斯(Michael C. Ruettgers)初到 EMC 公司时,公司刚刚上市两年。他负责改正公司生产的硬盘所发生的严重质量问题。在找准了目标并解决了眼前的问题之后,鲁特杰斯将目光放到了发展上，他认为数据存储在不同的服务器平台上更易于取回和分析，市场对于这样的数据存储系统应该有很大的需求。他想到了那些使用老式服务器，并且总是为存储部件的高价和低效而头疼不已的公司。EMC 的解决方案是硬盘更小的互联系统，它可以有强大的存储功能价格又便宜很多。他的行动得到了回报，客户纷纷转向购买更便宜也更高效的 EMC 产品。随着网络的崛起，鲁特杰斯继续利用市场对于数据存储器的大量需求而获利。各个行业的公司都希望能够抓住客户或者与潜在客户进行互动，包括网络点击、签约以及提供信息服务等。在他任期内，EMC 的销售从五亿上升到 70 亿，而它的股票价格也从每股三元飙升至每股 100 元。[85] 鲁特杰斯在 EMC 所取得的成功是以美国的偶像型企业 IBM 为代价的。实际上，鲁特杰斯特意将目标瞄准了 IBM 的客户，因为他相信他们更愿意和拥有更灵活与更廉价的技术的伙伴进行合作。

领导者：重组和重生

随着新科技浪潮席卷全国，曾经的潮流引领者和强势企业 IBM 在 90 年代初亏损达到了数十亿美元，接近崩溃的边缘。人们猜测公司可能会被拆分成几个小公司，投资银行家和分析家们像兀鹰一样盘旋在公司的周围，等待着这个曾经作为美国象征的强大公司被肢解的消息。路易斯·格斯特纳（Louis V. Gerstner）就是在这种情况下被招聘进公司的，他要负责完成一项看似不可能的任务：拯救这个价值 640 亿美元的庞然大物。詹姆斯·伯克（James Burke）是强生公司（Johnson & Johnson）的前任领导，也是 IBM 招聘工作负责首轮面试的主管，当他见到格斯特纳的时候说，这个职位不仅仅是一个重要的商业机会，也是一生只能碰到一次的拯救一个美国商业传奇的机会。对于很多人来说，是 IBM 改变了"美国公司的形象，"现在任其悄无声息地灭亡，简直是一件不可想象的事情。[86]

路易斯·格斯特纳（1942 –　），IBM 公司

1993 年，当路易斯·格斯特纳被任命为 IBM 的 CEO 的消息公布之后，《新闻周刊》封面用这样的标题描述了对这一事件的关注："他能让大象跳舞吗？"这头价值 640 亿美元的大象刚刚在 1992 年公布了平庸的销售数字和 49 亿美元的亏损，亏损比 1991 年增加了一倍。让这头大象彻底翻身看上去是一项不可能完成的任务，但是让他重新成为技术上的引领者则可行得多。十年以后，格斯特纳以"谁说大象不能跳舞？"为题发表了一篇文章回应《新闻周刊》的问题。到这个十年结束的时候，IBM 又重新回到了它所熟悉的技术引领者的位置上来。

格斯特纳成长为企业界数一数二的拯救专家所走过的道路，从很多方面

看，是一条从实践中摸索成功经验的道路。从预备学校到常青藤高校，再到商学院、管理咨询机构都是如此。格斯特纳于1942年出生在纽约市中下阶层居住的小镇——米尼奥拉镇的一个虔诚的天主教家庭。他的父亲是一名运奶卡车司机，后来成为了F&M Schaefer酿酒公司的门卫，他的母亲在当地一所社区大学的注册办公室工作，同时还是一名地产中介。虽然父母都没有上过大学，但是这并没有影响格斯特纳和他的三个兄弟的发展。格斯特纳家的几个男孩都进入了以严苛出名的天主教预科学校，为将来进入大学学习做好了准备。

格斯特纳以年级第二名的成绩从查明纳德高中毕业，并获得了达特茅斯学院的奖学金。虽然他本来的目标是圣母学院，但他还是接受了这份奖学金。格斯特纳知道这对于他的父母来说是一笔很大的经济补贴，因为他们为了负担孩子们的高中和大学学费经常要连续工作。格斯特纳在达特茅斯学院和他在高中时一样是一个十分严谨的学生，他总是努力取得优秀的成绩。他的大学室友回忆道："他为了学习，总是比别人起得早、睡得迟。"[87] 作为一名工程专业的学生，格斯特纳被授予了阿尔弗雷德·斯隆国家奖学金，并于1963年以优异的成绩毕业。

从达特茅斯毕业之后，格斯特纳马上被哈佛商学院MBA专业录取。1965年从哈佛毕业之后，格斯特纳加入了麦卡锡管理咨询公司，在那里他很快就崭露头角。一位同事这样描述格斯特纳的目标："他对任何问题都能抓住关键，并且有很强的分析能力，可以找准逻辑上的缺陷。"[88] 格斯特纳有点急躁和较真的个性并没有妨碍他的成功，他很快就成为了公司的合伙人。他受命负责在纽约市建立并领导财务实践集团（Finance Practice Group），这次经历为他的下一份职业打下了坚实的基础。麦卡锡的首席主管要格斯特纳到美国运通公司（American Express）去掌管财务工作，并且与公司的新主席兼CEO詹姆斯·罗宾逊第三（James Robinson III）搞好关系。后来证明这个关系对于格斯特纳和美国运通都有极大的益处。1978年，罗宾逊为格斯特纳提供了一个机会加入美国运通公司，职位是执行副总裁，主管与旅行相关的业务，此外还负责发行美国运通卡和旅行支票。在咨询行业打拼了13年之后，格斯特纳准备做出一些改变："我不想总是站在放映机边上，我想亲自做一名决策者。"[89]

格斯特纳有充足的机会在运通锻炼他的决策能力。任职运通公司的11年中，远大的抱负和对于业绩的追求鼓舞他不断取得成就，获得了一系列的提升，并最终成为旅行服务分部的CEO。在他的领导下，这个分部的收入以17%的比率增长，持卡会员的数量也从800万增加到3,000万。在格斯特纳的主持下，公司的信用卡项目实现了快速发展，以"你知道我吗？"以及"出门带上我"等为代表的广告战略，以及高关注度的善因营销（cause-related marketing）均取得了巨大的成功和丰硕的回报。也是在这个位置上，格斯特纳发展了他"对于信息科技战略价值的敏感"。[90] 1988年，格斯特纳与CEO罗宾逊一起发起了"创始计划"（Project

Genesis），这个为期五年的计划耗资2.5亿美元，将首创性地在全球范围内升级并集成公司分散的技术基础设施。随着他在公司地位的不断上升，格斯特纳毫不掩饰他想成为罗宾逊继任者的想法，但就在他快要实现这个目标的时候，他的职业生涯的下一个阶段开始了。

应KKR公司亨利·克拉维斯（Henry Kravis）的邀请，1989年，格斯特纳离开运通公司。克拉维斯认为格斯特纳能够帮助公司重整刚刚通过融资并购来的雷诺兹·纳贝斯克。在花费了250亿美元购得纳贝斯克之后，公司债务缠身，格斯特纳的任务就是要强化公司的财务管理，特别是公司不得不每年偿还30亿美元的利息。在四年的时间里，格斯特纳卖掉了公司的多处资产，终止了新建工厂的计划，取消了公司包机和奢侈的房地产开支，将公司的总体债务减少了50%。在他刚刚上任的时候，公司背着11亿美元的净亏损，而到了1992年，公司已经有了2.99亿美元的赢利。[91] 公司的债务包袱是巨大的，以至于格斯特纳根本没有时间进行业务拓展，他的工作无疑是公司的一次整合和压缩的过程。在公司拆拆补补了四年之后，格斯特纳已经渐渐熟知重建公司的诀窍，即使是重建像IBM这样的公司，但是他也并非没有保留。

1992年秋，格斯特纳瞄准了IBM的职位，他知道他有能力胜任这个高科技公司炙手可热的职位。因为除了作为客户他没有任何在高科技公司工作的经历，他认为要想获得这个职位他还缺少一个证明。更不利的是，当时他的竞争者拉里·博西迪（Larry Bossidy）公开声称，IBM需要的是"一个35岁，懂电脑，可以把自己克隆25次的家伙"。[92] 但是IBM得到的，却是一个51岁的战略家和多面手。

格斯特纳进入IBM对于这个长期主导高科技领域的企业来说等于获得了一次生命保障，这也是IBM首次由一个外人来掌权。虽然IBM公司通过重拳出击成为PC市场的主流，但却没能保持原先的领导地位，并且放弃了与微软和因特尔一起发展的大好时机。此外，随着公司规模的扩大和科层制的形成，它也失去了与办公电脑市场同步发展的机会，特别是在与那些更加灵活、更为廉价的竞争者进行竞争的时候它还死守着基本的IBM主机。正如一位曾经在IBM工作过的员工所说的那样，公司"十分反感客户/服务器的计算方式"，并且不愿意向"插入式兼容开放系统"转变。[93] 公司的新产品面世迟缓，并且未能持续为客户提供良好的服务。而这些，正是过去IBM能够保持高价的优势。

虽然IBM多面受敌，但是其财富增长的速度还是前所未有的。1990年，也就是格斯特纳进入IBM之前三年，IBM公布的年收入为690亿美元，净收入为60亿美元，使得它成为美国《财富》500强企业里最赚钱的企业。但在接下来的两年里，其销售下降了50亿美元，利润也下降了110亿美元，这是公司历史上最惨淡的两年。1992年，公司放弃了虽然没有公开但却默许的终身制雇员计划，大约有超过11.7万名雇员选择提前退休或面临裁员。同年，公司划拨了116亿美元资金用于调整和改组。

格斯特纳于1993年4月接掌IBM之后，很快意识到公司本年度可能面临更大的财务亏损。他刻意低调，没有立即作出任何决定。在很多方面，他似乎又回到了从前做管理咨询的状态，将公司视为一个颇具分量的分析对象。他很快取消了一些繁杂、僵化的程序，因为它们与公司的文化相抵触，甚至影响公司的正常管理，其中就包括一个形式上的管理委员会，由大约50多名上层经理人组成。为了取代委员会，他成立了一个灵活的小规模顾问团，主要由长期在IBM工作的员工和自己从美国运通以及纳贝斯克带过来的同事构成。他还很快修改了高级经理人的薪酬制度，对一些关键性资源进行了中亚调整，以备公司的不时之需。

格斯特纳在他上任后的六个月中所作的最重要的决策，就是避免公司被拆分。他劝说投资银行家不要打IBM的主意，而他所做的一切并没有采用公司过去一直沿用的策略。他作为一名客户的经验告诉他，普通企业所需要的，是IBM所具有的集成能力，以及向各种不同行业客户提供服务的能力。虽然由于客户采购需求的分散致使IBM遭受损失，格斯特纳还是预见到了信息技术的购买方式以及公司信息技术权力地位的变化。IBM一直都是公司管理信息系统（MIS）的合作伙伴，但是它却没有防备小竞争对手的加入；与此同时，公司MIS部门控制公司内部信息技术需求的作用也在慢慢弱化。大公司内部日趋分散的信息决策导致了系统的分化和关联性的减弱，然而，尽管出现了这些新情况，还是常常要重新回到公司的MIS中来进行集成的过程。格斯特纳认为负责MIS的主管一定要重视IBM在技术集成方面的作用和经验。

为保证公司内部的紧密联系，格斯特纳花六个月的时间拜访全球的IBM分部，并且对公司内部的每一个业务部门进行分析，然后，推出了他的初步计划。这个计划包括新增3.5万个终端，在大规模降价的同时对现有的大型主机重新进行技术配置以应对激烈的竞争压力，卖掉非核心业务，以服务客户为中心进行公司重组等等；此外，还对公司内部的运营流程进行梳理。IBM有125个分散的数据中心，128个主信息办公室，31个独立的网络，其数据处理成本比行业平均值高出三倍。[94] 虽然根据这个计划进行重构和成本控制的工程与花费极大，格斯特纳还是预留甚至增加了重要的研发项目资金。到1993年年底，公司又额外支出了86亿美元的重组资金，并且公布了81亿美元的净亏损。但是，公司重振的种子已经种下。

格斯特纳原以为客户会重视IBM在集成方面的经验，但是通过与客户沟通，他的想法改变了。他起先决定发起一个所谓的"业务拥抱"（Operation Bear Hug）计划，内容是每位高级经理每月需要拜访五位客户，而他或她的直接下级则要拜访除此之外的另外五个客户，依次类推。一位客户答道："我们不需要另一家磁盘驱动公司，也不需要另一家数据管理公司或者另一家UNIX服务器公司。我们需要你们做的是，帮助我们进行集成并提出解决方案。"[95] 格斯特纳从中发现了巨大的机会,他决定快速发展公司的小型服务和方案解决团队——集成系统解决方案公司（Integrated System Solution Corporation）。公司于1991年成立,而格斯特纳的冒险很快得到了回报,提供服务成为IBM公司发展最迅速的业务,90年代末期,IBM源自这些项目的收入占总收入的比重达80%。

截至1994年,公司已经开始赢利,IBM又重新获得了行业的认可。这一时期,格斯特纳决定将公司的软件开发活动集中化。虽然IBM已经是当时最大的软件生产商,但是公司所生产的软件大多数还只是IBM电脑的操作系统,公司还没有成为这一领域的专家。格斯特纳将不同的软件开发小组召集到一起,要求他们"用几年的时间重新编写IBM的所有重要的软件,要使它们不仅具有网络功能,还可以在SUN、HP、Microsoft和其他平台上运行。"[96]他在做一件别人不敢想象的事情,将IBM都有的解决方案转向开放的系统。虽然他的决定让公司既兴奋又紧张,但格斯特纳相信,IBM要成为真正的解决方案提供商,就别无选择。通过这些努力,格斯特纳成功主持了价值32亿美元的对莲花软件开发公司的收购,从而扩大了公司的中间件（middleware）业务。IBM收购莲花的速度表明IBM正在发生着根本性的改变。

在开放软件开发方面,IBM也发起了一个庞大的计划,将它的硬件转化为开放系统的格式,并且使它的组件和研发也可以由别的公司参与。虽然很多人将这一转变看做是对IBM的一种威胁,但是格斯特纳和另外一些人则相信这将打开原先关闭的市场。通过重新修订公司品牌和广告策略,格斯特纳让整个市场加入了IBM的声音。格斯特纳还招募了一位原运通公司的同事,在他的领导下,IBM将它的广告业务（过去被分配给35家代理商）整合到一位全球代理。IBM最初的品牌策略"小行星解决方案"获得了广泛的认同,突出了IBM业务的特色。市场品牌策略所发挥的另一项重要作用是,成功打造了IBM在电子商务市场中的方案提供者的地位。

在1995年的一次重要的展销会上,格斯特纳亮出了IBM的目标——"网络中心计算"（network-centric computing）,虽然公司当时的市场占有率还较低,但IBM已经把它作为电子商务战略的支柱。为实现这个目标,IBM在电子商务方面的初始投资就达三亿美元,主要用于将分散的数据资源链接在一起。从许多方面看,后台管理系统（back-office）的计算需求虽然不像互联网IPO那样大得惊人,但也成为了IBM大型机一个新的利润增长点。随着网络热潮由刚开始互相连接时的兴奋变成了"我们能用信息做些什么"的疑问,IBM已经在这个圈里稳稳地站住了脚跟。

通过关注互联解决方案,IBM不仅在网络泡沫时代生存了下来,还因为认识到了什么是自己真正的财富从而实现了发展和繁荣。在这一过程之中,IBM重新赢得了技术引领者的声誉。IBM的传记作者道格·加尔（Duog Garr）这样总结格斯特纳的功绩:"他改变了公司的文化,改变了公司的发展方向,使得它能够乘风破浪、驶向更加广阔的市场。"97 当格斯特纳从 CEO 的位置上退下来的时候,IBM 这头舞蹈着的大象,已经取得了 860 亿美元的销售收入,净收入达到了 80 亿美元。98

与格斯特纳一样,他的对手们也面临着同样的扭转公司财务状况的挑战,但是他们却常常缺乏适当的突破性方法、技术或革新。1994 年,当戈登·贝休恩(Gordon M. Bethune)接管美国大陆航空公司的时候,公司的现金流几近中断。公司侥幸撑过两次破产重组,内部的劳资对立严重,在客户满意度排名中处于垫底的位置。贝休恩进行了一项市场调研,想搞清楚经常飞行的机师究竟想要什么以及想获得多少报酬;他在公司提倡合作精神和认真沟通,并很快因为与员工的诚实交流而获得了好名声。他既重视员工又重视客户的做法为公司的扭转铺平了道路。

短短几年里,大陆航空的劳资关系和客户满意度,从曾经的最差排名一跃而成为美国所有企业中名列前茅者。到这个十年快要结束的时候,这家本来濒临破产的公司开始赢利(1999 年实现赢利 4.847 亿,而在 1994 年公司的亏损还高达 6.133 亿),并且成为了美国第六大航空公司。99 虽然在 2001 年 9 月 11 日美国遭受恐怖主义袭击之后航空公司的生意因为旅客数量减少而遭遇挫折,贝休恩仍然十分重视客户服务,并且与员工保持了良好的关系。当然,公司也不得不做出了一些减少飞行和控制成本的举动。100

处境相同的还有劳伦斯·博西迪(Lawrence A. Bossidy),他及时地将他在通用电气 31 年所积累下的经验用来应对联合信号公司(AlliedSignal)的危机。1991 年,联合信号的利润大幅下滑,公布了 2.73 亿美元的净亏损。博西迪实行了一系列大规模的措施,包括引进六西格玛(Six Sigma)体系、实行全面质量管理以提高生产效率降低质量问题、处置非核心业务以及裁员 20% 等,从而让联合信号打了一个翻身仗。博西迪在实施成本控制和促进发展方面可以说有些冷酷无情,他列出了那些绩效不良的部门的名单,并且对它们实行高精度监控。如果连续两个季度出现在这个名单上,那么这个部门的高级领导就要下岗。101 博西迪任期内公司取得了令人振奋的业绩,每股股票收益实现了两位数的增长,这样的持续增长也导致公司的股价迅速蹿升。1999 年,博西迪主持了联合信号与哈里维尔(Honeywell International)的合并,这使他在联合信号的事业步入顶峰,也使得公司的收入从 1991 年他刚进公司时的 120 亿美元增加到了 250 亿美元。102 联合信号和其他一些公司的大逆转使整个国家都受到了感染,似乎为新千年的美好前景提供了佐证。

新千年的企业家

考虑到 90 年代在商业模式和方法上所取得的诸多突破式成就——因此在短暂的时间里我们难以全面衡量他们所发挥的影响——我们对于伟大的商业执行官的

研究也只涵盖了其中的一些人，这使得我们在作出选择的时候有些诚惶诚恐。正如我们在前面的分析中所看到的，企业家工作的全面影响通常要在多年后才显现出来；这些商界英雄们通常会将我们想象力的极限提升一个层次。这些企业家们和他们的企业现在还都站在潮流的前沿，在他们发挥的作用没有完全显现出来之前要评估他们的业绩和影响显得有些危险。举例来说，如果我们在2001年开始这项研究，我们肯定会将玛莎·斯图尔特（Martha Stewart）归于前景远大的企业家之列。而随着时间的流逝，她的影响完全显现了，那么她就会被排除在我们的研究之外。（那些因犯罪而受到审判并定罪的人将被排除在研究之外。当然，我们不会仅仅因为某人曾受到指控就排除，尽管我们知道我们所列名单上的很多人都算不上是模范公民）

然而我们也知道，如果时间允许我们进行全面分析，那么可能没有几个人真正可以入选伟大的企业家。有一位不符合我们所列条件的执行官，因为她的任期始于1998年（我们要求必须是企业的创始人或者担任CEO至少五年，并且是在2000年之前），但是却符合所有企业家的条件，她就是eBay的梅格·怀特曼（Meg Whiteman）。怀特曼不仅使公司成功上市，还将一个名不见经传的小零售网站打造成了一个充满活力的专门网站，同时还使这个网站拥有热情的客户并且受到小企业主的拥护，这一切使她显得那么与众不同。eBay网络社区是少有的几个能带来经济效益的互联网企业，它的将拍卖活动现代化的做法似乎前景无限，而怀特曼擅长将传统的客户关系建设与互联网的速度和广度相结合的能力，促成了一个全新赢利模式的诞生。如果这种状况能够持续，她将成为新千年企业家的先驱。

新世纪

1998年，联邦储备委员会主席艾伦·格林斯潘（Alan Greenspan）动情地说道："现在的经济形势是高增长和低通胀并存，这和我在半个世纪以来每日监测美国经济所见证的任何时期一样精彩。"[103] 他对于国家经济形势发自内心的赞叹，似乎抓住了20世纪90年代最后五年美国精神的实质。对于很多人来说，70年代的个人牺牲，80年代的大规模投资以及90年代初的重组和调整结出了硕果，值得赞扬和庆祝。国家已经从冷战中摆脱出来，并且成为了世界上唯一的超级大国，它在海湾战争中重显军力，数年的预算赤字重新平抑下来，并且它也从亚洲金融危机中成功脱身。此外，国家的制造业基础重新赢得了质量和生产效率，失业率也降到了5%以下。成功看起来是锐不可当的。

但是，在他演讲的最后，格林斯潘作了警示性的表述："这一系列的状况[持续的高增长、低通胀和低失业]并非历史顺其自然发展的结果。虽然从某种意义上说，我们可能已经超越了历史，但是我们仍要警惕一种可能性，那就是不友好的历史有可能最终重蹈覆辙。"[104] 这些历史性的力量在此后的几年里又疯狂地复制了自己。随着互联网泡沫的破灭，美国经济在恐怖主义的影响下蹒跚前行，全球不稳定性加剧，大量曝光的公司贪污、犯罪和其他丑行使商业执行官的信誉受到侵蚀。世纪终结之时对大灾难的恐惧再度降临，关于末日的预言也开始重新流传；但是，真正的威胁还潜伏在某一个角落里不曾出现。

表 10-3

1900年代的企业家、经理人和领导者

企业家

Jeffrey P. Bezos, Amazon.com
Thomas M. Siebel, Siebel Systems
Jerry Yang, Yahoo!

经理人

C. Michael Armstrong, American Telephone & Telegraph
Carol Bartz, Autodesk
Duane L. Burnham, Abbott Laboratories
John T. Chambers, Cisco Systems
Ronald W. Dollens, Guidant Corporation
Robert J. Eaton, Chrysler Corporation
William W. George, Medtronic
Vincent A. Gierer Jr., UST
Raymond V. Gilmartin, Merck & Company, Inc.
Melvin R. Goodes, Warner-Lambert Corporation
Charles A. Heimbold Jr., Bristol-Myers Squibb Company
Martha R. Ingram, Ingram Industries
William T. Kerr, Meredith Corporation
Richard J. Kogan, Schering-Plough Corporation
Rochelle Lazarus, Ogilvy and Mather
John Pepper, Procter & Gamble
Laurence F. Probst III, Electronic Arts
Lee R. Raymond, Exxon Mobil Corporation
Richard M. Rosenberg, BankAmerica Corporation

Michael C. Ruettgers, EMC Corporation
Stephen W. Sanger, General Mills
Charles R. Shoemate, CPC International (BestFoods)
William Steere Jr., Pfizer
Alex Trotman, Ford Motor Company
Daniel P. Tully, Merrill Lynch & Company, Inc.
Alfred M. Zeien, Gillette Company

领导者

Gordon M. Bethune, Continental Airlines
Lawrence A. Bossidy, AlliedSignal, Inc.
Owsley Brown II, Brown-Forman Corporation
Steven A. Burd, Safeway
Robert N. Burt, FMC Corporation
Peter H. Coors, Adolph Coors Brewing Company
Millard S. Drexler, Gap
Roger A. Enrico, PepsiCo
Donald V. Fites, Caterpillar Tractor Company
Richard S. Fuld Jr., Lehman Brothers
Louis V. Gerstner Jr., IBM
Harvey Golub, American Express Company
David W. Johnson, Campbell Soup Company
Lucio A. Noto, Mobil Corporation
Leonard D. Schaeffer, Wellpoint Health Networks
Robert L. Tillman, Lowe's Companies, Inc.
Randall L. Tobias, Eli Lilly and Company
Michael A. Volkema, Herman Miller
Walter R. Young Jr., Champion Enterprises

后记

通过这本书，我们试图阐明伟大的商业执行官是如何利用时代所赋予的机会获得成功的。在每个十年当中，从本质上看，商业执行官们都要面临相似的历史情境，但是他们把握时代潮流以及赢得消费者所运用的方法，却各有千秋。他们的敏感度以及他们对于历史情境的理解，是他们获得成功的关键。一些人从中看到了新的可能性，另外一些人看到了巨大的发展潜力，还有一些人则看到了重生再造的机会。从本质上来说，他们所处的时代情境为每个人评估和发现机会、磨砺自己的领导能力，以及成为企业家、经理人或领导者提供了条件。

企业家善于发现新的商业机会并且醉心于创造和革新的过程。一些企业家走在了时代的前面，他们高瞻远瞩的思维方式使他们能够抓住那些刚刚冒出苗头的机会，或者是具有发展前景的技术，并且凭借他们的恒心和毅力打造出一个个成功的企业。Visa国际的迪·霍克（Dee Ward Hock）就是这样的企业家代表，当相关技术还处于萌芽阶段的时候，他就预见到了一个电子数据交换的互联世界；微软公司的比尔·盖茨以及苹果电脑的史蒂夫·乔布斯也具有相似的能力。再往前，爱德华·迪巴特罗也拥有这种能力，他正确地预见到第二次世界大战后向郊区化人口提供服务所蕴含的巨大机会。他设计的超级摩尔和购物中心将经济活动的重心从市中心转移到了郊区。企业家是塑造商业情境和竞争环境的主要参与者，对于像克劳伦斯·桑德斯这样的人来说更是如此，他改变了美国人的购物习惯。虽然他最初的想法受到了众人的嘲笑，但是他的"自助式杂货铺"理念却成为了超级市场发展的基石。正如我们在书中所一再看到的，由企业家所缔造的企业和服务在接下来的几十年中通常为经理人的发展打下了基础。

经理人却是从企业的发展而不是从创业中实现自己人生价值的。我们所研究的经理人在扩大公司的规模和业务广度、进行资源配置以及将市场潜力最大化方面都十分在行。宝洁公司的霍华德·摩根斯就是伟大经理人的典范，他不断地修改宝洁公司的品牌管理结构，从而发展起一条内容丰富、能满足不同客户需求的产品通道。对于像摩根斯这样的经理人来说，抓住乍露的机会就意味着抓住了发展中的市场前景和潜力。在20世纪的大潮中，成功的经理人知道如何使用正确的手段获得更大的价值，比如路易斯·纽米勒（Louis Neumiller），他带领卡特皮拉公司（Caterpillar）从40年代的军事动员中实现了巨额利益，通过加强企业核心生产线建设，卡特皮拉为战争前线提供了重要的机械，也为它自己战后在美国和其他国家的建设热潮中重新崛起做好了准备。

我们这里所分析的经理人，并非都来自那些正在走上坡路的公司。一些人是在前任开拓者们成功的基础上建立了自己的企业；还有一些是家族的第二代成员，他们努力将前辈的理念转化为保持企业长期繁荣的方法。举例来说，赫曼·米勒家族的第三代掌门人马克斯·德普里就利用公司在设计上的优势和对质量的关注，通过一脉相承的风格和丰富多样的产品，保证了公司的持续繁荣。

情境式领导的第三种办法掌握在这样一些人手里，即当他人面对市场变迁只看到停滞、饱和、倒闭或者衰退的时候，他却能够从中发现商业潜力。领导者是那些对企业施行变革的人，通常他们需要应对极大的困难，解决那些最棘手的问题。我们很难想象还有谁比克莱斯勒的李·亚科卡所面对的情况更糟糕，而他与政府建立良好合作关系并获得大规模援助的能力是前所未有的。从很多方面看，正是亚科卡不畏艰难取得成功的努力，使得20世纪后半叶的领导者们赢得了公众的欢迎。对于他们来说，成功就在于企业的变革和重组。

尽管领导者类型的商业执行官在过去几十年里只是作为一种期盼，但确实有一些这样的人在整个世纪里真实地存在着，并对国家的经济形势发挥了重要影响。威廉·费尔伯恩（William Fairburn）在钻石火柴公司的作为就是最好的证明。他对于这个危险而老旧的行业所进行的不知疲倦的改革，对于客户、雇员以及整个行业都产生了积极的影响。尽管他凭借所发明的安全火柴可以轻松垄断市场，但是他却将专利无偿地奉献给整个行业，他的慷慨使得火柴工业重新走上了复兴之路。

虽然我们将所研究的1,000名商业执行官归纳为三种类型——企业家、经理人和领导者，但有些执行官在职业生涯的过程中还可能从一种类型转变为另一种类型；同时我们还将这三种类型的领导者以十年为一个阶段进行归类。而在商业执行官的任期内，随着历史情境的改变，他或者她的管理方式也会随之发生改变，海陆实业公司（Sea Land Industry）的马尔科姆 P. 麦克莱恩就是这样的例子。麦克莱恩既是一位企业家型的人物又是一位领导者，他不仅改变了延续数个世纪的船运行业，还创立了一种新模式，使得集装箱货运成为一种既灵活又廉价的货物运输方式。很多能够长期保持成功的人都具备沃伦·本尼斯和罗伯特·托马斯所说的"适应能力"（adaptive capacity）——这是一种灵活并且能适应新环境的能力。[1] 本尼斯和托马斯把这些人称为"一流观察者"（first-class noticer）："成为一流观察者能够使你了解自己的天赋，把握机会并且避免掉入陷阱。"[2] 一流观察者是那些已经具备并且还在一直充实自己的情境智商的人。正如我们在本书中所看到的，培养对于情境的判断力是一个持续的过程，需要时刻保持警惕。

获得的教训

20世纪美国经济的繁荣建立在企业家、经理人和领导者们辛勤工作的基础上，他们对于美国企业走出商业周期的影响，重新振兴经济发挥了十分重要的作用。虽然这三种类型的商业执行官在整个20世纪的分布不太均衡——前半叶出现的更多的是企业家，后期出现的更多的是领导者——但在企业创立、成熟和更新的循环中通常会为这三类人提供大量机会。正如表E-1所示，早期由企业家发现的商业机会，会在接下来的数十年中成为经理人和领导者们重要的经济增长点。举例来说，在20世纪的第一个十年中，企业家们关注的是国内市场和品牌建设，全国性品牌产品首次出现，原因是铁路系统的发展以及报刊杂志的普及。20年后，开拓全国市场和顾客化营销成为美国商业的主流，也成为20年代经理人们关注的焦点。从本质上看，这些年迅速增长的客户，是早年企业家们关注全国性市场和进行品牌建设的结果。

同样，60年代的并购狂潮为70年代的大规模抛售埋下了伏笔。虽然经理人在60年代创立了大型联合企业，并且从股市的繁荣和反垄断的漏洞中获得了巨大利益，有了进行并购的资本，但是很多人对于70年代历史情境的变化却完全没有准备。在20世纪70年代的商业萧条中，真正有潜力的联合企业从单纯注重数字增长转移到了重视管理和改善效率。就在一些经理人发生转变的时候，历史的情境已经为领导者的出现做好了准备，使他们在随后的岁月里因为企业的重组再造而名声大振。

在我们研究情境因素与伟大的商业领袖的互动的时候，我们得出了如下的教训。

1. 情景因素——超出了"伟人"理论：对于美国商业景观的历史回顾，使我们明白了持久的成功并不仅仅取决于领导的个性和品质，如果没有对环境的敏感，就不太可能实现持久的成功，个人也可能会面临被竞争者超过或者沦为骄傲自大的牺牲品的危险。公司的成败不是在真空中发生的，因此，了解历史情境的大致状况十分重要，这或许就是成功或者失败的关键。没有这种领悟力，可能就会更多地强调（好的和坏的）个人所发挥的作用。

2. 殊途同归：虽然商业执行官通常会面对相同的情境因素，但是取得成功的方法却多种多样。了解某个特定时期的情境以及个人在情境中的角色，对于决定何种方法适合个人能力是十分重要的。一些人可能会通过扮演企业家的角色获得成功，另一些人通过经理人的角色，还有一些人则通过领导者的角色，三种方式都是可行的，并且如果运用得当，都会产生深远的影响。当然，确定何种方法最适合企业或行业的生命周期也是非常重要的。企业是处于初创期、成熟期还是收缩期？让个人与企业的生命周期保持协调是重中之重。

3. 伟大的领导力是情境＋个性＋适应力的合集：为了在一个较长的时期内保持可持续的发展并实现潜力的最大化，个人必须具备灵活性同时有勇气随环境的改变而改变。这要求人们对于环境的变化具有领悟力，同时还要有适应环境的能力。胡安·特里普，我们讨论过的这个20年代的人物，就是一个适应能力没有得到充分发展的例子。虽然泛美航空在他任内的早期发展良好，但是他对于60年代和70年代残酷竞争的来临没有丝毫准备。对于新科技的迷恋使得他在面临巨大内部压力的时候，还将大量资金投入到大型先进航空器上，并且随着时间的流逝，成功让他有了一种沾沾自喜的感觉，以至于本能地抗拒任何改变。

4. 在正确的时间选择正确的人：如果董事会和公司的其他机构想要招募公司领导，他们就不应该只看被招募对象过去的业绩。一时一地的成功并不表明在别的时间和地点他仍能获得成功；相反，我们应该关注个人对于环境的独特理解和适应能力。在考虑领导力转换的时候，强调候选对象将要承担的工作所处的情境十分重要。在评估公司所处的情境时，董事会应该考虑如下问题：公司过去的成功或失败的根源是什么？情景因素对于成功或失败有什么影响？公司正面临怎样的国际竞争？市场规则或者顾客状况发生改变时公司会受到什么样的影响？董事会应该更重视哪些表现出能够适应情境变化的灵活性的候选人。企业要实现发展，就应该由经理人来出任 CEO。但当出现危机或者陷入萎缩的时候，企业则需要领导者。如果能力不符合企业的需要，即使是那些"知名 CEO"或者是魅力非凡的领导者，董事会也应该避免招聘；相反，在招聘高层管理者时应该考虑下列问题：管理者将要在什么样的环境中工作？这个人是否胸襟开阔，愿意超越本人的经验主义思想？企业的生命周期是否与个人能力合拍？这个人是否能表现出实时适应环境的能力。

5. 在正确的时间选择正确的公司：不管是提供资金还是提供劳动力（员工）的人，都能从对公司情境的领悟中获益。风险资本家、银行家和其他资金提供者，也应该对他们所要投资的企业的情境予以特别的重视。这些投资人必须对环境有深入的了解才能实现收益的最大化并且避免风险。举例来说，风险资本家可以在提供建议和咨询的时候定位更准，也可以更好地确定公司的 CEO 应该在什么时候为变革做好准备。情境不光对企业的启动资金很重要，企业在各个阶段都需要资金，而那些提供股本、借贷或者投资资本的人，如果他们能够了解他们将要投资的企业的情境状况，将会更好地评估他们的投资决策。

在正确的时间选择正确的公司这条原则不仅适用于企业，也一样适用于个人。人们考虑职业选择的时候，如果能将自己的能力和偏好与潜在雇主的企业生命周期以及情境协调一致，搞清楚这家公司是处在上升阶段、初创阶段还是转型阶段，那么他将会更容易获得成功。这种能力为书中所讨论过的那些 CEO 和创始人带来了成功，在领导们挑选有潜力的雇员时，这种能力也是可以予以考虑的。企业或者行业的情境，能够从某一方面反映出个人发展和职业提升的机会。

表 E-1

20世纪的历史情境和领导方式汇总表

情 境		企业家	经理人	领导者
20世纪第一个十年人口激增、市场扩大、劳工运动影响不明显、政府开始干预但是大企业的权力强大	焦点	开拓全国市场、重视客户价值	联合、规模和信贷	再投资、引进生产线
	行业	带包装食品、消费类产品	重型制造	制造、公共工程
	案例	赛勒斯·柯蒂斯,柯蒂斯出版公司	克莱伦斯·伍利,美国散热器公司	弗兰克·波尔,波尔兄弟公司
20世纪第二个十年严苛的监管、第一次世界大战、企业转型、科技大发展,劳工力量薄弱	焦点	全国性品牌扩张、广告	扩大疆域、科技商业化	企业再造
	行业	零售、广告、分销	石油、汽车	制造业
	案例	克莱伦斯·桑德斯,皮格里·威格里公司	弗兰克·菲利普,菲利普石油公司	威廉·费尔伯恩,钻石手表公司
20世纪20年代政府紧缩政策、孤立主义、社会分化、科技飞速发展、反移民行动	焦点	技术革新	客户价值、广告	"从企业到企业"转变为"从企业到客户"
	行业	广播、电影制作、航空	汽车、消费产品、广告	商业制造、纺织
	案例	胡安·特里普、泛美航空	罗伯特·伍德拉夫、可口可乐	杰拉德·斯沃普、通用电气
20世纪30年代政府获得极大的影响力、大萧条、广泛的社会福利计划、工会运动、技术引进、移民	焦点	逃避主义、瞄准机会的市场和定位	利用政府项目	在政府规定中前进
	行业	香水和其他奢侈品	铁路、采矿、建筑	银行、金融管理、服务业
	案例	玛格丽特·路德金,胡椒山农场	马丁·克莱蒙特,宾州铁路公司	哈罗德·斯坦利,摩根斯坦利公司
20世纪40年代第二次世界大战动员、合作(企业、劳工和政府)、战后婴儿潮、受到压抑的顾客需求	焦点	分销和市场延伸	战争动员和转型	替换和转型
	行业	零售和分销、消费产品	重型机械	重型机械
	案例	爱德华·迪巴特罗,爱德华·J.迪巴特罗公司	路易斯·纽米勒,卡特皮拉公司	E.帕特森,美国机器和铸造公司
20世纪50年代婴儿潮、企业自由发展、保守的社会规范、工人运动、技术商业化、朝鲜战争、冷战	焦点	分销和市场延伸	关注顾客、发掘电视媒体潜力	再造和扩张
	行业	连锁企业	消费品	运输
	案例	瑞·克罗克,麦当劳	霍华德·摩根斯,宝洁	马尔科姆·迈克林,海陆实业

表 E-1

20世纪60年代社会不和谐（民权运动、越战、实验）反垄断立法、联合、人口膨胀、关注技术、经济腾飞	焦点	成本意识、客户和服务	业务分散和扩张	企业重组
	行业	交通、零售、服务	联合公司	钢铁、消费品
	案例	山姆·沃尔顿，沃尔玛	亨利·辛格顿，Teledyne公司	肯尼斯·艾弗逊，原子公司
20世纪70年代石油禁运、滞胀、电脑科技的价值、工人运动被削弱、政府适度干预、大规模的国际竞争	焦点	技术商业化	技术投资、跨国延伸	业务分散和重组
	行业	技术、服务和加工	药品	食品
	案例	迪伊·沃德·霍克，Visa国际	埃德蒙德·普拉特，辉瑞	迈克尔·哈勃，联合农业
20世纪80年代竞争、解除管制、质量关注、债务、社会保守主义、工人运动走下坡路、关注服务、调整	焦点	以借贷和债务为动机	利用革新、质量	重组和收缩
	行业	投资银行	消费品、工业品	曾经的联合企业、汽车
	案例	雷金纳德·刘易斯，TLC集团	马克思·德普里，赫尔曼·米勒公司	李·亚科卡，克莱斯勒
20世纪90年代全球化、多样化、重构、经济腾飞、大规模移民、互联网机遇	焦点	利用互联网	产品开发和升级	调整、重组和转型
	行业	分销、在线企业、消费品	消费品、通信	技术、"砖和泥"
	案例	美格·怀特曼，eBay	阿尔弗雷德·蔡恩，吉列	加斯特纳，IBM

6. 商业史的重要性：很多商学院将商业史研究定位为外围课程。尽管重视"将要出现的新事物"、最好的想法，以及学习如何成为有效率的经理人很重要，但另一方面，了解什么做法在过去有效、什么做法在过去无效也同样重要。通常会存在这样一种趋势，大家往往忽视个人成功的情境因素，而将辉煌直接归功于个人。实际上，商业执行官成功的情境与个人品质同样重要。我们认为，将历史与它在塑造整体商业景观方面所起的作用结合起来非常重要。

7. 提升你的情境智商，成为"一流的观察者"：个人要发展自己的情境智商需要几个步骤：

首先，对历史的兴趣和了解是至关重要的，向过去学习将帮助个人更好地理解现在所面对的机会和挑战。其次，虽然花时间读书常常变得很困难，但是如果个人和规则、地缘政治以及科技发展潮流保持一致，那么他将会对情境有更深的理解。第三，突破个人成规也是至关重要的，到新的市场环境中去体验或者与客户和雇员进行交流比待在办公室对你的发展更有好处。如果人们的经验全部来自预先写好的报告，那么他们要理解国际事件的真正影响就很困难。想想今天中国和印度正在发生什么，那些愿意花时间去了解市场第一手资料的人在机会和挑战来临的时候就不会没有准备。此外，个人可以通过参加会议和行业协会，特别是那些关注新竞争环境和机会的会议和协会，来发展情境智力。第四，可以通过对未来的设想来提升情境智力，包括状况评估、战略规划以及紧急预案等。不管使用何种方法，只要能够通过某种特定的设想，帮助企业为抓住机会或者应对潜在的威胁做好准备，那么他们就可以在未来占据更有利的位置。最后，情境智力的发展是一个持续的过程，它需要我们时时刻刻予以关注。个人不仅要提高情境意识，还要具备按照这种意识行动的能力和意愿。

展望未来：一个新世纪

当我们展望新世纪，很明显，商业环境正在发生改变而且这种改变还将继续。企业的领导力在新千年将会以什么样的形式出现？对于我们的期待，历史能告诉我们什么？虽然现在对21世纪第一个十年的历史情境进行全面评价还为时尚早，但是2000年到2003年间所发生的事情，却可以让我们初窥复杂的局面，了解到将要面对的挑战和机遇。

虽然在20世纪90年代商业似乎驶入了一个全新的、独特的领域（从本质上看已经超越了历史），但是历史的钟摆却又重新调整了它的情境面貌。[3] 20世纪90年代带来商业成功的情境因素，已经发生了巨大变化。毫无疑问，情境上的巨变也要求领导方式随之发生变化，名气被胜任力和判断力所取代，结果胜于雄辩，行动优于幻想。消费者不再盲目崇拜、不再不加选择地接受。

这个十年初所发生的震撼商界的丑闻，使很多政治学者和理论研究者（以及一部分实业界人士）纷纷呼吁对企业进行更严格的监管和规治。虽然政府一直避免对企业控制过严，但是对于企业高层的审查较前更为严格了，企业本身也被要求在自我规范方面发挥更大的作用。在《商业周刊》的一篇封面故事中，专栏作家约翰·博恩（John A. Byrne）指出"从20世纪90年代发生的任何一件事中，都能看到贪婪大于规范，因为没有一种制衡的力量时时进行监督。相反，有的却是只顾收咨询费的会计公司、只关心从公司拉业务的律师以及不能完成有效监管的信托代表"。[4]

20世纪90年代后期，董事会管理、CEO薪酬、财务报告、股权分配等主题受到了更大程度的重视和关注。商学院也开始重新评估自己的课程设置，并且在公司诚信度评估、职业道德决策、法律和董事会管理方面增加了新课程。尽管在20

世纪30年代大萧条以及80年代的"贪婪丑闻"发生之后,曾经对商业执行官进行过较大的审查,但政府始终避免对企业采取严苛的干预措施。乔治·布什(George Bush)政府亲企业的政策放弃了对企业施行更大程度的规范和监管;相反,它让企业自我约束,自行解决自己的难题。有了这个余地,商业执行官们就可以自如地应对困难,从本质上来说,也就是让问题自我治愈。没有人主动采取切实有益的行动,历史表明规范的力量总是出现在事后。然后,规治的力量某一天突如其来地出现,极大地改变了商业机会的结构。"沙巴内斯——奥克斯利条例"就是烦琐的法律规定的一个证明。

在政府对干预企业采取中立态度的同时,美国也开始在世界舞台上保持沉默。全球局势在20世纪90年代已经十分紧张,现在变得更为错综复杂。2001年9月,美国遭到恐怖主义的袭击,随后,美国入侵了伊拉克和阿富汗。发展中国家核武器的扩散以及发生在中东和非洲的内战,进一步动摇了美国已经变得敏感和不稳定的国际地位。那些试图在国际舞台上有所作为的执行官们,正面临越来越多的不确定性和不稳定性,而对于那些能够帮助企业在不确定时期获得安全感的人来说,机会可以说是异彩纷呈。虽然世界上很多地方都在动荡,但是久已期待的中国市场和印度市场的开放,为商业的发展和繁荣提供了一个新机会。充分利用这些机会将意味着无穷的潜力。

新世纪里,地缘政治的日趋紧张与科技发展的高速度几乎一致。电脑科技作为20世纪80年代以来很多革新的基础,一直都在快速发展,特别是无线通信、数据集成以及图像转换技术等都已面市。自从网络泡沫破灭后,科技投资急剧减少,但是人们对于生产科技却有了新的关注,因为这种生产技术不是为技术而技术,而是有目的、有重点,不缺乏基本的理性。信息科技在新千年似乎将要成为经理人和领导者最密切接触的领域,他们控制并利用互联网所提供的力量和潜在机会的能力,令他们与他们的前辈有所不同。

与信息技术创新的发展相对应,医药科技在新千年中获得了更快的发展。随着婴儿潮那一代人步入中年,开始面对日趋下降的健康状况,人们对于药品的关注也比任何时候更加深切。新药品以及非处方药对于延长寿命的影响已经非常普遍。生物科技,虽然刚刚起步,也开始有了新的突破,备受争议的干细胞技术研究成果出现,一些曾经被认为是不可治愈的病症有了治疗的方法,而围绕一些医疗研究的社会争议自然烟消云散了。事实上,新世纪已经见证了太多的争吵,有关于干细胞使用的、关于冷冻胚胎的,还有关于克隆的。驾驭这种政治环境对于医疗企业的成功十分必要。

由于克林顿在任期的最后阶段丑闻缠身,使得"激进保守派"人物乔治·布什得以乘虚而入,保守主义势力也相应地有了更大的举动。这个十年伊始,就遇上了一场充满纷争的总统选举,随后整个国家在经过了"9·11"恐怖袭击后,又以美利坚的名义团结如一。这条统一战线在经历了阿富汗战争之后,激进的色彩略有降低,成熟的"反恐战争"和"预警机制"逐渐建立起来。布什就任总统期间,对于社会问题以及全球事务的保守主义政策,与20世纪80年代几无二致,权利平等、堕胎、选区等问题所面临的挑战,重新引起人们的关注。而自从80年代以来,对与错、黑与白、善与恶之间的界限,从来没有像现在划得这么清楚。

由于新政府执政早期的财政政策偏向于维护富人的利益,致使社会分化不断加剧。互联网泡沫破灭以及"9·11"事件使整个世界遭受重创,企业不得不努力克服萧条所带来的影响,而劳工也不得不继续为自己的权益而斗争。航空、旅行以及医药行业遭受打击又间接地影响了其他一些行业,并相应地造成了工作机会的萎缩,特别是制造行业。作为90年代经济繁荣标志的高就业率,现在只剩下苍白的回忆,打多份工维持生计的人和失业者的数量急剧上升。为了应对这一切,企业在新世纪里加强了重组和改革,外部采购成为公司保持其竞争实力的新战略,但这却造成了数以千计的工人失业。

虽然在新世纪里美国经济的前景变得越发不确定,但美国仍然是移民们梦寐以求的福地。但是,这种渴望却因为"9·11"后控制严格的环境而变得更加困难,20世纪90年代曾经创记录的移民人数,也因为更加严格的个人审查和规定而急剧下降。虽然如此,这个大熔炉国家的种族和文化的多样性却成为一个现实,这些都是商业执行官们不能忽视的因素,特别是那些想在全球范围获得成功的执行官。

新千年的企业家、经理人和领导者们将面对更加严厉的管制、全球的不确定性、人口结构的变化、保守的社会风气,以及挑剔的顾客。20世纪90年代的安逸和兴奋已经被审慎、务实和保守所取代。虽然每一个十年的情况不尽相同,但是对历史情景的探讨的确能为我们提供一些线索,使我们懂得要想在当前的环境下取得成功,都需要做些什么。通过了解我们的前辈曾经走过的道路,我们可以更好地评估我们的未来,更好地把握住我们工作和生活的这个时代。

附录

研究方法

我们从中选取1,000名商业执行官的这个资料库里的候选人，都是在1900年至2000年期间担任过美国企业的首席执行官（CEO）五年以上的人。按照这个标准，任何一个在1996年之后才开始任职的CEO都被排除在外。而另外一些人尽管任期早在1900年之前就开始了，但只要他在20世纪的第一个十年中曾经担任过CEO或者企业高管五年以上，我们就将他收入资料库。对于20世纪前半叶的研究，我们引用了理查德·特德洛（Richard Tedlow）、考特尼·普林顿（Courtney Purrington）和金·贝查尔（Kim Eric Bettcher）著作的内容。在他们的一篇名为《20世纪的美国CEO：人口状况和职业之路》（*The American CEO in the Twentieth Century: Demography and Career Path*）的工作论文里，他们追溯了CEO这个职位的演化过程，指出它的首次正式使用是在1917年的美国钢铁公司。基于这一研究结果，我们假定书中人物就是CEO，不管他们在当时的实际头衔叫什么，只要他或她是公司主要的、有时甚至是唯一的决策者、资源配置者以及发展监控者即可。[1] 在CEO头衔被广泛使用之前，公司的高层头衔可能是总裁、合伙人、常务董事或者主席，我们名单上的很多候选人，特别是那些任期早于1920年的候选人，都拥有上述头衔中的一个。在CEO这个头衔被公司广泛使用之后（1917年之后），我们的研究就选择居于CEO职位上的人。

我们用最低五年的任期来确保我们获得了适当的时间框架，从而使得CEO或者创始人的影响能够体现出来。这种五年的任期标准还被约翰·加博罗（John J. Gabarro）在研究中使用过，他的研究主要关注执行官对公司发挥影响的时机。在他的研究中，加博罗认为一个新执行官对于公司的全部影响不会马上显现出来，而是需要过几个月之后。此外，通常需要两年的时间，前任管理者在所有执行层面的决策才能被完全消化。而最初的几年也是商业执行官们确立自己的战略方向，并且实施初步影响的好时机。根据加博罗德的研究，新执行官们一般会在他们上任的前三年完成对组织结构的重大调整。虽然他的研究考察的是高级管理人员的行为，不一定全部是CEO，但是我们认为他的研究对于CEO也完全适用。[2] 实际上，CEO们接替职位的过程通常时间很短而且要受严密的审查。通过引入"最小五年任期"的定义，我们认为，就可以更加稳妥地把握 CEO 对组织发挥影响的时间框架。作为参照，我们资料库中 CEO 的任期最长的有30年，这种情况出现在20世纪初；而短的到现在只有不足八年。除了这个五年任期之外，商业执行官们必须至少满足下列两个条件中的一个：至少连续四年取得优秀的财务业绩，或者带领公司改变了20世纪美国人的生活、工作和交往方式。

财务业绩的标准可以通过三个指标来衡量：(1) 托宾（Tobin）的 Q 理论（市场的账面价值），(2) 资本回报率，以及 (3) 市场增值。鉴于要获得整个20世纪的完整的财务信息难度太大（特别是1925年之前），我们采用了多种财务分析手段。通过将穆迪（Moody）的研究和标准普尔（Standard and Poor）的研究相结合，我们获得了1900年至1925年之间200家美国最大公司（通过总销售和年收入来界定）的资产绩效数据；这些公司名单是从1917年进行的一次对美国最大公司的调查中抽取的。[3] 通过使用宾夕法尼亚大学沃尔顿商学院证券价格研究中心（CRSP, Center for Research in Security Price）的数据库，我们得以对1925年至1950年间美国最大的1,250家公司的市场增值率进行评价。

最后，我们使用 Compustat 数据库获取了1950年至2000年间美国最大的1,250家美国公司（通过总销售和年收入来排名）的所有三种函数（托宾的 Q 值、资产回报率以及市场增值）的绩效标准。那些连续四年获得三项指标中任意一项中优秀业绩的 CEO，被我们收录在数据库中。"优秀"的标准被定义为在规定年度内财务指标（托宾的 Q 值、资产回报率或者市场增值率）达到了前10%的企业。只要按这三个标准成为这最顶尖的10%的企业，并且连续四年，就能为执行官在本书中赢得一席之地。通过这种财务筛选方法，我们获得了260名候选人。

衡量一个领导者对于企业、社会的影响是一项公认的主观性很强的任务。当我们套用财务标准的时候才发现，数据库里的1,000名候选人中大约有四分之三的人并不符合标准。这些人的名字大部分来自历史传记和商业排名，包括《财富》、《福布斯》、《时代》、《华尔街日报》和《纽约时报》的历史排名，以及商业百科全书和其他渠道获取的排名。附录的最后我们列出了参考书目。这些人，因为他们对美国商业界所做出的贡献而被广泛引证——开拓了新的市场，开创了新的产业，建立了一种新的管理模式或者是推动了技术的进步。我们对于 CEO 或者创始人对他们所处时代的影响尤其感兴趣。虽然受到《财富》100强 CEO 排名的影响，但是我们的名单所包括的范围其实更加宽泛，名单力图将个人影响也包括在内，而不仅仅满足于企业规模，同时设法将常规和传统领域之外的人包括在内。基于上述原因，这个名单包括了很多小企业家，但是他们的事迹经受了时间的考验，或者为其他人提供了新的机会，或者同时满足上述两条；许多女性和少数民族候选人也是如此。这些人打破成规开创了崭新的事业，并且为后人的发展铺平了道路。

在过去的100年中，有成千上万的人曾经担任过大型公有制企业和小型私有制企业的领导人，我们必须设法捕捉那些处于成功最顶端的一小部分人的事迹，因为这些人的事迹完全经受了时间的考验。虽然我们试图在选择的时候保持警惕，但是我们个人的判断和对历史的解读依然在其中扮演了重要的角色。基于上述原因，我们所选择的名单还有很大的讨论余地。在这本书里，我们只对其中一些人展开了深入分析，这1,000个传奇人物的信息也可以在我们的网站上找到，网址是www.hbs.edu/leadership 或者 www.intheirtime.com。

在确定了我们的数据库之后，我们按十年一个时间段来组织数据，我们研究的对象在这个时间段里进入或者创立公司。我们选择从候选人初上任的时候开始分析他们，这样做有利于人们理解他们最初所面对的情境因素及其影响力。通过按十年的时间段来分析执行官，我们得到了一些领导类型，将这些类型与我们对于历史情境的分析相结合，就形成了本书中所讨论的三种基本领导类型——企业家、经理人和领导者。对于我们来说，这些企业家、经理人和领导者比起那些仅满足一些财务标准，或者在某个方面影响社会的企业领导来说更有意义。特别是，他们对于我们理解情境与个人如何相互影响起到了有益的指导作用。

以下是我们对商业执行官进行分析和分类时所参考的一些资料：

B. C. Forbes，*America's Fifty Foremost Business Leaders*

（New York：B. C. Forbes & Sons Publishing Company，1948）

这本书按照年代记录了从1917年至1947年期间50位CEO的生活经历，以庆祝福布斯公司成立30周年。本书的CEO名单选自一次全国性的商业执行官调查。福布斯在1917曾进行过一次类似的调查。

News Front Editors，*The 50 great pioneers of American Industry*

（Maplewood，NJ: C. S. Hammond & Company，1964）

这本书收录了《新闻前线杂志》中的一些故事，记录了20世纪早期的一些商界先锋

Junior Achievement National Business Hall of Fame，1975-2003，

Http://www.ja.org/gbhf/past_laureates.shtml

与《财富》共同打造，"青年成就名人堂"（Junior Achievement Hall of Fame）包括205名商业巨子，他们"对于自由企业制度做出了重大贡献"。

John N. Ingham, *Biographical Dictionary of American Business Leaders*

(Westport, CT: Greenwood Press, 1983)

这部四卷本文集包括自美国经济建立以来的1,100名商业领袖的自传。主要来源于作者与11位大学商业史学家的访谈。

Judith A. Leavitt, *American Women Managers and Administrators: A Selective Biographical Dictionary of Twentieth-Century Leaders in Business, Education, and Government*

(Westport, CT: Greenwood Press, 1985)

本书收录了226名在商界、教育界和政界取得成就的女性的传记故事，包括在所在行业出类拔萃的女性、大公司的女性创始人，以及在大公司高层就职的女性。

Joseph J. Fruini and Suzy Fucini, *Entrepreneurs: The Men and Women Behind Famous Brand Names and How They Made It*

(Boston: G. K. Hall & Co., 1985)

本书描述了225名打造了经典传世品牌的商业领袖的事业经历。

John N. Ingham and Lynne B. Feldman, *Contemporary American Business Leaders: A Biographical Dictionary*

(Westport, CT: Greenwood Press, 1990)

该资料收录了于1945年（第二次世界大战之后）至1985年间任职的42位企业领导，他们因为在第二次世界大战后的40年中引领或者改善了商业形势而备受称道。

Richard Robinson, *U.S. Business History, 1602-1988: A Chronology*

(Westport, CT: Greenwood Press, 1990)

作者以编年体的形式记录了从1602年至1988年间的每一年所发生的最具影响的商界大事。

Kenneth M. Morris, Marc Robinson, and Richard Kroll,

American Dreams: Hundred years of Business Ideas and Innovation from the "Wall Street Journal"

(New York: Lightbulb Press, 1992)

该资料以十年为一个阶段记录了《华尔街时报》所报道的20世纪的企业所取得的业绩。

John N. Ingham and Lynne B. Feldman,

African-American Business Leader

(Westport, CT: Greenwood Press, 1994)

该资料包括123名非洲裔美国商业领袖的传记,时间跨度从殖民时代一直到20世纪90年代。作者的研究主要集中在美国的主要城市中心区。

Frank N. Magill, ed., *Great Events from History II: Business and Commerce,* 4 vols.

(Pasadena, CA: Salem Press, 1994)

该系列丛书共分四卷,收录了对20世纪资本主义的塑造具有重大影响的商界大事和政府政策。

"Time 100: Builders and Titans," December 7, 1998

由《时代》杂志编辑选材,排名展示了对20世纪资本主义的塑造具有重大影响的20位伟大人物。

"People Who Most influenced Business This Century: The 50,"

Los Angles Times, October 25, 1999

这篇文章包括50名对商界影响最大的商业领袖，人选由《洛杉矶时报》编辑们确定。入选者不仅要有全球影响力，同时还对南加州的生活具有影响。商业编辑们在向学者进行了广泛咨询后确定了最终的50人。

Neil A. Hamilton，American Business Leaders, from Colonial Times to the Present

（Santa Barbara, CA: ABC-CLIO, 1999）

这一部百科全书式的资料，包括400个美国商人词条，重点关注一些特定行业——包括金融、食品加工、通信、重工业、电脑和娱乐业——的创始人。

Thomas J. Neff and James M. Citrin，*Lessons from the Top: The Search for America's Best Business Leaders*

（New York: Doubledday，1999）

作者（斯宾塞·斯图尔特公司的招聘主管）用三分法来确定最顶尖的50名商业领袖：（1）盖洛普对575名商业领袖和教育家的调查；（2）相对于公司市值来说股东回报、现金流增长状况最佳的前1,000家公司；（3）斯比赛·斯图尔特公司对于实业家的主观评价。

Floyd Norris and Christine Bockelmann，

The New York Times Century of Business

（New York: McGraw-Hill，2000）

本书是20世纪《纽约时报》所报道的重要商业新闻故事的合集。

Virginia G. Drachman，*Enterprising Women: 250 Years of American Business*

（Chapel Hill: University of North Carolina Press，2002）

《女企业家》是哈佛商学院拉德克利夫高级研究院（Radcliffe Institute）的施莱辛格图书馆（Schlesinger Library），以及马萨诸塞州莱克辛顿市（Lexington）的国家遗产博物馆（Natioanl Heritage Museum）共同举办的一次全国巡回展览的出版物。它记录了在过去的250年里，女性对于产业建设和发展所起到的不为人知的故事。

我们在通过财务标准确定入选 CEO 的时候大量使用了下列三种资源：

◎ *Moody's Industrial Manual*（New York: Published Annually by Moody's Invest Service）

◎ *Standard and Poor's Register of Corporations, Directors and Executives*（New York: Published Annually by Standard and Poor's Corp）

◎ *Who Was Who in America*（Chicago: various volumes published by Marquis）

注 释

导 论

1. 我们用情境智力这个术语来描述商业执行官在企业创建、发展或者转型时对于宏观的情境因素（特别是政府干预、全球性事件、人口统计因素、社会风俗、科技和劳动力）的敏感度。情境智力这一提法是由罗伯特·J. 斯滕伯格（Robert J.Sternberg）在《三元智能：人类智能的一个新理论》（*The Triarcbic Mind :A New Theory of Human Intelligence*）（New York: Viking, 1988）中提出来的，它主要用来描述"个人适应环境以及为了更好地适应环境而改造环境的能力。"

2. Pearl S.Buck , *My Several Worlds*（New York:J. Day Company, 1954）.

3. Carle C.Conway, "Business Must Go Ahead; It Is Time We Lifed Up Our Heads," speech to Real Estate Board of Kansas City, Kansas City, MO, 24 October 1941.

4. 同上。

5. Noam Wasserman,Bharat Anand,and Nitin Nohria, "When Does Leadership Matter?" working paper 01—063,Harvard Business School,Boston ,2001;also see S.Lieberson & J. O'Connor, "Leadership and organization performance: A study of large corporations" *American Sociological Review* 37:117—130.

6. Carol Loomis, "Warren Buffett on the Stock Market," Fortune,10 December 2001.

7. For a review of past classifications of business executives,see Blaine Mc Cormick and Burton W.Folsom Jr., "A Survey of Business Historians on America's Greatest Entrepreneurs," *Business History Review, winter* 2003.

8. Joseph A. Schumpeter, *The Theory of Economic Development*（Cambridge, MA: Harvard University Press, 1961）, 74.

9. 同上，92页。

10. Joseph A. Schumpeter, *Capitalism, Socialism and Democracy* (New York: Harper & Row, 1950), 132.

11. 同上。

12. Alfred D. Chandler Jr., *The Visible Hand* (Cambridge, MA: Harvard University Press, 1977), 7.

13. 同上，484页。

14. Nitin Nohria, Davis Dyer, and Frederick Dalzell, *Changing Fortunes:Remaking the Industrial Corporation* (New York: John Wiley & Sons, 2002), 17—22.

15. Warren Bennis and Burt Nanus, *Leaders: The Strategies for Taking Charge* (New York: Harper & Row, 1985), 17—18.

16. 将每一千个商业执行官分成三类（企业家、经理人和领导者）的过程需要我们审阅来自不同途径的各种传记资料，包括历史传记、企业文件、出版物和其他档案资料。分类都是在二次资料和档案的研究基础上开始的。在审阅这些材料的时候，我们特别关注商业执行官在企业初创或者刚刚任 CEO 的时候是怎样深入其组织的。此外我们还关注商业执行官是怎样获得商业地位的——他们是不是有什么过人之处？他们是不是利用了某种特定的商业机会？或者他们是不是改变了某个行业的业态？在任何一种分类过程中，都会有一定的主观判断。虽然我们一直努力将这种主观的因素最小化，但是我们也必须承认，有一些分类是建立在我们的主观判断及对二手资料的解读和分析之上的。

17. Thomas K. McCraw, *American Business, 1920—2000: How It Worked* (Wheeling, IL: Harlan Davidson, 2000).

18. Nancy F. Koehn, *Brand New: How Entrepreneurs Earned Consumers' Trust from Wedgwood to Dell* (Boston: Harvard Business School Press, 2001).

19. Orrin E. Klapp, "Heroes, Villains and Fools, as Agents of Social Control," *American Sociological Review* (February 1954): 59.

20. Martin Luther King Jr., *Strength to Love* (New York: Harper & Row, 1963).

第一章

1. U.S. Bureau of the Census, *Historical Statistics of the United States,Colonial Times to 1970,* bicentennial ed. (Washington, D. C.: U. S. Bureau of the Census, 1975), part 1,105.

2. 同上。

3. 同上，part 1, 8.

4. 1870年大多数城市的人口数据可参见 U.S.Census, 1880, vol.1, Population（Washington, DC: Government Printing Office, 1883），108, 132, 268. 1870年西雅图的数据参见 U.S. Census,1870, vol.1, Population（Washington, DC: Government Printing Office, 1873），283. 1870年丹佛的数据参见 www. denvergov. org。1900年的人口数据参见 U.S. Census, 1900, vol.1, Population（Washington, DC: U.S. Census Office, 1901），438, 439, 440, 443, 465, 478.

5. U.S.Bureau of the Census, Historical Statistics of the United States, part 1,154—155; and Albert Rees, Real Wages in Manufacturing, 1890—1914（Princeton, NJ: Princeton University Press, 1961），tables 10 and 13.

6. 关于进步主义的政治动机，西德尼·米尔吉斯（Sidney Milkis）写道："进步主义试图解决财富过分集中的问题，特别是过分集中在少数托拉斯巨头手里，因为改革者们认为这样会造成美国社会出现不可控制和不负责任的权利单位……这种威胁反过来又会影响19世纪那种去中心化的政体，因为改革者们开始相信巨大的商业利益……已经控制了立法并且让它变得腐败，使得官员们只关注自己的私利。政党领袖——不管是民主党还是共和党的——被视为不负责任的'老板'，他们只会追逐这些'特别的利益'"。Sidney M. Milkis, introduction to Progressivism and the New Democracy, ed. Sidney M. Milkis and Jerome M.Mileur（Amherst: University of Massachusetts Press, 1999），6.

7. 1906年4月14日，泰迪·罗斯福在华盛顿的国会大楼奠基仪式上发表的演讲。见 Bartlett's Familiar Quotations, ed. Justin Kaplan,16th ed.（Boston: Little , Brown, 1922），576.

8. 1901年12月3日，罗斯福在他的任期一周年时向国会的报告中做了上述论断。见 Mario R. DiNunzio, Theodore Roosevelt, American Presidents Reference Series（Washington, DC: CQPress, 2003），132.

9. Bruce Andre Beaubouef, "The Supreme Court Rules Against Northern Securities," in Great Events from History II: Business and Commerce, ed. Frank N. Magill（Pasadena, CA: Salem Press, 1944），92.

10. "Disaster and Ruin in Falling Market," New York Times,10 May 1901.

11. Clifton K. Yearley, "The Supreme Court Upholds the Beef Trust," in Great Events from History, 108.

12. Elisabeth A. Cawthon,"Congress Passes the Pure Food and Drug Act," in Great

Events from History, 129.

13. Gregory P. Marchildon,"A Financial Panic Results from a Run on the Knickerbocker Trust," in *Great Events from History,* 134—138.

14. Beaubouef,"The Supreme Court Rules Against Northern Securities," 94.

15. Francis L. Broderick, *Progressivism at Risk:Electing a President in 1912,* Contributions in American History, no. 134（New York: Greenwood Press, 1989）, 35.

16. Paul A. Shoemaker,"The Tariff Act of 1909," in *Great Events from History,* 168.

17. U.S. Bureau of the Census, *Historical Statistics of the United States,* Part 1,126.

18. Jack McDonogh, *Fire Down Below: The Great Anthracite Strike of 1902*（Scranton, PA: Avocabo Productions, 2002）. 同时参见 Floyd Norris and Christine Bockelmann, *New York Times Century of Business*（New York: McGraw-Hill, 2000）, 16.

19. U.S. Bureau of the Census, *Historical Statistics of the United States,* part 1,178.

20. Beaubouef,"The U.S. Government Creates the Department of Commerce and Labor," in *Great Events from History,* 86.

21."New York10-Hour Law Is Unconstitutional," *New York Times,* 18 April 1905.

22. 关于沃克尔夫人（Madam C. J.Walker）的更多信息，请参见 A'Lelia Perry Bundles, *On Her Own Ground:The Life and Times of Madam C. J.Walker*（New York: Scribner, 2001）; 以及 John N. Ingham and Lynne B. Feldman, *African-American Business Leaders: A Biographical Dictionary*（Westport, CT: Greenwood Press, 1994）, 680—693.

23. 杰瑞·基南（Jerry Keenan），在《美西战争和美菲战争百科全书》（*The Encyclopedia of the Spanish-American and Philippine-American Wars,* Santa Barbara: ABC Clio, 2001）, 68—69页，写道："美西战争是美国历史上最短的战争，战斗的伤亡也相应较低。军队累计281人死亡，1,577人受伤；海军损失共计16人死亡，68人受伤，西班牙损失更难以确定，军队伤亡据报道为500至600人死亡，300至400人受伤。"

24. 有关美国在1900年左右成为一个新兴世界强国的深入讨论，请参见 Thomas G. Paterson and Stephen G. Rabe, eds., *Imperial Surge: The U.S. Abroad, The 1890s—Early 1900s*（Lexington, MA: D.C. Heath and Co., 1922）.

25. Louis Auchincloss, *Theodore Roosevelt,* The American Presidents Series（New York:New York Times Books, 2001）, 59.

26. "Hoover's Company Profiles: United States Steel Corporation," *Hoover's Online,* 6 August 2002, 参见 Factiva, http://www.factiva.com（2002年8月28日访问）.

27. Timothy E. Sullivan, "International Harvester Company Is Founded," in *Great Events from History,* 52—56; 以及 Clifton K.Yearley, "Tobacco Companies Unite to Split World Markets," in *Great Events from History,* 57—61.

28. American Standard Company, "Company History,"American Standard Company 网站，http：//americanstandard.com / Company History. asp ? Section=About Us （2002年12月17日访问）

29. John N. Ingham, *Biographical Dictionary of American Business Leaders* （Westport, CT: Greenwood Press, 1983）, 1675—1677.

30. Daniel J.Boorstin, *The Americans: The Democratic Experience* （New York: Random House, 1973）, 354—355.

31. Ingham, *Biographical Dictionary,* 1675—1677.

32. Mira Wilkins, "An American Enterprise Abroad: American Radiator Company in Europe, 1895—1914," *Business History Review* 43（1969）: 326—346.

33. Bernard Nagengast, "An Early History of Comfort Heating," *The Air Conditioning, Heating and Refrigeration News,* 6 November 2001, http://www.achrnews.com（2002年12月17日访问）

34. 有关克莱伦斯·伍利（Clarence M. Wolley）的更多信息请参考 American Standard Company, "Company History"；Ingham, *Biographical Dictionary,*1675—1677; Milton Moskowitz, Robert Levering, and Michael Katz, *Everybody's Business: A Field Guide to the 400 Leading Companies in America*（New York: Doubleday/ Currency, 1990）, 124—126; Nagengast, "Early History of Comfort Heating"; Ben Wattenberg（Host/Essayist）, "The First Measured Century, Living Arrangements," PBS 网站, http://www.pbs.org/fmc/book/5living4.html （2002年12月17日访问）；以及 Wilkins, "American Enterprise Abroad," 326—346.

35. Mary Ellen Waller-Zuckerman, "Creating America: George Horace Lorimer and the Saturday Evening Post. Review," *Business History Review* 63（1989）: 670.

36. Mary Ellen Waller-Zuckerman, "Old Homes, in a City of Perpetual Change: Women's Magazines, 1890—1906," *Business History Review* 63（1989）: 715.

37. 同上。

38. 同上。

39. Ingham, *Biographical Dictionary,* 230—234.

40. 同上。

41. Helen Damon-Moore, *Magazines for the Millions, Gender and Commerce in the Ladies'Home Journal and Saturday Evening Post 1880—1910*（Albany: State University of New York Press, 1994）, 117, 149—150.

42. 有关塞勒斯·柯蒂斯（Cyrus H. K. Curtis）的更多信息，请参见 Lynn Hayes Bromfield, "The Ways We Were, Celebrating 250 Years of Magazine Publishing," *Folio* 20（1 March 1991）; Steve Campbell, "Mainers of the Century: Twenty Who Made the Greatest Mark on Maine Politics, Commerce and Culture," *Portland Press Herald,* 12 December 1999; Damon-moore, *Magazines for the Millions;* Ingham, *Biographical Dictionary,* 230—234; Waller-Zuckerman, "Creating America": 670; 以及 Waller-Zuckerman, "Old Homes, In a City of Perpetual Change," 715.

43. Ingham, *Biographical Dictionary,* 194—195.

44. Ball Corporation, "The History of Ball Corporation," Ball Corporation 网站, http://www.ball.com/bhome/history.html（2001年12月16日访问）

45. Robert S. Lynd and Helen Merrell Lynd, *Middletown in Transition: A Study in Cultural Conflicts*（New York: Harcourt, Brace and Company, 1937）, 75

46. 同上，76页。

47. 有关弗兰克·波尔（Frank C. Ball）的更多信息，参见 Ball Corporation, "History of Ball Corpo-ration"; "Ball Corporation Profile," December 2002, 详见 One Source Informa-tion Services 网站, http://www.onesource.com（2002年12月18日访问）; Ingham, *Bio-graphical Dictionary,* 42—43; and Lynd and Lynd, *Middletown in Transition,* 74—101.

第二章

1. Frederick Winslow Taylor, *The Principles of Scientific Management*（New York: Harper, 1911）.

2. 同上。

3. Kenneth M. Morris, Marc Robinson, and Richard Kroll, *American Dreams*: *One Hundred Years of Business Ideas and Innovation from the Wall Street Journal*（New

York: Lightbulb Press, 1922), 53.

4. Bill Underwood, "Mid-Continent Tower: City's First Skyscraper Combines Old, New," *Tulsa World,* 19 March 1997.

5. Richard Austin Smith, "Phillips Petroleum: Youngest of the Giants," *Fortune 50* (August 1954): 72—81.

6. Michael Wallis, *Oil Man: The Story of Frank Phillips and the Birth of Phillips Petroleum* (New York: Doubleday, 1988), 127.

7. 有关弗兰克·菲利普（Frank Phillips）的更多信息，参见 Neil A. Hamilton, *American Business Lead-ers, from Colonial Times to the Present* (Santa Barbara, CA: ABC-CLIO, 1999), 548—550; John N. Ingham, *Biographical Dictionary of American Business Leaders* (Westport, CT: Greenwood Press, 1983), 1088—1090; Milton Moskowitz, Robert Levering, and Michael Katz, *Everybody's Business: A Field Guide to the 400 Leading Companies in America* (New York: Doubleday/Currency, 1990), 484—485; Phillips Petroleum Company, "About Phillips, History," Phillips Petroleum Company 网站, http://www.phillips66.com/about/history.html（2002年3月15日访问）; "Phillips Petroleum Company Profile," January 2003, 详见 OneSource Information Services 网站, http://www.onesource.com（2003年1月16日访问）; Smith, "Phillips Petroleum: Youngest of the Giants"; "US Top Eleven Gasoline Companies in 2001 Ranked by Gross Sales in Gallons and Market Share in Percent"（2002），详见 OneSource Information Services 网站, http://www.onesource.com（2003年1月16日访问）; 以及 Wallis, *Oil Man.*

8. Jim Lee, "The Supreme Court Breaks Up the American Tobacco Company," in *Great Events from History II: Business and Commerce,* ed. Frank N. Magill (Pasadena, CA: Salem Press, 1994), 212.

9. Bruce Andre Beaubouef, "The Supreme Court Rules Against Northern Securities," in *Great Events from History,* 278.

10. Eugene Garaventa, "The Federal Trade Commission Is Organized," in *Great Events from History,* 269.

11. Kendrick A. Clements and Eric A. Cheezum, *Woodrow Wilson,* American Presidents Reference Series (Washington, DC: CQ Press, 2003), 106—114.

12. Steven R. Weisman, *The Great Tax Wars, Lincoln to Wilson: The Fierce Battles Over Money and Power That Transformed the Nation* (New York: Simon and Schuster,

2002), 281.

13. 同上。

14. Norris and Bockelmann, *New York Times Century of Business,* 45; 1913年精确的退税数字是357, 598, 参见 U.S. Bureau of the Census, *Historical Statistics of the United States, Colonial Times to 1970,* bicentennial ed.（Washington, DC: U.S. Bureau of the Census, 1975）, part 2, 1110.

15. U.S. Bureau of the Census, *Historical Statistics of the United States,* part 1,166.

16. 威尔逊发表此声明来评述他在普林斯顿大学（Princeton）的同事，生物学家爱德华·格兰特·康克林（Edward Grant Conklin）。见 David D. Anderson, *Woodrow Wilson*（Boston: Twayne, 1978）, 120。关于威尔逊开始将注意力转到对外政策的信息，同上, 127, 133页。

17. "Governors Close Stock Exchange," *New York Times,* 1 August 1914.

18. Clements and Cheezum, *Woodrow Wilson,* 74.

19. 在 Byron Farwell, *Over There: The United States in the Great War, 1917—1918*（New York: W.W. Norton, 1999）, 38 中写道："1917年4月1日，常备军只有5,791名军官和121,797名招募兵。国民警卫队有66,594名在联邦服务（大多数服务于墨西哥边境），此外还有101,174名由国家控制的国民警卫队队员，但是这些部队都没有做好奔赴欧洲的准备。"

20. 同上，190页，法威尔这样描述美国空军："在1917年，法国在前线有1,700架飞机；美国只有55架，其中51架老掉了牙，还有4架也是过时的，没有一架适合战斗。"也可参见 Peter Jennings and Todd Brewster, *The Century*（New York: Doubleday, 1998）, 87.

21. John S. D. Eisenhower with Joanne Thompson Eisenhower, *Yanks: The Epic Story of the American Army in World War I*（New York: Free Press, 2001）, 25, 305n23.

22. Srinivasan Ragothaman, "The U.S. Government Begins Using Cost-Plus Contracts," in *Great Events from History,* 246—251.

23. Ingham, *Biographical Dictionary,* 1523—1526.

24. 同上，483页。

25. 同上，317页。

26. 同上，358页。

27. Robert E. Rosacker, "Wartime Tax Laws Impose an Excess Profits Tax," in *Great Events from History,* 319.

28. Hanson W. Baldwin, *World War I: An Outline History*（New York: Harper and Row, 1962）, passim.

29. 同上，130, 151, 153页。

30. 这一总数结合了美国人口统计局的两项数据：（1）"外籍或父母一方为外籍的本国居民"以及（2）"在国外出生的人"。在1910年，前者人数约为1,890万；后者为1,350万。见 U.S. Bureau of the Census, *Historical Statistics of the United States,* part 1, 116—117。

31. 在竞选期间，共和党人希望在票数上赢过德国裔美国人，因为德国裔美国人觉得威尔逊已经背弃了他保持中立的承诺，而此前他一直试图在第一次世界大战中采取亲英反德的外交政策。见 John Higham, *Strangers in the Land: Patterns of American Nativism,* 1860—1925（New Brunswick, NJ: Rutgers University press, 1955; fourth paperback printing, 1988）, 199。当威尔逊收到来自亲德国的爱尔兰裔美国政治家杰里米（他当时属于一个德国裔爱尔兰人反战团体和平之友）的充满敌意的电报时，他特别召集了媒体开了一个新闻发布会。威尔逊简短的发言被民主党控制的媒体四处转载："你或像你一样的人来投票选我让我感到耻辱。因为你有很多途径去接触那些不爱国的美国人，我希望你能帮我带句话给他们。"见 Clifton James Child, *The German-American in politics, 1914—1917*（Madison: University of Wisconsin Press, 1939）, 143—149; 和 Frederick L. Paxson, *American Democracy and the World War: Pre-War Years, 1913—1917*（Boston: Houghton Mifflin, 1936）, 335, 348—350。

32. 关于1916年美国反移民情绪增长的较为深刻的讨论，见 Higham, *Strangers,* 194—201。

33. 同上，109页。

34. Dale T. Knobel, *America for the Americans: The Nativist Movement in the United States*（New York: Twayne,1996）, 246. 同见 Higham, *Strangers,* 202—204。

35. *Statistical Abstract of the United States:1917*（Washington, DC: Government Printing Office, 1918）, 105.

36. 在 Henry F. May, *The End of American Innocence: The First Year of Our Own Time, 1912—1917*（Oxford: Oxford University Press, 1956）一书中我们可以找到关于

这一次迷失的最早和最有影响的言论。在393页有一段总结性的陈词："这是美国人纯真的终结。纯真也就是没有罪恶感和不怀疑别人以及与之相关的一系列优秀品质，这些都是旧文化的典型特征……改变最明显的方面就是旧秩序的断代，这一套思想体系从19世纪中期到1912年都是美国社会的主流，而且表现出十分高的效率。"这些思想就是道德（与伍德罗·威尔逊截然相对的旧道德理念）；进步（战前那种带有强烈自信的进步主义）和文化（由威廉·迪安·豪威尔斯代表的那种旧文化），而年轻一代的知识分子则认为19世纪的作家都太含蓄和附庸风雅，因此都不喜欢他。

37. 按照 James Marone, *Hellfire Nation: The Politics of Sin in American History*（New Haven: Yale University Press, 2003），476—477中所述，"（在历史上）罪人们在面对法律时一直在欺骗自己的心——这就是为什么种族和宗教恐惧一直都起着如此重要作用的原因……禁酒令的废止扭转了上述因素。危险人物消失在政治视野中。新的移民不再到来，第二代则开始进入中产阶级。危险的产业——酿酒和酒吧都消失不见。有意思的是，本地的法律禁令一直保持了很长时间，而同时这些危险的因素也一直存在。"

38. Athan G. Theoharis and John Stuart Cox, *The Boss: J. Edgar Hoover and the Great American Inquisition*（Philadelphia: Temple University Press, 1988），56, 60.

39. Knobel, *America for the Americans,* 249页写到在第一次世界大战时期，很多"受到美国化冲击的'新'移民都认为俄国的布尔什维克革命和苏联的出现使得它成为了世界社会主义革命的先锋。在美国一直有传统将社会主义和共产主义视为外来主义，这些都是只存在于移民之中的"。根据 Stanley Coben, *A Mitchell Palmer: Politician*（New York: Da Capo Press, 1972），187页，威尔逊臭名昭著的律师总管（A. Mitchell Palmer）想方设法"将这些团体与强大的敌人联系在一起"以加深美国人民对他们的印象。

40. Harold Evans, *The American Century*（New York: Alfred A. Knopf, 1998），106.

41. U.S. Bureau of the Census, *Historical Statistics of the United States,* part 1, 105.

42. 同上。

43. Bruce Andre Beaubouef, "The U.S. Government Creates the Department of Commerce and Labor," in *Great Events from History,* 88—89.

44. Clements, *Woodrow Wilson,* 115—116.

45. "Henry Ford Explains Why He Gives Away $10 Million," *New York Times Magazine,* 11 January 1914, 1.

46. 同上。

47. Peter Joshua Freeman et al., eds., *Who Built America? Working People and the Nation's Economy, Politics, Culture, and Society*（New York: Pantheon Books, 1992），2:227.

48. U.S. Bureau of the Census, *Historical Statistics of the United States*, part 1, 177.

49. 同上，172页。

50. 这很有讽刺意味，因为战争工业委员会起了反作用。和威尔逊的很多战时劳动政策一样，委员会要"以一种前所未有的方式来处理并且优化劳动力的组织方式，它大大地促进了工会的发展并且极大地提高了工人的工资。"见 Alonzo L. Hamby,"*Progressivism: A Century of Change and Rebirth,*" in *Progressivism and the New Democracy,* ed. Sidney M. Milkis and Jerome M. Mileur（Amherst: University of Massachusetts Press, 1999），51.

51. Morris, Robinson, and Kroll, *American Dreams*, 61.

52. Thomas K. McCraw, *American Business, 1920—2000: How It Worked*（Wheeling, IL: Harlan Davidson, 2000），12.

53. Lorring Emery, "Ford Implements Assembly Line Production," in *Great Events from History*, 234—238.

54. Morris, Robinson, and Kroll, *American Dreams,* 52.

55. Donald R. Hoke, *Ingenious Yankees: The Rise of the American System of Manufactures in the Private Sector*（New York: Columbia University Press, 1900），133.

56. Smith Corona Company, "Smith Corona History," Smith Corona 网站，http://www.smithcorona.com/About_Smith_Corona/Mission.cfm?. cfi（2003年1月13日访问）

57. Seth Thomas Clock Company, "Timeline," Seth Thomas Clock Company 网站，http://www.seththomas.com/timeline.html（2003年1月17日访问）

58. Herbert Manchester, *William Armstrong Fairburn: A Factor in Human Progress*（New York: Blanchard Press, 1940），22.

59. 有关威廉·法尔布恩（William Fairburn）的更多信息，参见 Ingham, *Biographical Dictionary,* 361—363; Herbert Manchester, *The Diamond Match Company:A Century of Service, of Progress, and of Growth 1835—1935*（New York: Diamond Match Company, 1935）；Manchester, *William Armstrong Fairburn;* "The Diamond Match Company," *Fortune* 19（May 1939）：89—94; 以及 "W. A. Fairburn Dies, Match Firm Head," *New*

York Times,* 3 October 1947.

60. Susan Strasser, *Satisfaction Guaranteed: The Making of the American Mass Market* (New York: Pantheon Books, 1989), 231; 以及 Richard S. Tedlow, *New and Improved: The Story of Mass Marketing in America* (Boston: Harvard Business School Press, 1966), 182.

61. 关于宝洁公司的背景资料来源于：Tedlow, *New and Improved*。

62. Piggly Wiggly Company, "About Us," Piggly Wiggly Company 网站，http://www.pigglywiggly.com/cgi-bin/customize?acoutus.html（2002年3月18日访问）

63. Laurel Campbell, "Inventors Struggled, and Some Succeeded Big Time," *Commercial Appeal*, 4 July 1999.

64. Ingham, *Biographical Dictionary,* 1246.

65. "Piggly Wiggly, Inc.，Inquiry Started," *New York Times,* 14 March 1923.

66. "Saunders Now Out of Piggly Wiggly; Spectacular Financier Turns Over Assets Which He Values at $9,000,000," special to *New York Times,* 14 August 1923, 25.

67. 克莱伦斯·桑德斯与华尔街之间争斗的背景材料来源于1922年12月至1924年2月间的《纽约时报》和《华尔街日报》。更多的信息来源于 John S. Wright and Parks B. Dimsdale Jr., eds., *Pioneers in Marketing* (Atlanta: Georgia State University Publishing Services Division, 1974)。

68. Campbell, "Inventors Struggled."

69. "Fortune-Maker Left $2,000," *New York Times,* 22 October 1953.

70. 有关克莱伦斯·桑德斯（Clarence Saunders）的更多信息，参见 *Dictionary of American Biography,* supplement 5（New York: Charles Scribner's Sons, 1977），603—604; Edward J. Davies II, "Clarence Saunders Introduces Self-Service Grocery," in *Great Events from History,* 302—307; Ingham, *Biographical Dictionary,* 1245—1247; Piggly Wiggly Company, "About Us"; Wright and Dimsdale, *Pioneers in Marketing*; 以及 M. M. Zimmerman, *The Super Market, A Revolution in Distribution*（New York: Mass Distribution Publications, 1955）。

第三章

这一段题词选自加尔文·柯立芝总统面向美国新闻编辑协会的演讲（1925年1月）。在这次演讲中，柯立芝阐述了更为著名的论断"美国人民的头等大事就是商业。他们天生就关心生产、购买、销售、投资和世界的繁荣"。虽然他的演讲意在突出编辑和记者们在报道中应该关注的部分，但是他却抓住了这个国家主流民众的态度之精髓。

1. Thomas K. McCraw, *American Business, 1920—2000: How It Worked*（Wheeling, IL: Harlan Davidson, 2000），13—14.

2. Peter Jennings and Todd Brewster, *The Century*（New York: Doubleday, 1998），109.

3. Susan Strasser, "Consumption," in *Encyclopedia of the United States in the Twentieth Century*, ed. Stanley I. Kutler et al.（New York: Charles Scribner's Sons, 1996），1021—1022.

4. McCraw, *American Business,* 20.

5. 同上，21页。

6. 欲了解更多关于亨利·福特和阿尔弗雷德·斯隆对汽车行业的比较分析，参见 Thomas K. McCraw, *American Business, 1920—2000: How It Worked*（Wheeling, IL: Harlan Davidson, 2000），10—27.

7. Kenneth M. Morris, Marc Robinson, and Richard Kroll, *American Dreams: One Hundred Years of Business Ideas and Innovation from the Wall Street Journal*（New York: Lightbulb Press, 1922），72.

8. Julapa Jagtiani, "The Number of U.S. Automakers Falls to Forty-Four," in *Great Events from History II: Business and Commerce,* ed. Frank N. Magill（Pasadena, CA: Salem Press, 1944），533.

9. Strasser, "Consumption," 1022.

10. Daniel Pope, *The Making of Modern Advertising*（New York: Basic Books, 1983），25—29.

11. Jennings and Brewster, *The Century,* 113.

12. Allan Metcalf and David K. Barnhart, *America in So Many Words: Words That Have Shaped America*（Boston: Houghton Mifflin Company, 1997），218.

13. Luke 12：48.

14. Frederick Allen, *Secret Formula: How Brilliant Marketing and Relentless Salesmanship Made Coca-Cola the Best-Known Product in the World*（New York: HarperCollins, 1994），146.

15. Mark Pendergrast, *For God, Country and Coca-Cola: The Unauthorized History of the Great American Soft Drink and the Company That Makes It*（New York: Charles Scribner's Sons, 1993）, 161.

16. Pat Watters, *Coca-Cola: An Illustrated History*（Garden City, NY: Doubleday, 1978）, 153.

17. Pendergrast, *For God, Country and Coca-Cola,* 177.

18. 有关罗伯特·伍德拉夫（Robert W. Woodruff）的更多信息，参见 Allen, *Secret Formula;* H.W. Brands, *Masters of Enterprise: Giants of American Business from John Jacob Astor and J.P. Morgan to Bill Gates and Oprah Winfrey*（New York: Free Press, 1999）; Roger Enrico, *The Other Guy Blinked and Other Dispatches from the Cola Wars*（New York: Bantam Books, 1986）; B. C. Forbes, *America's Fifty Foremost Business Leaders*（New York: B. C. Forbes & Sons,1948）; Neil A. Hamilton, *American Business Leaders, from Colonial Times to the Present*（Santa Barbara, CA: ABC-CLIO, 1999）, 751—752; John N. Ingham, *Biographical Dictionary of American Business Leaders*（Westport, CT: Greenwood Press, 1983）, 1670—1672; E.J. Kahn, *The Big Drink*（New York: Random House, 1950）; Peter Krass,"Leaders and Success: Coca-Cola's Robert Woodruff," *Investor's Business Daily,* 4 June 1998; Thomas Oliver, *The Real Coke, The Real Story*（New York: Random House, 1986）; Pendergrast, *For God, Country and Coca-Cola;* "Robert Woodruff: The Man Behind The Real Thing," *Houston Chronicle,* 14 April 1985; Watters, *Coca-Cola: An Illustrated History.*

19. John W. Coogan, "Wilsonian Diplomacy in War and Peace," in *American Foreign Relations Reconsidered, 1890—1993*（New York: Routledge, 1994）, 83.

20. 卡尔文·柯立芝时期美国外交政策的详细描述，请见 L. Ethan Ellis, *Frank B. Kellogg and American Foreign Relations*（New Brunswick, NJ: Rutgers University Press, 1961）.

21. Robert K. Murray, *The Harding Era: Warren G. Harding and His Administration*（Minneapolis: University of Minnesota Press, 1969）, 153—154.

22. Alfred E. Eckes Jr. and Thomas W. Zeiler, *Globalization and the American Century*（Cambridge: Cambridge University Press, 2003）, 44.

23. 关于哈丁执政时期保护主义的讨论，见 Murray, *The Harding Era,* 265—293.

24. 同上，276—280页。

25. Ingham, *Biographical Dictionary,* 1579.

26. 关于德国战后债务和民族主义的兴起之间的联系，见 Peter Pulzer, *Germany, 1870—1945: Politics, State Formation, and War*（Oxford: Oxford University Press, 1977），117—118, 121—122。

27. Andrew Sinclair, *The Available Man: The Life Behind the Masks of Warren Gamaliel Harding*（New York: MacMillan, 1965），198—199, 指出一位当代评论家定义"人们对于正常状态的怀念……正如希望一切从未发生一样"。

28. Jim Lee, "The Supreme Court Rules in the U.S. Steel Antitrust Case," in *Great Events from Histoty,* 348.

29. Floyd Norris and Christine Bockelmann, *New York Times Century of Business*（New York: McGraw-Hill, 2000），65.

30. Jim Lee , "The U.S. Government Loses Its Suit Against Alcoa," in *Great Events from History,* 434.

31. Robert H. Ferrell, *The Presidency of Calvin Coolidge*（Lawrence: University Press of Kansas, 1998），43—48.

32. Bruce Andre Beaubouef, "The Teapot Dome Scandal Prompts Reforms in the Oil Industry," in *Great Events from History,* 464.

33. Ferrell, *The Presidency of Calvin Coolidge,* 207.

34. Geoffrey Perret, *America in the Twenties: A History*（New York: Simon and Schuster, 1982），231.

35. Gene Smiley and Richard H. Keehn, "Federal Income Tax Policy in the 1920s," *Journal of Economic History 55*（1995）: 285; and James D. Savage, *Balanced Budgets and American Politics*（Ithaca: Cornell University Press, 1988），147, 290.

36. Harold Evans, *The American Century*（New York: Alfred A. Knopf, 1998），182.

37. 有关1928年选举中反对天主教偏执的详细历史，参见 Edmund A. Moore, *A Catholic Runs for President: The Campaign of 1928*（New York: Rowld Press, 1956）。

38. 关于禁酒令对酒精消费的影响，参见 Thomas R. Pegram, *Battling Demon Rum*（Chicago: Ivan R. Dee, 1998），163—165；酒精作为一种违禁品的诱惑，参见 Michael Woodiwiss, *Crime, Crusades and Corruption: Prohibitions in the U.S., 1900—1987*（Totowo, NJ: Barns and Noble Books, 1988），1.

39. 关于禁酒令为有组织犯罪提供的机会，参见 Pegram, *Battling Demon Rum,*

173—174；关于诸如 Al·卡蓬之类的罪犯，参见 Laurence Bergreen, *Capone: The Man and His Era*（New York: Touchstone, 1994），passim, esp. 211—212, 220—221.

40. Woodiwiss, *Crimes, Crusades and Corruption,* 11.

41. 同上，28页。在禁酒令时代地下酒吧的总数量大约为219,000家。参见 Pegram, *Battling Demon Rum*, 173.

42. U.S. Bureau of the Census, *Historical Statistics of the United States, Colonial Times to 1970*, bicentennial ed.,（Washington, DC: U.S. Bureau of the Census, 1975），part 2, 131.

43. Morris, Robinson, and Kroll, *American Dreams,* 68.

44. 关于媒体对芝加哥在禁酒令时期犯罪和腐败的描述，参见 Bergreen, *Capone,* 210—212.

45. 史学家布莱克·麦克科尔维（Blake McKelvey）在《美国大都市的兴起》（*The Emergence of Metropolitan America*）(New Brunswick, NJ: Rutgers University Press, 1968）第64页写道："乡村和高度道德化的美国"企图"将禁令施加于城市"。保罗·卡特（Paul A. Carter）在《20世纪的美国》（*The Twenties in America*）（London: Routledge, 1968）第71—72页写道："反沙龙联盟年刊的编辑在1931年警告说大城市的统治地位是建立在过去文明的毁灭之上的"。

46. Ann Douglas, *Terrible Honesty: Mongrel Manhattan in the 1920s*（New York: Noonday Press, 1995），73.

47. 有关"哈林文艺复兴"的深度讨论请参见同上。

48. U.S. Citizenship and Immigration Services, "Immigration to the United States: Fiscal Years 1820—2000," 表1请访问 http://uscis.gov/graphics/shared/aboutus/statistics/IMM99tables.pdf（2004年9月24日访问）

49. Philip Taylor, *The Distant Magnet: Eurpean Emigration to the U. S. A.*（London: Eyret Spottiswoode, 1971），48—65. 一位当代研究美国墨西哥移民的分析家在20世纪20年代说道："墨西哥移民比例达到了惊人的数字，也因此成为了两国政府都十分关注的问题，双方都在寻找这一问题的最佳解决方案。" Manuel Gamio, *Mexican Immigration to the United States: A Study of Human Migration and Adjustment,*（Chicago: University of Chicago Press, 1930; reprint, New York: Arno Press, 1969），1.

50. Neil A. Hamilton, *Rebels and Renegades: A Chronology of Social and Political Dissent in the United States*（New York: Routledge, 2002），173.

51. John Higham, *Strangers in the Land: Patterns of American Nativism, 1860—1925* (New Brunswick, NJ: Rutgers University Press, 1959; fourth paperback printing, 1998), 309—311, 324. Sean Cashman, *America in the Twenties and Thirties: The Olympian Age of FDR* (New York: New York University Press, 1989), 46—47.

52. Evans, *The American Century,* 185.

53. R. Douglas Hurt, *Problems of Plenty: The American Farmer in the Twentieth Century* (Chicago: Ivan R. Dee, 2002), 46.

54. Ferrell, *The Presidency of Calvin Coolidge,* 207.

55. George Vaseik, "Labor Unions Win Exemption from Antitrust Laws," in *Great Events from History,* 284.

56. Timothy E. Smith, "The Supreme Court Rules Against Minimum Wage Laws," in *Great Events from History,* 426—429.

57. Eli Ginzberg and Hyman Berman, *The American Worker in the Twentieth Century: A History Through Autobiographies* (New York: Free Press of Glencoe, 1963), 254.

58. 同上，154页。

59. Jennings and Brewster, *The Century,* 112.

60. William J. Wallace, "Station KDKA Introduces Commercial Radio Broadcasting," in *Great Events from History,* 364.

61. Ray Barfield, *Listening to Radio, 1920—1950* (Westport, CT: Praeger, 1996), 3—5.

62. William L. Hagerman, "WEAF Airs the First Paid Radio Commercial," in *Great Events from History,* 396.

63. Morris, Robinson, and Kroll, *American Dreams,* 67.

64. S.A. Marino, "The National Broadcasting Company Is Founded," in *Great Events from History,* 522—525.

65. 同上，525页。

66. James S. Olson, *Historical Dictionary of the 1920s: From WWI to the New Deal, 1919—1933* (Westport, CT: Greenwood Press, 1988), 273.

67. Steven J. Ross, *Working-Class Hollywood: Silent Films and the Shaping of Class in America*（Princeton, NJ: Princeton University Press, 1998）, 185.

68. Robert Sklar, *Movie-Made America: A Social History of American Movies*（New York: Random House, 1975）, 100. 同时参见 Garth Jewett, *Film: The Democratic Art*（Boston: Little, Brown, 1976）, 154—156.

69. Cashman, *America in the Twenties and Thirties,* 352—353, 356.

70. McCraw, *American Business,* 1.

71. Morris, Robinson, and Kroll, *American Dreams,* 74.

72. Theodore O. Wallin, "The Air Commerce Act Creates a Federal Airways System," in *Great Events from History,* 499.

73. Morris, Robinson, and Kroll, *American Dreams,* 74.

74. James D. Matthews, "The Post Office Begins Transcontinental Airmail Delivery," in *Great Events from History,* 360.

75. 同上，361页。

76. Richard Branson, "Pilot of the Jet Age: Juan Trippe," *Time,* 7 December 1998.

77. Marilyn Bender and Selig Altschul, *The Chosen Instrument: Pan Am, Juan Trippe, The Rise and Fall of an American Entrepreneur*（New York: Simon and Schuster, 1982）, 59.

78. R. E. G. Davies, *A History of the World's Airlines*（London: Oxford University Press, 1964）, 486.

79. 有关胡安·特利普（Juan Trippe）的更多信息，参见 Bender and Altschul, *The Chosen Instrument;* Branson, "Pilot of the Jet Age"; Robert Daley, *An American Saga: Juan Trippe and His Pan Am Empire*（New York: Random House, 1980）; Davies, *History of the World's Airlines;* Ingham, *Biographical Dictionary,* 1477—1479; Hamilton, *American Business Leaders,* 681—683; "Obituary: Juan Trippe," *New York Times,* 4 April 1981.

80. John N. Ingham and Lynne B. Feldman, *Contemporary American Business Leaders: A Biographical Dictionary*（Westport, CT: Greenwood Press, 1990）: 660—669.

81. Ingham, *Biographical Dictionary*，243—344.

82. 同上，1419—1421页。

83. Evans, *The American Century,* 231.

84. Robert Sobel, *Herbert Hoover at the Onset of the Great Depression, 1929—1930*（New York: Lippincott, 1975），86.

85. Morris, Robinson, and Kroll, *American Dreams,* 82.

86. Norris and Bockelmann, *New York Times Century of Business,* 77.

第四章

1. David M. Kennedy, *Freedom from Fear: The American People in Depression and War, 1929—1945*（New York: Oxford University Press, 1999），38. 关于大萧条起因的主要理论的讨论，参见 Robert F. Himmelberg, *The Great Depression and the New Deal,* Greenwood Press Guides to Historic Events of the Twentieth Century（Westport, CT: Greenwood Press, 2001），22—31.

2. Peter Jennings and Todd Brewster, *The Century*（New York: Doubleday, 1998），149.

3. Kenneth M. Morris, Marc Robinson, and Richard Kroll, *American Dreams: One Hundred Years of Business Ideas and Innovation from the Wall Street Journal*（New York: Lightbulb Press, 1992），83.

4. Thomas K. McCraw, *American Business, 1920—2000: How It Worked*（Wheeling, IL: Harlan Davidson, 2000）.

5. Kennedy, *Freedom from Fear,* 163; Michael E. Parrish, *Anxious Decades: America in Prosperity and Depression, 1920—1941*（New York: Norton, 1992），20.

6. American President.org, "Herbert Hoover," http://www.americanpresident.org/history/herberthoover/biography/AmericanFranchise.common,shtml（2004年2月20日访问）

7. Parrish, *Anxious Decades,* 247—248.

8. Anthony Patrick O'Brien, "Hoover Signs Smoot-Hawley Tariff," in *Great Events from History II: Business and Commerce,* ed. Frank N. Magill（Pasadena, CA: Salem Press, 1994），591.

9. Douglas R. Hurt, *Problems of Plenty: The American Farmer in the Twentieth Century* (Chicago: Ivan R. Dee, 2002), 65—66; Harold Evans, *The American Century* (New York: Alfred A. Knopf, 1998), 218.

10. O'Brien, "Hoover Signs Smoot-Hawley Tariff," 595.

11. Clifton K. Yearley, "The United States Establishes a Permanent Tariff Commission," in *Great Events from History,* 300.

12. U.S. Bureau of the Census, *Historical Statistics of the United States, Colonial Times to 1970,* bicentennial ed. (Washington, D.C.:U.S. Bureau of the Census, 1975), part 1,224.

13. Douglas Knerr, "The Reconstruction Finance Corporation Is Created," in *Great Events from History,* 630.

14. Joan Hoff Wilson, *Herbert Hoover: Forgotten Progressive* (Boston: Little, Brown, 1975), 162—164.

15. Parrish, *Anxious Decades,* 289—294; Jennings and Brewster, *The Century,* 157.

16. Kennedy, *Freedom from Fear,* 135—137, 139.

17. Jennings and Brewster, *The Century,* 159.

18. Himmelberg, *The Great Depression*, 39.

19. 同上；以及 Parrish, *Anxious Decades,* 291.

20. Himmelberg, *The Great Depression,* 39—44.

21. Benjamin K. Klebaner, "The Banking Act of 1933 Reorganizes the American Banking System," in *Great Events from History,* 656.

22. Alonzo Hamby, *For the Survival of Democracy: Franklin Roosevelt and the World Crisis of the 1930s* (New York: Free Press, 2004), 126—129; and Parrish, *Anxious Decades,* 295.

23. Jon R. Carpenter, "The Securities Exchange Act Establishes the SEC," in *Great Events from History,* 679—684; Floyd Norris and Christine Bockelmann, *New York Times Century of Business* (New York: McGraw-Hill, 2000), 94; William E. Leuchtenburg, *Franklin D. Roosevelt and the New Deal, 1932—1940* (New York: Harper and Row, 1963), 90—91.

24. Siva Balasubramanian, "Congress Requires Premarket Clearance for

Products," in *Great Events from History,* 788.

25. Richard Robinson, *U.S. Business History: A Chronology 1602—1988* (Westport, CT: Greenwood Publishing, 1990), 227.

26. Richard O'Connor, *The Oil Barons: Men of Greed and Grandeur* (Boston: Little, Brown, 1971), 143—145. 关于20世纪30年代新泽西标准石油全面研究, 参见 Henrietta M. Larson, Evelyn H. Knowlton, and Charles S. Popple, *New Horizons, 1927—1950: History of the Standard Oil Company* (New Jersey) (New York: Harper and Row, 1972).

27. Parrish, *Anxious Decades,* 286, 340, 377—379; Evans, *The American Century,* 226.

28. Kennedy, *Freedom from Fear,* 354—359.

29. 同上; Parrish, *Anxious Decades,* 378.

30. U.S. Bureau of the Census, *Historical Statistics of the United States,* part1, 126.

31. Jack Blicksilver, "The Social Security Act Provides Benefits for Workers," in *Great Events from History,* 711.

32. Kennedy, *Freedom from Fear,* 147, 354—358.

33. Parrish, *Anxious Decades,* 315; and Hamby, *For the Survival of Democracy,* 275—277.

34. Hamby, *For the Survival of Democracy,* 280; Parrish, *Anxious Decades,* 347—348; and Kennedy, *Freedom from Fear,* 252, 285. 肯尼迪报道在1936年WPA雇佣了7%的美国工人。

35. Kennedy, *Freedom from Fear,* 151—153; and Himmelberg, *The Great Depression,* 13.

36. Anthony Patrick O'Brien, "The National Industrial Recovery Act Is Passed," in *Great Events from History,* 662.

37. Hamby, *For the Survival of Democracy,* 161—174, 289—290; and Parrish, *Anxious Decades,* 310—316.

38. Clifton K. Yearley, "The Wagner Act Promotes Union Organization," in *Great Events from History,* 707—708.

39. Jennings and Brewster, *The Century,* 195.

40. Joshua Freeman et al., eds., *Who Built America? Working People and the Nation's Economy, Politics, Culture, and Society*（New York: Pantheon Books, 1992），2:129.

41. Clifton K. Yearley, "The CIO Begins Unionizing Unskilled Workers," in *Great Events from History,* 731.

42. Morris, Robinson, and Kroll, *American Dreams,* 93.

43. Evans, *The American Century,* 281.

44. Kennedy, *Freedom from Fear,* 308—315, 317; Freeman et al., *Who Built America?* 384—394; and Parrish, *Anxious Decades,* 357.

45. Clifton K. Yearley, "Roosevelt Signs the Fair Labor Standards Act," in *Great Events from History,* 792.

46. Paul B. Trescott, "The Norris-LaGuardia Act Adds Strength to Labor Organizations," in *Great Events from History,* 638.

47. B.C. Forbes, *America's Fifty Foremost Business Leaders*（New York: B. C. Forbes & Sons, 1948），215—220.

48. Jennings and Brewster, *The Century,* 149.

49. 肯尼迪（Kennedy）在《源自恐惧的自由》（*Freedom from Fear*）387页提到，很多30年代的历史学家认为第一次世界大战"并没有给世界民主带来和平，但是却给华尔街的银行家、贪婪的制造商带来了机会，真正的胜利者是那些战争贩子和军火掮客……这种控诉声虽有夸大其辞之意，但仍被一些人接受，在大萧条时期的反商业气氛中尤为明显"。

50. Parrish, *Anxious Decades,* 441, 445—447.

51. Jennings and Brewster, *The Century,* 206.

52. Kennedy, *Freedom from Fear,* 426—434.

53. U.S. Bureau of the Census, *Historical Statistics of the United States,* part 1, 105—106.

54. 帕里什（Parrish）《焦虑的二十年》（*Anxious Decades*）第245—247页及赫特（Hurt）《问题如山》（*Problems of Plenty*）第63页中，提供了20世纪30年代有关农业的一些发人深省的数据："在1929—1932年间，农产品的价格指数从93下降到58，降幅达到37%。总农业收入从138亿美元下降到65亿美元，降幅达52%。人均农业年收入从945美元下降到304美元。农业平均收入只有制造业工人的

70%，而且在这几年间，土地的价格下降了一半。小麦出口量从3.45亿下降到1.43亿蒲式耳，而棉花出口价值从25亿美元下降到10亿美元，肉类出口从2.46亿美元下降到8,100万美元。国内食品和纺织品的消费也同样大幅下降。"

55. Evans, *The American Century*, 232.

56. 同上，233页。对于这种现象的扩展研究，参见 R. Douglas Hurt, *The Dust Bowl: An Agricultural and Social History*（Chicago: Nelson Hall, 1982）。

57. 历史学家米歇尔·帕里什（Michael Parrish）在《焦虑的二十年》(*Anxious Decades*)第414页写道："在1931年，这个国家历史上首次出现了迁出人口大于迁入人口的现象。"

58. 肯尼迪在《源自恐惧的自由》第165页补充道："大萧条的阴霾，甚至渗透到这个国家的卧室，已婚夫妇选择少生孩子——在1933年比1929年减少15%。"帕里什在《焦虑的二十年》第78页提供了大萧条对家庭生活影响的另一种视角："在30年代早期，乔·鲁迪亚克在一家烘托婚礼气氛的乐队演奏，他发现即使是婚礼也减少了。教会也分崩离析，社会活动和其他所有东西都没有了。于是我们开始疯狂找寻所剩无几的几家。他和其他乐队成员都指望在婚礼上能混点吃的来补充一下膳食。那些有孩子的能得到的食物就更少了。在1915年出生率为千分之二十五，在1933年下降为千分之六点五。"

59. Kennedy, *Freedom from Fear*, 165.

60. William H. Young with Nancy K. Young, *The 1930s, American Popular Culture Through History, ed.* Ray B. Browne（Westport, CT: Greenwood Press, 2002）, 128, 133—135, 140—142, 148, 211—214; and David E. Kyvig, *Daily Life in the United States, 1920—1939: Decades of Promise and Pain,* Daily Life Through History Series（Wesport, CT: Greenwood Press 2002）, 71—72.

61. McCraw, *American Business*, 41. 关于电影中逃避现实的问题，参见 David E. Kyvig, *Daily Life in the United States,1920—1939: Decades of Promise and Pain,* Daily Life Through History Series（Westport, CT: Greenwood Press, 2002）, 85—86; 关于电影上座率，参见 Kyving, *Daily Life in the United States, 83, 87;* 以及 Colin Shindler, *Hollywood in Crisis: Cinema and American Society, 1929—1939*（London: Routledge, 1996）,43。1936年 *Business Week* 评论道："尽管在1936年，电影上座率没有一直居高不下，周平均人数应该不少于8,800万人，比1935年上升了10%，与1930年代的1.1亿接近。" *Business Week,* 引自 Shindler, *Hollywood in Crisis,*43.

62. Norris and Bockelmann, *New York Times Century of Business,*101.

63. John N. Ingham, *Biographical Dictionary of American Business Leaders*（Westport, CT: Greenwood Press, 1983）, 140—142.

64. Sue Bailey, "Du Pont Announces the Discovery of Nylon 66," in *Great Events from History,* 798—802.

65. Owens Corning, "Harold Boeschenstein: The Business Perspective," http://pressroom. owenscorning.com/boeschenstein.html（2003年1月24日访问）

66. James D. Matthews, "The DC-3 Opens a New Era of Commercial Air Travel," in *Great Events from History,* 754.

67. 同上，756页。

68. McCraw, *American Business,* 41.

69. John N. Ingham and Lynne B. Feldman, *Contemporary American Business Leaders: A Biographical Dictionary*（Westport, CT: Greenwood Press, 1990）, 544—549; and Richard S. Tedlow, *Giants of Enterprise*（New York: HarperCollins, 2001）, 247—305.

70. Joseph J. Fucini and Suzy Fucini, *Entrepreneurs: The Men and Women Behind Famous Brand Names and How They Made It*（Boston: G. K. Hall; 1985）, 130—133; Jodi Wilgoren and Henry Weinstein, "Max Factor, Jr., Cosmetic Company Legend, Dies," *Los Angeles Times,* 9 June 1996.

71. Julie M. Fenster, *In the Words of Great Business Leaders*（New York: John Wiley & Sons, 2000）, 350.

72. 同上，345页。

73. Margaret Rudkin, *The Margaret Rudkin Pepperidge Farm Cookbook*（New York: Margaret Rudkin, 1963）, 14.

74. "Pepperidge Farm Celebrates 50th Anniversary," *PR Newswire,* 17 September 1987, 详见 Dow Jones Interactive, http://ptg.djnr.com（2002年4月9日访问）

75. Fenster, *In the Words of Great Business Leaders,* 351.

76. 同上，342页。

77. "High Performance Urged in 3 Field," *New York Times,* 5 October 1949, 44.

78. Fenster, *In the Words of Great Business Leaders,* 349.

79. 有关玛格丽特·路德金（Margaret Rudkin）的更多信息参见同上；Ingham and Feldman, *Contemporary American Business Leaders,* 561—565；"Mrs. Margaret Rudkin Is Dead, Founder of Pepperidge Farm," *New York Times,* 2 June 1967, 41；"Pepperidge Farm Celebrates 50th Anniversary," *PR Newswire,* 17 September 1987, 见 Dow Jones Interactive, http://ptg.djnr.com（2002年4月9日访问）；以及 Rudkin ,*Margaret Rudkin Pepperidge Farm Cookbook.*

80. Ingham, *Biographical Dictionary,* 626—628.

81. Ingham and Feldman, *Contemporary American Business Leaders,* 677—688.

82. Ingham, *Biographical Dictionary,* 1483—1488.

83. "Obituary: Harold Stanley," *New York Times,* 15 May 1963.

84. Vincent P. Carosso, *Investment Banking in America: A History*（Cambridge, MA: Harvard University Press, 1970）, 300.

85. "Morgan Aides Form Investment House," *New York Times,* 6 September 1935.

86. Morgan Stanley & Company: A Summary of Financing 1935—1965（internal company publication）.

87. "Morgan Stanley: Hoover's Company Profiles," *Hoover's Online,* 3 July 2002, available from Factiva, http://global.factiva.com（2002年7月26日访问）.

88. Harold Stanley, *Competitive Bidding for New Issues of Corporate Securities*（New York: Morgan Stanley & Company, 1939）, 2.

89. John H. Crider, "Harold Stanley Before the TNEC," *New York Times,* 20 December 1939, 39.

90. Stanley, *Competitive Bidding,* 3.

91. Ingham, *Biographical Dictionary,* 1345.

92. 有关哈罗德·斯坦利（Harold Stanley）的更多信息，参见 Carosso, *Investment Banking in America*; Ingham, *Biographical Dictionary,* 1344—1346; "Morgan Stanley: Hoover's Company Profiles"; "Obituary: Harold Stanley"; and Stanley, *Competitive Bidding.*

93. Ingham ,*Biographical Dictionary,* 1688—1693.

94. Forbes, *America's Fifty Foremost Business Leaders,* 351—358; and "South

Server," *Time*, 1 November 1937.

95. "Matthew S. Sloan, Head of M-K-T Since 1934, Dies," *Wall Street Journal,* 15 June 1945; "M. S. Sloan Dead; Utilities Official," *New York Times,* 15 June 1945; and Missouri-Kansas-Texas Lines, "1946 Annual Report"（St. Louis, MO: Missouri-Kansas-Texas Railroad Company, 1947）.

96. "Pennsylvania Railroad Spent Four Billions During Past Decade," *Wall Street Journal,* 28 February 1940, 11.

97. Allan Metcalf and David K. Barnhart, *America in So Many Words: Words That Have Shaped America*（Boston: Houghton Mifflin Company, 1997）, 231—232.

98. George H. Burgess and Miles C. Kennedy, *Centennial History of the Pennsylvania Railroad Company, 1846—1946*（Philadelphia: Pennsylvania Railroad Company, 1949）, 658.

99. 同上，652页。

100. 同上。

101. Pennsylvania Railroad Company, "One Hundred Years, 1846—1946: Ninety Ninth Annual Report for Year Ended December 31, 1945"（Philadelphia: Pennsylvania Railroad Company, 1945）.

102. Burgess and Kennedy, *Centennial History of the Pennsylvania Railroad Company,* 692.

103. 有关马丁·克莱门特（Martin Clement）的更多信息参见同上；Forbes, *America's Fifty Foremost Business Leaders,* 53—60; Ingham, *Biographical Dictionary,* 170—171; "Martin Clement of Pennsy Is Dead," *New York Times,* 31 August 1966, 43; Pennsylvania Railroad Company, "One Hundred Years"; and Robert Sobel, *The Fallen Colossus*（New York: Weybright and Talley, 1977）.

第五章

1. Thomas K. McCraw, *American Business, 1920—2000: How It Worked*（Wheeling, IL: Harlan Davidson, 2000）, 73.

2. Peter Jennings and Todd Brewster, *The Century*（New York: Doubleday, 1998）, 245.

3. McCraw, *American Business,* 76.

注释

4. Eric C. Orlemann, *Caterpillar Chronicle: The History of the World's Greatest Earthmovers*（St. Paul, MN: Motorbooks International, 2000）, 13.

5. Gilbert Cross, "The Gentle Bulldozers of Peoria," *Fortune,* July 1963, 171.

6. 有关销售数据，参见 Caterpillar Tractor Company, "1941 Annual Report"（Peoria, IL: Caterpillar Tractor Company, 1941）. 有关雇员数据，参见 Caterpillar Tractor Company, *Fifty Years on Tracks*（Peoria, IL: Caterpillar Tractor Company, 1954）, 51

7. John N. Ingham and Lynne B. Feldman, *Contemporary American Business Leaders: A Biographical Dictionary*（Westport, CT: Greenwood Press, 1990）, 76.

8. Cross, "The Gentle Bulldozers of Peoria."

9. 有关卡特皮拉的赢利数据，参见 Urmila Sheshagiri, "Influential Residents Who Built Peoria: Some Are Unfamiliar but They Changed the History of Peoria," *Peoria Journal Star,* 23 September 1991. For comparison of Caterpillar with other companies, see Cross, "The Gentle Bulldozers of Peoria," 166.

10. Caterpillar Tractor Company, *Fifty Years on Tracks*, 79.

11. 有关路易斯·纽米勒（Louis B. Neumiller）的信息，参见"Caterpillar Diversifies," *Business Week,* 2 August 1947, 36—39; Caterpillar Tractor Company, "1941 Annual Report"; Caterpillar Tractor Company, *Fifty Years on Tracks*; "Corporations: Big Cat," *Time,* 7 February 1949, 77—79; Cross, "The Gentle Bulldozers of Peoria"; "Eberhard of Caterpillar," *Fortune*, August 1954; Ingham and Feldman, *Contemporary American Business Leaders,* 72—85; "The Machines That Are Changing the Face of the Earth," *Forbes*, 15 April 1965; William L. Naumann, *The Story of Caterpillar Tractor Co.*（New York: Newcomen Society in North America, 1977）; Walter A. Payne, ed., *Benjamin Holt: The Story of the Caterpillar Tractor*（Stockton, CA: University of the Pacific, 1982）; Sheshagiri, "Influential Residents Who Built Peoria"; "The Wages of Virtue," *Forbes,* 15 December 1971; and Charles Woolfson, *Track Record: The Story of the Caterpillar Occupation*（London: Verso, 1988）.

12. William H. Chafe, *The Unfinished Journey: America Since World War II,* 3rd ed.（New York: Oxford University Press, 1995）, 7; David M. Kennedy, *Freedom from Fear: The American People in Depression and War*, 1929—1945（New York: Oxford University Press, 1999）, 427.

13. McCraw, *American Business,* 75.

14. James T. Patterson, *Grand Expectations: The United States*, 1945—1974（New

York: Oxford University Press, 1996), 13.

15. Kennedy, *Freedom from Fear*, 473—475.

16. Harold Evans, *The American Century*（New York: Alfred A. Knopf, 1998), 304.

17. 麦克劳（McCraw）在《美国商业》（*American Business*）第91页补充道："家用电器中最昂贵的家用冰箱的产量在1941年到1943年间下降了99.7%。更值得一提的是，这几年间没有生产一辆民用汽车，上一辆下线的车还是在1942年生产的。"

18. Jennings and Brewster, *The Century*, 245.

19. McCraw, *American Business*, 94.

20. 同上，79页。

21. 同上，94页。

22. Robert F. Himmelberg, *The Great Depression and the New Deal*, Guides to Historic Events of the Twentieth Century（Westport, CT: Greenwood Press, 2001), 27. 有关比较研究的更多资料见 Mark Harrison, "Resource Mobilization for World War II: The U.S.A., U.K., U.S.S.R., and Germany, 1938—1945," *Economic History Review* 41（1988）: 171—192.

23. John Braeman, "Roosevelt Signs the Emergency Price Control Act," in *Great Events from History II: Business and Commerce*, ed. Frank N. Magill（Pasadena, CA: Salem Press, 1994), 833.

24. McCraw, *American Business*, 87.

25. 同上，88页。

26. Evans, *The American Century*, 314; Kennedy, *Freedom from Fear*, 617, 619; and Himmelberg, *Great Depression*, 27.

27. John Braeman, "Roosevelt Signs the Emergency Price Control Act," in *Great Events from History*, 833.

28. Kenneth M. Morris, Marc Robinson, and Richard Kroll, *American Dreams: One Hundred Years of Business Ideas and Innovation from the Wall Street Journal*（New York: Lightbulb Press, 1992), 110.

29. Kennedy, *Freedom from Fear*, 620—621, 640.

30. Robert Sobel, "NBC Is Ordered to Divest Itself of a Radio Network," in *Great*

Events from History, 827—831.

31. Paul B. Trescott, "Alcoa Is Found in Violation of Sherman Antitrust Act," in *Great Events from History*, 869.

32. 同上，869—873页。

33. Richard Robinson, *U.S. Business History: A Chronology, 1602—1988*（Westport, CT: Greenwood Publishing, 1990）, 299.

34. Jennings and Brewster, *The Century*, 247.

35. 同上，285页。

36. Patterson, *Grand Expectations*, 4.

37. Chafe, *Unfinished Journey*, 49; and James Gilbert, *Another Chance: Postwar America* 1945—1985（Chicago: Dorsey Press, 1986）, 41—42.

38. Paul B. Trescott, "The General Agreement on Tariffs and Trade Is Signed," in *Great Events from History*, 916.

39. Patterson, *Grand Expectations*, 129—133, 135, 147.

40. President Truman, 引自同上，128页。

41. Morris, Robinson, and Kroll, *American Dreams*, 122.

42. Evans, *The American Century*, 410.

43. Patterson, *Grand Expectations*, 107, 114—115. 有影响力的职业外交官乔治·凯南（George Kennan）撰写了一篇匿名文章推出了遏制战略，参见 Anonymous, "The Sources of Conduct," *Foreign Affairs* 25（July 1947）: 566—582. 关于遏制的最有影响力的分析，参见 John Lewis Gaddis, *Strategies of Containment: A Critical Appraisal of Postwar American National Security Policy*（New York: Oxford University Press, 1982）.

44. Thiokol Corporation, 1947 Annual Report（Trenton, NJ: Thiokol Corporation, 1947）; and Thiokol Corporation, 1963 Annual Report（Trenton, NJ: Thiokol Corporation, 1963）.

45. 有关参谋长联席会议之起源的清晰而详尽的历史，见 John C. Ries, "Congressman Vinson and the 'Deputy' to the JCS Chairman," *Military Affairs* 30（1966）: 16—24. 同见 Patterson, *Grand Expectations*, 133—134.

46. Evans, *The American Century*, 314.

47. 同上。

48. Morris, Robinson, and Kroll, *American Dreams,* 112.

49. Norris and Bockelmann, *New York Times Century of Business,* 119; and Evans, *The American Century,* 346.

50. Morris, Robinson, and Kroll, *American Dreams,* 104.

51. 同上。

52. Evans, *The American Century,* 347.

53. McCraw, *American Business,* 99.

54. 同上，77页。

55. Robinson, *U.S. Business History, A Chronology,* 290; and Norris and Bockelmann, *New York Times Century of Business,* 127.

56. Morris, Robinson, and Kroll, *American Dreams,* 108.

57. U.S. Bureau of the Census, *Historical Statistics of the United States, Colonial Times to 1970,* bicentennial ed.（Washington, DC: U.S. Bureau of the Census, 1975），part 1, 126, 135.

58. Eli Ginzberg and Hyman Berman, *The American Worker in the Twentieth Century: A History Through Autobiographies*（New York: Free Press of Glencoe, 1963），267.

59. "Detroit's Plants Taking On Women," *New York Times,* 19 February 1942.

60. Eugenia Kaledin, *Daily Life in the United States, 1940—1959: Shifting Worlds*（Westport, CT: Greenwood Press, 2000），21, 35; and Kennedy, *Freedom from Fear,* 776, 778.

61. Evans, *The American Century,* 348.

62. 有关黑人移民见 Kennedy, *Freedom from Fear,* 768—769; and Patterson, *Grand Expectations,* 19. 有关全国有色人种协进会的发展见 Chafe, *Unfinished Journey,* 86.

63. Clifton K. Yearley, "Truman Orders the Seizure of Railways," in *Great Events from History,* 880.

64. Clifton K. Yearley, "The Taft-Hartley Act Passes over Truman's Veto," in *Great*

Events from History, 908—913.

65. William S. White, "Bill Curbing Labor Becomes Law As Senate Overrides Veto, 68—25," *New York Times,* 24 June 1947.

66. Yearley, "Taft-Hartley Act Passes," 910.

67. Ginzberg and Berman, *American Worker in the Twentieth Century,* 267.

68. Patrick D. Reagan, "Roosevelt Signs the G.I. Bill," in *Great Events from History,* 848.

69. 有关美国人口见 U.S. Bureau of the Census, *Historical Statistics of the United States,* part 1, 8. 有关婴儿潮见 Kaledin, *Daily Life in the United States,* 111. 有关20世纪30到40年代的移民趋势见 Patterson, *Grand Expectations,* 62.

70. 关于官方的估计，见 Charles Zelden, "The United States Begins Bracero Program," in *Great Events from History,* 842.

71. McCraw, *American Business,* 90.

72. 同上，112页。

73. Kaledin, *Daily Life in the United States,* 128.

74. Jon Teaford, *The Twentieth-Century American City: Problems, Promise, and Reality*（Baltimore: Johns Hopkins University Press, 1986）, 100—101.

75. Morris, Robinson, and Kroll, *American Dreams,* 115.

76. 同上。

77. Kaledin, *Daily Life in the United States,* 25—26.

78. Gene Bylinsky, "Industrial Management and Technology/Elite Plants," *Fortune,* 14 August 2000.

79. John N. Ingham, *Biographical Dictionary of American Business Leaders*（Westport, CT: Greenwood Press, 1983）, 778—780.

80. Ingham and Feldman, *Contemporary American Business Leaders,* 557—561.

81. Ingham, *Biographical Dictionary,* 17—20.

82. John N. Ingham and Lynne B. Feldman, *African-American Business Leaders: A*

Biographical Dictionary（Westport, CT: Greenwood Press, 1994）, 371—372.

83. Ingham and Feldman, *Contemporary American Business Leaders,* 277—283, 594—599.

84. Gary W. Diedrichs, "Edward J. DeBartolo: The Pharaoh from Youngstown," *Cleveland Magazine,* July 1976.

85. Ingham and Feldman, *Contemporary American Business Leaders,* 116.

86. "$33 Million for Notre Dame from Developer and His Son," *New York Times,* 5 May 1989, A20.

87. William Severini Kowinski, *The Malling of America: An Inside Look at the Great Consumer Paradise*（New York: William Morrow, 1985）, 103.

88. 同上，115—121页。

89. Homer Hoyt, *A Re-Examination of the Shopping Center Market,* Technical Bulletin 33（Washington, DC: Urban Land Institute, 1958）.

90. Diedrichs, "Edward J. DeBartolo."

91. Ingham and Feldman, *Contemporary American Business Leaders,* 118.

92. Diedrichs, "Edward J. DeBartolo."

93. 同上。

94. 同上。

95. Ingham and Feldman, *Contemporary American Business Leaders,* 117.

96. 有关迪巴特罗（Edward J. DeBartolo）的更多信息，参见 Isadore Barmash, "Shopping Centers, Showing Age, Seek a New Look," *New York Times,* 12 September 1981, F9; Jeffrey H. Birnbaum, "New-Store Slowdown; Building of Shopping Centers Is Curbed by Mortgage Problems, Scarcity of Sites," *Wall Street Journal,* 13 August 1980, 50; Adam Bryant, "Edward J. DeBartolo Developer, 85, Is Dead; A Belief That the Shopping Mall Was the True Downtown," *New York Times,* 20 December 1994, B9; James F. Clarity, "DeBartolo: A Man in Search of Approval," *New York Times,* 11 December 1980, B15; Diedrichs, "Edward J. DeBartolo"; Neil A. Hamilton, *American Business Leaders, from Colonial Times to the Present*（Santa Barbara, CA: ABC-CLIO, 1999）, 126—127; Hoyt, *Re-Examination of the Shopping Center Market;* Ingham

and Feldman, *Contemporary American Business Leaders,* 115—119; C.T. Jonassen, *The Shopping Center Versus Downtown*（Columbus: Ohio State University, 1955）; Kowinski, *The Malling of America;* "Obituary of Edward J. DeBartolo, Chairman of the Edward J. DeBartolo Corporation, Vice Chairman of DeBartolo Realty Corporation," *PR Newswire,* 19 December 1994, 详见 Lexis-Nexis（2002年3月11日访问）; 以及 Mark C. Peyko, "A Brief History of Downtown Youngstown, Ohio," http://www.youngstowndrc.com/downtown_history.html（2003年5月22日访问）。

97. Junior Achievement, National Business Hall of Fame, "William M. Allen: The Boeing Company"（2002）, 登录 http://www.ja.org/gbhf/viewLaureate.asp?id=1 & alpha=A（2002年11月29日访问）。

98. McCraw, *American Business,* 100.

99. Ingham, *Biographical Dictionary,* 406—408.

100. "AMF Wins $29, 300, 000 Contract to Design Titan Launching System," *Wall Street Journal,* 26 November 1958.

101. 有关尤金·莫尔黑德·帕特森（Eugene Morehead Patterson）的更多信息，请参见 Robert E. Bedingfield, "Personality: Silver Spoon Was Not Enough; Morehead Patterson Grearly Widened A.M.F.'s Scope," *New York Times,* 17 January 1960, F3; Ingham, *Biographical Dictionary,* 1060—1062; Stacy V. Jones, "A New Pinsetter That Eliminates Unnecessary Motion Is Patented," *New York Times,"* 15 December 1956, 39; "Morehead Patterson, 64, Dies; Chairman of American Machine," *New York Times,* 6 August 1962, 25; Wayne Raguse, "Pinspotters Celebrate 50 Years," *Peoria Journal Star,* 31 March 1996.

第六章

1. Harold Evans, *The American Century*（New York: Alfred A. Knopf, 1998）, 435.

2. 有关人们因害怕轰炸而疯狂修避难所的狂热，见 Bruce Watson, "We Couldn't Run, So we Thought We Could Hide," *Smithsonian* 25（1994）: 46—58. 关于麦肯锡主义，见 the useful and concise discussion in James T. Patterson, *Grand Expectations: The United States, 1945—1974*（New York: Oxford Univerisity Press, 1996）, 196—205.

3. U.S. Senate Committee on Armed Services, *Confirmation Hearing on the Nomination of Charles E. Wilson,* 83d Congress, 1st sess., 15 January 1953, 26.

4. U.S. Bureau of the Census, "Population, Housing Unites, Area Measurements, and Density: 1790 to 1990, " 登录 http://www.census.gov/population/censusdata/table-2.pdf （2004年9月24日访问）

5. U.S. Citizenship and Immigration Services, "Immigration to the United States: Fiscal Years 1820—2000," table 1. 见 http://uscis.gov/graphics/shared/aboutus/statistics/IMM99tables.pdf（2004年9月24日访问）

6. Hawaiian Kingdom, "Focus on Hawaiian History," Hawaiian Kingdom. 官网：http://www.HawaiianKingdom.org（2003年6月27日访问）；J. Gregory Williams, "Alaska Population Overview, 1999 Estimates," Alaska Department of Labor and Workforce Development, May 2000.

7. William H. Chafe, *The Unfinished Journey: America Since World War II*（New York: Oxford University Press, 1995）, 123; Peter Jennings and Todd Brewster, *The Century*（New York: Doubleday, 1998）, 339, 685; and William L. O'Neil, *American High: The Years of Confidence, 1945—1960*（New York: Free Press, 1986）, 40.

8. 脊髓灰质炎疫苗发展史，参见 Jane S. Smith, *Patenting the Sun: Polio and the Salk Vaccine*（New York: Morrow, 1990）. 有关在美国沙克疫苗未发明前由脊髓灰质炎病毒引起的焦虑的描述见 Daniel J. Wilson, "Crippling Fear: Experiencing Polio in the Era of FDR," *Bulletin of the History of Medicine* 72（1998）: 464—495. 有关DNA发现过程的深度资料见 James D. Watson, *The Double Helix: A Personal Account of the Discovery of the Structure of DNA*（London: Weidenfeld and Nicolson, 1997）.

9. Chafe, *Unfinished Journey,* 118.

10. Douglas R. Hurt, *Problems of Plenty: The American Farmer in the Twentieth Century*（Chicago: Ivan R. Dee, 2002）, 120—122.

11. James T. Patterson, *Grand Expectations: The United States, 1945—1974*（New York: Oxford University Press, 1996）, 333.

12. 关于美国黑人在20世纪50年代到60年代向市中心移动的趋势，参见 James Gilbert, *Another Chance: Postwar America, 1945—1985,* 2nd ed.（Chicago: Dorsey Press, 1985）, 105—107.

13. U.S. Census Bureau, "Historical Census of Housing Graphs, Ownership Rates," http://www.census.gov/hhes/www/housing/census/historic/orgraph.html（2004年9月28日访问）

14. Bill Delaney, "The First Homeowner's Insurance Policies Are Offered," in

Great Events from History II: Business and Commerce, ed. Frank N. Magill（Pasadena, CA: Salem Press, 1994）, 965.

15. Chafe, *Unfinished Journey,* 249.

16. 同上，248—256 页；Gilbert, *Another Chance,* 142—143.

17. Gilbert, *Another Chance,* 143—147.

18. 有关艾森豪威尔在韩战开展之后仍然坚定决心消减国防开支的讨论，见 Douglas Kinnard, "President Eisenhower and the Defense Budget," *Journal of Politics* 39（1977）: 596—623.

19. Marsha Huber, "U.S. Tax Laws Allow Accelerated Depreciation," in *Great Events from History,* 1030—1034.

20. 有关小型企业管理的历史见 U.S. Small Business Administration, "Overview and History of the SBA," http://www.sba.gov/aboutsba/history.html（2004 年 11 月 17 日访问）；有关农民补贴减少的信息见 Hurt, *Problems of Plenty,* 110—112；有关艾森豪威尔的医疗和工作政策见 Chester J. Pach Jr. and Elmo Richardson, *The Presidency of Dwight D. Eisenhower,* American Presidency Series, revised ed.（Lawrence: University Press of Kansas）, 56—58；有关艾森豪威尔任期内大力发展高速公路的信息见 Patterson, *Grand Expectations,* 274；同见 Robert Griffith, "Dwight D. Eisenhower and the Corporate Commonwealth, *American Historical Review* 87（1982）: 106；以及 Pach and Richardson, *Dwight D. Eisenhower,* 122—124.

21. Jonathan Bean, "The Celler-Kefauver Act Amends Antitrust Legislation," in *Great Events from History,* 970—974.

22. Siva Balasubramanian, "Congress Sets Standards for Chemical Additives in Foods," in *Great Events from History,* 1097—1101.

23. 有关艾森豪威尔谨慎的对内政策，见 Chafe, *Unfinished Journey,* 139—140。沙佛（Chafe）将艾森豪威尔的领导风格部分归功于他部队中的经历："在那里，他从基层一步步获得提升，而不是通过阿谀奉承或打一场苦战，但是因为一直中规中矩，他总是在等待参谋带来所有的信息然后才发布命令。"

24. Eugenia Kaledin, *Daily Life in the United States, 1940—1959; Shifting Worlds*（Westport, CT: Greenwood Press, 2000）, 111. 关于效忠誓言中"上帝之下的国家"这一说法的历史，参见 Matthew W. Cloud, " 'One Nation, Under God': Tolerabe Acknowledgment of Religion or Unconstitutional Cold War Propaganda Cloaked in American Civil Religion?" *Journal of Church and State 46*（2004）: 311—340.

25. U.S. Bureau of the Census, *Historical Statistics of the United States,* Colonial Times to 1970, bicentennial ed.（Washington, DC: U.S. Bureau of the Census, 1975），part 1,391. 同见 Chafe, *Unfinished Journey,* 120; O'Neil, *American High,* 212; Kaledin, *Daily Life in the United States,* 111 中补充道："到1959年，美国民意测验显示69%的投票人承认教民身份。"

26. Michael Korda, *Making the List: A Cultural History of the American Bestseller 1900—1999*（New York: Barnes & Noble Publishing, 2001）.

27. 同上。

28. 关于20世纪50年代的大众文化，见 Kaledin, *Daily Life in the United States,* 133—147.

29. 有关公司的历史以及其在20世纪50年代开始的扩张，参见 Peggy Robbins, "Levi Strauss," *American History Illustrated* 6, no.5（1971）: 33—35.

30. James T. Patterson, *"Brown v. Board of Education": A Civil Rights Milestone and Its Troubled Legacy*（New York: Oxford University Press, 2001），11 and passim. 关于布朗案的其他精彩讨论，见 "Brown v. Board of Education at 40: A Commemorative Issue Dedicated to the Late Thurgood Marshall," *Journal of Negro Education 63,* no.3（summer 1994）.

31. Harvard Sitkoff, *The Struggle for Black Equality, 1954—1992,* rev. ed.（New York: Hill and Wang, 1993），37—56; and Janet Stevenson, "Rosa Parks Wouldn't Budge," *American Heritage* 23, no.2（1972）: 56—64, 85.

32. Jennings and Brewster, *The Century,* 331. 同见 Patterson, *Grand Expectations,* 348—349。

33. "TV Dinners," 食品参考网站：http://www.foodreference.com/html/arttvdinners.html（2004年9月29日访问）

34. Jennings and Brewster, *The Century,* 331. 同见 Sterling Kittross, *Stay Tuned: A Concise History of American Broadcasting*（Belmont, CA: Wadsworth Publishing, 1978），290—294; 以及 Douglas T. Miller and Marion Nowak, *The Fifties: The Way We Really Were*（Garden City, NJ: Doubleday, 1977），344.

35. Kittross, *Stay Tuned,* 291, 535.

36. 关于彩色电视的部分有很多引自 Thomas K. McCraw, *American Business, 1920—2000: How It Worked*（Wheeling, IL: Harlan Davidson, 2000），129—131.

37. John N. Ingham, *Biographical Dictionary of American Business Leaders* (Westport, CT: Greenwood Press, 1983), 524—526, 683—685; J. Erik Jonsson, "Memorial Tribute: Patrick Eugene Haggerty, 1914—1980," *National Academy of Engineering* 2 (1984), 101—105; Adam Nossiter, "J. E. Jonsson, Ninety-Three, Industrialist and Ex-Dallas Mayor, Dies," *New York Times,* 4 September 1995.

38. Kenneth Morris, Marc Robinson, and Richard Kroll, *American Dreams: One Hundred Years of Business Ideas and Innovation from the Wall Street Journal* (New York: Lightbulb Press, 1990), 148.

39. Richard Robinson, *U.S. Business History: A Chronology 1602—1988* (Westport, CT: Greenwood Publishing, 1990), 313, 328.

40. Evans, *The American Century,* 476. 有关人造卫星更多的讨论，参见 Robert A. Divine, *The Sputnik Challenge* (New York: New York University Press, 1993).

41. Fred Reed, "The Day the Rocket Died," *Air & Space/Smithsonian* 2, no. 4 (1987): 46—52.

42. Patterson, *Grand Expectations,* 420—421.

43. U.S.Bureau of the Census, *Historical Statistics of the United States,* part 1, 948; 在 Chafe, *Unfinished Journey,* 113 中做了这样的阐述："在战争结束的时候，制造一辆车只要花310个劳动时间，比15年以后用时少一半。"

44. Floyd Norris and Christine Bockelmann, *New York Times Century of Business* (New York: McGraw-Hill, 2000), 140—142.

45. Clifton K. Yearley, "The AFL and CIO Merge," in *Great Events from History*, 1064—1069.

46. 同上。

47. Mitchell Langbert "The Landrum-Griffin Act Targets Union Corruption," in *Great Events from History,* 1122—1127.

48. Chafe, *Unfinished Journey,* 114.

49. Robert E. Bedingfield, "Avery Overcomes Drive by Wolfson to Control Ward," *New York Times,* 23 April 1955.

50. "Eckerd History Is a Microcosm of Industry," *Chain Drug Review, 16* November 1992; "Founder of Eckerd Drug Chain Dies at Ninety-One ," *Knight Ridder Tribune*

Business News, 20 May 2004; "Jack Eckerd Made the Right Decision," *Chain Drug Review,* 14 September 1998; and "Jack Eckerd Still Has No Time for Idleness," *Drug Topics,* 20 May 1991.

51. 有关万宝路（Marlboro）香烟包装的引述，参见 Ingham, *Biographical Dictionary* 228—230。

52. 同上，228—230，492—492页。

53. Arthur M. Louis, "The Hall of Fame for U.S. Business Leadership," *Fortune ,* 22 March 1982, 104.

54. Oscar Schisgall, *Eyes on Tomorrow: The Evolution of Procter & Gamble*（Chicago: J. G. Ferguson Publishing, 1981），128—129.

55. Advertising Age, ed., *Procter & Gamble: The House That Ivory Built*（Lincolnwood, IL: NTC Business Books, 1988），185.

56. McCraw, *American Business,* 53.

57. Schisgall, *Eyes on Tomorrow,* 193.

58. Alfred Lief, *"It Floats": The Story of Procter & Gamble*（New York: Rinehart & Company, 1958），272.

59. Louis, "Hall of Fame," 104.

60. Advertising Age, *The House That Ivory Built,* 24.

61. 同上，27页。

62. Lief, *"It Floats,"* 277.

63. Alfred Lief, *The Moon and Stars: The Story of Procter & Gamble and Its People*（Cincinnati: Procter & Gamble Company, 1963），30—31.

64. Henry R. Bernstein, "P &G's Marketing Philosophy No Secret, Morgens Testifies," *Advertising Age,* 30 June 1975.

65. 如欲获取有关霍华德·摩根斯（Howard J. Morgens）的信息，见 Advertising Age, *The House That Ivory Built;* Bernstein, "P & G's Marketing Philosophy No Secret"; Fred Danzig, "Top 100 Advertising People," *Advertising Age,* 29 March 1999; Charles L. Decker, *Winning with the P & G 99: 99 Principles and Practices of Procter & Gamble's Success*（New York: Pocket Books, 1998）; "He Began Selling Soap to Indians," *New*

York Times, 8 September 1957; Howard J. Morgens, "War and Peace," *Advertising Age*, 18 June 1990; Lief, *"It Floats"*; Lief, *The Moon and Stars*, Louis "Hall of Fame"; McCraw, *American Business*, 42—58; "Morgens Turned P & G Global," *Cincinnati Post*, 29 January 2000; Jack Neff, "Creating a Brand Management System Was Only the Start of a Legacy Devoted to Nurturing Brands By Leaders Who Understood Consumers," *Advertising Age*, 13 December 1999; Procter & Gamble Company, "P & G History: 1946—1979," Procter & Gamble Web site, http://www.pg.com/about_pg/overview_facts/history.jhtml（2003年7月2日访问）; Schisgall, *Eyes on Tomorrow*, Oscar Schisgall, "P & G: Past Is Prolog," *Advertising Age*, 11 January 1982; Alecia Swasy, *Soap Opera: The Inside Story of Procter & Gamble*（New York: Times Books, 1993）; and Randy Tucker, "Former P & G President Dies; Howard Morgens Led Explosive Growth," *Cincinnati Enquirer*, 29 January 2000.

66. H & R Block, "H & R Block Company Information," H & R Block Web site.http://www.hrblock.com/about/company_info/hbloch.html（2002年3月7日访问）; John N. Ingham and Lynne B. Feldman, *Contemporary American Business Leaders: A Biographical Dictionary*（Westport, CT: Greenwood Press, 1990）, 27—32.

67. Ingham, *Biographical Dictionary*, 1652—1653; and Louis, "Hall of Fame," 105.

68. Ray Kroc with Robert Anderson, *Grinding It Out: The Making of McDonald's*（New York: St. Martin's Press, 1977）, 13.

69. John F. Love, *McDonald's: Behind the Arches*（New York: Bantam Books, 1986）, 7.

70. 有关雷蒙德·克罗克（Raymond A. Kroc）的信息，见 Jeffrey L. Bradach, *Franchise Organizations*（Boston: Harvard Business School Press, 1998）, 4; Ingham, *Bi-ographical Dictionary*, 741—743; Kroc with Anderson, *Grinding It Out*; Love, *Behind the Arches*; and McCraw, *American Business*, 156—192.

71. Ingham and Feldman, *Contemporary American Business Leaders*, 283—293.

72. Ingham, *Biographical Dictionary*, 1117—1121.

73. Robert Mottley, "The Early Years: Malcolm McLean," *American Shipper*, 1 May 1996.

74. 同上。

75. "McLean Buys All Stock in Two Subsidiaries of Waterman Steamship," *Wall Street Journal*, 24 January 1955, 17.

76. Marvin A. Chatinover, "'Fishy-Back'; Coastal Operators Seek Economic Rescue; Haul Trucks, Trains," *Wall Street Journal*, 8 February 1955, 1.

77. "Railroads Assail Sea-Trailer Plan," *New York Times*, 13 February 1955, 187.

78. "ICC to Investigate Ship, Truck Holdings of Malcolm P. McLean," *Wall Street Journal*, 18 May 1955, 15.

79. Sean Kilcarr, "The Passing of a Pioneer," *Drivers Magazine*, 1 June 2001.

80. Michael Bohlman, "Tribute to Malcolm McLean, Founding Father of the Freight Container," International Organization for Standardization, http://www.iso.ch/iso/en/commcentre/news/malcolmmclean.html（2003年7月25日访问）.

81. "R. J. Reynolds, McLean Holders Approve Merger," *Wall Street Journal*, 14 May 1969, 40.

82. 有关马尔科姆·麦克莱恩（Malcolm P. McLean）的信息，见 Bohlman, "Tribute to Malcolm McLean"; Wally Bock, "A Man Who Changed the World," *Monday Memo*, 11 June 2001, 详见网站 http://www.mondaymemo.net/010611feature.htm（2003年7月24日访问）; "Centennial Journal: 100 Years in Business—McLean Makes Containers Shipshape, 1956," *Wall Street Journal*, 10 August 1989; Chatinover, "'Fishy-Back,'" 1; "Containerization Marks 40th Anniversry on April 26, 1996: A New Jersey Innovation," *Business Wire*, 17 April 1966, 详见网站 Factiva, http://www.factiva.com（2003年7月24日访问）; Kilcarr, "Passing of a Pioneer"; Louis, "Hall of Fame," 103; Maersk Sealand Company, "The Evolution of the Revolution in Containers," 见 Maersk Sealand 网站, http://www2.maersksealand.com/maersksealand/evolution.htm（2003年7月24日访问）; "Malcolm Purcell McLean, Pioneer of Container Ships, Died on May 25th, Aged 87," *Economist*, 2 June 2001; Joseph G. Mattingly Jr., "Containerization," editorial in *Defense Transportation Journal*, 1 June 2001; Mottley, "The Early Years: Malcolm McLean"; Richard Pearson, "Malcolm McLean Dies; Revolutionized Shipping," *Washington Post*, 27 May 2001; Wolfgang Saxon, "M.P. McLean, 87, Container Shipping Pioneer," *New York Times*, 29 May 2001, 13; James Surowiecki, "The Financial Page: The Box That Launched a Thousand Ships," *New Yorker*, 11 December 2000, 46; and Wayne K. Talley, "Ocean Container Shipping: Impacts of a Technological Improvement," *Journal of Economic Issues*, 1 December 2000.

83. Patterson, *Grand Expectations*, 315.

84. "Americans Owe $607 Billion," *U.S. News & World Report*, 4 February 1955.

第七章

1. Floyd Norris and Christine Bockelmann, *New York Times Century of Business* (New York: McGraw-Hill, 2000), 195.

2. Kenneth M. Morris, Marc Robinson, and Richard Kroll, *American Dreams: One Hundred Years of Business Ideas and Innovation from the Wall Street Journal* (New York: Lightbulb Press, 1992), 132.

3. Shoshana Zuboff, "Work," in *Encyclopedia of the United States in the Twentieth Century,* ed. Stanley I. Kutler (New York: Charles Scribner's Sons, 1996), 1106.

4. Jonathan Bean, "The Celler-Kefauver Act Amends Antitrust Legislation," in *Great Events from History II: Business and Commerce,* ed. Frank N. Magill (Pasadena, CA: Salem Press, 1994), 970—974.

5. Robert Sobel, *The Rise and Fall of the Conglomerate Kings* (New York: Stein and Day, 1984), 11.

6. Norris and Bockelmann, *New York Times Century of Business,* 195.

7. John F. Winslow, *Conglomerates Unilmited: The Failure of Regulation* (Bloomington, IN: Indiana University Press, 1973), 9.

8. Stanley E. Boyle and Philip W. Jaynes, *Conglomerate Merger Performance: An Empirical Analysis of Nine Corporations,* staff report to Federal Trade Commission (Washington, DC: Federal Trade Bureau, National Technical Information Service, 1972), 16.

9. Norris and Bockelmann, *New York Times Century of Business,* 202.

10. "Making Big Waves with Small Fish," *Business Week,* 30 December 1967, 36.

11. "Infant with a Giant Appetite," *Business Week,* 11 January 1964, 66.

12. 同上，68页。

13. John N. Ingham and Lynne B. Feldman, *Contemporary American Business Leaders: A Biographical Dictionary* (Westport, CT: Greenwood Press, 1990), 621.

14. "The Rocket-Like Pace at Teledyne," *Forbes,* 15 January 1968, 22.

15. 同上。

16. "Two PhDs Turn Teledyne into a Cash Machine," *Business Week,* 22 November 1976, 133.

17. Ingham and Feldman, *Contemporary American Business Leaders,* 623.

18. Roy J. Harris Jr., "Quiet Growth :Teledyne, a Giant Now, Is Still Just Tele-Who to a Lot of Investors," *Wall Street Journal,* 16 January 1978, 1.

19. "Making Big Waves," 37.

20. Robert J. Flaherty, "The Singular Henry Singleton." *Forbes,* 9 Jully 1979, 48.

21. 同上，46页。

22. Singleton, 引自同上，50页。关于亨利·E. 辛格顿（Henry E. Singleton）的其他资料见 Robert J. Flaherty, "The Sphinx Speaks," *Forbes,* 20 February 1978; Harris, "Quiet Growth"; "Henry Singleton of Teledyne: A Strategy Hooked to Cash Is Faltering," *Business Week,* 31 May 1982; "Henry Singleton's Singular Conglomerate," *Forbes,* 1 May 1976; "Infant with a Giant Appetite"; Ingham and Feldman, *Contemporary American Business Leaders,* 619—624; Harry H. Lynch, *Financial Performance of Conglomerates* (Boston: Harvard University, 1971); "Making Big Waves"; Andrew Pollack, "Henry E. Singleton, a Founder of Teledyne, Is Dead at 82," *New York Times,* 3 September 1999; "Rocker-Like Pace at Teledyne"; Barry Stavro, "Waiting for Henry," *Financial World,* 16 June 1987; A. David Silver, *Entrepreneurial Megabucks: The 100 Greatest Entrepreneurs of the Last 25 Years and How They Did It* (New York: Wiley, 1985); and "Two PhDs Turn Teledyne into a Cash Machine."

23. Howard Zinn, *The Twentieth Century* (New York: HarperCollins, 2003), 191.

24. William H. Chafe, *The Unfinished Journey: America Since World War II,* 3rd ed. (New York: Oxford University Press, 1995), 147, 171—173.

25. Zinn, *The Twentieth Century,* 199.

26. 关于黑人人口的长期趋势见 "Population of the Coterminous United States by Race, Residence, and Region: 1870 to 1960," in Daniel O. Price, in cooperation with the Social Science Research Council, *Changing Characteristics of the Negro Population,* 1960s Census Monograph series (Washington, DC: U.S. Bureau of the Census, 1969), 245—247. 关于黑人人口数量的减少见 Chafe, Unfinished Journey, 215—216. 同时参见 Karl Tauber and Alma Tauber, *Negroes in Cities: Residential Segregation and Neighborhood Change* (Chicago: Aldine Publishing, 1965), 1—10.

27. 关于失业率，见 U.S. Bureau of the Census, *Historical Statistics of the United States, Colonial Times to 1970,* bicentennial ed.（Washington, DC: U.S. Bureau of the Census, 1975），part 1,135. 有关贫困率，见 Zinn, *The Twentieth Century,* 201.

28. Chafe, *Unfinished Journey,* 366—367.

29. Harold Evans, *The American Century*（New York: Alfred A. Knopf, 1998），596—597.

30. James Gilbert, *Another Chance: Postwar America 1945—1985*（Chicago: Dorsey Press, 1986），64, 277—278. 同时参见 Judith Hennessee, *Betty Friedan: Her Life*（New York: Random House, 1999）.

31. 关于生育控制的简史（通常指服用避孕药），见 Kenneth Davis, "The Story of the Pill," *American Heritage* 29（1978）: 80—91.

32. 关于反主流派流行文化的影响，见 Edward J. Reilly, *The 1960s,* American Popular Culture Through History series（Westport, CT: Greenwood Press, 2003），84—89.

33. Ingham and Feldman, *Contemporary American Business Leaders,* 300—307, 334—340.

34. Peter Jennings and Todd Brewster, *The Century*（New York: Doubleday, 1998），369. 关于20世纪60年代青年文化的讨论，见 Reilly, *The 1960s,* 23—36.

35. Evans, *The American Century,* 542. 同见 Edward P. Morgan, *The 60s Experience: Hard Lessons about Modern America*（Philadelphia: Temple University Press, 1991），162—163.

36. Zinn, *The Twentieth Century,* 242.

37. Jennings and Brewster, *The Century,* 359. 同时参见 Kurt Lang and Gladys Lang, *Pol-itics and Television*（Chicago: Quadrangle Books, 1968），213.

38. Jennings and Brewster, *The Century,* 360. 同时参见 Lang and Lang, *Politics and Television,* 213; 以及 Theodore H. White, *The Making of the President, 1960*（New York: Atheneum Publishers, 1961），294.

39. Evans, *The American Century,* 516. 同见 Chafe, *Unfinished Journey,* 235. 有关这一时期约翰逊的立法成就的更多讨论，见 Robert Dallek, *Flawed Giant: Lyndon Johnson and His Times, 1961—1973*（New York: Oxford University Press, 1998），189—237.

40. James Reston, "That Kennedy Remark Berated Steel Men, Not All in Business," *New York Times,* 10 May 1962.

41. 有关肯尼迪经济政策的详细说明，见 Bruce Miroff, *Pragmatic Illusions: The Presidential Politics of John F. Kennedy*（New York: David McKay, 1976）, 167—222.

42. Alene Staley, "The Kennedy-Johnson Tax Cuts Stimulate the U.S. Economy," in *Great Events from History,* 1218—1223.

43. U.S. Bureau of the Census, *Historical Statistics of the United States,* part 1, 135.

44. Morris, Robinson, and Kroll, *American Dreams,* 162.

45. 同上。

46. Martin J. Lecker, "Nader's Unsafe at Any Speed Launches a Consumer Movement," in *Great Events from History,* 1270—1275.

47. Morris, Robinson, and Kroll, *American Dreams,* 158.

48. Gilbert, *Another Chance,* 232—233, 292—293.

49. Jennings and Brewster, *The Century,* 371. 同见 Elizabeth Cobbs Hoffman, *All You Need Is Love: The Peace Corps and the Spirit of the 1960s*（Cambridge, MA: Harvard University Press, 1999）, 91—94.

50. Zinn, *The Twentieth Century,* 178.

51. Gilbert, *Another Chance,* 157—158, 202, 204.

52. Chafe, *Unfinished Journey,* 197—205; and Gilbert, Another Chance, 202—203.

53. David L. Anderson, *The Columbia Guide to the Vietnam War,* Columbia Guides to American History and Cultures（New York: Columbia University Press, 2002）, 22—36.

54. 同上，37—45页。

55. 同上，45—46，122—123页。同见 Chafe, *Unfinished Journey,* 278—280.

56. Anderson, *Vietnam War,* 63—69; Chafe, *Unfinished Journey,* 278—290; and Morgan, *The 60s Experience,* xxii. 关于60年代中期约翰逊执政期间对越政策的辩论，见 Dallek, *Flawed Giant,* 340—351.

57. 对于约翰逊政府的越南战略的简要概述，请参见 Anderson, *Vietnam War,* 43—69.

58. James Schefter, *The Race: The Definitive Story of America's Battle to Beat Russia to the Moon*（London: Century, 1999），130—136, 143—144.

59. 在1961年到1969年之间，美国宇航局花费了330亿美元，见 Gilbert, *Another Chance,* 165—167.

60. Evans, *The American Century,* 555.

61. Morris, Robinson, and Kroll, *American Dreams,* 148—149.

62. Thomas K. McCraw, *American Business, 1920—2000: How It Worked*（Wheeling, IL: Harlan Davidson, 2000），132.

63. 同上。

64. Morris, Robinson, and Kroll, *American Dreams*, 163, 167.

65. Mark D. Hannah, "Firms Begin Replacing Skilled Laborers with Automatic Tools," in *Great Events from History,* 1128—1132.

66. Clifton K. Yearley, "The AFL and CIO Merge," in *Great Events from History,* 1064—1069.

67. 关于《平等报酬法案》和1964年《民权法案》第7章的评估，参见 Robert D. Mann, "Reducing Discrimination: Role of the Equal Pay Act," *Montbly Labor Review* 93（1970）: 30—34.

68. Zuboff, "Work," 1107.

69. 有关农业劳动力的数据，参见 U.S. Bureau of the Census, *Historical Statistics of the United States,* part 1, 127.

70. Elisabeth A. Cawthon, "Congress Restricts Immigration with 1924 Legislation," in *Great Events from History,* 459—463.

71. U.S. Bureau of the Census, *Historical Statistics of the United States,* part 1, 105.

72. Katrina Brooker, "Can Anyone Replace Herb?" *Fortune,* 8 April 2000: 186; and Thomas Neff, *Lessons From the Top: The Search for America's Best Business Leaders*（New York: Currency, 1999），187—192.

73. Ingham and Feldman, *Contemporary American Business Leaders,* 727—733; Nitin Nohria, Davis Dyer, and Frederick Dalzell, *Changing Fortunes: Remaking the Industrial Corporation*（New York: John Wiley & Sons, 2002），226—226; and Richard S.

Tedlow, *Giants of Enterprise: Seven Business Innovators and the Empires They Built* (New York: HarperBusiness, 2001), 315—360.

74. "United Telecommunications Announces Henson Retires," *Business Wire,* 17 April 1990. 详见 http://www.lexisnexis.com/universe（2001年11月6日访问）

75. Discovery Channel, "Inventions Inspired by Apollo 11, July 6, 1999," Discovery Channel 网站, http://www.exn.ca/apollo/science /products.cfm（2002年12月18日访问）

76. "Alonzo Decker, Home Power Tool Pioneer, Retires from Black & Decker," *Associated Press Newswire,* 3 January 2001.

77. "Stockholder Meeting Briefs," *Wall Street Journal,* 27 January 1970.

78. "Black & Decker Sees Net Rising 20% in Year," *Wall Street Journal,* 25 August 1972. 关于阿伦佐·G. 德克尔第二（Alonzo G. Decker Jr.）的其他资料，请参阅 "Alonzo G. Decker, Obituary: The Register," *Times*（London）, 20 March 2002; June Arney, "Decker Retires from B & D; Son of Power Tool Firm's Co-founder; a Director 60 Years," *Baltimore Sun,* 3 January 2001; Lawrence Freeny, "End of an Era at Black & Decker," *New York Times,* 29 April 1979; Sean Somerville, "He's Still a Company Man; Alonzo G. Decker, Jr., Son of One of the Founders of Black & Decker," *Baltimore Sun,* 5 January 1997; and Thomas Walton, "The Balack & Decker Corporation: Compact Power—Innovation in the Cordless Professional Drill and Driver Market," *Design Management Journal*, October 1997.

79. Jerry Jasinowski and Robert Hamrin, *Making It in America: Proven Paths to Success from Fifty Top Companies*（New York: Simon and Schuster, 1995）, 122.

80. Jeffrey L. Rodengen, *The Legend of Nucor Corporation*（Fort Lauderdale, FL: Write Stuff Enterprises, 1997）, 24.

81. Ken Iverson with Tom Varian, *Plain Talk: Lessons from a Business Maverick*（New York: John Wiley & Sons, 1998）, 125—126.

82. 同上，53页。

83. Martin Donsky, "Man of Steel Talks Nuts and Bolts," *Business,* North Carolina, May 1989.

84. 同上。

85. Iverson with Varian, *Plain Talk,* 75—76.

86. 有关肯尼思·艾弗森（F.Kenneth Iverson）的信息，见 Tom Balcerek, "The

Man Who Broke the Mould of US Steel," *Metal Bulletin Monthly,* July 2002; Len Boselovic, "Nucor, at Middle Age, Seeks to Re-energize Itself," *Pittsburgh Post-Gazette,* 1 October 1995; Tom Brown, "The Art of Keeping Management Simple: An Interview with Ken Iverson of Nucor Steel," *Harvard Management Update,* May 1998; Jim Collins, *Good to Great* (New York: HarperCollins, 2001); Donsky, "Man of Steel"; Jonathan P. Hicks, "Innovative Steel Mill Is Off to a Slow Start," *New York Times,* 2 December 1989; Ingham and Feldman, *Contemporary American Business Leaders,* 257—261; F. Kenneth Iverson, "Changing the Rules of the Game," *Planning Review,* September/October 1993; Ken Iverson, "Now Nucor Works," *Iron Age New Steel,* November 1997; Iverson with Varian, *Plain Talk;* Jasinowski and Hamrin, *Making It in America;* Richard I. Kirkland Jr., "Pilgrims' Profits at Nucor," *Fortune,* 6 April 1981; Farrell Kramer, "At F. Kenneth Iverson's Steel Company, Everyone Wears the Same Colored Hard Hat," *Investor's Business Daily,* 8 March 1993; Rodengen, *Legend of Nucor Corporation;* Michael Schroeder and Walecia Konrad, "Nucor: Rolling Right into Steel's Big Time," *Business Week,* 19 November 1990; Irwin Speizer, "The Crucible," *Business, North Carolina,* 1 October 1999; and "Steel Man: Ken Iverson," *Inc.,* April 1986.

87. Nohria, Dyer, and Dalzell, *Changing Fortunes,* 27.

第八章

1. Peter Jennings and Todd Brewster, *The Century* (New York: Doubleday, 1998), 433.

2. Dorothea H. El Mallakh, "The Private Consumer and Energy Conservation," *Current History* 74 (1978): 198—201, 226—227.

3. "The Return of Stagflation," 30 December 2000, 详见 Blanchard Economic Research 网站, http://www.blanchardonline.com（2003年10月6日访问）

4. Thomas K. McCraw, *American Business, 1920—2000: How It Worked* (Wheeling, IL: Harlan Davidson, 2000), 157.

5. George Thomas Kurian, *Datapedia of the United States: American History in Numbers,* 3rd ed. (Lanham, MD: Bernan Press, 2004), 114.

6. Richard Robinson, *U.S. Business History: A Chronology 1602—1988* (Westport, CT: Greenwood Publishing, 1990), 393.

7. 从1966年到1972年，美国军方消耗了640万吨弹药。参见 David L. Anderson, *The Columbia Guide to the Vietnam War,* Columbia Guides to American History and

Cultures (New York: Columbia University Press, 2002), 59—60, 128, 291.

8. 关于肯特州悲剧，见 William H. Chafe, *The Unfinished Journey: America Since World War II,* 3rd edition (New York: Oxford University Press, 1995), 406—407.

9. 关于尼克松从越南撤军的步骤，见 James Gilbert, *Another Chance: Postwar America, 1945—1985* (Chicago: Dorsey Press, 1986), 297—300; 以及 Anderson, *Columbia Guide to the Vietnam War,* 72—77.

10. Chafe, *Unfinished Journey,* 401—404; and Gilbert, *Another Chance,* 300.

11. John N. Ingham, *Biographical Dictionary of American Business Leaders* (Westport, CT: Greenwood Press, 1983), 533—536.

12. Bruce Andre Beaubouef, "The United States Plans to Cut Dependence on Foreign Oil," in *Great Events from History II: Business and Commerce,* ed. Frank N. Magill (Pasadena, CA: Salem Press, 1994), 1555—1560.

13. Joseph R. Rudolph Jr., "Arab Oil Producers Curtail Oil Shipments to Industrial States," in *Great Events from History,* 1547.

14. Harold Evans, *The American Century* (New York: Alfred A. Knopf, 1998), 604.

15. Jennings and Brewster, *The Century,* 431. 有关上下班的统计，见 U.S. Bureau of the Census, "Means of Transportation to Work for the U.S.: 1980 Census," http://www.census.gov/population/socdemo/journey/mode6790.txt（2004年10月25日访问）

16 "Energy, 1945—1980: From John F. Kennedy to Jimmy Carter," *Wilson Quarterly* 5 (1981): 70—90. 同见 Gilbert, *Another Chance,* 308—309.

17. Joseph R. Rudolph Jr., "Carter Orders Deregulation of Oil Prices," in *Great Events from History,* 1700.

18. 有关尼克松的经济政策，参见 Paul W. McCracken, "Economic Policy in the Nixon Years," *Presidential Studies Quarterly* 26 (1996): 65—77. 同见 Richard Reeves, *Richard Nixon: Alone in the White House* (New York: Simon and Schuster, 2001), 350—357。关于尼克松对美国宇航局的资助，见 T. A. Heppenheimer, "Lost in Space: What Went Wrong with NASA?" *American Heritage* 43 (1992): 60—72. 关于1972年的选举，见 Chafe, *Unfinished Journey,* 381—387 and 417—419.

19. Chafe, *Unfinished Journey,* 420—427.

20. 同上，450—451页。同见 Richard A. Watson, "The President's Veto Power," *Annals*

of the American Academy of Political and Social Science 499（1988）: 41.

21. International Institute for Democracy and Electoral Assistance, "North America and the Caribbean: Voter Turnout from 1945 to Date," http://www.idea.int/voter_turnout/northamerica/usa.html（2004年10月27日访问）

22. Chafe, *Unfinished Journey,* 451—452.

23. 同上，454页。

24. Sharon C. Wagner, "Nixon Signs the Consumer Product Safety Act," in *Great Events from History,* 1522.

25. 同上，1522—1523页。

26. 有关航空公司发展的数据，见 Kenneth M. Morris, Marc Robinson, and Richard Kroll, *American Dreams: One Hundred Years of Business Ideas and Innovation from the Wall Street Journal*（New York: Lightbulb Press, 1992）, 184.

27. Richard T. Seldon, "An Economist Looks at the 80's," *Virginia Quarterly Review* 56（1980）: 216—233.

28. Michael E. Kraft, "U.S. Environmental Policy and Politics: From the 1960s to the 1990s" *Journal of Policy History* 12（2000）: 22—26.

29. Kurian, *Datapedia of the United States,* 114.

30. Bureau of Labor Statistics, "Household Data Annual Averages," http://stats.bls.gov/cps/cpsaat1.pdf（2004年10月28日访问）; 同见 Bureau of Labor Statistics, "The American Workforce, 1992 to 2005: Historical Trends, 1950—92, and Current Uncertainties," http//www.bls.gov/opub/mlr/1993/111 art1abs.htm（2004年10月27日访问）

31. 据美国人口普查数据，生产力在1972年和1980年之间稳步下降，特别是在1974年经历了4%的下滑。参见 chart and index in U.S. Bureau of the Census, *Statistical Abstract of the United States: 1980,* 101st ed.（Washington, DC, 1980）, 416, 同见 http://www2.census.gov/prod2/statcomp/documents/1980-01.pdf（2004年10月26日访问）

32. 关于亚伯隆斯基，见 Kenneth C. Wolensky, "Living for Reform," 27（2001）: 13—23; 关于尼克松和霍法，见 Reeves, *President Nixon,* 394, 413

33. Evans, *The American Century,* 563. See also Meta Mendel-Reyes, "Remembering Cesar," *Radical History Review* 58（1994）: 142—150.

34. John F. O'Connell, "Nixon Signs the Occupationd Safety and Health Act," in *Great Events from History,* 1466.

35. 同上，1470页。

36. Robert McClenaghan, "The Supreme Court Orders the End of Discrimination in Hiring," in *Great Events from History,* 1495.

37. John N. Ingham and Lynne B. Feldman, *African-American Business Leaders: A Biographical Dictionary*（Westport, CT: Greenwood Press, 1994）, 181—198.

38. 同上，58—75, 120—129, 287—293页。

39. Gilbert, *Another Chance,* 303.

40. 同上，278—281页。

41. 罗伊诉韦德案（*Roe v. Wade*）及其影响的更多讨论，见 Johanna Schoen, "Reconceiving Abortion: Medical Practice, Women's Access, and Feminist Politics Before and After *Roe v. Wade,*" *Feminist Studies* 26（2000）: 349—377.

42. Howard Zinn, *The Twentieth Century*（New York: Harper Collins, 2003）, 268—297.

43. 对于70年代自我帮助现象的简要讨论，见 Kim Shienbaum, "Popular Culture and Political Consciousness Ideologies of Self-Help, Old and New," *Journal of Popular Culture* 14（1980）: 10—19；有关吉姆·琼斯的邪教，见 Ernest J. Green, "Jones-town," *Utopian Studies* 4（1993）: 162—165; 以及 John R. Hall, "Apocalypse at Jonestown," *Society* 16（1979）: 52—61.

44. Jennings and Brewster, *The Century,* 426.

45. 有关耐克最权威的书，见 Donald Katz, *Just Do It: The Nike Spirit in The Corporate World*（New York: Random House, 1994）; 同见 Phil Knight, "High-Performance Marketing: An Interview with Nike's Phil Knight," *Harvard Business Review,* 1 July 1992.

46. McCraw, *American Business,* 157.

47. U.S. Bureau of the Census, "Population, Housing Units, Area Measurements, and Density: 1790 to 1990," http://www.census.gov/population/censusdata/table-2.pdf（2004年10月27日访问）.

48. U.S. Bureau of the Census, "Population: 1790 to 1990," http://www.census.gov/

populaion/censusdata/table-2.pdf（2004年10月28日访问）

49. U.S. Bureau of the Census, "Nativity of the Population and Place of Birth of the Native Population: 1850 to 1990," table1, 详见 http://www.census.gov/populaion/www/documentation/twpsoo29/tabo1.html（2004年10月27日访问）

50. Kamala Arogyaswamy, "Genentech Is Founded," in *Great Events from History,* 1616—1620.

51. Jennings and Brewster, *The Century,* 452.

52. McCraw, *American Business,* 200.

53. Richard Barrett, "The Pocket Calculator Is Marketed," in *Great Events from History,* 1518.

54. 同上，1517—1521页。

55. Patrick Bridgemon, "Visicalc Spreadsheet Software Is Marketed," in *Great Events from History,* 1687—1691.

56. Nitin Nohria, Davis Dyer, and Frederick Dalzell, *Changing Fortunes: Remaking the Industrial Corporation*（New York: John Wiley & Sons, 2002），29.

57. 同上。

58. Zinn, *The Twentieth Century,* 300.

59. Paul Gibson, "Being Good Isn't Enough Anymore," *Forbes,* 26 November 1979; and Michael Waldholz, "Merck Picks Vagelos, Its Top Scientist, to Be Chief Executive and President," *Wall Street Journal,* 24 April 1985.

60. Lawrence Van Gelder, "Corporate Chief Ponders 'Drug Lag'," *New York Times,* 1 April 1984.

61. David Finn, "CEO: The Whole Man. Fame Versus The Family/Edmund T. Pratt Jr. of Pfizer Inc.," *Across the Board,* December 1985: 37.

62. Jeffrey L. Rodengen, *The Legend of Pfizer*（Fort Lauderdale, FL: Write Stuff Syndicate, 1999），103.

63. 同上，107页。

64. Anthony Baldo, "One Quarter Doesn't Matter," *Financial World,* 11 July 1989.

65. Suzanne L. Oliver, "Sticking with It: Pfizer's Boss Ignored Wall Street's Impatience with His R & D," *Forbes,* 13 May 1991.

66. Edmund T. Pratt Jr., "Keeping an Eye on America's Future," *Directors & Boards,* winter 1993.

67. Michael A. Santoro and Lynn Sharp Paine, "Pfizer: Global Protection of Intellectual Property," Case 9-392-073（Boston: Harvard Business School, 1992）, 6.

68. Oliver, "Sticking with It."

69. 有关埃德蒙德·T. 普拉特第二（Edmund T. Pratt Jr.）的信息，请参阅 Baldo, "One Quarter Doesn't Matter"; "Distinguished Alumnus," *Duke Magazine,* September—October 2001; Bruce R. Ellig, "My Years with the Pfizer Board," *Directors & Boards,* summer 1997; Finn, "Edmund T. Pratt Jr."; Thomas Jaffe with Jon Schriber, "Miracle on 42nd Street?" *Forbes,* 27 April 1981; Andrew A. Leckey, *The 20 Hottest Investments for the 21st Century*（Chicago: Contemporary Books, 1994）; Oliver, "Sticking with It"; Jeffrey A. Perlman, "Pfizer Names E. Pratt Chairman and Chief. G. Laubach President," *Wall Street Journal,* 20 December 1972; Ed-mund T. Pratt Jr., "Intellectual Property: Tales of Piracy and Retaliation," *Directors & Boards,* summer 1989; Pratt, "Keeping an Eye on America's Future"; Edmund T. Pratt, Jr., *Pfizer: Bringing Science to Life*（New York: Necomen Society of America, 1985）; Rodengen, *The Legend of Pfizer,* Monica Roman, "The Corporation: Pfizer Finally Sees Its Payoff," *Business Week,* 1 July 1991; Wolfgang Saxon, "Edmund Taylor Pratt Jr., 75, a Former Chairman of Pfizer," *New York Times,* 7 September 2002; and United Press International, "A Chief Executive's Charmed Life, Pfizer Chief Also Did Government Stint," *Northern New Jersey Record,* 28 September 1984.

70. Nohria, Dyer, and Dalzell, *Changing Fortunes, 241.*

71. 同上，241—242页。

72. 同上，244—245页。

73. John N. Ingham and Lynne B. Feldman, *Contemporary American Business Leaders: A Biographical Dictionary*（Westport, CT: Greenwood Press, 1990）, 162—166.

74. 同上，625—635页。

75. Dee Hock, *Birth of the Chaordic Age*（San Francisco: Berrett-Koehler Publishers, 1999）, 59.

76. Bonnie Durrance, "The Evolutionary Vision of Dee Hock: From Chaos to Chaords," *Training & Development,* April 1997.

77. Hock, *Birth of the Chaordic Age,* 64.

78. 同上，80页。

79. Paul Chutkow, *VISA: The Power of an Idea*（Chicago: Harcourt, 2001），82.

80. 同上。

81. 同上，93页。

82. 同上，98页。

83. M. Mitchell Waldrop, "The Trillion-Dollar Vision of Dee Hock," *Fast Company,* October/November 1996.

84. Chutkow, *VISA,* 117.

85. "Otherwise Dee Hock, the Birth of the Chaordic Century: Out of Control and Into Order," Paradigm Shift International 网站, http://www.parshift.com/speakers/speakoo9.htm（2003年7月9日访问）

86. Chutkow, *VISA,* 158.

87. 同上页。

88. 关于迪伊·沃德·霍克（Dee W. Hock）的信息，请参见Roslan Ali, "Visa 'Chameleon' in the Business World," *Business Times,* 24 March 1993; Warren Bennis and Robert Thomas, *Geeks and Geezers: How Era, Values, and Defining Moments Shape Leaders*（Boston: Harvard Business School Press, 2002）; Chutkow, *VISA;* Durrance, "Evolutionary Vision of Dee Hock"; Hock, *Birth of the Chaordic Age;* "The Iconoclast Who Made Visa No.1," *Business Week,* 22 December 1980; Jeffrey Kutler, "Looking Beyond Cards, Visa's First Chief Has Found a Wider World to Conquer," *American Banker,* 16 April 1998; Arthur M. Louis, "Visa Stirs Up the Big Banks—Again," *Fortune,* 3 October 1983; "The National Business Hall of Fame," *Fortune,* 11 March 1991; "Otherwise Dee Hock"; and Waldrop, "Trillion-Dollar Vision of Dee Hock."

89. John P. Kotter, *A Force for change: How Leadership Differs from Management*（New York: Free Press, 1990），131.

90. Jeff Bailey, "Plains Giant: What Makes ConAgra, Once on Brink of Ruin, a Wall Street Favorite?" *Wall Street Journal,* 13 June 1990.

91. Mark Ivey, "The Corporation: How ConAgra Grew Big—and Now Beefy: Acquisition Whiz Mike Harper Just Bought a Huge Meatpacker," *Business Week,* 18 May 1987.

92. 同上。

93. Jane E. Limprecht, *ConAgra Wbo? $15 Billion and Growing* (Omaha: ConAgra, 1989), 114.

94. 关于查尔斯·迈克尔·哈珀（Charles M. Harper）的信息，见Bailey, "Piains Giant"; Jeff Blyskal, "The Best Damn Food Company in the U.S.," *Forbes*, 24 October 1983; "ConAgra: Buying a Frozen-Food Maker to Get at Its Chickens," *Business Week*, 1 December 1980; Ingham and Feldman, *Contemporary American Buiness Leaders*, 207—211; Ivey, "How ConAgra Grew Big"; Limprecht, *ConAgra Who*?; Julie Liesse, "Harper: ConAgra's Healthy Choice," *Advertising Age,* 7 January1991; and Seth Lubove, "I Hope My Luck Holds Out," *Forbes*, 20 July 1992.

第九章

1. Peter Jennings and Todd Brewster, *The Century* (New York: Doubleday, 1998), 484.

2. John N. Ingham and Lynne B. Feldman, *Contemporary American Business Leaders: A Biographical Dictionary* (Westport, CT: Greenwood Press, 1990), 316—322.

3. Martin K. Hunt and Jacqueline Hunt, *History of Black Business: The Coming of America's Largest Black-Owned Businesses* (Chicago: Knowledge Express Company, 1998), 111.

4. Alfred Edmond Jr., "Reginald Lewis Cuts the Big Deal," *Black Enterprise,* November 1987.

5. Thayer C. Taylor, "Living the Dream *Why Should White Guys Have All the Fun?* by Reginald F. Lewis and Blair S. Wallker," *Sales and Marketing Management,* January 1995.

6. Reginald F. Lewis and Blair S. Walker, *Why Should White Guys Have All the*

Fun? How Reginald Lewis Created a Billion-Dollar Business Empire（New York: John Wiley & Sons, 1995）,165.

7. George Anders and Constance Mitchell, "Self-Made Man: How Reginald Lewis Has Elbowed His Way into an LBO Fortune," *Wall Street Journal,* 15 October 1992.

8. Edmond, "Reginald Lewis Cuts the Big Deal."

9. Lewis and Walker, *Why Should White Guys Have All the Fun?* 198.

10. Jonathan P. Hicks, "The Wall Streeter Who Runs TLC Beatrice," *New York Times,* 9 June 1991.

11. 有关雷金纳德·F. 刘易斯（Reginald F. Lewis）的信息，请参阅 Anders and Mitchell, "Self-Made Man"; Erik Calonius, "For Reg Lewis: Mean Streets Still," *Fortune,* 15 January 1990; Thomas N. Cochran, "Beatrice International's IPO," *Barron's,* 4 December 1989; Daniel F. Cuff, "90-to-1 Return for Investor," *New York Times,* 10 July 1987; Derek T. Dingle, "TLC's Final Act," *Black Enterprise,* September 1999; Alfred Edmond Jr., "Dealing at the Speed of Light," *Black Enterprise,* June 1988; Edmond, "Reginald Lewis Cuts the Big Deal"; Arthur S. Hayes, "Crowthers McCall Sues Investor Lewis, Charging Buy-Out Triggered Its Slide," *Wall Street Journal,* 11 September 1989; Jonathan P. Hicks, "Beatrice Unit Brings $985 Million," *New York Times,* 10 August 1987; Jonathan P. Hicks, "Reginald F. Lewis, 50, Is Dead: Financier Led Beatrice Takeover," *New York Times,* 20 January 1993; Hicks, "Wall Streeter"; Hunt and Hunt, *History of Black Business;* John N. Ingham and Lynne B. Feldman, *African-American Business Leaders: A Biographical Dictionary* （Westport, CT; Greenwood Press, 1994）, 434—440; Andrew Kupfer, "Reginald Lewis: The Newest Member of the LBO Club," *Fortune,* 4 January 1988; Lewis and Walker, *Why Should White Guys Have All the Fun*?; Jay Matthews and Brett Fromson, "Reginald Lewis' Restless Vision: Beatrice Chairman's Drive Built Largest Black-Owned Company," *Washington Post,* 20 January 1993; Judy Temes, "McCall's Unravels; Who's to Blame?" *Crain's New York Business,* 11 June 1990; Kevin D. Thompson, "TLC Deal Signals New Era for Black Business," *Black Enterprise,* October 1987; "Travelers Drops Appeal Involving Reginald Lewis," *Wall Street Journal,* 17 July 1991; Blair S. Walker, "Beatrice CEO Dies: Brain Cancer Just Disclosed a Day Before," *USA Today,* 20 January 1993: and Juliet E. K. Walker, *The History of Black Business in America: Capitalism, Race, Entrepreneurship* （New York: Twayne Publishers, 1998）.

12. Larry Schweikart, "Insider Trading Scandals Mar the Emerging Junk Bond Mar-

ket," in *Great Events from History II: Business and Commerce,* ed. Frank N. Magill (Pasadena, CA: Salem Press, 1994), 1922.

13. 同上。

14. Jennings and Brewster, *The Century,* 474.

15. Harold Evans, *The American Century* (New York: Alfred A. Knopf, 1998), 617.

16. William H. Chafe, *The Unfinished Journey: America Since World War II,* 3rd ed. (New York: Oxford University Press, 1995), 491.

17. Jennings and Brewster, *The Century,* 470.

18. Thomas B. Edsall,"The Tax Bill: The Effect on Business and Investment," *Washington Post,* 6 August 1981.

19. Howard Zinn, *The Twentieth Century* (New York: Harper Collins, 2003), 346.

20. Evans, *American Century,* 642.

21. Nathaniel C. Nash, "Who to Thank for the Thrift Crisis," *New York Times,* 12 June 1988.

22. 同上。

23. Davita Glasberg and Dan Skidmore, "The Dialectics of State Economic Intervention: Bank Deregulation and the Savings and Loan Bailout," *Sociological Quarterly* 38 (1997): 67—93.

24. Ronald Reagan, speech to the National Association of Evangelicals, Orlando, FL, 8 March 1983.

25. George L. Rueckert, *Global Double Zero: The INF Treaty from Its Origins to Implementation,* Contributions in Military Studies, no. 135 (Westport, CT: Greenwood Press, 1993), 178—179.

26. Chafe, *Unfinished Journey,* 500—501.

27. Constantine C. Menges, "Sanctions' 86: How the State Department Prevailed," *National Interest* 13 (1988): 65—77.

28. Evans, *American Century,* 629.

29. Corinne Elliott, "Health Consciousness Creates Huge New Markets," in *Great*

Events from History, 1419.

30. Zinn, *The Twentieth Century,* 351.

31. Jennings and Brewster, *The Century,* 480.

32. U.S. Department of Justice,"Bureau of Justice Statistics Special Report: Prevalence of Imprisonment in the U.S. Population, 1974—2001," http//www.ojp.usdoj.gov/bjs/pub/pdf/piuspo1.pdf（2004年10月12日访问）

33. Zinn, *The Twentieth Century,* 346; and Jennings and Brewster, *The Century,* 488.

34. Eric K. Lerner and Mary Ellen Hombs, *Aids Crisis in America,* 2nd ed.（Santa Barbara, CA: ABC-CLIO,1988）, 3, 40—44; and Kenneth J. Doka, *Aids, Fear, and Society: Challenging the Dreaded Disease*（Washington: Taylor & Francis, 1997）, 68—71.

35. 截至1989年底，疾病控制中心报告指出，自1981年起共有86,614人死于艾滋病（1987年至1989年就有70,000人）。参见 the Centers for Disease Control, *HIV/AIDS Surveillance Reports,* 1987 and 1990 year-end editions（Washington, DC: Department of Health and Human Services）http://www.cdc.gov/hiv/stats/hasrlink.htm（2004年11月9日访问）

36. U.S. Bureau of the Census,"Census Questionnaire Content, 1990 CQC-6: Marital Status"（Washington, DC: U.S. Department of Congress, 1993）.

37. Richard Robinson, *U.S. Business History: A Chronology, 1602—1988*（Westport, CT: Greenwood Publishing, 1990）, 448.

38. U.S. Bureau of the Census, Current Population Reports, P23—180, *Marriage, Divorce, and Remarriage in the 1990's*（Washington, DC: U.S. Government Printing Office, 1992）, http://www.census.gov/population/socdemo/marr-div/P23-180/P23-180.pdf（2004年11月18日访问）; AgingStats.Gov（联邦机构间论坛关于年龄的数据网站），"Older Americans 2000: Key Indicators of Well-Being," appendix A, "Detailed Tables," http://www.agingstats.gov/chartbook2000/tables-population.html#Indicator%201（2004年11月9日访问）

39. U.S. Citizenship and Immigration Services, "U.S. Immigration Statistics," table 2, "Immigration by Region and Selected Country of Last Residence: Fiscal Years 1820—1997," 详见 http://uscis.gov/graphics/shared/aboutus/statistics/97immtbls.htm（2004年11月8日访问）

40. U.S. Citizenship and Immigration Services, "U.S. Immigration Statistics," table 3, "Immigrants Admitted by Region and Country of Birth: Fiscal Years 1987—97," 详见 http://uscis.gov/graphics/shared/aboutus/statistics/97immtbls.htm（2004年11月8日访问）

41. U.S. Bureau of the Census, "Race and Hispanic Origin of the Population by Nativity:1850 to 1990," table 8, http://www.census.gov/population/www/documentation/twpsoo29/tabo8.html（2003年11月25日访问）

42. D.G. Papademetriou, "The Immigration Reform and Control Act of 1986: America Amends Its Immigration Law," *International Migration* 25（1987）: 325-334.

43. Jack Citrin, Beth Reingold, and Donald Green, "American Identity and the Politics of Ethnic Change," *Journal of Politics* 52（1990）: 1124—1154.

44. Evans, *The American Century,* 626.

45. 同上。

46. Jennings and Brewster, *The Century,* 473; and Herbert R. Northrup, "The Rise and Demise of PATCO," *Industrial and Labor Relations Review* 37（1984）: 167—184.

47. George Thomas Kurian, *Datapedia of the United States: American History in Numbers,* 3rd ed.（Lanham, MD: Bernan Press, 2004）, 123.

48. Nitin Nohria, Davis Dyer, and Frederick Dalzell, *Changing Fortunes: Remaking the Industrial Corporation*（New York: John Wiley &Sons, 2002）, 49.

49. Shoshana Zuboff, "Work," in *Encyclopedia of the United States in the Twentieth Century,* ed. Stanley I. Kutler（New York: Charles Scribner's Sons, 1996）, 1117.

50. Kenneth M. Morris, Marc Robinson, and Richard Kroll, *American Dreams: One Hundred Years of Business Ideas and Innovation from the Wall Street Journal*（New York: Lightbulb Press, 1992）, 201.

51. 同上。

52. Robert Sobel, "IBM Introduces Its Personal Computer," in *Great Events from History,* 1811.

53. Susan Strasser, "Consumption," in *Encyclopedia of the United States in the Twentieth Century,* ed. Stanley I. Kutler（New York: Charles Scribner's Sons, 1996）, 1031.

54. David E. Sanger, "For Apple, a Risky Assault on I.B.M.," *New York Times,* 23 January

1984.

55. Strasser, "Consumption," 1031.

56. Zuboff, "Work," 1120.

57. Sobel, "IBM Introduces Its Personal Computer," 1809—1814.

58. Jim Kerstetter and Peter Burrows, "A CEO's Last Stand," *Business Week*, 26 July 2004; and Michael J. Miller, "Interview with Scott McNealy," *PC Magazine*, 4 September 2001.

59. "Steve Case." *Newsmakers 1996*, Issue 4. Gale Research, 1996.

60. Nohria, Dyer, and Dalzell, *Changing Fortunes*, 237.

61. "Case Study Steve Case," *Newsweek*, 24 January 2000; Michael Krantz, "AOL, You've Got Netscape," *Time*, 7 December 1998: "Steve Case." *Newsmakers 1996*; and Nohria, Dyer, and Dalzell, *Changing Fortunes*, 237—240.

62. Brian Dumaine, "Self-Made Millionaires", *Fortune*, 23 September 2002: Nohria, Dyer, and Dalzell, *Changing Fortunes*, 242—243: and Andrew Park and Peter Burrows, "Dell, The Conqueror," *Business Week*, 24 September 2001.

63. Jay Nathan, "CAD/CAM Revolutionizes Engineering and Manufacturing," in *Great Events from History*, 1721—1725.

64. Jennings and Brewster, *The Century*, 493.

65. Robinson, *U.S. Business History: A Chronology*, 439.

66. Robert Sobel, "Japan Becomes the World's Largest Automobile Producer," in *Great Events from History*, 1754.

67. Judith Miller, "Congress Approves a Compromise Plan on Aid to Chrysler," *New York Times*, 21 December 1979.

68. Patricia C. Matthews, "The Loan Guarantee Act Saves Chrysler," in *Great Events from History*, 1764.

69. John Holusha, "Chrysler's Sharp Turnaround," *New York Times*, 15 July 1983.

70. Tina Grant, ed., *International Directory of Company Histories* (Farmington Hills, MI: St. James Press, 2001), 110—115; Nelson D. Schwartz, "Colgate Cleans Up," *Fortune*, 6 April 2001: and H. John Steinbreder, "The Man Brushing Up Colgate's

Image, " *Forune,* 11 May 1987.

71. Christopher A. Bartlett and Meg Wozny, "GE's Two-Decade Transformation: Jack Welch's Leadership, " Case 399—150 (Boston: Harvard Business School, 2004), 2.

72. 同上; Carol Hymowitz and Matt Murray, "Raises and Praises or Out the Door, " *Wall Street Journal, 21* June 1999; Thomas J. Neff and James M.Citrin, *Lessons from the Top: The Search for America's Best Business Leaders* (New York: Doubleday, 1999), 339—346; and Allan Sloan, "Judging GE's Jack Welch," *Newsweek,*15 November 1999.

73. Bloomberg Business News, "Pepsico's Top Executive Is Set to Resign, " *New York Times,* 23 February 1996; Constance L. Hays, "Wayne Calloway Dies at 62," *New York Times,* 10 July 1998; Andrea Rothman, "Can Wayne Calloway Handle the Pepsi Challenge?" *Business Week,* 27 January 1992; and "Was Chief at Pepsico 10 Years"; *New York Times,* 10 July 1998.

74. Charles Gasparino and Jathon Sapsford, "Sanford Weill to Be Sole Citigroup CEO After John Reed's Retirement in April, " *Asian Wall Street Journal,* 1 March 2000; Noelle Knox, "John Reed to Retire from Citigroup in April," *Associated Press,* 28 February 2000; and Leslie Scism, Anita Raghavan, and Stephen E. Frank, "Can Titans' Egos Fit Under One Umbrella?" *Asian Wall Street Journal,* 8 April 1998.

75. Neff and Citrin, *Lessons from the Top,* 241—246; Michael Arndt, "How O'Neill Got Alcoa Shining," Business Week, 5 February 2001; and "No Corner Office for Paul O'Neill, " *Industry Week,* 15 April 1996.

76. Max De Pree, *Leadership Is an Art* (New York: Dell, 1989), 22.

77. Susan Ager, "Lessons on Leadership, " *Nation's Business,* March 1986.

78. Max De Pree, "The Leadership Quest: Three Thing Necessary, " *Business Strategy Review,* spring 1993.

79. Kenneth Labich, "Hot Company, Warm Culture, " *Fortune,* 27 February 1989.

80. 关于马克斯·德普里 (Max O. De Pree) 的信息，参见 Ager, "Lessons on Leadership"; Warren Bennis, "Four Pioneers Reflect on Leadership," *Training & Development,* July 1998; Jeffrey L. Cruikshank and Clark Malcolm, *Herman Miller, Inc.: Buildings and Beliefs* (Washington, DC: American Institute of Architects Press,1994); Hugh De Pree, *Business As Unusual: The People and Principles at Herman Miller* (Zeeland, MI: Herman Miller, 1986); Max De Pree, *Leadership Is an Art*; "De Pree Receives Business Enterprise Lifetime Achievement Award, " *Facilities Design & Management,* April 1997:

Herman Miller, "Where We've Been: Company Timeline," Herman Miller 网站，http://www.hermanmiller.com（2003年12月16日访问）; Jerry Jasinowski and Robert Hamrin, *Making It in America: Proven Paths to Success from Fifty Top Companies*（New York: Simon and Schuster, 1995）; Labich, "Hot Company, Warm Culture"; Joani Nelson-Horchler, "A Catchall Parachute," *Indus-try Week,* 9 February 1987; Nelson-Horchler, "The Magic of Herman Miller," *Industry Week,* 18 February 1991; Peter Nulty, "The National Business Hall of Fame," *Fortune,* 23 March 1992; Mary Radigan, "Herman Miller Chairman Elected to Hall of Fame," *Grand Rapids Press,* 5 March 1992; and Tedd Saunders and Loretta McGovern, *The Bottom Line of Green Is Black: Strategies for Creating Profitable and Environmentally Sound Businesses*（San Francisco: Harper San Francisco, 1993）.

81. Morris, Robinson, and Kroll, *American Dreams,* 210.

第十章

1. Edward Wyatt, "Share of Wealth in Stock Holdings Hits 50-Year High," *New York Times,* 11 February 1998.

2. Gretchen Morgenson, "Dow Finishes Day over 10,000 Mark for the First Time," *New York Times,* 30 March 1999.

3. Thomas K. McCraw, *American Business, 1920—2000: How It Worked*（Wheeling, IL: Harlan Davidson, 2000）, 36.

4. Wyatt, "Share of Wealth in Stock Holdings."

5. McCraw, *American Business,* 10.

6. Mall of America, "Media: Mall Facts," Mall of America 网站, http://www.mallofamerica.com/about_the_mall/mallfacts.aspx（2004年1月6日访问）

7. Susan Strasser, "Consumption," in *Encyclopedia of the United States in the Twentieth Century,* ed. Stanley I. Kutler（New York: Charles Scribner's Sons, 1996）, 1034.

8. Howard Zinn, *The Twentieth Century*（New York: HarperCollins, 2003）, 457.

9. McCraw, *American Business,* 163.

10. 同上，164页。

11. Rakesh Khurana, *Searching for a Corporate Savior: The Irrational Quest for*

Charismatic CEOs（Princeton, NJ: Princeton University Press, 2002）.

12. Zinn, *The Twentieth Century*, 457.

13. McCraw, *American Business*, 165.

14. 同上，206页。

15. Alberto Bin, Richard Hill, and Archer Jones, *Desert Storm: A Forgotten War*（Westport, CT: Praeger, 1999），237, 241; and Alan Brinkley and Ellen Fitzpatrick, *America in Modern Times—Since 1890*（New York: McGraw-Hill, 1997），581—582.

16. 同上，37页。

17. Brinkley and Fitzpatrick, *America in Modern Times*, 576—577.

18. 关于东德人在共产主义衰退后的工资分析（适用于所有后苏联时期的东欧），参见 Edward Bire, Johannes Schwarze, and Gert G. Wagner, "Wage Effects of the Move Toward Free Markets in East Germany," *Industrial and Labor Relations Review* 47（1994）: 390—400. 作者认为，在1989年至1991年东德向资本主义转型时期，很多老工人工资减少的主要原因是缺乏工作经验。

19. 近期出版的关于南斯拉夫内战的回忆录，参见 Sabrina Ramet, "Views from Inside: Memoirs Concerning the Yugoslav Breakup and War," *Slavic Review* 61（2002）: 558—580.

20. 有关克林顿总统为维持和平而进行的小规模军事干预的描述，见 Robert Worth, "Clinton's Warriors: The Interventionists," *World Policy Journal* 15（1998）: 43—48.

21. Floyd Norris and Christine Bockelmann, *New York Times Century of Business*（New York: McGraw-Hill, 2000），295.

22. Joseph R. Rudolph Jr., "The European Market Unifies," in *Great Events from History II: Business and Commerce*, ed. Frank N. Magill（Pasadena, CA: Salem Press, 1994），2053.

23. Patricia Matthews, "The North American Free Trade Agreement Goes into Effect," in *Great Events from History*, 2072.

24. Geri Smith and Cristina Lindbald, "A Tale of What Free Trade Can and Cannot Do," *Business Week*, 22 December 2003.

25. 同上。

26. U.S. Department of Labor, "Employment Status of the Civilan Non-Institutional Population 16 Years and Over, 1969 to Date" 2003, http//www.bls.gov/rofod/3110.pdf（2004年5月22日访问）

27. Clifton K. Yearley, "The AFL and CIO Merge, " in *Great Events from History,* 1068.

28. Albert R. Karr, "A Special Report on People and Their Jobs in Offices, Fields and Factories," *Wall Street Journal,* 19 March 1992; John Jordon, "IBM Downsizing Has Little Impact on Workforce in Fairfield County," *Fairfield County Business Journal,* 2 November 1992; and John N. Ingham and Lynne B. Feldman, *Contemporary American Business Leaders: A Biographical Dictionary*（Westport, CT: Greenwood Press, 1990），642.

29. Louis Uchitelle and N. R. Kleinfield, "On the Battlefields of Business, Millons of Casualties," *New York Times,* 3 March 1999; and Alan Murray and David Wessel, "Swept Away: Torrent of Job Cuts Shows Human Toll of Recession Goes On," *Wall Street Journal,* 12 December 1991.

30. Uchitelle and Kleinfield, "On the Battlefields of Business. "

31. McCraw, *American Business,* 166.

32. Michael J. Mandel, "Restating the '90's, " *Business Week,* 1 April 2002.

33. Nitin Nohria, Davis Dyer, and Frederick Dalzell, *Changing Fortunes: Remaking the Industrial Corporation*（New York: John Wiley &Sons, 2002），37.

34. Shoshana Zuboff, "Work," in *Encyclopedia of the United States in the Twentieth Century,* ed. Stanley I. Kutler（New York: Charles Scribner's Sons, 1996），1124.

35. Nohria, Dyer, and Dalzell, *Changing Fortunes,* 59.

36. McCraw, *American Business,* 203.

37. Matt Loney, "Web Creator Berners-Lee Knighted," CNET News.com,http://adnet.com.com/2100-1104-5134229.html, 31 December 2003（2004年1月8日访问）

38. Nohria, Dyer, and Dalzell, *Changing Fortunes,* 238—239.

39. John Markoff, "If the Medium Is the Message, the Message Is the Web," *New*

York Times, 20 November 1995.

40. Nohria, Dyer, and Dalzell, *Changing Fortunes,* 239.

41. Peter Jennings and Todd Brewster, *The Century*（New York: Doubleday, 1998），555.

42. McCraw, *American Business,* 204.

43. 同上。

44. J. Madeleine Nash,"The Age of Cloning," *Time,* 20 March 1997.

45. U.S. Department of Labor,"Employment Status of the Civilian Non-Institutional Population 16 Years and Over, 1969 to Date," 2002,http://uscis.gov/graphics/shared/aboutus/statistics/IMM02yrbk/IMM2002list.htm（2004年5月2日访问）

46. Brinkley and Fitzpatrick, *America in Modern Times,* 582—583.

47. Peter B. Levy, *Encyclopedia of the Clinton Presidency*（Westport, CT: Greenwood Press, 2002），128—129.有关1993年法案的历史分析，见Steven K. Wisensale,"The White House and Congress on Child Care and Family Leave Policy: From Carter to Clinton," *Policy Studies Journal* 25（1997）: 75—86.

48. Levy, *Encyclopedia of the Clinton Presidency,* 32—33.在25年联邦枪支控制的影响下，关于《布莱迪法案》的分析，见Carol J. DeFrances and Steven K. Smith, "Federal-State Relations in Gun Control: The 1993 Brady Handgun Violence Prevention Act," *Publius* 24（1994）: 69—82.

49. Elizabeth Drew, *On the Edge: The Clinton Presidency*（New York: Simon and Schuster, 1994），190; and National Center for Health Statistics, *Health: United States, 2003*（Washington, DC, 2003），309—311, http://www.cdc.gov/nchs/data/hus/huso3.pdf（2004年11月12日访问）；本报告同时指出，1980—1990年人均卫生保健开销从931美元上升至2,398美元。

50. Levy, *Encyclopedia of the Clinton Presidency,* 175—177.关于克林顿总统普及卫生保健计划的细节，见Jacob S. Hacker, *The Road to Nowhere:The Genesis of President Clinton's Plan for Health Security,* Princeton Studies in American Politics: Historical, International, and Comparative Perspectives（Princeton, NJ: Princeton University Press, 1997）.

51. Levy, *Encyclopedia of the Clinton Presidency,* 78.

52. Douglas J. Besharov and Peter Germanis, "Welfare Reform: Four Years Later," *Public Interest* 140 (2000): 17—35; and National Alliance to End Homelessness, "Changes in Laws Relating to Immigration: Impact on Homeless Assistance Providers," http://www.endhomelessness.org/pub/immigration/imig2.htm（2004年5月12日访问）.

53. M. Stephen Weatherford and Lorraine McDonnell, "Clinton and the Economy: The Paradox of Policy Success and Political Mishap," *Political Science Quarterly* 111 (1996): 403.

54. Norris and Bockelman, *New York Times Century of Business*, 309.

55. Steve Lohr, "Gates, on Capitol Hill, Presents Case for an Unfettered Microsoft," *New York Times*, 4 Match 1998.

56. 关于美国公众对政府看法的情报，见 Joseph P. Nye Jr., Philip D. Zelikow, and David C. King, eds., *Why People Don't Trust Government* (Cambridge, MA: Harvard University Press, 1997).

57. 有关托马斯针对敏感种族问题的见解以及1992年黑人社区的观点对比，参见 Lee Sigelman and James S. Todd, "Clarence Thomas, Black Pluralism, and Civil Rights Policy," *Political Science Quarterly* 107 (1992): 231—248.

58. 托马斯通过参议院提名的相关大事年表，参见 "The Clarence Thomas Confirmation," *Black Scholar*, 22 (1992): 1—3.

59. Peter Jennings and Todd Brewster, *The Century* (New York: Doubleday, 1998), 537.

60. 同上，539页。

61. Brinkley and Fitzpatrick, *America in Modern Times*, 598.

62. Levy, *Encyclopedia of the Clinton Presidency*, 32—33.

63. One scholar argues that the FBI unwittingly conformed to "David Koresh's millenarian worldview." See Michael Barkun, "Millenarian Groups and Law Enforcement Agencies: The Lessons of Waco," *Terrorism and Political Violence* 6 (1994): 75—95.

64. Robert L. Snow, *The Militia Threat: Terrorists Among Us* (New York: Plenum Trade 1999), 172, passim.

65. 同上，93—99页。

66. U.S. Citizenship and Immigration Services, "U.S. Immigration Statistics," table 2, "Immigration by Region and Selected Country of Last Residence: Fiscal Years 1820—2000," 登录网页, http://uscis.gov/graphics/shared/aboutus/statistics/IMM02yrbk/IMM2002list.htm（2004年5月29日访问）

67. U.S. Bureau of the Census, "USA Quick Facts," http://quickfacts.census.gov/qfd/states/ooooo.html（2004年1月12日访问）

68. 同上。

69. 同上。

70. Frank Hobbs and Nicole Stoops, "Demographic Trends in the Twentieth Century" (Washington, DC: U.S. Bureau of the Census, 2002), http://www.census.gov/prod/2002pubs/censr-4.pdf（2004年7月24日访问）.

71. William H. Miller, "Gillette's Secret to Sharpness," *Industry Week,* 3 January 1994.

72. Gordon C. McKibben, *Cutting Edge: Gillette's Journey to Global Leadership* (Boston: Harvard Business School Press, 1998), 381.

73. Alfred M. Zeien, *The Gillette Company* (New York: Newcomen Society of the United States, 1999), 14.

74. McKibben, *Cutting Edge,* 252.

75. 同上，262.

76. Charles M. Farkas, *Maximum Leadership: The World's Leading CEOs Share Their Five Strategies for Success* (New York: H. Holt, 1996), 68.

77. Jim Huguet, *Great Companies, Great Returns* (New York: Broadway Books, 1999), 174.

78. Zeien, *The Gillette Company,* 18.

79. 同上。

80. Rita Koselka, "It's My Favorite Statistic," *Forbes*, 12 September 1994.

81. 有关阿尔弗雷德·M. 蔡恩（Alfred M. Zeien）的信息，参见 "Business: Taking It on the Chin," *Economist,* 18 April 1998; J. P. Donlon, "An Iconoclast in a Cutthroat World," *Chief Executive,* March 1996; Farkas, *Maximum Leadership;* Huguet, *Great Companies, Great Returns;* Laura Johannes and William M. Bulkeley, "Gillette's Zeien

Is Retiring from Helm After Eight Years; Hawley Is Successor," *Wall Street Journal,* 19 February 1999; Koselka, "It's My Favorite Statistic": Mckibben, *Cutting Edge,* 252; William H. Miller, "Gillette's Secret to Sharpness," *Industry Week,* 3 January 1994; Thomas J. Neff and James M. Citrin, *Lessons from the Top* (New York: Doubleday, 1999), 347—352; Michel Robert, *Product Innovation Strategy Pure and Simple* (New York: McGraw-Hill, 1995); William C. Symonds, "Gillette's Edge," *Business Week,* 19 January 1998; Steven Syre and Charles Stein, "Gillette's Former Chief Zeien Did No Favor for His Successor," *Boston Globe,* 25 June 1999; Sharon Walsh, "The Razor's Edge, Gillette's Alfred Zeien, Retires," *Washington Post,* 19 February 1999; and Zeien, *The Gillette Company.*

82. Michael J. Mandel, "Restating the '90's," *Business Week,* 1 April 2002.

83. Peter Burrows, "Cisco's Comeback," *Business Week,* 24 November 2003.

84. "Cisco Systems, Incorporated Profile," 详见网站 Hoover's Online Services, http://www.hoovers.com （2004年1月14日访问）; Andy Reinhardt, "Mr. Internet: Cisco Systems CEO John Chambers Has a Vision of a New World Order with Cisco As Its No.1 Supplier," *Business Week,* 13 September 1999; and Andy Serwer, "There's Something About Cisco," *Fortune,* 15 May 2000.

85. Steven Burke, "Michael Ruettgers: Storage High Roller," *CRN,* 18 November 2002; "EMC Corporation Profile," 详见网站 Hoover's Online Services, http://www.hoovers.com(2004年1月15日访问); Paul C. Judge, "High Techstar: The Insider Story of How Mike Ruettgers Turned EMC Into a Highflier," *Business Week,* 15 March 1999; and Chin Wong, "Q&A: Michael Ruettgers, EMC Chairman: 'Keep Watching So You Won't Be Surprised,'" *Computerworld,* 28 May 2001.

86. Robert Slater. *Saving Big Blue: Leadership Lessons and Turnaround Tactics* (New York: McGraw Hill, 1999), 5.

87. Doug Garr, *IBM Redux: Lou Gerstner and the Business Turnaround of the Decade* (New York: HarperCollins, 1999),85.

88. 同上，89页。

89. 同上，94页。

90. Louis V. Gerstner Jr., *Who Says Elephants Can't Dance?* (New York: Harper Collins, 2002), 3.

91. Slate, *Saving Big Blue,* 48.

92. Garr, *IBM Redux,* 22.

93. Robert D. Austin and Richard L. Nolan, "IBM Corporation Turnaround," Case 600—098（Boston: Harvard Business School, 2000）, 4.

94. 同上，5页。

95. 同上，8页。

96. Gerstner, *Who Says Elephants Can't Dance?* 142.

97. Riva Richmond and Marcelo Prince, "Gerstner Retirement Ends Career That Transformed Big Blue," *Dow Jones News Service,* 29 January 2002.

98. 有关路易斯·格斯特纳（Louis V. Gerstner Jr.）的信息，参见Austin and Nolan, "IBM Corporation Turnaround"; James W. Cortada and Thomas S. Hargraves, *Into the Networked Age: How IBM and Other Firms Are Getting There Now*（New York: Oxford University Press, 1999）; Frank Dzubeck, "Assessing the Gerstner Era," *Network World,* 11 February 2002; Garr, *IBM Redux;* Gerstner, *who Says Elephants Can't Dance?*; David Kirkpatrick, "The Future of IBM," *Fortune,* 18 February 2002; Jeffrey A. Krames, *What the Best CEOs Know*（New York: McGraw-Hill, 2003）; Steve Lohr, "IBM's New Leader," *New York Times,* 27 March 1993; "Louis V. Gerstner Jr.: IBM," *Business Week,* 14 January 2002; Neff and Citrin, *Lessons from the Top,* 137—141; Slater, *Saving Big Blue;* and Richmond and Prince, "Gerstner Retirement."

99. "Continental Airlines, Incorporated Profile," 详见网站 Hoover's Online Services, http://www.hoovers.com（2004年1月19日访问）

100. Andrew Clark, "Interview: Sex Scotch and Speed—Gordon Bethune, Chairman and Chief Executive, Continental Airlines," *Guardian*（London）, 21 September 2002; Lisa Fingeret and Jeff Pruzan, "Concorde Suit Could Cloud Bethune's Clear Skies," *Financial Times,* 27 September 2000; Scott McCartney, "Flight of Fancy: Continental Airlines Keeps Little Things, and It Pays Off Big," *Wall Street Journal,* 4 February 2002; and Neff and Citrin, *Lessons from the Top,* 55—60.

101. Linda A. Johnson, "Retired CEO Returns to Take Reins at Honeywell," *Buffalo News,* 6 July 2001.

102. 同上；Neff and Citrin, *Lessons from the Top,* 61—66; and Joseph R. Perone, "AlliedSignal's Retiring CEO Caps His Career with a Coup," *Knight-Ridder Tribune*

Business News, 13 June 1999.

103. Alan Greenspan, "Testimony of Chairman Alan Greenspan," update on the economic condition of the United States before the Joint Economic Committee of the U.S. Congress, 10 June 1998, Washington, DC, http://www.federalreserve.gov/boarddocs/testimony/1998/19980610.htm（2004年7月1日访问）

104. 同上。

后记

1. Warren G. Bennis and Robert J. Thomas *Geeks & Geezers: How Era, Values, and Defining Moments Shape Leaders*（Boston: Harvard Business School Publishing, 2002）, 19.

2. 同上。

3. Alan Greenspan, "Testimony of Chairman Alan Greenspan," update on the economic condition of the United States before the Joint Economic Committee of the U.S. Congress, 10 June 1998, Washington, DC, http://www.federalreserve.gov/boarddocs/testimony/1998/19980610.htm（2004年7月1日访问）

4. John A. Byrne, "Restoring Trust in Corporate America," *Business Week,* 24 June 2002.

附录

1. Richard S. Tedlow, Courtney Purrington, and Kim Eric Bettcher, "The American CEO in the Twentieth Century: Demography and Career Path," working paper 03—097, Harvard Business School, Boston, 2003, 7—10.

2. John J. Gabarro, *The Dynamics of Taking Charge*（Boston: Harvard Business School Press, 1987）.

3. Tedlow, Purrington, and Bettcher, "American CEO in the Twentieth Century."

作者简介

安东尼·梅奥是哈佛商学院组织行为学专业讲师、领导计划部主任。领导计划部是一个跨学科中心，促进发展领导力研究及相关课程（见 http://www.hbs.edu/leadership）。

作为领导计划部主任，安东尼负责一些综合性的领导力研究项目，如新兴领导力、全球的领导力及领导力传承，并管理很多关于领导力提升的行政教育项目。他是哈佛商学院高潜能领导力和领导力最佳实践项目的联合创办者，也是大量典型的领导力发展项目的主要设计者。

在此之前，安东尼致力于数据库行销工作，他分别在 Hill Holliday 广告公司、Epsilon 数据管理公司和 DIMAC 直效行销公司做高级总经理；先前他曾任职哈佛商学院 MBA 项目部主任。

安东尼兼任 Target Software 和 SmartGiving 顾问董事会成员。他在哈佛商学院获得 MBA，在波士顿大学以最优异成绩取得学士学位。他与他的太太丹尼斯 (Denise) 以及三个孩子汉娜（Hannah）、亚历山大 (Alexander) 和雅格布（Jacob）住在马萨诸塞州的尼德姆（Needham）。

尼丁·诺里亚是哈佛商学院企业管理系的契普曼讲座教授，主要研究领域为领导与组织变革。

近期他与威廉·乔伊斯（William Joyce）及布鲁斯·罗伯逊（Bruce Roberson）合著的 *What Really Works: The 4 + 2 Formula for Sustained Business Success* 一书，帮助了不少商业赢家，堪称管理学实践的大规模系统化研究的顶峰之作。诺里亚教授著有或编辑了一些其他重要著作，包括 *Changing Fortunes: Remaking the Industrial Corporation; Driven; The Arc of Ambition; Master Passion; Breaking the*

Code of Change; Beyond the Hype; Building the Information Age Organization; Fast Forward 和 *The Differentiated Network*，荣获1998年管理学会颁发的乔治·泰瑞最佳图书奖。他同时也在《哈佛商业评论》、《斯隆管理评论》以及《战略管理》期刊等发表了50多部文章及案例。

诺里亚教授作为顾问董事会成员常赴全球大小企业发表演说。他接受过 ABC、CNN 和 NPA 的采访，《商业周刊》、《经济学人》、《金融时报》、《财富》、《纽约时报》以及《华尔街日报》经常引用他的观点。

诺里亚教授不但为哈佛大学的工商管理和行政教育项目授课，还任职学校里组织行为学的博士生导师。同时，他也是伦敦商学院的客座教授。

1988年加入哈佛商学院之前，诺里亚教授从麻省理工学院的斯隆管理学院取得管理学博士学位。他在位于孟买的印度理工大学获得化学工程学士学位。